Die Nutzung des Bodens in der Schweiz

Die Nutzung des Bodens in der Schweiz

herausgegeben von
Kurt E. Brassel und
Martin C. Rotach
redaktionelle Mitarbeit:
Adrian Anthamatten

Verlag der Fachvereine Zürich vdf

ZÜRCHER HOCHSCHULFORUM BAND 11

Interdisziplinäre Vortragsreihe der
Eidgenössischen Technischen Hochschule Zürich
und der Universität Zürich

ISBN 3 7281 1602 5

Der Verlag dankt dem Schweizerischen Bankverein für die
Unterstützung zur Verwirklichung seiner Verlagsziele

Inhalt

KURT E. BRASSEL UND MARTIN C. ROTACH[1]

Einführung

«Der Boden als Ressource ... ist wegen seiner Knappheit immer mit Konflikten belastet, weil er verschiedenen Funktionen zugleich gerecht werden muss. Er ist infolge baulicher, landwirtschaftlicher und weiterer zivilisatorischer Nutzungen einem beträchtlichen Druck ausgesetzt. Die Verluste an Kulturland sowie an naturnahen und natürlichen Flächen sind seit dem 2. Weltkrieg stark angestiegen. Sie haben ein beunruhigendes Ausmass erreicht, was wegen der gesteigerten landwirtschaftlichen Produktion nur teilweise erkannt wird.

Bedeutende Teile der effektiv nutzbaren Flächen werden durch vielfältige Ansprüche von Bevölkerung und Wirtschaft stark belastet. Knapp zweitausend Quadratkilometer Land sind bereits überbaut; in einigen Regionen macht diese Fläche bereits mehr als einen Drittel der nutzbaren Flächen aus. In anderen Regionen hingegen stellt man Entleerungserscheinungen fest; bisheriges Kulturland liegt brach.

Die der Urproduktion verbliebenen Landflächen werden immer mehr beeinträchtigt, sei es durch intensive Bewirtschaftungsformen, Umwelteinflüsse, wirtschaftliche oder gesellschaftliche Ansprüche. Die labil gewordene Ackerkrume wird erodiert und trägt zur Belastung der Gewässer bei.»

Diese einleitenden Abschnitte aus dem Ausführungsplan für das Nationale Forschungsprogramm NFP 22 «Boden» beschreiben die Sach- und Problemlage zum Thema «Nutzung des Bodens in der Schweiz». Es mag erstaunen, dieses Thema als Titel einer interdisziplinären wissenschaftlichen Veranstaltung zu finden. Man erwartet in der Regel von der Hochschule, dass sie sich mit theoretischeren, weniger alltäglichen Fragen auseinandersetzt, dass hier Abstraktes, Hintergründiges, weniger scheinbar Banales diskutiert wird. Tatsächlich ist aber die «Bodennutzung» in der allgemeinen Bedeutung des Begriffes etwas sehr Vielfältiges, Umfassendes, das von der Geologie und Bodenchemie über die Biologie und Agronomie in die Fragestellungen individuellen Lebens und gesellschaftlichen Entscheidens und Handelns hineinreicht. Der Begriff «Boden» steht stellvertretend für andere Ressourcen wie Energie, Luft, Wasser, Bodenschätze, Natur. Mit «Nutzung» signalisieren wir, dass wir dieses Gut Boden bzw. die Ressourcen nutzen, benutzen, ausnutzen, konsumieren, in letzter Konsequenz verbrauchen und eventuell eliminieren wollen. Statt von Bodennutzung könnten wir etwas neutraler vom «*Umgang mit Ressourcen*» sprechen. Dieser Umgang umfasst komplexe Interaktionen zwischen Natur, Individuum und Gesellschaft in einem undurchsichtigen System vielfältiger Ursachen und Wirkungen. Aus dieser Sicht ist eine wissenschaftliche Analyse und Diskussion der Nutzung des Bodens äusserst anspruchsvoll, sind doch naturwissenschaftliche, sozialwissenschaftliche, technische, ökonomische und politische Gesichtspunkte sowie Anliegen der Praxis miteinzubeziehen.

Wenn wir über die «Nutzung des Bodens *in der Schweiz*» und nicht über die Bodennutzung *schlechthin* sprechen, so müssen wir uns bewusst sein, dass wir letztlich die aufgeworfenen Probleme auf nationaler Ebene allein nicht lösen können, dass Umweltprobleme über Landesgrenzen reichen und dass insbesondere ein internationales Geflecht von Beziehungen und weltweite Entwicklungen der Zivilisation die Situation in unserem Land prägen oder mit-prägen. Wenn wir uns trotzdem auf die Schweiz konzentrieren, so entspricht diese räumliche Restriktion durchaus auch einer notwendigen thematischen Einschränkung; denn eine Diskussion von Methoden, Praktiken und Problemen der Landnutzung in einer globalen Sicht würde den Rahmen einer einsemestrigen Vortragsreihe sprengen oder liesse lediglich eine oberflächliche Informationsveranstaltung zu. Zweiter und vielleicht unmittelbarerer Grund für die Wahl unseres Titels ist die Tatsache, dass zurzeit (1985–1990) das eingangs erwähnte Nationale Forschungsprogramm des Schweizerischen Nationalfonds zum gleichen Thema in Bearbeitung ist. Man sucht also zur Bodenproblematik der Schweiz nach neuen Erkenntnissen, und die Form einer interdisziplinären Vortragsreihe scheint nun besonders geeignet, die Zielsetzungen und Resultate dieser Untersuchungen in einem öffentlichen Rahmen vorzustellen und zu diskutieren. Sie gibt zudem Gelegenheit, neben den naturwissenschaftlichen, technischen und gesetzgeberischen Fragestellungen, die in diesem Forschungsprogramm im Vordergrund stehen, auch grundsätzliche und weltanschauliche Aspekte mitzuberücksichtigen, und sie ermöglicht die Interaktion zwischen Forschern, Studierenden und der Öffentlichkeit.

Wenn wir dieses Thema nun als *interdisziplinäre Vortragsreihe* vorgeschlagen und realisiert haben, so basiert dies nicht primär auf dem wissenschaftlichen Interesse einer theoretischen Analyse der vielfältigen Mensch-Umwelt-Einflüsse auf die Nutzung des Bodens und deren Wandel in der Zeit. Vielmehr motivierten uns die Sorge um die Umwelt, das Unbehagen in einer sich ändernden Welt, deren eingreifende Umwälzungen der Gesellschaft dringende und schwer lösbare Probleme stellen und deshalb auch die Hochschulen nicht unberührt lassen dürfen. Unsere Absicht lag darin, zur Lösung einer akuten Problemlage beizutragen, die unmittelbaren Konsequenzen unseres eigenen Lebensstils und Verhaltens zu hinterfragen und ein Forum für eine öffentliche Auseinandersetzung mit diesem Thema bereitzustellen. Wir strebten eine Diskussion zwischen Wissenschaftern und Praktikern unterschiedlicher Disziplinen zu einer Thematik an, in der niemand ausschliesslich Fachmann sein kann. Die Problematik der Nutzung des Bodens fordert den ganzen Menschen: rationales Denken und Handeln, intuitives Verstehen von Zusammenhängen, Respekt für die Anliegen anderer und nicht zuletzt ein neues oder wieder zu entdeckendes Verständnis für die Natur. In letzter Konsequenz werden wir durch diese Problemstellung auch auf Fragen des Weltverständnisses und der Weltanschauung zurückgeworfen. So gesehen ist unsere Thematik nicht nur «interdisziplinär» im wissenschaftlichen Sinne, sondern sie greift über die Wissenschaft hinaus und schliesst Aspekte des Alltags und der Politik mit ein.

Wie bereits angedeutet, nehmen die Vortragsreihe bzw. die Beiträge in diesem Band Bezug auf die verschiedenen Arbeiten des Nationalen Forschungsprogramms «Nutzung des Bodens in der Schweiz». Zum einen wird hier dieses Programm detailliert vorgestellt, zum andern ist eine Mehrzahl der Autoren mit speziellen Projekten betraut. Entsprechend den Zielsetzungen dieses Forschungsprogramms sind auch die Themenbereiche der Veranstaltungsreihe schwerpunktmässig ausgewählt worden. Die Beiträge lassen sich vier Gruppen zuordnen: Vorerst wird der Boden als Naturobjekt untersucht; eine zweite Gruppe von Aufsätzen nimmt Stellung zum Boden als Baugrund und Siedlungsraum; eine dritte betrachtet Boden als Wirtschafts- und Rechtsobjekt; und eine vierte schliesslich bespricht Randbedingungen und Grundsatzfragen der Bodenproblematik. Die Beiträge sind hier in der chronologischen Abfolge ihrer Präsentation wiedergegeben.

Als Einstieg in die Thematik stellt M. Rotach den Hintergrund, den Auftrag und die Konzepte des Nationalen Forschungsprogramms vor, definiert die Begriffe Nutzung und Boden und legt zudem Szenarien möglicher Entwicklungen der Bodennutzung vor. H. Sticher definiert den Boden als Naturobjekt, erörtert die Bodenqualität und Bodenfruchtbarkeit und weist dann auf mögliche Gefährdungen und Massnahmen des Bodenschutzes hin. Drei weitere Aufsätze greifen spezielle Bodengefährdungen heraus: Th. Mosimann präsentiert Forschungsresultate zur Bodenerosion auf Ackerflächen im Schweizer Mittelland; P. Baccini, B. von Steiger und G. Piepke berichten über Bodenbelastungen durch Stoffflüsse aus der Anthroposphäre, und H. Häni erwähnt die Probleme der Bodenverschmutzung durch Landbewirtschaftung und agrarische Nutzung. Als Überleitung zur Betrachtung des Bodens als Baugrund und Siedlungsraum zeichnet Chr. Pfister die historische Entwicklung der Bodennutzung im Lichte sich verändernder Gesellschaftssysteme nach. R. Häberli als Planer gibt dann einen Überblick über die verschiedenen Möglichkeiten, im Siedlungsgebiet Boden zu «sparen», und S. Losch erörtert Ideen und Erfahrungen im sparsamen Umgang mit Boden in der Bundesrepublik Deutschland. Als weitere Beiträge aus dieser Gruppe besprechen P. Strittmatter und A. Herczog spezielle Instrumente zum «Bodensparen» im ländlichen Raum bzw. in Städten. Zum Boden als Wirtschafts- und Rechtsobjekt liegen drei Beiträge vor: J. Deiss gibt in seinem Aufsatz einen Überblick über verschiedene Theorien des Bodenmarktes und zieht Folgerungen für die Erforschung des schweizerischen Bodenmarktes im Siedlungsgebiet; P. Rieder bespricht Zusammenhänge zwischen der Landwirtschaftpolitik und der agrarischen Bodennutzung und schlägt Ansätze zu einer widerspruchsmindernden Politik für die Nutzung des landwirtschaftlichen Bodens vor; P. Saladin schliesslich leitet über zu grundsätzlichen Fragestellungen, indem er prüft, ob dem Boden der Status einer Rechtspersönlichkeit zuerkannt werden könnte und wie sich diese rechtlichen Massnahmen auswirken würden. Es ist unbestritten, dass die Bodenproblematik Änderungen im Verhalten sowohl des einzelnen wie auch der Gesellschaft als Ganzes erfordert. Die Voraussetzungen und Chancen für solche Verhaltensänderungen werden von P. Güller diskutiert. H. Ruh geht auf ethische Aspekte der Bodenproblematik und auf ethische Argumente für Verhaltensänderungen im Umgang mit Boden ein. Zum Abschluss versucht K. Brassel, anhand von Überlegungen zu den einzelnen Beiträgen, zu Fragen und Diskussionen einige Folgerungen aus der Veranstaltungsreihe zu ziehen.

Anmerkung

[1] Die Referenten haben durch ihre Beiträge und durch die gute Zusammenarbeit zum Gelingen dieses Bandes beigetragen. Dr. R. Häberli hat uns bei der Programmgestaltung der Vortragsreihe beraten. Herr A. Anthamatten, Assistent am Geographischen Institut der Universität Zürich, hat wertvolle Arbeit bei der Redaktion der vorliegenden Texte geleistet. Herr H.-R. Bär, Assistent am Geographischen Institut der Universität Zürich, ist uns in technischen Belangen der Anlässe beigestanden. Die Herausgeber verdanken all diese Beiträge recht herzlich.

MARTIN C. ROTACH

Szenarien der Bodennutzung

1. Das nationale Forschungsprogramm 22: Boden

I. Das Bodenproblem

Im Jahre 1985 führte die Schweizerische Gesellschaft für Zukunftsforschung eine Art Delphi-Umfrage bei ihren Mitgliedern durch. Diese ergab u.a. folgendes Teilergebnis:

> «Die Befragten sind der Ansicht, dass der Boden und die Luft die grössten Umweltprobleme des Jahres 2000 darstellen werden. Ältere Befragte entschieden sich hier für die Luft, jüngere Befragte für den Boden. Als wichtigste Verursacher werden der Verkehr, die Industrie und das Gewerbe sowie die Überbevölkerung genannt. Hauptsächliche Folgen sind die Luftverschmutzung und das Waldsterben. Die Landwirtschaft wird besonders für die Bodenvergiftung, die Industrie und das Gewerbe für die giftigen Rückstände verantwortlich gemacht.»

Selbstverständlich ergibt eine solche Umfrage keine gültigen und wissenschaftlich erhärteten Hinweise darauf, dass im Jahr 2000 der Boden tatsächlich das Problem Nr. 1 sein wird. Aber man mag sich zu solchen Umfragen stellen wie man will: Tatsache ist, dass das Bodenproblem offenbar heute einen hohen Stellenwert bei Leuten besitzt, die sich für die Zukunft interessieren.

Diese Sicht ist gewiss nicht einfach aus der Luft gegriffen; denn es gibt Statistiken, die belegen, dass pro Sekunde rund 1 m^2 Boden der landwirtschaftlichen Nutzung entzogen wird. Das entspricht einem jährlichen Verlust von ca. 30 km^2. Der grösste Teil dieser Fläche wird als Siedlungsfläche verwendet, was folgerichtig ist, wenn man wiederum die statistische Angabe übernimmt, dass die Bruttogeschossfläche pro Einwohner und pro Jahr um rund 1 m^2 wächst. Diese Zunahme an reiner Geschossfläche entspricht jedoch, wenn man die zusätzlichen Flächen für den Hausumschwung, den Verkehr sowie die öffentlichen Bauten und Anlagen dazurechnet, einer Zunahme an benötigter Bodenfläche (oder Nettosiedlungsfläche NSF) von rund 4 m^2 pro Einwohner und pro Jahr, was etwa 25 km^2 ergibt. Der restliche Verlust von landwirtschaftlich genutzten Flächen entsteht grösstenteils infolge der Vergandung.

Aus dieser Nutzungsveränderung ergeben sich drei Folgen:

1. Wenn die Landwirtschaft auf einer abnehmenden Fläche gleichviel oder mehr produzieren muss und will, fordert sie eine Steigerung der Produktivität je Quadratmeter, z. B. durch den Einsatz von Maschinen und von chemischen Hilfsstoffen.
2. Wenn die benötigte zusätzliche NSF zur Verfügung gestellt werden muss, bedeutet das eine Einzonung neuer Flächen oder die Umnutzung bereits eingezonter Flächen und – vor allem – deren Erschliessung.
3. Da die Totalfläche der Schweiz konstant ist, ergeben sich Verknappungsprobleme; daraus folgt, dass der Kampf um den Boden immer härter wird, die Konflikte um die Bodennutzung zunehmen und die Bodenpreise steigen.

Das muss nicht unbedingt für alle schlecht sein; denn es braucht mehr Maschinen und Chemie – zur Freude der Industrie; es braucht Erschliessung und Neubauten – zur Freude der Bauwirtschaft; die Bodenpreise steigen – zur Freude der Besitzer, der Händler und der Steuerbehörden; und schliesslich wird die Nutzung von Boden, Verkehrsflächen und Gebäuden bequemer und rentabler – zur Freude der Benützer.

II. Auftrag

Der Bundesrat sieht das allerdings weniger erfreulich. Er hat, nach Wasser, Luft, Energie und Wald, die Dringlichkeit der Bodenfrage erkannt und die Nutzung des Bodens zum Thema eines NFP gemacht. Zudem hat er klare Eingrenzungen vorgenommen: Erstens gab er dem neutralen Titel «Nutzung des Bodens» eine eindeutige Richtung, indem er die *haushälterische* Nutzung des Bodens fordert. Und zweitens umschrieb er das Adjektiv «haushälterisch» näher, indem er drei Aspekte der Nutzung in den Vordergrund stellt:

1. Fruchtbarkeit des Bodens langfristig erhalten
2. Verluste an gewachsenem Boden verringern
3. Bodennutzung besser verteilen.

Diesen drei Aspekten lassen sich drei Hauptfragen zuordnen. Wie kann man den Boden vor zuviel Maschineneinsatz und zuviel Schadstoffen schützen? Zum Beispiel indem man die landwirtschaftliche Produktion verändert und die bestehenden natürlichen Landschaften sorgsam erhält. Wie kann man den wachsenden Flächenbedarf der Siedlungen und Infrastrukturen bremsen? Zum Beispiel indem man die Nutzungen verdichtet und die schon bestehenden Bauten und Anlagen besser ausnützt. Und wie kann man die Verteilung des Bodens verbessern? Zum Beispiel indem man den Bodenmarkt verflüssigt und das Bodenrecht anpasst.

Eine solche fein säuberliche Aufgliederung wird jedoch kaum zu den gewünschten Resultaten führen; weshalb der Bundesrat noch weitere Ziele bzw. Aufgaben für das NFP *Boden* formuliert hat: Einerseits müssen die Querbeziehungen zwischen den genannten drei Bereichen (Bodenfruchtbarkeit, Bodenverbrauch, Bodenverteilung) erfasst werden, und anderseits müssen die Erkenntnisse in die Praxis umgesetzt werden können.

III. Konzept der Expertengruppe

Im Auftrag des Nationalfonds hat eine Expertengruppe vorerst den Ausführungsplan erarbeitet, der folgende wesentlichen Aspekte enthält:

Den *thematischen* Aspekt mit den drei vorgegebenen Zielbereichen. Innerhalb dieses Rahmens wurden sodann insgesamt sechs Forschungsbereiche definiert (Abb. 1): Bodenqualität, Bewirtschaftung des Bodens, bauliche Nutzung, überlagerte Nutzung, Bodenrecht und Bodenmarkt. In jedem Bereich haben wir eine begrenzte Anzahl von Problemen bzw. Konflikten

HAUSHÄLTERISCHE NUTZUNG DES BODENS		
Fruchtbarkeit des Bodens langfristig erhalten	Verluste an gewachsenem Boden verringern	Bodennutzung besser verteilen
- Bodenqualität - Bewirtschaftung des Bodens	- Bauliche Nutzung - Überlagerte Nutzung	- Bodenrecht - Bodenmarkt

Abb. 1 *Das Oberziel, die drei Zielbereiche und die sechs Forschungsbereiche des NFP 22 «Boden»*

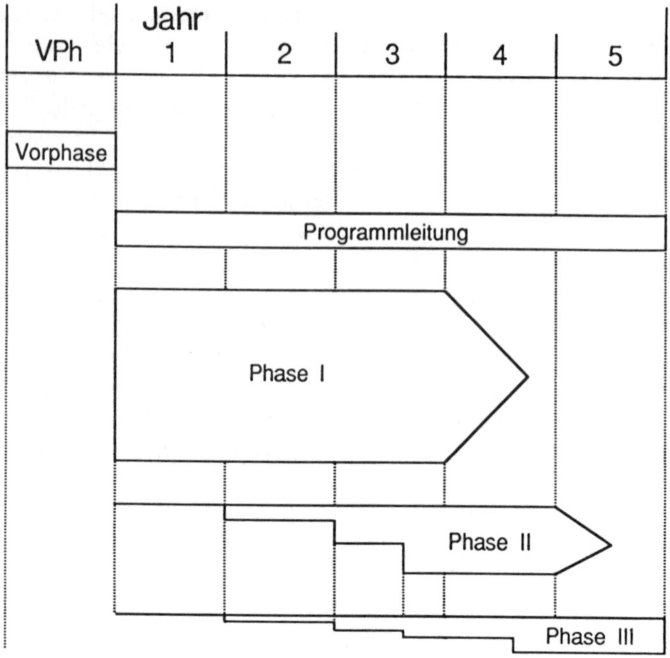

Abb. 2 *Phasenplan zum NFP 22 «Boden»*

festgestellt und beschrieben, woraus sich die Forschungs-Schwerpunkte und die zugehörigen Forschungs-Fragen ergaben.

Den *zeitlichen* Aspekt mit dem groben Fünfjahresplan. Das Forschungsprogramm «Boden» ist wegen der Vielfalt der Forschungsfragen, vor allem aber wegen der ausgeweiteten Aufgabenstellung, in drei Phasen gegliedert worden und soll über fünf Jahre laufen (Abb. 2): 3 Jahre sind der Problemanalyse gewidmet, 1 Jahr steht für die Untersuchung der interdisziplinären Verknüpfungen zur Verfügung, und das letzte Jahr dient der Erarbeitung von Synthese und Handlungsempfehlungen.

Den *finanziellen* Aspekt. Die verfügbaren Mittel – nämlich insgesamt 10 Mio. Franken – teilt die Expertengruppe den einzelnen Zeitphasen zu (Abb. 3). Und zwar fünf Mio. Franken für die Phase I: Einzelforschung; zwei Mio. Franken für die Phase II: Vernetzung; eine Mio. Franken für die Phase III: Synthese und Umsetzung; sowie je eine Mio. Franken für Programmleitung und Reserve.

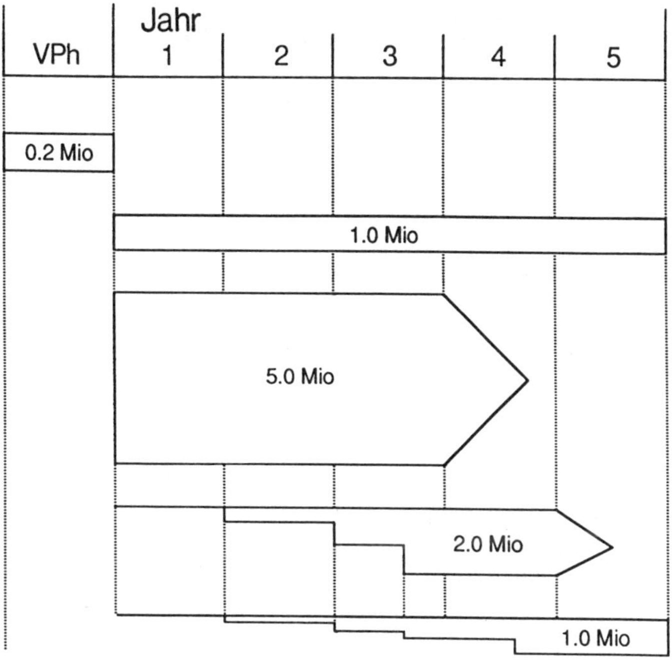

Abb. 3 *Budget zum NFP 22 «Boden»*

Die Forschung zum Thema *Boden* ist also alles andere als einfach und linear. Aber trotz einiger thematischer und methodischer Schwierigkeiten verlaufen die Arbeiten gegenwärtig zielbewusst und programmgemäss. Dies ist – was auch einmal erwähnt werden darf – vor allem das Verdienst der sehr umsichtigen Programmleitung und der gut harmonierenden Expertengruppe. Bis heute wurden rund 40 Forschungsprojekte zur Phase I erteilt und drei Pilotprojekte zur Phase II. Die einzelnen Forschungsvorhaben sind zu drei Hauptthemen, welche den drei vorgegebenen Zielen entsprechen, gruppiert worden; nämlich der Boden als Naturobjekt, der Boden als Baugrund und Siedlungsraum sowie der Boden als Wirtschafts- und Rechtsobjekt. Die graphische Darstellung (Abb. 4) zeigt deutlich die unabdingbare Verknüpfung der drei Bereiche auf. Die Zeitpläne der zugehörigen individuellen Forschungsprojekte machen deutlich, dass die Termine knapp bemessen sind, dass sie aber – v.a. dank der Qualität der

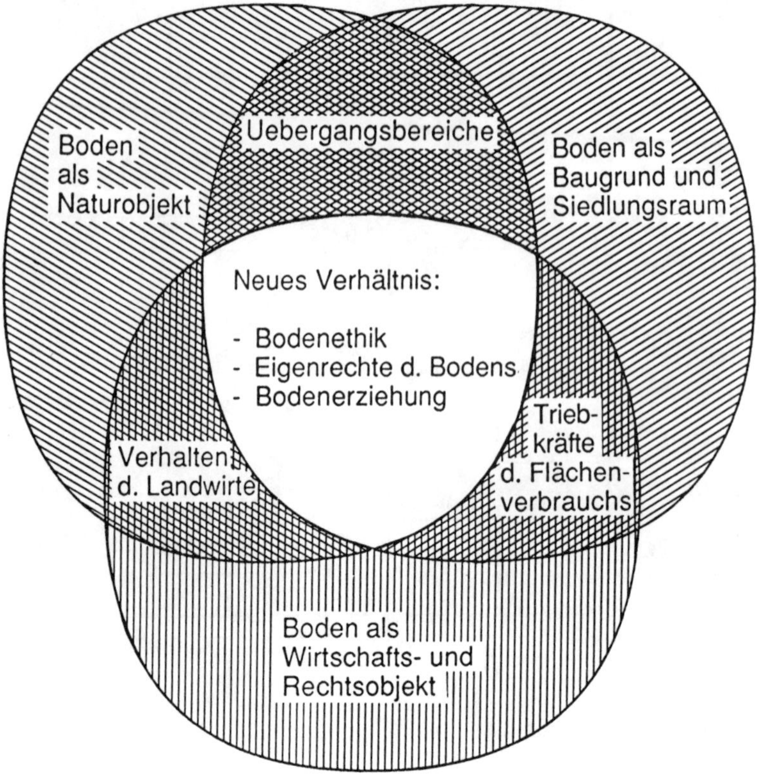

Abb. 4 *Verknüpfung der drei Zielbereiche des NFP 22 «Boden»*

Forscher – vorläufig eingehalten werden, und dass genügend Zeit für die Verknüpfung und Umsetzung übrig bleiben wird.

IV. Charakteristika des Programms

Der Ausführungsplan macht aber auch konzeptionelle Aussagen, die hier kurz erläutert seien. Das Programm zeichnet sich nämlich in hohem Masse durch drei Charakteristika aus: es ist interdisziplinär, handlungsorientiert und zukunftsbezogen.

Interdisziplinär heisst, dass zwar in der Phase I verschiedene Fachbereiche oder Wissenschaften ein Thema vorerst parallel aufnehmen, dass aber in der

Phase II für die Vernetzung gemeinsame Aussagen gefunden werden müssen. Die Schwierigkeiten beginnen bereits bei der Suche nach einer gemeinsamen Sprache und einem einheitlichen Problemverständnis; denn wir alle partizipieren mit unseren eigenen Sprachen am Gegenstand des interdisziplinären Interesses: der Dichter hat ebenso seine Ansprüche auf den Boden wie der Bauer, der Ingenieur wie der Jurist, der Ethiker wie der Grundstückmakler. Man frage zum Beispiel nur, was jeder der Genannten unter Qualität des Bodens, unter Wert oder unter Zweckmässigkeit einer Nutzung verstehe. Die einzelnen Disziplinen arbeiten aber auch grundsätzlich mit verschiedenen Ansätzen, Methoden und Arbeitsabläufen. Und zudem klaffen die Ansprüche an die Resultate bezüglich Genauigkeit, Vollständigkeit, Quantifizierbarkeit, Umsetzbarkeit sowie Übertragbarkeit weit auseinander. Vor uns liegt damit noch ein weites Feld des «Zusammenlernens». In einem ersten Schritt muss man versuchen, sich wenigstens gegenseitig zu verstehen, in einem zweiten könnte es gelingen, dass sich Geisteswissenschafter, Naturwissenschafter, Sozialwissenschafter und Techniker sogar gegenseitig anerkennen.

Handlungsorientiert heisst, dass die Resultate der einzelnen Forschungen (aus der Phase I) erst dann ihren vollen Wert gewinnen, wenn wir daraus Massnahmen ableiten können, die sich in die Praxis umsetzen lassen. Diese handlungsorientierte Forschung steht im Gegensatz zur unabhängigen und rein wissenschaftlichen Forschung, die bereits als erfolgreich gilt, wenn sie auf einem noch so schmalen Teilgebiet ein Einzelresultat erbringt, das neu, interessant oder wenigstens richtig ist. Die vom BR geforderte «Handlungsorientierung» werden wir v.a. in der Phase III anstreben.

Zukunftsbezogen heisst, dass sich alle unsere Anstrengungen, weil sie handlungsorientiert sind, auf die Zukunft beziehen müssen. Die Vergangenheit kann – nach Albertus Magnus – selbst Gott nicht mehr verändern. Die Zukunft hingegen können sogar wir Menschen beeinflussen, steuern, verbessern. Das heisst aber auch, dass die Forscher mit Unsicherheiten arbeiten müssen und heute den empirischen Beweis der Richtigkeit ihrer Resultate nicht antreten können. Natürlich gibt es deshalb ernsthafte Wissenschafter, die gegen jede Art von Vorausschau und Zukunftsforschung eingestellt sind, weil man etwas nicht zum Gegenstand einer wissenschaftlichen Untersuchung machen könne, «das es noch gar nicht gibt». Für eine technische, wirtschaftliche und politische Praxis, die ihre Entscheide immer für die Zukunft fällt, sind diese Bedenken gegenstandslos. Dafür fordert sie um so mehr, dass die Vorhersagen sowohl auf plausiblen Annahmen als auch auf einsehbaren Beziehungen basieren. Und dass zusätzlich in Alternativen gedacht wird, ist selbstverständlich. Daher ist bei der zukunftsorientierten Forschung das Erkennen meist wichtiger als die Genauigkeit einer Aussage.

2. Begriffe zu Boden – Nutzung – Szenarien

I. Boden

Boden weckt eine Vielzahl von Vorstellungen, Assoziationen, Reaktionen. Für den einen ist Boden die landwirtschaftliche Existenzgrundlage oder der Träger des geschützten Waldes oder der Raum einer reichen Biomasse; für andere ist Boden Baugrund, aber auch Garten, Kletterberg, Erholungsraum; wieder andere finden in der Tiefe des Bodens Baumaterialien, Wasser und wertvolle Schätze; und viele sehen im Boden Kapital, Wertsteigerung, Sicherheit, Besitz und Recht; der Lyriker findet auf dem Boden den Busen der Natur und der Blu-Bo-Schreiber zieht daraus seine erdnahe Überzeugung und Standfestigkeit.

Boden ist also zweifellos mehr als nur ein sichtbares Stück der Erdoberfläche; er besitzt eine beachtliche Tiefe und er trägt eine unerhörte Vielfalt von Objekten, die in die Höhe streben. Boden ist verquickt mit Hoffnungen, Erfüllungen und Verlusten. Dieser selbe Boden ist aber auch mehr als nur eine Sache, etwas Totes; er ist voller Leben und selber etwas Lebendiges, das man deshalb auch wie ein Lebewesen behandeln muss, mit Sorgfalt, mit Verständnis und mit Liebe.

Aber bei aller Vielfalt der Deutungen ist die Sache «Boden» so wichtig, dass sie schon längst in den Volksmund übergegangen ist, welcher sagt, wenn einer knapp vor dem Untergang, vor der Verzweiflung, vor der Katastrophe steht: «Er verliert den Boden unter den Füssen».

II. Nutzung

Unsere Macher-Generation hat jedoch den Boden keineswegs unter den Füssen verloren, wir nutzen ihn vielmehr mit einer Hingabe, mit einer technischen Perfektion und gelegentlich mit einer Verbissenheit, die uns immer mehr beklemmt. Eine ganze Reihe von Nutzungsmöglichkeiten wurde bereits erwähnt. Die Planer ordnen die «räumlichen Nutzungen» den Flächentypen zu, indem sie Bauflächen, Verkehrsflächen, landwirtschaftliche und forstwirtschaftliche Flächen unterscheiden, aber auch Erholungsflächen, Gewässer und – wie wenn das der klägliche Rest wäre – Ödland, worunter man nach Definition «Felsen, Schutthalden, Geröllhalden, Gletscher, Firn etc.» verstehen soll.

Diese Flächenzuteilung entspricht grundsätzlich einer gewissen Eignung des Bodens für einzelne Nutzungen. Sie wird u.a. bestimmt durch die Geologie, die Topographie, das Klima, die Bodenqualität und die Exposition. Pflanzen und Tiere pflegen sich seit Urzeiten nach diesen Gegebenheiten zu richten und den Boden auf ihre Art in natürlicher Weise zu nutzen.

Dem Menschen war es vorbehalten, die Schwelle der Natur zu überspringen und den Boden weitgehend nach seinem Willen zu beanspruchen. Wo der Baugrund schlecht ist, benützt man Fundamente, Pfähle und Stabilisierungen; wo der Boden schief ist, wird er terrassiert, wo er versumpft ist, drainiert, wo er uneben ist, planiert. Wo der Boden karg ist, wird er gepflegt, verbessert und künstlich angereichert, und wo es nicht mehr anders geht, werden Pflanzen auf künstlichem Nährgrund grossgezogen. Selbst die Wege, die sich früher eng ans Gelände anpassten, sind heute ersetzt durch kühngeschwungene Strassen und Bahnen mit Brücken, Lehnenviadukten, Einschnitten und beliebig langen Tunneln. Auch die Erholung muss sich nicht mehr nach dem Boden und der Natur richten; zum Glück gibt es längst Schwimm- und Hallenbäder, künstlichen Schnee für glückliche Skifahrer sowie sorgsam gepflegte, unkrautfreie und kurzgeschorene Rasen und Spielplätze.

Beinahe alles ist heute technisch machbar, wenn man nur will, und wenn der Aufwand gross genug ist. Wir haben es endlich erreicht; praktisch jede Nutzung ist auf jedem Boden möglich. So betrachtet hängt die Nutzung also weitgehend von der Anzahl der Menschen und von ihrem Verhalten ab, vom Stand der Technik und vom Willen des Staates zur Steuerung der Entwicklung – der Boden wird inzwischen gebeten, mit dem Sterben noch etwas zuzuwarten.

III. Szenarien

Wie soll das nun weitergehen? Ja, kann es wirklich so weitergehen? Und darf es überhaupt so weitergehen? Wie können wir die Zukunft erfassen, prognostizieren, vorhersagen?

Alle Voraussagen besitzen, nach Steinbuch, zwei Gemeinsamkeiten mit Lotterielosen: erstens bringen zutreffende Voraussagen meistens grosse Gewinne und zweitens treffen die meisten Voraussagen nicht zu. Eine weitere Verwirrung stiften die völlig gegenteiligen Vorhersagen aus der Feder ernsthafter Prognostiker. So meint der eine, dass sich alles gar nicht so rasch ändern könne und verfolgt deshalb weiterhin den Trend. Für die Anhänger des «Club of Rome» hingegen stehen wir unmittelbar vor einer grossen Wende; denn nach dem Trend werden im nächsten Jahrhundert endgültige Grenzen erreicht und globale Katastrophen unvermeidlich sein. Und das genaue Gegenteil verficht wiederum der bekannte Futurologe Kahn, der die auf uns zukommenden Konflikte und Krisen für durchaus lösbar hält: Der menschliche Erfindergeist werde sowohl Ersatz für schwindende Ressourcen wie auch Schutz für unsere Umwelt und ihre Bewohner schaffen. Angesichts solcher Ungewissheiten könnte man tatsächlich verzagen und auf jede Beschäftigung mit der Zukunft verzichten.

Statt dessen stellen wir besser die Frage, welche Methoden bisher verwendet wurden, um die kommende Entwicklung vorauszusagen? Während Jahrzehnten haben Ökonomen, Planer und Politiker versucht, die Zukunft mittels Trendanalysen und mehr oder weniger linearen Trendprognosen abzuschätzen. Man denke an typische Beispiele wie die Motorfahrzeugprognosen, Wohnungsmarktschätzungen, Bevölkerungsentwicklungen, Annahmen über das Wachstum des Bruttosozialproduktes usw. Während der 60er und 70er Jahre stützte man sich vermehrt auf zielorientierte Prognosen ab; diese schlugen vor, mit bestimmten Massnahmen heutige Probleme zu lösen und künftige Ziele zu erreichen. Typische Beispiele für diese Arbeitsweise sind die Leitbilder der Raumordnung, diverse Energie- und Verkehrskonzepte oder die Ernährungspläne.

Erst in jüngster Zeit erkannte man, dass die Entwicklung vielleicht beeinflussbar, jedenfalls aber nicht einfach machbar sei. Die Menschen und ihre Umwelt, die Wirtschaft und die Gesellschaft, die Politik und die Technik sind dermassen facettenreich, vielschichtig und miteinander verwoben, dass es eigentlich recht naiv anmutet, zu glauben, man könne mit einigen wenigen sachspezifischen Eingriffen einzelne Ziele erreichen, ohne das ganze System zu betreffen. Wir sollten also eher versuchen, verschiedene mögliche Entwicklungen abzuschätzen und zu prüfen, wie sich darin eine einzelne Massnahme auswirken könnte. Man entwirft verschiedene Bilder von möglichen künftigen Zuständen, welche *Szenarien* genannt werden. Diese dürfen sehr wohl ein breites Spektrum denkbarer Entwicklungen umfassen. Sie können plakative Titel tragen wie: Neuer Wirtschaftsboom, Technologiefreudige Gesellschaft, Alternativgesellschaft, Kompromisslertrend, Anpassung und Lebensversicherung, Rezession und Resignation, Dauerkrise und Rückfall, Neue Hoffnungen etc.

Der Begriff Szenario oder Szenarium stammt aus der Theaterwelt, wo er «Bühne, Landschaft, Schauplatz», aber auch «Verzeichnis der zur Aufführung nötigen Requisiten» bedeutet, jedoch nichts über die handelnden Personen oder den Wortlaut ihrer Dialoge aussagt. Das Szenario bildet somit den äusseren (exogenen) Rahmen, in welchem sich das Drama abspielt. Analog bieten die Boden-Szenarien den heutigen oder künftigen Akteuren verschiedene Bühnen und Rahmen an, innerhalb derer sie ihre Forschung betreiben sollen. Die Szenariotechnik erlaubt es, mittels Denkmodellen und «wenn-dann-Ketten» mögliche Entwicklungen vorwegzunehmen. Wesentlich ist, dass die Szenariotechnik keine Aussagen macht über die Wahrscheinlichkeit, mit der ein bestimmtes Szenario eintreffen könnte. Ebenso wenig ist der Zeitpunkt des Eintreffens genau datierbar, wobei die Entwicklung zwischen heute und dem künftigen Zustand durchaus verschieden verlaufen kann. Und nicht zuletzt macht ein Szenario über die Wünschbarkeit seines Eintreffens keine Aussage. Szenarien sagen nicht, was sein *wird*, sie zeigen lediglich auf, was sein *könnte* (Abb. 5).

THESEN ZUR SZENARIO-TECHNIK

1. Szenarien sind vernetzte Darstellungen möglicher künftiger Zustände
2. Die Zustände müssen konsistent und plausibel sein
3. Szenarien besitzen keine Wahrscheinlichkeit des Eintreffens
4. Der Zeitpunkt des Eintreffens ist nicht genau datierbar
5. Die Entwicklung zwischen zwei zeitlich auseinanderliegenden Zuständen kann verschieden verlaufen
6. Ueber die Wünschbarkeit von Szenarien wird keine Aussage gemacht
7. Szenarien sind durch Elemente, Schlüsselgrössen und Beziehungen beschreibbar
8. Die Elemente müssen soweit als möglich quantifiziert werden
9. Die Elemente werden wenigen Dimensionen zugeordnet; pro Dimension wird eine Schlüsselgrösse ausgewählt
10. Die Anzahl der Szenarien ist zu beschränken

Abb. 5 *Thesen zur Szenariotechnik*

3. Beschrieb der Szenarien

I. Entwicklung von Szenarien

Zu Beginn der NFP *Boden* wurde das Pilotprojekt Nr. 1 «Grobrahmen» erarbeitet, welches die Grundlage der folgenden Ausführungen bildet. Szenarien sind definitionsgemäss keine Prognosen; sie sind lediglich das Resultat einer bestimmten Arbeitsmethode. Nun erweckt jeder neue methodische Vorschlag Hoffnungen bei den potentiellen Benützern und Zweifel bei den Systematikern. Und nicht selten stellen sich auch bei Zuhörern oder Lesern unterschiedliche Erwartungen ein, weil jeder seine eigene Brille oder den persönlichen Hörapparat trägt. Es sei deshalb gar nicht erst versucht, ein richtiges Begriffssystem zu schaffen, in welchem sich unsere Szenarien zwangsläufig heranbilden würden. Wir haben uns lediglich intern auf eine Ausgangslage mit entsprechenden Abgrenzungen geeinigt, welche das Verständnis unserer Ergebnisse erleichtern sollen.

Zuerst ist abzuklären, welche Elemente notwendig und hinreichend sind, um künftige Zustände, d.h. Szenarien, zu beschreiben. Dabei versteht man hier unter «Element» einen quantifizierbaren Sachverhalt wie z.B. Familiengrösse, Motorisierungsgrad, Staatsquote, Arbeitszeit, Fläche mit mechanischen Erholungsanlagen, Anzahl Pflanzenarten, frei verfügbares Einkommen etc. Das Problem besteht dabei weniger im Auffinden von Elementen, da eine Unzahl von ihnen aus Perspektiven, Prognosen, Konzepten und Planungen bekannt ist; das Problem besteht vielmehr in der sinnvollen Verknüpfung und Gliederung der Elemente in handliche Gruppen und Blöcke. Wir haben vier Bereiche gewählt: Gesellschaft, Wirtschaft, Staat und Naturhaushalt.

Diese Wahl entspricht einem einheitlichen Muster, dem ein einfacher Makroansatz zugrunde liegt: Primäre Leitvariable der Entwicklung sind die Wertvorstellungen der *Gesellschaft* (v.a. in den Industrieländern). Sie fordern massgeblich, was die *Wirtschaft* an Gütern, Dienstleistungen und Infrastrukturen produziert und, mit entsprechendem «wirtschaftlichem und politischem Werbeaufwand», verkauft. Die sich daraus ergebenden Produktions- und Konsum-Muster prägen nun ihrerseits den *Staat*, die Raumstrukturen und den *Naturhaushalt*. Selbstverständlich sind solche Wirkungsketten durch Rückkoppelungseffekte auch in der Gegenrichtung aktiv.

II. Szenariostufen

Ein solches Grobmodell lässt sich auf verschiedenen Ebenen anwenden: wir haben für das NFP *Boden* vier Stufen gewählt (Abb. 6). In der ersten

Stufen	Exogen für	Endogen für
1 WELTSZENARIEN	SCHWEIZ NFP BODEN PROJEKTE	
2 SZENARIEN DER SCHWEIZ	NFP BODEN PROJEKTE	SCHWEIZ
3 NUTZUNGSMUSTER DES BODENS	PROJEKTE	SCHWEIZ NFP BODEN
4 HANDLUNGSVARIANTEN IN DEN EINZELNEN PROJEKTEN	ANDERE PROJEKTE	SCHWEIZ NFP BODEN PROJEKT

Abb. 6 *Die Szenariostufen des Pilotprojektes Nr. 1*

Stufe werden plausible weltweite Rahmenbedingungen verbal umschrieben. In der zweiten Stufe werden mögliche künftige Zustände der Schweiz durch einige wichtige Kriterien beschrieben; die Kriterien werden quantifiziert. Diese ersten beiden Stufen sind für das NFP *Boden* exogen; sie bilden die Systemumwelt.

In der dritten Stufe werden verschiedene Nutzungsmuster des Bodens angenommen, wobei verschiedene qualitative Veränderungen der Kriterien gegenüber dem heutigen Zustand erfolgen. In der vierten Stufe sollen die für ein bestimmtes Forschungsprojekt untersuchten und fachlich belegbaren Handlungsvarianten bezeichnet werden.

III. Weltszenarien (1. Szenario-Stufe)

In den letzten 20 Jahren ist eine grosse Zahl von Weltmodellen und -szenarien aufgestellt worden. Daraus haben wir als Schlüsselgrössen gewählt:

- für die Dimension Gesellschaft: die Grösse der Erdbevölkerung
- für die Dimension Wirtschaft: die internationale wirtschaftliche Umwelt, gemessen an den weltweiten Güter- und Kapitalströmen
- für die Dimension Staat: die internationale politische Zusammenarbeit
- für die Dimension Natur: die weltweite ökologische Situation.

Durch eine Überlagerung verschiedener Annahmen in den einzelnen Dimensionen werden drei sich wesentlich unterscheidende Szenarien gefunden: «Durchbruch», «Stabilisierung» und «Erschwerte Rahmenbedingungen» (Abb. 7, oben). Bei der Erdbevölkerung ist bei allen Szenarien mit

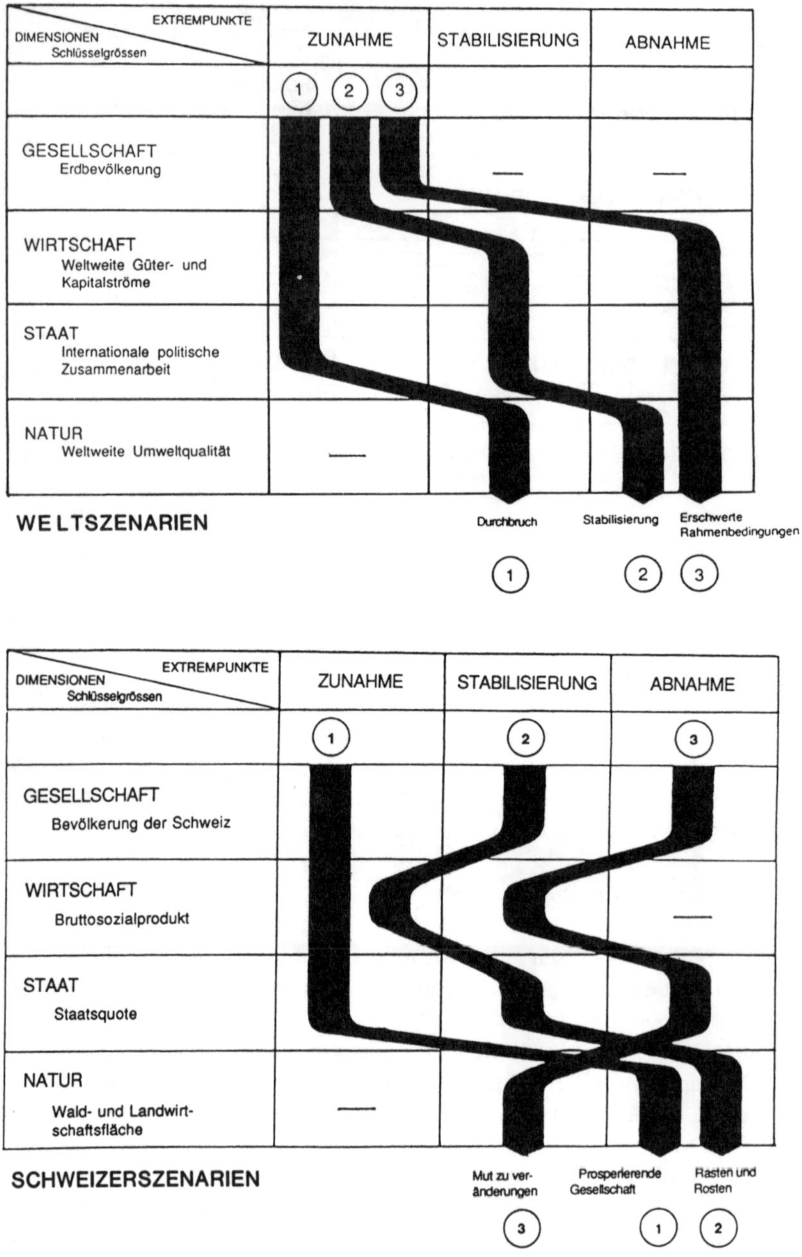

Abb. 7 *Die Szenarien der Welt und der Schweiz*

einer weiteren Zunahme zu rechnen. Bei den internationalen Wirtschaftsbeziehungen kommen sowohl die Stabilisierung auf dem heutigen Stand als auch eine Erschwerung bzw. eine Erleichterung in Frage. Desgleichen bei der politischen Umwelt, wo die Stabilisierung ebenso in Frage kommt wie eine verbesserte internationale Zusammenarbeit oder aber eine gefährlichere Situation mit erhöhten Spannungen. Für die ökologische Situation kann im betrachteten Zeitraum bestenfalls mit einer Stabilisierung der Umweltqualität gerechnet werden; eine Verschlechterung scheint fast unausweichlich.

IV. Szenarien der Schweiz (2. Szenario-Stufe)

Obschon die Schweiz in den Dimensionen Gesellschaft, Wirtschaft und Staat weiterhin ihre eigenen Wege gehen mag, kann sie sich den Einflüssen des Auslandes nicht entziehen. Zwischen den Weltszenarien und den Zuständen in der Schweiz bestehen offensichtliche Zusammenhänge. Als Schlüsselgrössen für die Schweiz haben wir folgende Elemente gewählt:

- in der Dimension Gesellschaft: die Wohnbevölkerung der Schweiz
- in der Dimension Wirtschaft: das Bruttosozialprodukt
- in der Dimension Staat: die Staatsquote
- in der Dimension Natur: die Land- und Forstwirtschaftsfläche.

Verschiedene Annahmen zu den einzelnen Dimensionen werden so kombiniert, dass drei Szenarien der Schweiz entstehen, welche die plakativen Bezeichnungen tragen: «Prosperierende Wirtschaft», «Rasten und Rosten» sowie «Mut zu Veränderungen» (Abb. 7, unten). Selbstverständlich genügt diese schematische Darstellung nicht. Deshalb werden die einzelnen Dimensionen im erwähnten Pilotprojekt durch entsprechende Elemente präziser beschrieben und quantifiziert.

V. Nutzungsmuster des Bodens

Das NFP *Boden* interessiert sich nun vor allem für die verschiedenen möglichen Nutzungsmuster des Bodens in der Schweiz. Die vier Dimensionen der Szenarien der 1. und 2. Stufe wurden übernommen und mit den folgenden Schlüsselgrössen beschrieben:

- Nachfrage nach Siedlungsflächen und deren Gewichtung in der Dimension Gesellschaft
- spezifischer Bruttoertrag der Landwirtschaft in der Dimension Wirtschaft
- Sicherung der Landwirtschaftsflächen durch Gesetze in der Dimension Staat
- Umfang und räumliche Verteilung der naturnahen Ausgleichsflächen in der Dimension Natur.

Die sechs Nutzungsmuster sind im genannten Bericht zum Pilotprojekt Nr. 1 des Forschungsplanes ausführlich beschrieben, so dass hier eine sehr knappe Charakterisierung genügt. Die schematische Darstellung wird je durch die Verbindung der einzelnen Extrempunkte gebildet (Abb. 8) und mit der zugehörigen, ausführlichen verbalen und tabellarischen Beschreibung erläutert. Es könnte zum Beispiel sein, dass ein künftiger Zustand der Schweiz eines der folgenden Muster ergibt:

Muster 1A: *Freiheit mit grünem Akzent:*
Im Rahmen einer weiterhin prosperierenden Wirtschaft der Schweiz (Szenario 1) und einer trendhaften Nachfrage nach Siedlungsland versucht der Staat, wenigstens durch stärkere Sicherung der landwirtschaftlichen Fläche und stabilisierte Produktion je Hektare die Situation im Griff zu behalten.

Muster 1B: *Fortschritt – zu Lasten von Landwirtschaft und Wald:*
Im Rahmen einer mit 1A vergleichbaren Entwicklung kapituliert der Staat weitgehend bei den «grünen» Anliegen.

Muster 2C: *Es wird schon gut gehen:*
Man lässt den Trend weiterschleifen, da es ja der Gesellschaft und der Wirtschaft noch gut geht – allerdings auf Kosten der

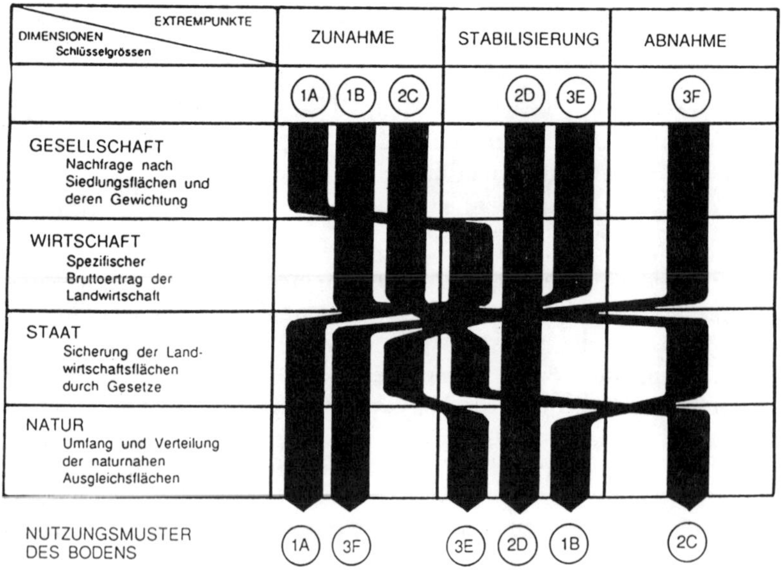

Abb. 8 *Szenarien der Bodennutzung Schweiz*

Natur und ihrer Vielfalt, welche in diesem Muster verloren geht.

Muster 2D: *Kompromiss ohne Begeisterung:*
Alles stabilisiert sich, zwar ohne Überzeugung, aber folgerichtig im Rahmen des Schweizer-Szenarios 2 «Rasten und Rosten».

Muster 3E: *Bremsen mit Mass:*
Die Gesellschaft wird nachdenklich und der Staat greift stärker ein. So finden sich zum Beispiel in der Dimension Staat, neben der «Sicherung der Landwirtschaftsflächen durch das Gesetz», auch Überlegungen zur qualitativen Sicherung der Waldflächen, zur beruflichen Altersvorsorge und deren bodenfreundlichen Anlagemöglichkeiten u.a.m.

Muster 3F: *Leben mit der Natur:*
Die Gesellschaft setzt neue Ziele und Werte und handelt in allen Lebensbereichen danach.

4. Verwendung der Szenarien

I. Forschungsablauf

Die geschilderten Szenarien und Nutzungsmuster richten sich in Form und Inhalt vor allem nach den Bedürfnissen der Forscher im Programm *Boden* aus. Alle Untersuchungen beginnen mit der Beobachtung der gegenwärtigen Situation bestimmter Sachverhalte, welche Gegenstand der Forschung sind. Eine solche Beobachtung zeigt Konflikte auf, die analysiert und gelöst werden müssen. Dazu setzt man Ziele, die mit ausgewählten Massnahmen zu erreichen sind. Bei der Problembeschreibung nimmt man oft an, dass der untersuchte Sachverhalt sowie die vorgeschlagenen Massnahmen zur Lösung variabel seien, während die anderen Grössen entweder fest oder dann eindeutig prognostizierbar wären. Diese Grössen bilden somit Randbedingungen der vorgeschlagenen Massnahmen. Die Wirkungen solcher Massnahmen dürften zum Teil weit ins nächste Jahrhundert reichen. Bis dahin ist aber möglicherweise mit raschem Wandel und Trendbrüchen in den demographischen, wirtschaftlichen, sozialen, politischen, technischen und ökologischen Bereichen zu rechnen. Entscheidend ist jedoch die Frage, was geschehen wird, wenn sich die angenommenen Randbedingungen als falsch erweisen. Sind dann die analysierten Konflikte immer noch vorhanden? Gelten dann beispielsweise die heute gesetzten Ziele weiterhin? Sind die vorgesehenen Massnahmen auch dann noch wirksam, und – wenn ja – in der gewünschten Richtung?

Es wird beispielsweise der Gehalt des Bodens an Schadstoffen untersucht (Situation). Man findet zu viele Schwermetalle (Konflikt) und stellt fest, dass diese aus den landwirtschaftlichen Hilfsstoffen stammen und dass sie nach bestimmten Gesetzmässigkeiten transportiert werden (Analyse). Das Ziel ist mit der heute zulässigen Schadstoffkonzentration gegeben, und als Massnahmen werden Verzichte auf Schwermetalle vorgeschlagen. Eigentlich müsste man tiefer gehen und auf die zu Beginn gestellte Frage zurückkommen, warum denn heute eine zu grosse Menge landwirtschaftlicher Hilfsstoffe nötig ist. Zum Beispiel, weil der Bauer einen grossen Ertrag aus

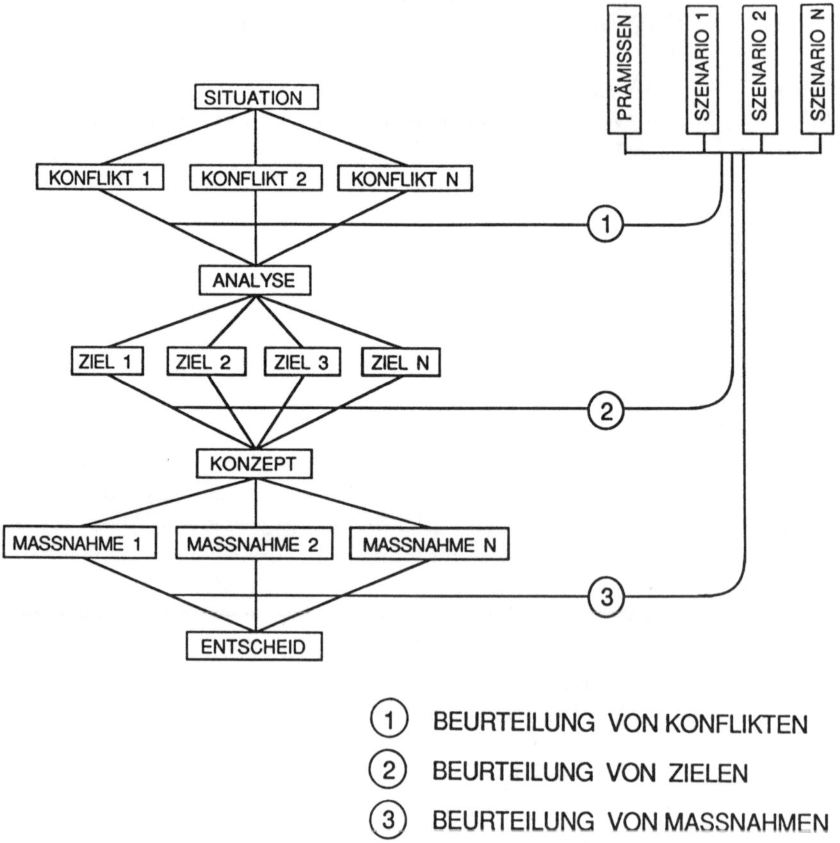

Abb. 9 *Verwendungsmöglichkeit von Szenarien im Planungsablauf*

dem Boden erwirtschaften muss, um die zu hohen Bodenkosten zu decken. So wäre – als Massnahme – vielleicht das heutige Bodenrecht zu ändern (siehe Aufsatz Saladin), oder möglicherweise würde es genügen, die Einstellung der Menschen zum Boden zu verändern (siehe Aufsatz Güller), und dazu wäre als Voraussetzung eine neue Bodenethik (siehe Aufsatz Ruh) denkbar. Und wer weiss, vielleicht vermöchte eine neue Zonenordnung (siehe Aufsatz Strittmatter), mit sparsamem Gebrauch des Bodens für Siedlungszwecke (Häberli), der Landwirtschaft wieder etwas Ellbogenfreiheit zu verschaffen.

Szenarien können somit im Planungs- und Entscheidungsablauf auf verschiedenen Stufen als Beurteilungsinstrument Verwendung finden, wie dies in Abb. 9 dargestellt ist.

II. Stellenwert der Szenarien

Szenarien setzen allerdings per definitionem keine Ziele für die kommende Entwicklung; sie nehmen also nicht Partei – weder für konservative Bewahrer noch für radikale Veränderer. Sie zeigen nur die Streubreite möglicher Entwicklungen bei gegebenen Zielen auf, wobei diese Breite mindestens die heutigen Extrema der Zielsetzungen umfassen soll.

Die Entwicklung hängt heute nicht mehr allein von den Möglichkeiten, sondern auch von unserem Wollen und unserem gemeinsamen Verhalten ab. Wer heute Zurückhaltung der Macher predigt oder gar Verzichte auf Annehmlichkeiten fordert, der setzt sich klar gegen den ungehemmten Fortschritt. Allerdings darf er nicht mehr hoffen, als Entdecker gefeiert zu werden; denn über die Nachteile unserer Grundhaltung und unserer Lebensweise redet man schon lange. Man wählt sogar zaghaft grün – ohne allerdings vorläufig etwas Ernsthaftes zur Richtungsänderung zu unternehmen.

Aber es ist uns allen inzwischen klar geworden, dass wir «den wirklichen Boden nicht unter den Füssen verlieren dürfen». Die Zukunft ist nicht nur das, was (wörtlich) auf uns zukommt; Zukunft ist ebenso das, was wir damit machen. Daraus folgt, dass die Bodenfrage nicht nur naturwissenschaftliche Fragen aufwirft, sondern – und vor allem – ein wichtiges gesellschaftspolitisches Problem darstellt.

III. Wieviel Boden braucht der Mensch ?

Im Grunde genommen spitzt sich alles auf die grundsätzliche Frage zu, wieviel Boden der Mensch brauche. Man sollte nicht soweit gehen wie Tolstoi mit einer seiner Novellen, in der er schildert, wie ein Bauer all das

Land zu Eigentum haben könnte, das er in einem Tag zu umschreiten vermöge. Und wie der Bauer eine Gewaltsleistung vollbrachte und bis Mitternacht manchen Quadratkilometer erlief, worauf er zu Tode erschöpft hinsank und zum Schluss nur zwei Quadratmeter Boden benötigte.

Vernünftige Vorstellungen liegen irgendwo zwischen den vielen Quadratkilometern und den zwei Quadratmetern:

- Jeder Mensch hat Anrecht auf ein Stück Boden, das er zum Wohnen, Arbeiten und Leben benützen darf; dasselbe gilt auch für Kinder, selbst wenn sie mit ihrem Boden nur sändeln.
- Genauso sollte jedes Tier mehr Ernährungs- und Auslauffläche beanspruchen dürfen, als ihm in der hygienischsten Batterie zur Verfügung gestellt wird.
- Selbst die Pflanzen haben ein Recht auf Boden und natürliches Klima – und nicht nur auf Holzwolle und Nährsalzlösung.
- Und nicht zuletzt hat auch die Landschaft an sich ein Recht auf ein Eigenleben, sei es als Urwald, als Sumpf oder als Geröllhalde – und nicht nur als Tragfläche für maximale Ausnützungen, als Tennisplatz oder als geologischer Lehrpfad.

Deshalb müssen wir – die Ziele des NFP *Boden* seien nochmals wiederholt – die Fruchtbarkeit des Bodens langfristig erhalten, die Verluste von gewachsenem Boden verringern und die Verteilung der Bodennutzung verbessern. Um unserer selbst willen; aber auch um des Bodens willen – und zwar unter den verschiedensten Szenarien der Bodennutzung.

HANS STICHER

Bodenqualität und Bodengefährdung

1. Einleitung

Wasser, Boden und Luft sind die materiellen Grundlagen unserer Existenz. Heute sind alle drei Sphären infolge der rapid anwachsenden Weltbevölkerung und der hohen technologischen Aktivität einem zunehmenden qualitativen und quantitativen Druck ausgesetzt. Man schätzt, dass zur Zeit weltweit jährlich 40 000 km^2 nutzbarer Boden durch Erosion, Versalzung, Wüstenbildung und Überbauung für die landwirtschaftliche Produktion verloren gehen.

In unserem Land beträgt der Verlust, hauptsächlich durch Überbauung, jährlich etwa 3 000 ha. Dieser Verlust wird in der Bevölkerung, wohl infolge der sektoriellen Überproduktion in der Landwirtschaft, weniger als Flächenverlust denn als Landschaftsverlust zur Kenntnis genommen. Dagegen wächst im Volk die Beunruhigung wegen der zunehmenden Verschmutzung unserer Böden durch Schadstoffe aller Art. Aufsehenerregende Meldungen über Extremwerte in der Nähe starker Emittenten und nicht zuletzt die Katastrophe von Tschernobyl haben wesentlich dazu beigetragen. Das Bild vom Boden ist heute geprägt durch neue Wortkombinationen, welche bei unseren Vorfahren noch Kopfschütteln hervorgerufen hätten: Bodenbedrohung, Bodengefährdung, Bodensterben. Der Boden stirbt!

Kann ein Boden überhaupt sterben? Wird dieser tote Boden eine Wüste sein? – Ist denn ein Wüstenboden tot? Vor Jahren gab es einen Naturfilm mit dem Titel: Die Wüste lebt! Und in der Tat, selbst in der extremsten Wüste finden spezialisierte Organismen einen zusagenden Lebensraum. Unsere neuen Worte meinen offenbar etwas anderes. Die Sprache lebt von Vorstellungen, und im vorliegenden Fall steht im Hintergrund die ausreichende und gesunde Ernährung des Menschen, welche nur durch fruchtbare und schadstoffarme Böden gesichert ist.

2. Was ist ein Boden?

Nach einer verbreiteten Definition ist der Boden jener schmale Grenzbereich der Erdoberfläche, in dem sich Lithosphäre, Hydrosphäre, Atmosphäre und Biosphäre überlagern. Der Boden stellt das mit Wasser, Luft und Lebewesen durchsetzte Umwandlungsprodukt mineralischer und organischer Substanzen dar, welches in der Lage ist, höheren Pflanzen als Standort zu dienen. Der Boden bildet damit die Grundlage für das Leben von Mensch und Tier.

Unter dem Einfluss und durch das Zusammenwirken der Umweltfaktoren Muttergestein, Klima, Relief und Lebewesen (Flora, Fauna, Mikroorganismen) laufen an der Erdoberfläche komplexe Vorgänge ab, welche im Laufe von langen Zeiträumen zu einer breiten Palette verschiedenster Bodentypen führen.

- Das Muttergestein wird physikalisch, chemisch und biologisch zerkleinert, abgebaut und umgewandelt; es *verwittert.*
- Abgestorbene Lebewesen pflanzlicher und tierischer Herkunft werden von Bodentieren und Mikroorganismen zersetzt, umgewandelt und dem Boden einverleibt; sie werden zu *Humus.*
- Ausgangsstoffe und Produkte der Verwitterung und Humifizierung werden in und auf dem Boden, in Lösung oder als Partikel, *verlagert.*
- Im Kontakt miteinander werden die Bodenbestandteile durch Kittstoffe, welche teilweise biologischen Ursprungs sind, miteinander verbunden; im Nahbereich bildet sich eine neue Anordnung, ein bodeneigenes *Gefüge* (Krümel, Bröckel).

Durch das Zusammenwirken aller Bodenbildungsvorgänge entsteht eine charakteristische Abfolge von mehr oder weniger scharf gegeneinander abgegrenzten Schichten, welche man in der Fachsprache *Bodenhorizonte* nennt. Je nach Vorhandensein, Mächtigkeit und Abfolge solcher Horizonte unterscheidet man verschiedene Bodentypen, welche zu Bodenklassen und Bodenverbänden zusammengefasst werden. So findet man im Jura auf Kalkstein die *Rendzina*, ein Bodentyp, bei welchem wenige Dezimeter humoser, neutraler Oberboden direkt auf dem Kalkschutt oder Kalkfels aufliegt. Auf den Moränen und Schottern des Mittellandes herrschen *Braunerden* und *Parabraunerden* vor, bei welchen unter dem schwach sauren, humosen Oberboden eine bis 1 Meter mächtige rostfarbige Verwitterungsschicht folgt. Und schliesslich finden wir im Alpenraum, meist unter Nadelwäldern, das *Podzol* mit einer mehr oder minder mächtigen Auflage von stark saurem Rohhumus.

Die Umweltfaktoren, welche die Entwicklung des Bodens beeinflussen, bestimmen auch die standörtliche Ausbreitung von Flora und Fauna. Boden, Flora und Fauna stehen damit in einer engen Beziehung zueinander;

sie bilden ein *Ökosystem*. Dieses strebt einem Klimaxstadium entgegen, in welchem die Kompartimente des Systems untereinander und das System als Ganzes mit den Umweltfaktoren im Gleichgewicht stehen.

3. Bodenqualität und Bodenfruchtbarkeit

I. Bodenfruchtbarkeit als Klassifikationskriterium

Die Einteilung der Böden in Rendzinen, Braunerden, Podzole usw. beruht auf einer morphogenetischen Betrachtungsweise, welche gegen Ende des letzten Jahrhunderts mit dem Einzug von Mineralogie, Chemie und Physik in die Bodenkunde die vorher und seit alters her übliche nutzungs- und fruchtbarkeitsbezogene Einteilung ablöste. Seit der Mensch anfing, Ackerbau zu betreiben und sesshaft zu werden, hat er sich über die Fruchtbarkeit seiner Böden Gedanken gemacht. Die Fruchtbarkeit blieb danach über Jahrtausende hinweg das zentrale Kriterium der Klassifikation. Hinweise dazu finden sich in den ältesten Zeugnissen schriftlicher Überlieferung.

Eine der schönsten Stellen zur Bodenfruchtbarkeit findet sich im neuen Testament, wo Jesus das Gleichnis vom Sämann vorträgt (Matthäus, 13. Kap.). Im 1. Jh. vor Christus beschrieb Virgil in seiner «Georgica» Geruch, Gefühl und Farbe als Kriterien der Beurteilung und Einteilung von Böden. Den schwarzen Boden hob er hervor; salzige und übelriechende Böden bezeichnete er als unfruchtbar. Im vollständig enthaltenen Werk «De re rustica» unterschied Columella (1. Jh. nach Christus) fette, magere, mürbe, zähe, trockene und feuchte Böden. Nach diesen Eigenschaften und den vorkommenden Pflanzen unterschied er bereits «Species und Varietates». Bis ins 18. Jahrhundert hinein blieb diese Einteilung massgebend. Ebenso blieb die Bodenfruchtbarkeit die unabdingbare Voraussetzung für jeden Fortschritt. Erst mit dem Aufblühen der Industrie und des internationalen Handels fand die schicksalshafte Abhängigkeit von der naturgegebenen lokalen Bodenfruchtbarkeit allmählich ein Ende.

II. Drei Bedeutungsebenen der Bodenqualität

Heute erfüllt uns der Zustand des Bodens mit Sorge – trotz massiv gesteigerter Erträge und trotz Überschussproduktion. Wir sind gezwungen, zum Schutz des Bodens Gesetze und Verordnungen zu erlassen. Wir müssen Massnahmen vorkehren, um seine Qualität langfristig zu erhalten. Doch was heisst Bodenqualität, und welche Qualität ist zu schützen und zu erhalten?

Der Begriff Qualität beinhaltet drei Bedeutungsebenen. Die erste bezieht sich auf die physische Beschaffenheit, auf messbare Grössen. Bezugsgrössen sind Meter, Kilogramm, Sekunde, Mol, Kelvin usw. Messgrössen eines Bodens sind etwa der pH-Wert, die Dichte, die Porosität, der Stoffgehalt. Auf dieser Ebene von Gefährdung zu sprechen, wäre sinnlos. Das zutreffende Wort ist die Veränderung.

Die zweite Bedeutung von Qualität bezieht sich auf die Güte, auf Wertinhalte. Auch diese sind zunächst physikalisch erfassbar und messbar; die Messgrössen werden jedoch anhand einer festgelegten (allerdings nach Ort und Zeit wandelbaren) Skala bewertet. Veränderung bedeutet damit Wertzuwachs oder Wertverlust. Beispiele sind der *Nähr*stoffgehalt, der *Schad*stoffgehalt, und als Ganzes die Fruchtbarkeit.

Die dritte Bedeutung von Qualität spricht das subjektive Empfinden an, ist also eine Frage von Ästhetik und Emotion. Hier versagen physikalische Messgrössen, obwohl das Objekt der Empfindung durchaus gegenständlich erfassbar ist. Die Schönheit einer Landschaft, welche durch die (messbare) Beschaffenheit und Güte ihres Bodenverbandes geprägt ist, gehört hierzu, ebenso die Erhabenheit der Wüste oder die Melancholie des Moores.

III. Bodenfruchtbarkeit und Ertragsfähigkeit

Es ist nun eine Frage des Standpunktes, auf welcher Ebene der Qualität man die Bodenfruchtbarkeit definieren will. Aus rein materialistischer Sicht kann der Begriff auf ein Mass für den Ertrag reduziert werden. Nach Karl Marx ist die Bodenfruchtbarkeit eine objektive Eigenschaft des Bodens; sie repräsentiert den Gebrauchswert des Bodens als Hauptproduktionsmittel der Land- und Forstwirtschaft. In die Sprache der Naturwissenschaft übersetzt heisst dies: Ein Boden ist fruchtbar,

- wenn er den Pflanzen eine *ausreichende Verankerung* gewährleistet,
- wenn er den Pflanzen jederzeit, ausreichend und harmonisch, *Wasser, Sauerstoff* und *Nährstoffe* zur Verfügung hält,
- wenn er *biologisch aktiv* ist,
- wenn wachstumshemmende Stoffe nicht in *toxischen Konzentrationen* auftreten.

Diese Definition liegt in Übereinstimmung mit der zweiten Bedeutung des Begriffes Qualität. Jede Anforderung ist messbar. Aber die Definition nimmt keine Rücksicht auf die neuen Probleme, welche heute anstehen, so z.B. die Kontamination der Vegetation und die damit verbundenen Gesundheitsrisiken für Mensch und Tier. In der Verordnung über die Schadstoffe im Boden (VSBo 1986) findet sich daher ein weiterer Paragraph, welcher die Pflanzenqualität in den Begriff Bodenfruchtbarkeit miteinschliesst:

- wenn die pflanzlichen Erzeugnisse eine *gute Qualität* aufweisen und für Menschen und Tiere *gesundheitlich verträglich* sind.

In frühen landwirtschaftlichen Gesellschaften enthielt der Ausdruck Fruchtbarkeit über das Produktionspotential hinaus auch eine religiöse Komponente. Die Fruchtbarkeit wurde in Vegetationskulten und Landwirtschaftsriten gefeiert. In polytheistischen Religionen wurden Fruchtbarkeitsgottheiten verehrt, wie z.B. Demeter in Griechenland, Ceres in Rom und Freya bei den nordischen Völkern. Unsere aufgeklärte Gesellschaft, in welcher Naturwissenschaften und Technik die landwirtschaftliche Produktion beherrschen, hat für solche metaphysischen Ideen scheinbar keinen Platz mehr. Doch als Reaktion auf das einseitig materialistische Verhalten und im besonderen auf die alarmierenden Umweltschäden erwacht das Verlangen nach einer Gesamtschau, welche ethische Grundsätze miteinschliesst. Ansatzweise finden sich solche Gedanken bei F. Rohrhofer in einem Buch über den biologischen Landbau:

«Bodenfruchtbarkeit ist die Fähigkeit, die Ordnungen der Abfallsubstanzen des oberirdischen Lebens wiederherzustellen oder zu erhalten. Bodenfruchtbarkeit kommt zustande als Ereignis des lebendigen Ablaufes *Bodennahrung – Garebildung – Rhizosphäre – Pflanze*; sie ist keine materielle Grösse, sondern eine biologisch-funktionelle Kapazität, die nur in der Wirksamkeit zum Ausdruck kommt.»

In einer solchen Definition spielt der Pflanzenertrag nur eine nebengeordnete Rolle. Die lebendige Wesenheit des Bodens wird in den Vordergrund gestellt. Fruchtbarkeit beruht hierbei auf allen drei Bedeutungsebenen des Begriffs Qualität.

Wo von Ertrag allein die Rede ist, sollte ausschliesslich der Ausdruck *Produktivität* (Ertragsfähigkeit) verwendet werden. Produktivität basiert auf der natürlichen Fruchtbarkeit, kann jedoch durch Kulturmassnahmen wie Bodenbearbeitung, Bewässerung, Drainage, Düngung, Fruchtfolge usw. beeinflusst werden. Ein Wüstensandboden ist natürlicherweise wenig fruchtbar. Bei sorgfältiger Düngung und Bewässerung können aber respektable Hektarerträge erzielt werden; der Wüstenboden wird produktiv, wie Beispiele aus verschiedenen Ländern arider Zonen zeigen.

Fruchtbarkeit und Ertragsfähigkeit beziehen sich auf standortgemässe Pflanzen. Es wäre wenig sinnvoll, den Begriff in dieser Hinsicht zu generalisieren. Da der Boden einen der Faktoren des Pflanzenwachstums darstellt, bildet die Bodenfruchtbarkeit auch nur einen Teil der Standortfruchtbarkeit.

4. Bodengefährdung

Die ausgedehnte Diskussion der Bodenqualität sollte das Umfeld beschreiben, in welchem dem Boden heute Gefahr droht. Unter Bodengefährdung fassen wir alle Prozesse zusammen, welche die Bodenqualität der zweiten und dritten Bedeutungsebene beeinträchtigen. Die emotionale Ebene ist also ausdrücklich miteingeschlossen. So bringt die Umwandlung eines Halbtrockenrasens in eine Fettwiese zwar höhere Erträge, der Standort verliert aber an «Naturwert».

Neben der qualitativen Gefährdung steht der quantitative Bodenverlust durch Versiegelung und Überbauung. In der Schweiz wurden seit dem 2. Weltkrieg auf diese Weise der landwirtschaftlichen Nutzung rund 120 000 ha Fläche entzogen. Das Schlagwort «Jede Sekunde wird in der Schweiz ein Quadratmeter Boden überbaut» taucht zwar in den Medien regelmässig auf, doch angesichts der sektoriellen Überproduktion in der Landwirtschaft und der liberalen Einfuhrmöglichkeiten aus dem Ausland steht für die Bevölkerung, unter dem Eindruck der drohenden allgemeinen Umweltverschmutzung, die Angst vor einer Verschlechterung der Qualität des Bodens im Vordergrund, wobei Verschlechterung weitgehend mit Kontamination gleichgesetzt wird.

Diese einseitige Fixierung ist verständlich und teilweise auch begründet, kann doch der einmal kontaminierte Boden kaum mehr gerettet werden. Zudem reagiert der Mensch gegenüber «vergifteten» Nahrungsmitteln, die auf kontaminiertem Boden gewachsen sind, bedeutend empfindlicher als allen anderen Arten von Immissionen gegenüber.

Neben der Kontamination ist der Boden aber einer Reihe von weiteren qualitätsvermindernden Prozessen ausgesetzt, welche in ihrer Mehrzahl der übermässigen und oft auch unsachgemässen Nutzung zuzuschreiben sind. In der Schweiz erfüllen uns vor allem die zunehmende Erosion und die Bodenverdichtung mit Sorge. Weltweit stehen ebenfalls die Erosion, dann aber auch die Verödung, die Wüstenbildung und die Bodenversalzung im Vordergrund. Schliesslich bildet die Versauerung, vor allem für Waldböden, eine ernst zu nehmende Gefahr.

Einige der zitierten Prozesse sind irreversibel; andere lassen sich, wenn auch meist mit hohem Aufwand, mindestens teilweise wiederherstellen. So kann ein verdichteter Boden mechanisch tiefgelockert werden. Bei nachträglicher Schonung und angepasster Nutzung wird er sich dank seiner biologischen Regenerationskraft wieder erholen.

Wo greifen die äusseren Einflüsse an? Wo treten Schäden auf? Die folgende Zusammenstellung führt einige Zielrichtungen auf, welche im weitesten Sinne durch Bodenverarmung und Bodenverschlechterung betroffen sein können:

Im Boden selbst:	Vitalität Fruchtbarkeit Produktivität.

Bodenorganismen:	Artenvielfalt Aktivität Reproduktion.
Pflanzen:	Artenvielfalt Ertrag Gesundheit Zuträglichkeit.
Tiere:	Futterversorgung Artenvielfalt Gesundheit.
Mensch:	Nahrungsversorgung Gesundheit Wohlbefinden.

Im Boden selbst können als Teile des Systems physikalisch-chemische Eigenschaften, Prozesse, Einzelorganismen und Lebensgemeinschaften betroffen sein. Nachfolgend einige Beispiele:

Eigenschaften:	Struktur Porosität Humusgehalt pH-Wert.
Prozesse:	Humusbildung Gasaustausch Strukturbildung Verwitterung.
Organismen:	Bakterien Pilze Würmer.
Gemeinschaften:	Wurzel/Mykorrhiza Wurzel/Rhyzobien.

Wie in jedem komplexen System kann ein Schaden an einem Teilsystem eine Kaskade von Folgereaktionen nach sich ziehen, welche im Endeffekt den Zustand des Systems, des Bodens als Ganzes, verändern. So kann der Einsatz schwerer Maschinen den Boden verdichten, die Porosität verringern, den Gasaustausch reduzieren, das Redoxpotential senken, das Pflanzenwachstum hemmen, den Ertrag verkleinern und als Ganzes die Fruchtbarkeit und die Produktivität des Bodens vermindern.

Bodenschäden sind nicht neu. Ein Rückblick in die Geschichte zeigt, dass das Aufblühen und Vergehen vieler Völker aufs engste mit dem Zustand und der Pflege des Bodens verknüpft waren.

Wo immer der Mensch begann, seine Umgebung zu kultivieren, «veränderte er das Antlitz der Erde», griff er in das über lange Zeiträume gewachsene Ökosystem deregulierend ein. Die Deregulation war oft geschichtsbestimmend. Nach Lukrez lag der Boden im alten Rom infolge Übernutzung, Erschöpfung und Erosion im Sterben. Die Bauern mussten mehr Land bestellen und härter arbeiten als ihre Vorfahren, um gleiche Nahrungsmittelmengen zu produzieren wie zuvor. Es gibt Indizien dafür, dass der Zerfall des Römischen Weltreiches, Jahrhunderte später, mindestens teilweise durch die unglückselige Bodenmisswirtschaft beschleunigt wurde.

Am Ende des 10. Jahrhunderts begann in Mitteleuropa die Bevölkerung infolge verbesserter ökonomischer Strukturen scharf anzusteigen. Um eine genügende Lebensmittelversorgung sicherzustellen, musste ständig mehr Neuland gewonnen werden. Ausgedehnte Waldflächen wurden abgeholzt. Nach einer Periode relativer Wohlfahrt während der nächsten beiden Jahrhunderte, verbunden mit zahlreichen Städtegründungen, Aufblühen des Handwerks usw., waren die Böden allmählich ausgelaugt, die Pflanzenerträge sanken, und gegen Ende des 13. Jahrhunderts folgten sich Hungersnöte immer häufiger. Die Pest tat ihr übriges, so dass ein Einbruch erfolgte, von dem sich Europa nur schwer wieder erholte.

Heute müssen wir uns trotz der gewaltigen Fortschritte, welche die Landwirtschaft gemacht hat, erneut um die Böden Sorgen machen. Das Problem wiegt um so schwerer, als der Bodenverlust und die Bodendegradation mit der kaum aufzuhaltenden Bevölkerungsexplosion einhergehen. Es ist daher ein Gebot der Stunde, die ansatzweise vorhandenen Bodenschutzprogramme auf internationaler und nationaler Ebene zu intensivieren und umzusetzen.

5. Bodenschutz

Unter dem Begriff Bodenschutz fassen wir alle direkten und indirekten Massnahmen zusammen, welche dazu beitragen, die Fruchtbarkeit und Ertragsfähigkeit des Bodens auf lange Frist zu erhalten (qualitativer Bodenschutz), eine ausreichende Fläche für die Nahrungs- und Futtermittelversorgung in Krisenzeiten sicherzustellen (quantitativer Bodenschutz oder Flächenschutz) sowie eine intakte Landschaft zu bewahren («ästhetischer» Bodenschutz oder Landschaftsschutz).

Der direkte Bodenschutz umfasst Massnahmen *am Boden selbst*. Darunter fallen bodenschonende Bearbeitung, angepasste Düngung, integrierter Pflanzenschutz, geeignete Fruchtfolge u.ä., bis hin zu Erosionsschutz, Wildbachverbauung und Hangstabilisierung. Der direkte Bodenschutz ist somit in erster Linie Sache des Landwirts und des Kulturingenieurs; er liegt aber ebenso im Aufgabenbereich von Genossenschaften, Korporationen und allenfalls von Gemeinden.

Der indirekte Bodenschutz umfasst alle Massnahmen, welche den Boden vor verschlechternden und zerstörenden Einflüssen *von aussen* bewahren. Die Verminderung von Schadstoffemissionen aus Industrieanlagen und Verkehrsmitteln gehört ebenso dazu wie die Umstellung auf sanften Tourismus.

Da der Boden im Kreislauf der Ökosphäre das konservative Kompartiment darstellt, das für viele Umweltgifte eine Senke bildet, kommt dem Schutz der anderen Kompartimente – Wasser und Luft – im Hinblick auf einen wirksamen Bodenschutz eine primordiale Bedeutung zu. Stoffe, die nicht in die Luft gelangen, belasten letztlich auch den Boden nicht.

Bodenschutz in diesem Sinne ist eine *integrale nationale Aufgabe.* Mit integral meine ich, dass der Bodenschutz ganzheitlich angegangen werden muss, dass ein wirksamer Bodenschutz nur durch koordinierte Anstrengungen auf allen Ebenen und in allen Bereichen (Naturwissenschaften, Technik, Geistes- und Sozialwissenschaften) erreicht werden kann. Mit national soll zum Ausdruck gebracht werden, dass für den wirksamen Bodenschutz alle Kräfte des Landes aufgerufen sind, vom einzelnen Bürger über die verschiedensten Institutionen bis zu Regierung und Verwaltung. National heisst hingegen nicht, dass Bodenschutz an der Grenze halt machen darf. Eine Reihe von Schutzmassnahmen sind nur durch internationale Zusammenarbeit durchzusetzen.

Bodenschutz ist letztlich eine Frage der Einstellung. Wenn wir den Boden als lebendigen Teil unserer Mitwelt betrachten und dementsprechend achten, werden wir ihn pflegend und schonungsvoll nutzen, aber niemals ausnutzen.

THOMAS MOSIMANN

Bodenerosion auf Ackerflächen im schweizerischen Mittelland

1. Bodenerosion auf Ackerflächen in der Schweiz – bekannte Tatsachen und fehlendes Wissen

Die flächen- und linienhafte Bodenabspülung durch Wasser auf Ackerflächen in der Schweiz wurde lange Zeit verkannt und noch vor wenigen Jahren verbreitet als unbedeutender Prozess eingestuft. Dies hat sich zum Glück in den letzten Jahren geändert. Heute bestreiten Fachleute kaum mehr, dass die Bodenabspülung unter bestimmten Standorts- und Nutzungsvoraussetzungen auch bei uns ein langfristig *nicht tolerierbares Ausmass* erreicht. Ziemlich einhellig wird in den letzten Jahren auch eine *Zunahme der Schwemmschäden* beobachtet, ohne dass diese Zunahme bisher irgendwo systematisch erfasst ist. Das beste Indiz für die Existenz des Problems «Bodenabtrag auf Ackerflächen» dürfte aber vielleicht die Tatsache sein, dass Landwirte in verschiedenen Fällen, meist behelfsmässig, Massnahmen ergreifen und im Rahmen von Flurbereinigungen von Ingenieurbüros gezielt nach Verfahren für die Abschätzung des Bodenabtrags gefragt wird.

Für die festgestellte Zunahme der Schwemmschäden gibt es mehrere Ursachen, die im Einzelfall sehr verschieden, als dominierende Einzelfaktoren oder gemeinsam, wirken. Mit Sicherheit können folgende *Entwicklungen* genannt werden, *die den Bodenabtrag auf Ackerflächen fördern*:

- Zunahme der offenen Ackerfläche und anteilsmässige Erhöhung der Maisanbaufläche
- Verschlechterung der Bodenstruktur als Folge des Einsatzes immer schwererer Maschinen, einer nicht immer optimalen Bodenbearbeitung und einseitiger Fruchtfolgen
- Vergrösserung der Schläge und Beseitigung der die Hänge gliedernden Hecken und Feldraine im Zusammenhang mit Güterzusammenlegungen

- Ein Flurwegebau, der die kleinsträumigen Abflussverhältnisse zu wenig berücksichtigt (ungenügende oder falsch plazierte Entwässerung befestigter Flurwege).

Selbstverständlich ist über die Bodenerosion auf Ackerflächen in Mitteleuropa und auch in der Schweiz heute einiges an Wissen zusammengetragen worden. Erste systematische Erhebungen gehen in der Bundesrepublik Deutschland in die 50er und 60er Jahre zurück. Seit Mitte der 70er Jahre wird schwerpunktmässig vor allem in der Nordwestschweiz (H. Leser, 1986, zusammenfassender Bericht) und – für die Schweiz von Interesse – in Bayern (U. Schwertmann, 1981, 1982 und z.B. J. Karl & M. Porzelt, 1985) gearbeitet. Als neuere Beiträge zum Problem können für die Schweiz auch J.P. Viani, 1986, A. Maillard, 1985 und A. Grub, 1985 genannt werden. Den heutigen Wissensstand kann man stark generalisiert wie folgt charakterisieren: Der Erosionsprozess ist grundsätzlich wissenschaftlich gut bekannt, wir kennen grobe Grössenordnungen der Abtragsraten (für die Schweiz allerdings punkthaft), erprobte Schätzverfahren (*USLE* nach Wischmeyer) stehen für eine Adaption auf schweizerische Verhältnisse zur Verfügung. Das flächenhafte Ausmass, Schäden und Folgen der Bodenerosion und die Eignung von Gegenmassnahmen sind dagegen noch kaum untersucht. Zusammengefasst und ohne Anspruch auf Vollständigkeit können auf die Frage *«Was wissen wir über die Bodenerosion in der Schweiz?»* folgende Tatsachen aufgeführt werden:

- Der durchschnittliche Bodenabtrag in verschiedenen Gebieten liegt im Bereich von 0.3 bis ca. 5 t pro ha und Jahr, was etwa 0.03–0.5 mm entspricht.
- Der Abtrag auf Einzelparzellen in Einzeljahren kann bis über 50 t pro ha und Jahr, entsprechend 5 mm Boden, erreichen.
- Charakteristiken der Bodenerosion:
  - Hohe Variation auf den einzelnen Schlägen,
  - Einzelereignisse mit Extremcharakter bestimmen Abtragsmengen,
  - Die Umlagerung von Bodenmaterial innerhalb der Einzugsgebiete bzw. Geländekammern ist gross, der Austrag von Feststoffen im Vorfluter dagegen gering. Deshalb: Bodenerosionsschäden entstehen durch lokalen Abtrag, und die Verminderung der Bodenfruchtbarkeit resultiert aus der Tatsache, dass die Akkumulationsflächen wesentlich kleiner sind als die Abtragsflächen.
  - Bodenerosion wird ausgelöst durch:
    - Dauerregen auf durchnässten Boden im Winter/Frühjahr
    - Schneeschmelze mit begleitendem Regen auf gefrorenen Boden und
    - Intensive Gewitterregen.

Dauerregen auf vernässten Boden verursachen ähnliche Abtragsmengen wie intensive Gewitter.

Faktoren der Bodenerosion:

Wichtigste prädestinierende Faktoren:
- Fruchtfolge
- Bodenform
- Hangform
- Strukturschäden
- Hangneigung und
- Grösse der Schläge (Hanglänge).

Wichtigste variable Faktoren:
- Niederschlagsintensität
- Aggregatstabilität
- Hangwasser
- Bodenfeuchte und
- Bodengefrornis.

Strukturschäden verstärken die Bodenerosion, und Fahrrinnen kommt dabei eine besondere Bedeutung zu.

Räumliche Verbreitung der Bodenerosion:
- Im westlichen Teil des Mittellandes werden mehr Bodenerosionsschäden festgestellt als im östlichen Teil (West-Ost-Gefälle). Diese Beobachtung ist durch wissenschaftliche Erhebungen allerdings nicht belegt.
- Die Bodenerosion variiert kleinräumig (d.h. von Schlag zu Schlag) mit Sicherheit wesentlich mehr als grossräumig.
- Stoffausträge aus Einzugsgebieten mit unterschiedlicher landwirtschaftlicher Nutzung sind bekannt, eine Zuordnung zum Bodenerosionsgeschehen jedoch nicht exakt möglich.
- Die Wischmeiergleichung als gebräuchliches Schätzverfahren zur Ermittlung der Bodenerosion kann, auch mit den bisher erarbeiteten Anpassungen für Mitteleuropa, nicht ohne ergänzende Abklärungen direkt auf die verschiedenen Landschaftstypen der Schweiz bezogen werden.
- Der Toleranzwert für den jährlichen Bodenabtrag variiert für die verschiedenen Bodenformen in gewissem Umfang; er liegt aber generell deutlich unter 5 t/ha/J.

Über die Bodenerosion sind nicht oder nur mit ungenügender Genauigkeit bekannt:
- Das differenzierte Auftreten und Ausmass der Bodenerosion im schweizerischen Mittelland
- Bodenverlustraten bestimmter Betriebsstrukturen
- Häufigkeit und Verbreitung grosser Bodenverluste

- Anteil der verschiedenen Kulturen am Bodenverlust
- Anteil der aus den Bewirtschaftungsbedingungen auf dem Schlag und aus den strukturellen Gegebenheiten ausserhalb des Einzelschlages resultierenden Erosion
- Wo und in welchem Umfang die Bodenfruchtbarkeit durch Bodenerosion geschädigt wird (dies lässt sich, mit Ausnahme krasser Fälle, höchstens vage abschätzen)
- Ausmass der Schäden durch die Bodenerosion, wie z.B. kurz- und mittelfristige Verluste im landwirtschaftlichen Betrieb (vor allem Ertragseinbussen)
- Ausmass der Schäden durch Fernwirkungen (Verkehrswege, Gewässer usw.)
- Anteil der Bodenerosion an der Gewässerbelastung (aufgrund der heute verfügbaren Daten nicht quantifizierbar)
- Ausreichende Kenntnis über Eignung verschiedener an sich bekannter Gegenmassnahmen für die Anwendung in der Schweiz.

2. Erfassung von Ausmass und Verbreitung der Bodenerosion im Mittelland

I. Aufgaben und Ziele der Projektarbeiten

Die Skizzierung des heutigen Wissensstandes, und vor allem dessen Lükken, zeigt deutlich die Richtung aktueller Untersuchungen auf: *Sie müssen Grundlagen für den Ansatz von Gegenmassnahmen bereitstellen und geeignete Gegenmassnahmen empfehlen.* Damit ist das Projektziel in einem Satz zusammengefasst. Das Projekt betreibt also keine messende Prozessforschung. Es befasst sich aber auch nicht nur mit Gegenmassnahmen, sondern durchaus mit der Bodenerosion selbst. Unerlässliche Voraussetzung für einen gezielten Einsatz von Gegenmassnahmen ist nämlich die Kenntnis von Ausmass und Verbreitung der Bodenerosion. Dabei müssen auch die Hauptursachen jeweils systematisch mitbetrachtet werden; unter anderem auch um sicherzustellen, dass bestehende Kenntnisse über den Bodenerosionsprozess in die Gesamtbeurteilung eingebaut werden können. Zudem ist es unerlässlich, sich einen Überblick über wenigstens einen Teil der direkten Schäden zu verschaffen, damit Gegenmassnahmen auch von dieser Seite her begründet werden können. Im einzelnen stellen sich dem Projekt im Bereich der Erfassung der Bodenerosion folgende Aufgaben:
- Ausmass der Bodenerosion auf möglichst breiter räumlicher Basis abschätzen und ihre differenzierte Verbreitung analysieren
- Humus- und Nährstoffverluste abschätzen

– Einfluss von Anbautechniken, Fruchtfolgesystemen, Bodenbedingungen, Reliefformen und Gebietsstruktur auf die festgestellte Bodenerosion im Rahmen der verfügbaren Varianten erfassen
– Verbreitung und Ausmass direkter, visuell erfassbarer Schäden durch Abtragsprozesse abschätzen.

Wie die Aufzählung zeigt, können mit den zur Verfügung stehenden Mitteln nicht alle Probleme bearbeitet werden. So musste z.B. die Frage der Ertragseinbussen und der Auswirkungen auf die Gewässer ganz weggelassen werden.

Diese Arbeiten werden in den Testregionen Frienisberger Plateau/Rapperswiler Plateau und Jorât ausgeführt (Abb. 1). Entsprechend der Vorgehensweise (siehe Punkt II) wird dabei übersichtsartig in den Gesamtgebieten und konzentriert in Kleintestgebieten gearbeitet.

II. Arbeitsstrategie

Eine Grundlage für den gezielten Einsatz von Gegenmassnahmen bildet die Kenntnis über Ausmass und Verbreitung des Bodenverlustes und der sich daraus ergebenden Schäden. Dabei liegt das Interesse weniger auf besonders genauen Einzelangaben als vielmehr auf der Schätzung repräsentativer Durchschnittswerte. Abschätzungen sind für praktische Zwecke ausreichend genau. Das ganze Konzept ist deshalb auf die Durchführung von Abschätzungen ausgerichtet und nicht auf Einzeluntersuchungen des grundsätzlich ausreichend bekannten Bodenerosionsprozesses. Messungen spielen eine untergeordnete Rolle. Selbstverständlich wird Ursachenerhebung betrieben. Dies geschieht aber mit Schwerpunkt auf den Hauptfaktoren und den durch den Menschen manipulierbaren Bedingungen (ackerbauliche Massnahmen, Melioration, Wegebau, Entwässerung usw.). Im einzelnen ist das Konzept darauf ausgerichtet,

– die Bodenerosion als flächenhaftes Phänomen zu erfassen und besonders die grösseren Schäden in ihrer grossräumigen Verbreitung zu betrachten,
– den Bodenverlust durch Rinnenspülung anhand von Detailkartierungen in Kleintestgebieten präzise und wiederholt für eine grössere Zahl von Betrieben abzuschätzen,
– den Bodenverlust durch Flächenspülung und den Humus- und Nährstoffaustrag durch Materialsammlung in Feldkästen und anschliessende Laboranalyse abzuschätzen,
– alle Schätzdaten für den Abtrag, zusammen mit den zugehörigen Erhebungen über die Randbedingungen und die verursachten Schäden auf den Äckern und im Nahbereich, in einer Erosionsschadensdokumentation zu sammeln und damit einer vergleichbaren Auswertung zugänglich zu machen,

LEGENDE

Perimeter GEBIET LYSS
1 Kerngebiet Grossaffoltern
Suberg
Ammerzwil

Perimeter GEBIET VAUD
2 Miniregion Démoret
3 Miniregion Essertines/Oppens
4 Miniregion Cuarnens
5 Miniregion Sullens/Montheron

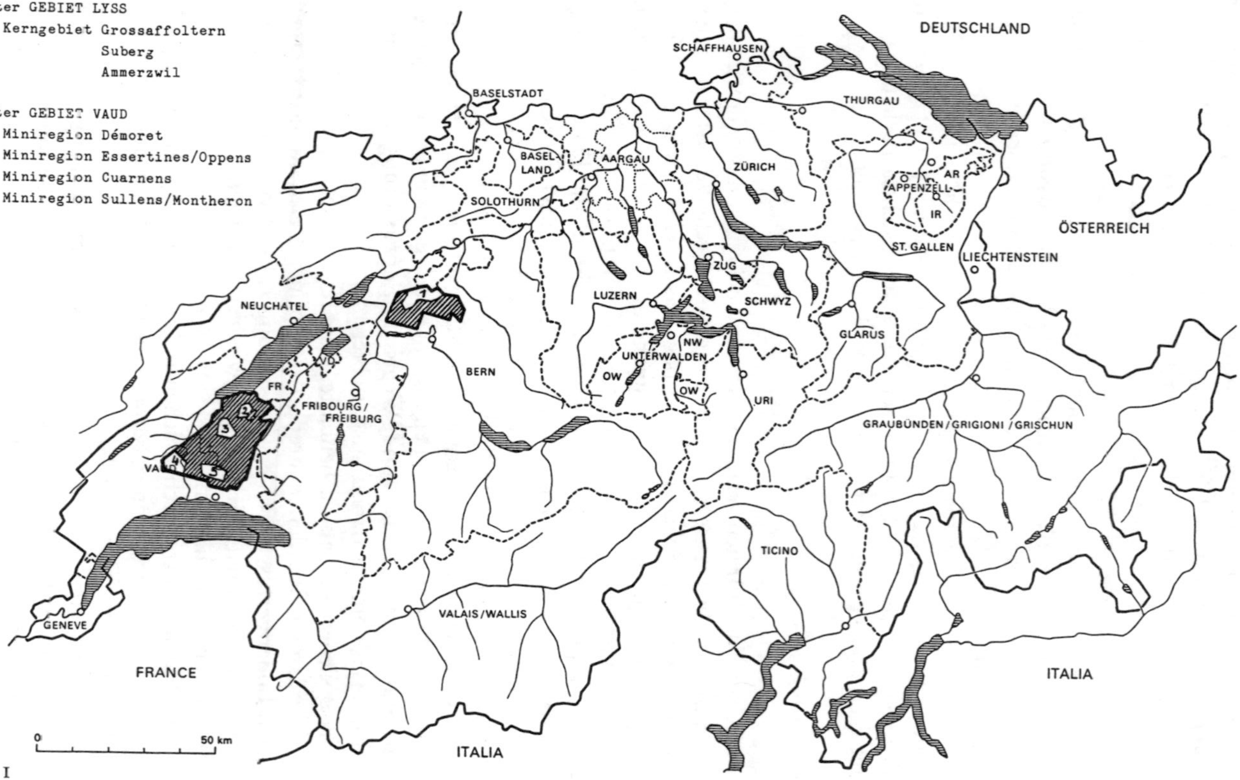

Abb. 1

- die Schadenerhebung durch Einzelstatistiken gezielt zu ergänzen und
- durch gezielte Bodenuntersuchungen und eine Darstellung der Erosivität des Niederschlags für das gesamte Mittelland eine grobe Extrapolation der Daten zu ermöglichen.

Abb. 2 stellt das Vorgehen für die Abschätzung von Erosionsausmass und -verbreitung, Ursachenerhebung und Abschätzung direkter Schäden zusammenfassend und im Ablauf dar. Die Arbeiten werden in den beiden Testregionen (siehe Abb. 1) vom Geographischen Institut der Universität Basel und dem Service Vaudois de Vulgarisation Agricole gemeinsam durchgeführt. Alle Daten werden laufend in der *Erosionsschadensdokumentation* zentral gesammelt. Bei Eintreten eines Erosionsereignisses oder mehrerer winterlicher, hintereinander folgender und nicht sinnvoll trennbarer Ereignisse wird der Bodenabtrag auf zwei Ebenen bzw. Erhebungsbereichen erfasst:

1. Die sichtbaren Erosions- und Akkumulationsformen und Schäden werden kartographisch im Massstab 1 : 5 000 in Kleintestgebieten aufgenommen und vermessen (Beispiel in Abb. 4) und einschliesslich der erosionsrelevanten Bedingungen auf den betroffenen Schlägen mit dem in Abb. 3 gezeigten Schadensformular «ERODOP» dokumentiert. Dies geschieht nach der Aufnahmevorschrift von Th. Mosimann & R. Bono, 1986.
2. In insgesamt 60, in beiden Testregionen auf Äckern mit verschiedenen Standort- und Nutzungsbedingungen eingebauten Feldkästen wird das flächenhaft und in Kleinstrillen abgespülte Bodenmaterial gesammelt. Unter günstigen Voraussetzungen lässt sich damit der flächenhafte Bodenabtrag schätzen; in allen Fällen wird damit Abtragsmaterial für die Laboranalyse gewonnen, um den Humus- und Nährstofftransport zu beurteilen. Zu den berechneten Abtragsvolumina lassen sich damit zugehörige Stoffverluste schätzen.

Abb. 1 *Untersuchungsgebiete des Projektes «Bodenerosion in der Schweiz» im Nationalen Forschungsprogramm «Nutzung des Bodens».*
Es werden Untersuchungsregionen und Kleintestgebiete unterschieden. Die Kleintestgebiete umfassen die Ackerfläche einer ganzen Gemeinde oder Teilareale von 20–50 ha Grösse. Das Testgebiet bei Lyss wird durch das Geographische Institut der Universität Basel, das Testgebiet Jorât durch den Service Vaudois de Vulgarisation Agricole betreut.

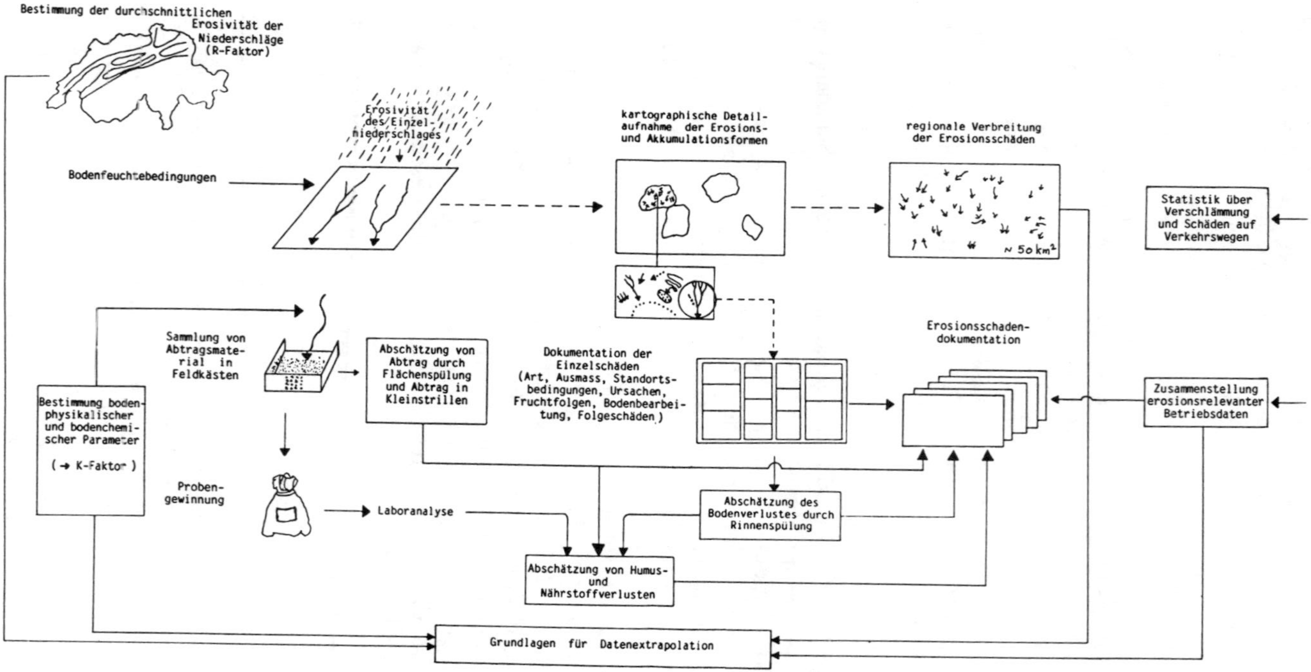

Abb. 2 *Arbeitsschema zur Erfassung des Bodenabtrags und zur Ursachenermittlung der Bodenerosion auf Ackerflächen im Rahmen des NFP «Nutzung des Bodens».*
Alle erfassten Fakten zu Bodenabtrag und Randbedingungen münden in die Erosionsschadensdokumentation. Weitere Erhebungen bilden die Grundlage für flächenhafte Aussagen und die Beurteilung von Folgeschäden. Auf der Basis der Erosionsschadensdokumentation wird der Einsatz von Gegenmassnahmen evaluiert und definiert.

Die in der «Erosionsschadensdokumentation für die Praxis» gesammelten Daten bilden Grundlage für

- Abschätzung der durchschnittlichen und extremen Bodenabtragsraten und der damit verbundenen Humus- und Stoffverluste unter unterschiedlichen Standort- und Nutzungsbedingungen. Daraus resultiert die Beurteilung der Schädigung der Bodenfruchtbarkeit.
- Ursachenanalyse durch eine Beurteilung des Erosionsprozessgeschehens unter verschiedenen Randbedingungen.
- Abschätzung der Grössenordnung direkter Schäden durch Bodenerosion.

Weitere, nicht ereignisbezogene Erhebungen (siehe Abb. 2) liefern z.B. Grundlagen für die Beurteilung des Einflusses der Böden und deren Strukturveränderungen (Erodibilität) auf das Erosionsausmass.

III. Erste Einzelergebnisse aus dem Gebiet Frienisberger Plateau/Rapperswiler Plateau über die flächenhafte Verbreitung der Bodenerosion im Winter

Niederschlagsereignisse am 18. 12. 1986 (9.1 mm in 12 Std.), 10. 2. 1987 (32 mm in 12 Std.) auf gefrorenen Boden und vom 27./28. 2. 1987 (25.7 mm in 30 Std.) führten im Gebiet Frienisberger Plateau/Rapperswiler Plateau zu verbreitetem Bodenabtrag. Die am 18. 12. 1986 entstandenen Formen wurden im Februar, vor allem am 10. 2. 1987, vertieft und ausgeweitet. Am erosionswirksamsten war der Niederschlag vom 10. 2. 87 auf gefrorenen Boden. Alle sichtbaren Erosionserscheinungen wurden im engeren Testgebiet von ungefähr 15 km^2 von W. Rohr und der Kartiergruppe detailliert aufgenommen und vermessen. Damit stehen die ersten Daten für eine grossflächige Beurteilung der winterlichen Bodenerosion im Testgebiet bei Lyss zur Verfügung. Die Auswertung ist im Gange. Selbstverständlich kann dieser Bericht noch keine Ergebnisse vorlegen. Eine erste Zusammenstellung für ein Teilgebiet vermittelt jedoch einige erste Eindrücke über das winterliche Erosionsgeschehen.

Die Grundlagendaten über die flächenhafte Verbreitung der Erosion liefern gemäss Arbeitskonzept (siehe Abb. 2) die Detailkartierung im Massstab 1 : 5 000 und die Erosionsschadensdokumentation. Abb. 4 zeigt einen Ausschnitt aus einer Feldkarte mit einem Teil des Gebietes «Grossaffoltern», das als Perimeter der ersten Auszählung für die Zusammenstellung in Tab. 1 diente. Aus dem Kartenausschnitt werden die verschiedenen Erosionsformen und die Angaben zu den Abtragsvolumina in Rillen und Rinnen ersichtlich. Abb. 3 und 4 vermitteln beispielsartig einen Eindruck über die Arbeitsweise und das Datenmaterial und bedürfen hier keiner weiteren Erläuterung.

ERODOP Erosionsschadendokumentation für die Praxis / érosion-documentation pour le pratique

Alle Ansprachen sind dort zu machen, wo sich die Erosionsform befindet

Nr. 1 2 1 1 0 1	Datum 11.4.87
Koord. 592810/212630	
Politische Gemeinde / Flurbezeichnung: Grossaffoltern/Ammerzwil	
Bearbeiter: Ruf	
frühere Aufnahme auf gleichem Areal?	ja [ ] nein [X]
Feldkasten vorhanden?	ja [ ] nein [X]
Probe Nr. Bodenfeuchte	Probe Nr. Abtrag

Angaben zur Erosionsform

nur ein Kreuz! dominierender Aspekt

Flächenspülung	[ ]
Kleinstrillenerosion	[ ]
Rillenerosion	[X]
Rinnenerosion	[ ]
Grabenerosion	[ ]

Anzahl Rillen (Tiefe <15 cm)	
Anzahl Rinnen/Gräben (Tiefe >15cm)	4
Grösste Tiefe im Gesamtsystem in cm	50
Grösste Länge im Gesamtsystem in m	40
Abtragsvolumen in m^3	6,5
durch Erosion beeinflusste Fläche in Aren	0,5

bei flächenhafter Erosion

Grösse der Spülfläche in Aren	
Grösse der Fläche mit Kleinstrillen in Aren	

Angaben zur Akkumulation

Akkumulation	
diffus auf gleichem Schlag	[ ]
konzentriert auf gleichem Schlag	[ ]
auf benachbarter Ackerfläche	[ ]
auf benachbartem Grünland	[X]
auf benachbarter Gartenfläche u.ä.	[ ]
auf Feldweg	[ ]
auf Strasse	[ ]
in linienhafter Hohlform	[ ]

mittl. Mächtigkeit d. Akkumulation in cm	2
Akkumulationvolumen in m^3	1
Grösse der Akkumulationsfläche in m^2	50
Bodenart des akkumulierten Materials	sU

Verschlämmung

	1 a	b	c
keine Verschlämmung			
teilweise verschlämmt			
flächenhaft verschlämmt	X		

Hangeigenschaften

mittl. Neigung in Grad (nur Erosionsbereich!) mittlereN. / Maximal	9 / 15
Länge des Hanges mit der Erosionsform bis zur ersten obenliegenden Schlaggrenze in m	40
Länge des gesamten Hanges (oder Länge bis Waldrand) in m	180

Hangform

gestreckt ("schiefe Ebene")	[ ]
allseitig konvex	[ ]
allseitig konkav	[ ]
längs-linienhaft konvex	[ ]
quer-linienhaft konvex	[ ]
längs-linienhaft konkav	[X]
quer-linienhaft konkav	[ ]

Grösse des morphographischen Einzugsgebietes in ha (vom Erosionsansatz aus gemessen)	1,2

Lage der Erosionsform

Rücken	[ ]
Hangrücken	[ ]
Oberhang	[ ]
Mittelhang	[X]
Unterhang	[ ]
Hangverflachung	[ ]
Hangfuss	[ ]
Hangmulde	[ ]
muldenförmige Tiefenlinie	[ ]
....	[ ]

Endpunkt des Rillen/Rinnensystems

auf dem Schlag der Entstehung	[ ]
am Rand des Schlages	[X]
am Rand des Schlages in Querrinne	[ ]
am Rand des Schlages auf Weg/Strasse	[ ]
auf benachbartem Acker	[ ]
auf benachbarter Wiese/Weide	[ ]
in Abflussrinne (z.B. Wegrand)	[ ]
in Wasserfassung	[ ]
in Querrinne auf Acker	[ ]
in weiterführender Erosionsrinne	[ ]
am Waldrand	[ ]
....	[ ]

Oberflächenabflussverhältnisse

auf Schlag mit Erosionsform	
kein Wasserzufluss	[ ]
teilweise flächenhafter Wasserzufluss	[ ]
gebündelter Wasserzufluss	[X]

Grund für Wasserzufluss: W:Wasser sammelt sich auf KM-Parzelle,durchfliesst an tiefster Stelle uSB-Schlag und schafft auf hier beschr.Parz.1 Rinne

Abb. 3 *Beispiel für die Dokumentierung eines Erosionsschadens (ERODOP). Gemeinde Grossaffoltern bei Lyss (Kanton Bern). Das Abtragssystem befindet sich auf Parzelle 3483 des Planausschnittes in Abb. 4.*

ein Schlag = eine Kultur

Bearbeitungszustand

	a	b	c (1)	2	3	4
abgeerntet	X					X
gepflügt (Wendepflug)					X	
gepflügt (Grubber)						
geeggt						
gewalzt						
frische Saat (aufgelaufen)				X		
Frucht in Entwicklung						
nicht aufgebrochen						

Rauhigkeit (mittl. Niveauunterschied auf der Ackeroberfläche in cm)	a	b	c
	3		

Bearbeitungsrichtung

	a	b	c (1)	2
in Fallinie				
schräg zur Fallinie				
quer zur Fallinie	X			X
keine Richtung feststellbar				

Ansprache von 1a gilt: ganzer Schlag ☐ nur Randbereich ☐

Kulturart

	a	b	c (1)	2	3	4
Wintergetreide				X		
Sommergetreide						
Mais	X					X
Raps						
Rüben (Zucker-Futterrüben)						
Kartoffeln						
Ackerbohnen/Ackererbsen						
Tabak						
Hopfen						
Feldgemüse						
Gründüngung						
Kunstwiese						
Wiese/Weide						
Brache					X	
....						
Wald						

Detailangaben
1 & 4: KM
2 : WG
3 : uSB

Kulturzustand

	a	b (1)	c
Höhe der Pflanzen in cm			
Bodenbedeckungsgrad in %	5		

Bemerkungen

Schäden an Kulturen

durch Erosion ausgeräumte Pflanzen, Flächengrösse in m^2

a	X
b	
c	

Überdeckung von Pflanzen im Akkumulationsbereich, jeweils in m^2

Akkumulation bis 1/3 der Wuchshöhe ☐
Akkumulation bis 2/3 der Wuchshöhe ☐
Akkumulation über 2/3 der Wuchshöhe ☐
keine Überdeckung ☐

Oberflächenabflussmindernde Elemente im morphographischen Einzugsgebiet

vorhanden ☐
keine vorhanden X

Beschreibung (oder Skizze):
nur oberflächenabflussbündelnde Elemente wie Acker für die Tiefenlinie und Weg (ohne Schotterbett)

Niederschlags-/Abflussbedingungen des Erosionsereignisses

Starkregen nach Trockenperiode ☐
Starkregen nach normaler oder feuchter Periode ☐
Dauerregen ☐
Dauerregen auf durchnässtem Boden ☐
Regen während Schneeschmelze ☐
Schneeschmelze ☐
Schneeschmelze auf gefrorenem Boden ☐
Starkniederschlag............ X

R-Faktor(en) des/der Niederschlagsereignisse(s)

1. ☐ 2. ☐ 3. ☐

Achtung !

Erosionsform steht mit den - auf den zwei folgenden Blättern beschriebenen Phänomena in direktem Zusammenhang.

TH. Mosimann 1987

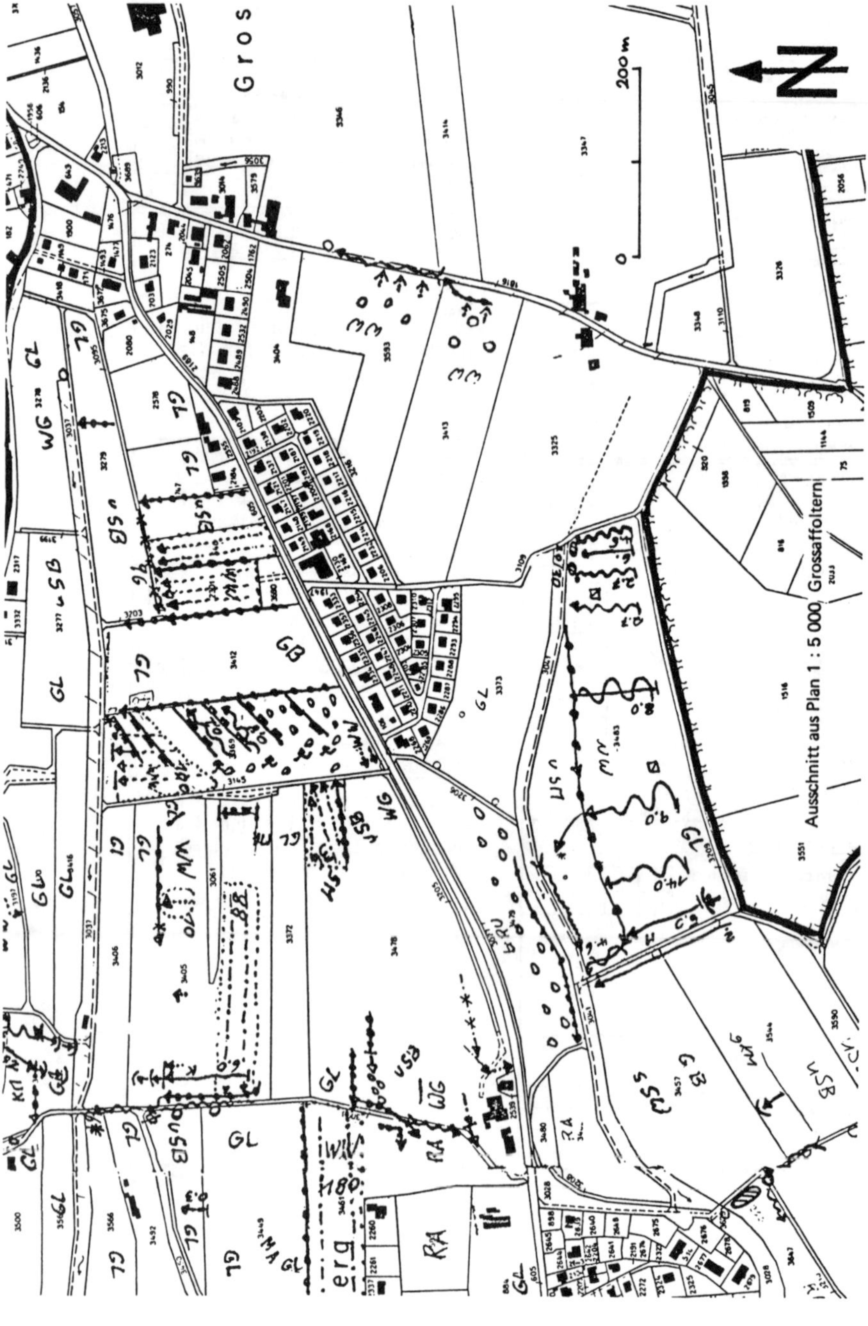

Ausschnitt aus Plan 1 : 5 000, Grossaffoltern

Reproduziert mit Bewilligung der Eidg. Vermessungsdirektion (V + D) vom 28.4.1988

EROSIONSFORMEN

1. Flächenhafte Formen

1.1	Flächenhafte Verspülung (Aggregatzerstörung; lokale Verlagerung der Bodenpartikel)
1.2	Flächenspülung (Häufung von Kleinstrillen < 2 cm tief/< 5 cm breit; Wegtransport von Bodenmaterial); Angabe der geschätzten Fläche in Aren
1.3	Häufung der Kleinstrillen in Radspuren; Flächenangabe in Aren

2. Lineare Formen

2.1	mehrere Kleinstrillen (Einzelform < 2 cm tief/ > 5 cm breit); keine Volumenangabe
2.2	Rille (Einzelform 2-15 cm tief/ > 5 cm breit); Angabe von Rillengrösse (A,B,C...nach Nomogramm) und erodiertem Bodenvolumen in m^3
2.3	Rinne (Einzelform 15-45 cm tief/ > 10 cm breit) ansonsten analog 2.2
2.4	Tiefenerosion in künstlicher Leitlinie wie z.B. Ackerfurche; ohne Volumenangabe

3. Flächenhaft-lineare Formen

3.1	Runsenspülung: Netzwerk von Rillen und/oder Rinnen; Angabe des erodierten Bodenvolumens in m^3
3.2	Runsenspülung: grosse Anzahl parallel verlaufender Rillen und/oder Rinnen; Angabe m^3

4. Zusatzsignaturen

4.1	Ende der Erosionsform an Schlaggrenze
4.2	Beginn der Erosionsform an Schlaggrenze

AKKUMULATIONSFORMEN

5. Akkumulation

5.1	Geringmächtige Akkumulation mit durchschnittlicher Mächtigkeit 3 cm; keine Flächenangabe
5.2	Akkumulation mit durchschnittlicher Mächtigkeit 3-10 cm; Flächenangabe in m^2

NICHT EROSIVER OBERFLÄCHENABFLUSS

6. Abflussbahnen

6.1	Erosionsfreier Abfluss in anthropogener Leitlinie (Drainagegraben, Pflugspur, Fahrspur)
6.2	Beobachteter erosionsfreier Oberflächenabfluss ausserhalb einer anthropogenen Leitlinie
6.3	Rille oder Rinne auf hartbelagfreiem Flurweg

ERGAENZUNGSSIGNATUREN

7.1	Drainagefassung, Dohle unverstopft
7.2	Drainagefassung, Dohle verstopft
7.3	Hangwasser, fliessend
7.4	Feldkasten
7.5	Tiefenerosion bis auf Ausgangsgestein bzw. bis zur Stauschicht; Angabe der Tiefe in cm

KULTURARTEN

8.1	WW	Winterweizen	
8.2	WG	Wintergerste	
8.3	SM	Silomais	
8.4	KM	Körnermais	
8.5	RU	Rüben	
8.6	RA	Raps	
8.7	GL	Grünland	
8.8	GB	Grünbrache	
8.9	SB	Schwarzbrache	u : umgebrochen
			g : gegrubbt

Abb. 4 *Ausschnitt aus einer Originalkartierung 1 : 5 000 der Erosionsformen (Gemeinde Grossaffoltern, Aufnahmen Febr./März 1987 durch Werner Rohr und mitarbeitende Kartierer/innen). Bei Rillen- und Rinnensystemen geben die Zahlen die Abtragsvolumina in m^3 an.*

Gebietsteil	Flächenanteil mit Bodenerosion		Ackerfläche mit Flächenspülung und nicht vermessbaren Erosionsspuren		Ackerfläche mit Rillen- und Rinnenspülung		Abtrag durch Rillen-/Rinnenspülung auf betroffenen Schlägen in
	ha	%	ha	%	ha	%	$t \cdot ha^{-1}$
Ammerzwil	28	49	22	38	6	11	3.2
Suberg	27	29	25	27	2	2	10
Vorimholz-Burst	29	24	25	21	4	3	5.7

Tabelle 1 Flächenanteile der durch Bodenerosion erfassten Ackerflächen und Abtragsmengen durch Rillen-/Rinnenspülung im Winter 1986/87 in Teilen der Gemeinde Grossaffoltern.
Für diese erste Übersicht wurden 270 ha offene Ackerfläche ausgewertet ($\simeq$ 1/4 der kartierten Fläche).

Tab. 1 gibt einen ersten Eindruck über die Flächenanteile der offenen Ackerfläche, die durch Bodenerosion im Winter 1986/87 beeinflusst wurden und zeigt die Grössenordnungen der Abtragsmengen durch Rinnen- und Rillenerosion. Sie basiert auf einer ersten übersichtsartigen Auswertung der Erosionskartierung. Auswertungen der Schadensdokumentation *ERO-DOP* und des mit den Feldkästen erfassten Abtrags durch Flächenspülung stehen im Moment noch nicht zur Verfügung. Für eine erste Übersicht wurde auf dem Gebiet der Gemeinde Grossaffoltern eine Ackerfläche von 270 ha – dies entspricht ungefähr einem Viertel der im Winter 86/87 kartierten Fläche – ausgewertet und dabei die in Tab. 1 zusammengestellten Kennwerte bestimmt. Das Abtragsgeschehen im Winter 1986/87 zeigt im ausgewählten Gebiet folgendes Bild:

- Im Durchschnitt werden *auf rund einem Drittel der offenen Ackerfläche Bodenabtragsprozesse* festgestellt.
- Rillen-/Rinnenspülung ist im Vergleich zur Flächenspülung vier bis zehn Mal weniger verbreitet. Sie tritt, besonders in Bereichen mit geringer Hangneigung, nur kleinflächig auf, ist hier jedoch sehr abtragswirksam (höchste lokale Abtragsmengen).
- Flächenspülung ist ein schleichender, am Einzelpunkt im Vergleich zur Rinnenspülung wenig abtragsintensiver, aber grossflächig wirksamer Prozess.
- Es besteht ein Zusammenhang zwischen mittlerer Reliefenergie eines Teilgebietes und dem Anteil der durch Bodenerosion erfassten Ackerflächen. Die mittleren Abtragsmengen zeigen dagegen diese generelle Abhängigkeit nicht.
- Sehr hohe Abtragsmengen konzentrieren sich auf einzelne Schläge.
- Die Grösse der Akkumulationsflächen ist im Vergleich zur Erosionsfläche praktisch vernachlässigbar.
- Der Abtrag durch Rillen-/Rinnenspülung liegt bereits bei diesen nicht aussergewöhnlichen Winterereignissen an oder über der Toleranzgrenze für den Bodenabtrag.

Selbstverständlich ist es nicht sinnvoll, diese sehr bruchstückhafte erste Übersicht mit grundsätzlichen Erläuterungen zu verknüpfen. Es bleibt zunächst einfach zur Kenntnis zu nehmen, dass eine weit grössere Fläche als bisher gemeinhin angenommen durch die Bodenerosion erfasst wird und die Abtragsraten auf einem Teil dieser durch Bodenerosion geschädigten Flächen die Toleranzwerte überschreiten, d.h. der Bodenverlust mehr oder weniger deutlich grösser ist als die Neubildungsrate.

3. Schaffung von Empfehlungen für den Einsatz von Gegenmassnahmen

I. Schäden durch Bodenerosion und die Problematik ihrer Quantifizierung

Bodenabspülung kann nur in minimalem Masse rückgängig gemacht werden. Sofern der durch den Menschen ausgelöste Bodenabtrag die Neubildungsrate übersteigt, wird der Boden allmählich zerstört. Der Boden ist aber die Grundlage für die Ernährung der Lebewesen und erfüllt als stofflicher Regulator zentrale Funktionen im Ökosystem. Eine schleichende Zerstörung, und sei sie auch gering in Jahresraten gemessen, stellt eine nicht vertretbare Schädigung dar und kann also grundsätzlich nicht hingenommen werden. Da die Neubildungsrate durch Verwitterung unter unseren Klimabedingungen deutlich unter 5 t/ha/J liegt, bleibt kein grosser Spielraum. Die natürliche Nettoerosionsrate, die aus langjährigen Untersuchungen der Schwebstofffracht der Flüsse gut bekannt ist, beträgt im Gebietsmittel ungefähr 0.5–1 t/ha/J. Vermutlich kann maximal das Zwei- bis Dreifache dieses Betrages auf Ackerflächen unter dem Gesichtspunkt einer langfristigen Bodenerhaltung akzeptiert werden. Die Schwelle liegt also recht tief; weit unter dem Punkt, wo die Bodenerosion als zerstörender Prozess aktuell sichtbar wird. Um diese Schwelle zu unterschreiten, müssen auf einem vorläufig noch nicht bekannten Anteil der Ackerflächen im Mittelland die Fruchtfolgen geändert oder gezielte Schutzmassnahmen gegen den Bodenabtrag ergriffen werden.

In Bayern wurde in bezug auf Toleranzwerte des Bodenabtrags ein differenzierter Ansatz gewählt (siehe z.B. K. Auerswald & F. Schmidt, 1986). Hier sollen auf Böden mächtiger Lockersedimentdecken (z.B. Löss) grössere Abtragsbeträge bis 10 t/ha/J toleriert werden, weil sich eine Profilreduktion, die bei solchen Abtragsraten natürlich resultiert, mittelfristig noch nicht auf die Ertragsfähigkeit auswirkt. Dieser Ansatz ist zwar aus der Sicht eines reinen Kosten/Nutzen-Verhältnisses und einer mittelfristigen Ertragsminderung zu verstehen, für eine ökologische Langfristbetrachtung aber etwas problematisch, weil eine Verminderung der Bodensubstanz akzeptiert wird.

Neben den ökologischen Langfristschäden an den Böden und im landwirtschaftlichen Ökosystem verursacht die Bodenerosion auch kurzfristige Schäden im Einzelbetrieb, in der Landschaft und an Einrichtungen der Allgemeinheit. Es darf hier festgehalten werden, dass sich *Bodenerosion bestimmt auch gesamtwirtschaftlich nicht lohnt,* denn es entstehen erhebliche Folgekosten in den verschiedensten Bereichen. Einige mögliche Schäden und daraus abzuleitende Kosten stellt Abb. 5 schematisch zusammen. Dabei sind *direkte Auswirkungen* auf den geschädigten Ackerflächen und die ver-

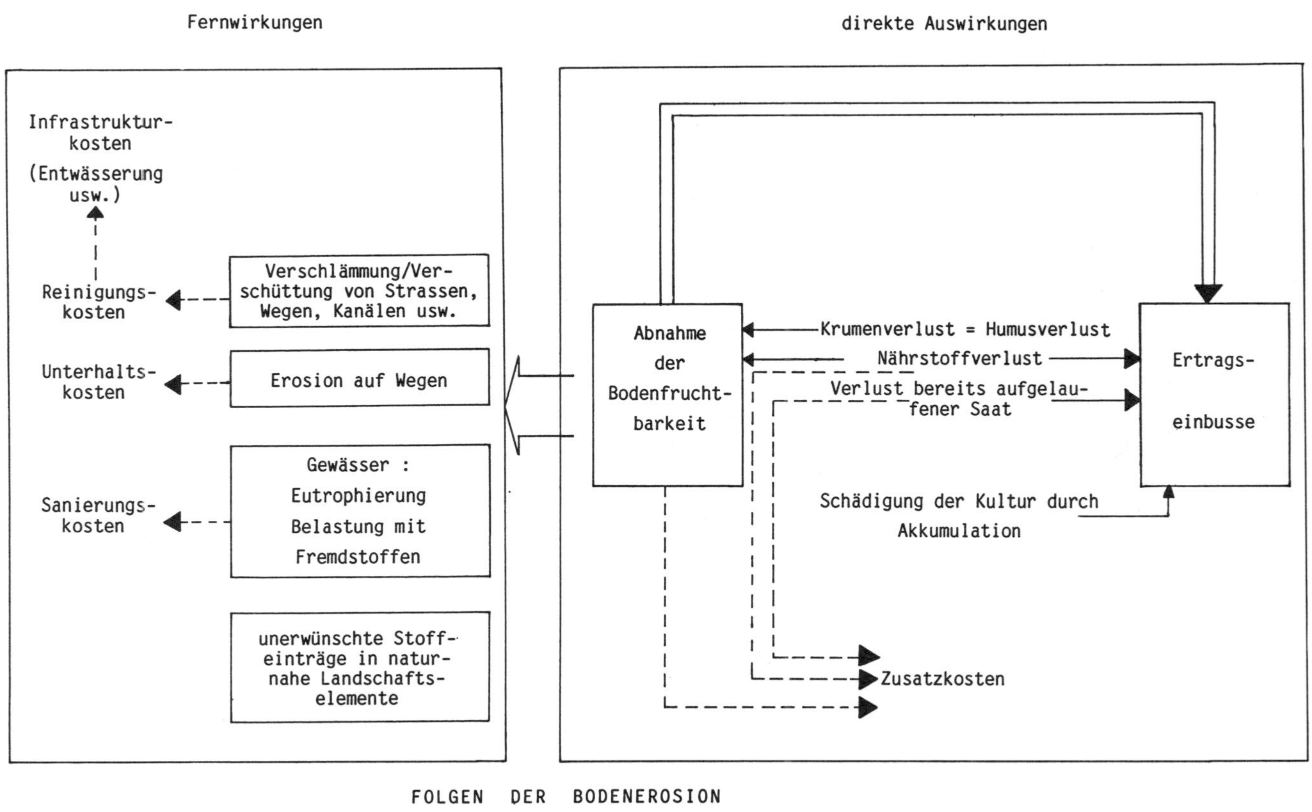

Abb. 5 *Auswirkungen der Bodenerosion und mögliche Bereiche von Folgekosten*

schiedenen *möglichen Fernwirkungen* sinnvollerweise zu unterscheiden.

Auf der Ebene des Einzelbetriebes mit Bodenabschwemmung stehen letztlich immer Zusatzkosten einer Ertragsminderung gegenüber, deren Quantifizierung allerdings schwierig und auch nicht unbedingt sinnvoll ist, weil das ökologische Gut «Bodenfruchtbarkeit» sich ökonomisch nicht quantifizieren lässt. Ein Versuch, den ökonomisch vertretbaren Maisanteil unter Berücksichtigung der Schäden durch die Bodenerosion abzuschätzen, legen A. Heisenhuber & E. Schmidtlein 1987 vor. Auch sie kommen zum Schluss, dass aus der Sicht der Bodenerhaltung die rein ökonomische Bewertung von Ertrags- und Stoffverlusten nicht sinnvoll ist.

II. Gegenmassnahmen – Aufgaben des Projektes

Die Ausarbeitung der Empfehlungen für Gegenmassnahmen wird erst in der zweiten Projektphase an die Hand genommen. Neben der Empfehlung von sog. anbaubegleitenden Gegenmassnahmen wird es aber in erster Linie darum gehen, klar aufzuzeigen, unter welchen standörtlichen Voraussetzungen die Abtragsraten so hoch sind, dass auch mit begleitenden Massnahmen unter Beibehaltung der bisherigen Fruchtfolge die Bodenerosion nicht unter die Toleranzschwelle gedrückt werden kann. In diesen Fällen muss eine grundsätzliche Änderung der Bewirtschaftung verlangt werden.

Im Rahmen der Empfehlung von Gegenmassnahmen hat das Projekt folgende Aufgaben:

- Das Projekt soll *aufzeigen*:
  - Wo sind Gegenmassnahmen aus der Sicht der Bodenerhaltung notwendig (Eingrenzung der Standort- und Nutzungsbedingungen)?
  - Wer muss Gegenmassnahmen ergreifen? Es sind angesprochen:
  - der Landwirt
  - die Gemeinde
  - Ämter der Kantone.
- Das Projekt soll *motivieren:* Gegenmassnahmen durch Offenlegen der vielfältigen Schäden der Bodenerosion plausibel machen.
- Das Projekt soll *empfehlen:* Aus der Liste der heute bekannten Gegenmassnahmen die für die Verhältnisse im schweizerischen Mittelland effizientesten und am besten geeigneten Massnahmen zusammenstellen und erläutern. Es gibt dabei vielfältige Möglichkeiten von Erosionsschutzmassnahmen, wie z. B. Zwischenfruchtanbau, Konturnutzung, reduzierte Bodenbearbeitung, generell verbesserte Bestelltechniken, Verminderung von Fahrspuren und Spurlockerung, Reiheneinsaaten, Untersaaten, begrünte und entwässerte Erosionsschutzstreifen, Gliederung der Flur, Vermeidung grosser Hanglängen usw.

Literatur

Auerswald, K. & F. Schmidt: *Atlas der Erosionsgefährdung in Bayern. Karten zum flächenhaften Bodenabtrag durch Regen.* = GLA – Fachberichte 1, München 1986, 74 S.

DLG (Hrsg.): *Bodenerosion: Ursachen und Gegenmassnahmen.* = Arbeiten der DLG Bd. 174, Frankfurt 1982.

Grub, A.: *Etude de l'érosion dans le perimètre du Jorât. Ses causes, son ampleur et sa repartition.* = Diplomarbeit am Inst. f. Pflanzenbau der ETHZ, 1985, 92 S.

Heissenhuber, A. & E. Schmidtlein: «Probleme der Bodenerosion für Landwirtschaft und Umwelt». In: *Der Förderungsdienst,* 5 (1987), H. 2, S. 31–39.

Karl, J. & M. Porzelt: *Erosionsversuche in Maiskulturen 1981–1984.* = Information Berichte Bayerisches Landesamt f. Wasserwirtschaft, 4/85, München 1985, 76 S.

Leser, H.: «Bodenerosion in der Schweiz». In: *Dokument Nr. 3 der Bodenkundl. Ges. der Schweiz,* Zürich 1986, S. 17–26.

Leser, H. & R.-G. Schmidt: «Probleme der grossmassstäblichen Bodenerosionskartierung». In: *Zeitschr. f. Kulturtechn. & Flurbereinigung,* 21 (1980), S. 357–366.

Maillard, A.: «Le concept du travail de conservation du sol». In: *Revue Suisse Agricole,* 17 (1985), H. 6, S. 325–330.

Mosimann, Th. & R. Bono: *Aufnahme von Bodenerosionsformen und -schäden auf Ackerflächen. Legende, Vorlagen, Erläuterungen und Hilfsmittel für die kartographische Aufnahme und Schadensdokumentation.* Geogr. Inst. d. Uni Basel, 1986, 32 S., (als Manuskript vervielfältigt).

Schwertmann, U.: «Grundlagen und Problematik der Bodenerosion». In: *Bodenerosion,* = Arbeiten der DLG, Band 174, Frankfurt 1982, S. 9–16.

Schwertmann, U. und Mitarbeiter: *Die Vorausschätzung des Bodenabtrags durch Wasser in Bayern.* Freising 1981, 125 S.

Viani, J.-P.: *Contribution à l'étude experimentale de l'érosion hydrique.* = Diss. ETH Lausanne, 1986, 241 S.

PETER BACCINI, BERCHTOLD VON STEIGER UND GABRIEL PIEPKE

Bodenbelastungen durch Stoffflüsse aus der Anthroposphäre

1. Einleitung

In dicht besiedelten Regionen der Industrieländer wird praktisch die gesamte verfügbare Bodenfläche vom Menschen genutzt, sei es als landwirtschaftliche Kulturfläche, sei es als bewirtschafteter Wald oder als eigentlicher Siedlungsraum (*Anthroposphäre*). Nutzung des Bodens wird hier verstanden als Einflussnahme auf den Stoffhaushalt des Ökosystems Boden, der für den Menschen bestimmte Funktionen übernehmen muss, z.B. als Träger von und Nährstofflieferant für Nutzpflanzen (z.B. Getreide, Holz), als mechanisch stabile Basis für Behausungen und Verkehrswege.

Alle vom Menschen produzierten Stoffe gelangen früher oder später über verschiedene Wege in die Gewässer und in die Böden, sowohl fein verteilt als auch konzentriert (z.B. in Deponien). Die Luft ist nur Transportvehikel. Was der Mensch in die Luft abgibt, gelangt durch Deposition wieder auf den Boden. Schutzmassnahmen für die Umweltkompartimente Wasser und Luft erzeugen wiederum neue Reststoffe, die in irgendeiner Form dem Boden übergeben werden müssen. So werden in der Schweiz bis Ende der 80er Jahre etwa 90% der Bevölkerung (rund 6 Millionen Einwohner) zum Schutz der Gewässer an einer Abwasserreinigungsanlage angeschlossen sein. Der in diesen Anlagen produzierte Klärschlamm soll nach bisherigem Konzept wieder dem Boden übergeben werden. Auch zusätzliche Abluftreinigungen von Verbrennungsanlagen produzieren Filterrückstände, die in einer geeigneten Form in den Boden zurückgeführt werden müssen. Der Boden dient dem Menschen auch als *Senke für seine Abfälle*.

Der Boden kann aber auch vom Menschen derart verändert werden, dass jeder zur neuen *Quelle von Stoffen* wird, die ans Gewässer abgegeben werden. So widerspiegelt sich in Sedimenten (Stumm und Baccini, 1978) die stoffliche Entwicklung anthropogen beeinflusster Böden aus dem Entwässerungsgebiet von Seen. Böden, deren Pufferkapazität durch Säureeintrag aus der Luft über Jahrzehnte aufgebraucht wurde, werden zu Lieferanten erhöhter und toxischer Metallflüsse.

Bodenbelastung wird hier im engeren Sinne als Stoffhaushaltsveränderung der pedologisch definierten Bodenschicht verstanden. Es geht um die Frage, bis zu welchem Ausmass anthropogene Stoffflüsse den über Jahrtausende entwikkelten Boden in seiner chemischen Zusammensetzung so beeinflussen können, dass sein Stoffhaushalt verändert wird. Antworten auf diese Frage enthalten noch keine Aussagen über die ökologischen Wirkungen solcher Veränderungen. Sie dienen aber der *Früherkennung*, um beobachtete oder künftige Belastungen zu reduzieren respektive zu verhindern (Prophylaxe), bevor anspruchsvolle ökotoxikologische Beweise vorliegen oder nicht voraussehbare Schäden auftreten.

2. «Helvetialand», ein Siedlungsraum im schweizerischen Mittelland

Der Boden wird als Teil eines Siedlungsraumes begriffen (Abb. 1). Dieser Siedlungsraum ist ein offenes System, d.h. durchflossen von Energie und Stoffen. Die Vehikel der Stofftransporte (Ein- und Austräge) sind Luft, Wasser und die Transportmittel des Menschen. Die stofflichen Einträge stammen aus benachbarten menschlichen Aktivitäten (*anthropogen*), z.B.

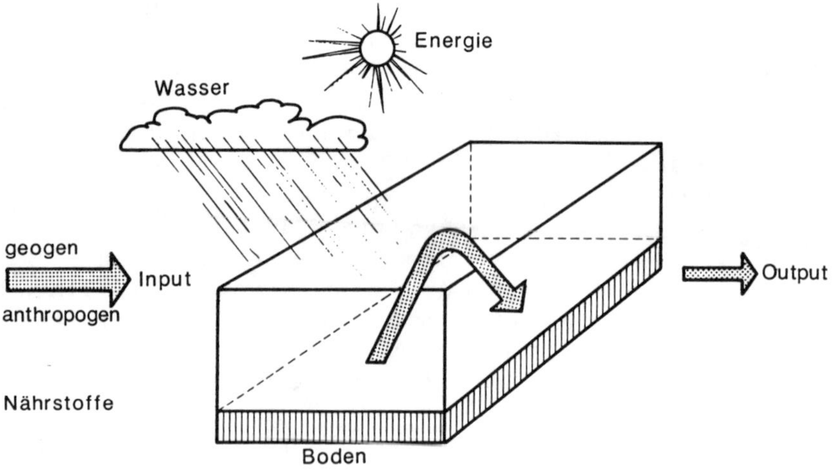

Abb. 1 *Schematische Darstellung der Stoffflüsse im offenen System «Siedlungsraum»*

Stickoxide aus Verbrennungsmotoren und Natriumchlorid in Abwässern, und aus natürlichen Quellen (*geogen*), z. B. verdunstetes Meerwasser und Kohlendioxid aus der pflanzlichen Atmung. Der Stoffwechsel eines Siedlungsraumes ist somit nicht nur geprägt von den inneren geogenen und anthropogenen Aktivitäten, sondern auch vom geographischen Standort (Makro- und Mikroklima, Charakter der benachbarten Siedlungsräume).

Will man den Stoffhaushalt des Bodens in Funktion der Zeit in einem Siedlungsraum qualifizieren und quantifizieren, so müssen die Rahmenbedingungen dieses offenen Systems bekannt sein. Für grosse Siedlungsräume (Grundfläche > 10 000 km^2) existieren erst grobe Abschätzungen (z. B. Sposito und Page, 1984). Auch für das schweizerische Mittelland gibt es noch keine Untersuchungen, aus welchen man generalisierbare Schlussfolgerungen für den Stoffhaushalt der verschiedenartig beschaffenen und genutzten Böden ziehen könnte (Häni et al., 1984). Zur Illustration der Problemstellungen und der wissenschaftlichen Methodik bei der Beurteilung stofflicher Belastungen von Böden soll deshalb ein fiktiver Siedlungsraum ausgewählt werden, der den Verhältnissen im schweizerischen Mittelland sehr nahe kommt (Abb. 2).

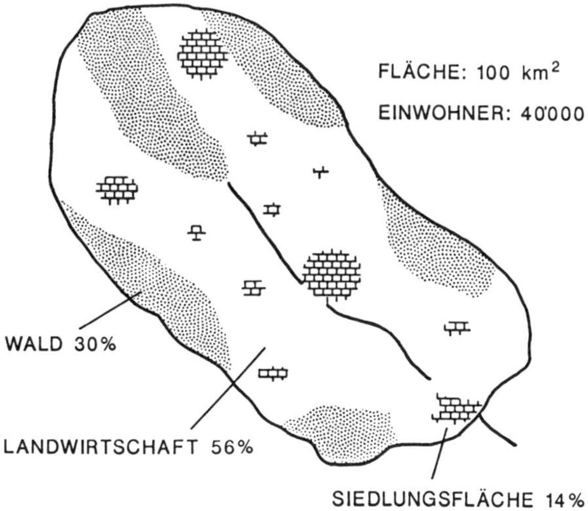

Abb. 2 *Schematische Darstellung der Flächennutzung eines fiktiven Siedlungsraums «HELVETIALAND»*

Der Siedlungsraum «Helvetialand» habe auf einer Grundfläche von 100 km^2 40 000 Einwohner, verteilt auf grössere und kleinere Ortschaften. Die gesamte Nettosiedlungsfläche beanspruche 14%. Das landwirtschaftlich genutzte Kulturland habe einen Anteil von 56%, das der Forstwirtschaft von 30%. Zur Vereinfachung der nachfolgenden Berechnungen wird angenommen, dass die Nachbarräume ähnlich beschaffen sind und damit der anthropogene Eintrag über Luft und Wasser etwa dem Austrag gleichgesetzt werden kann (Abb. 1). Im weiteren wird angenommen, dass «Helvetialand» die Rückstände aus der Abwasserreinigung, nämlich den Klärschlamm, auf der ganzen landwirtschaftlichen Kulturfläche verwertet (längerfristig in der Fruchtfolge mehr oder weniger homogen verteilt). Auch die Entsorgung der Siedlungsabfälle geschehe autonom in einer Kehrichtverbrennungsanlage, welche, wie die Mehrheit dieser Anlagen in der Schweiz, bis 1987 noch nicht mit einer weitergehenden Rauchgasreinigung ausgerüstet ist.

Fünf Indikatorelemente, nämlich Schwefel, Stickstoff, Phosphor, Cadmium und Blei, werden für eine Abschätzung jährlicher Stoffflüsse in den Boden von «Helvetialand» ausgewählt. In Tab. 1 wird illustriert, dass diese Elemente Aktivitäten des Menschen (z.B. Wohnen, Transportieren) und die damit verbundenen Güter (z.B. fossile Brennstoffe) und Stoffe (z.B. Stickoxide) indizieren können.

Tabelle 1 **Beispiele menschlicher Aktivitäten und damit verbundene Güter und Stoffe**

Aktivität	Gut	Stoff	Indikatorelement
Wohnen Transportieren	Fossile Brennstoffe	Schwefeloxid Stickoxid Bleitetraäthyl	S N Pb
Ernähren	Dünger Getreide	Phosphat Protein	P N
Entsorgen	KVA-Abluft Klärschlamm	Metallsalz	Cd

Mit Hilfe der *Methodik der Stoffflussanalyse* (Baccini et al., 1985) sollen folgende drei Fragen diskutiert werden:

1. Welche menschlichen Aktivitäten prägen den Stofffluss in die Böden?

2. Wie verändern sich die Elementgehalte von Böden in Abhängigkeit ihrer Nutzung und ihres Standortes?
3. Welche Regelfunktion übernimmt der Boden im Stoffhaushalt einer Region?

3. Anthropogene Stoffflüsse in den Boden

Zur Beantwortung der ersten Frage werden durchschnittliche schweizerische Verbrauchs- und Produktionswerte von wichtigen Konsum- respektive Abfallgütern für «Helvetialand» eingesetzt. Diese Werte stammen aus einer Vielzahl von Quellen (zusammengestellt in Baccini und Diener, 1987). In Tabelle 2 werden für die fünf ausgewählten Indikatorelemente die anthropogenen Beiträge aus der Verbrennungsabluft der fossilen Brenn- und Treibstoffe (Energiekonsum) und der Kehrichtverbrennung (KVA) sowie der Klärschlammverwertung in der Landwirtschaft gegenübergestellt.

Tabelle 2 **Abschätzung von Elementflüssen aus der Anthroposphäre**

Element	Luftemissionen (1) aus Energiekonsum (in g pro Einw. und Jahr)	Luftemissionen (1) aus KVA (in g pro Einw. und Jahr)	Einträge aus dem Klärschlamm (2)
Stickstoff	8500	1400	380
Phosphor	<1	<10	260
Schwefel	7000	360	540
Cadmium	0.05	0.16	0.80
Blei	70	3.6	16

(1): Verteilt auf der ganzen Bodenfläche von «Helvetialand».
(2): Verteilt auf der landwirtschaftlichen Fläche (Abb. 2).

Diese Werte sowie Daten für die geogenen Einträge (für Stickstoff, Schwefel und Blei aus EDI (1984), für Phosphor und Cadmium aus Zobrist (1983)) und die Elementflüsse in durchschnittlicher Düngeranwendung (Stadelmann (1987) und eigene Erhebungen) erlauben eine Gegenüberstellung der Elementflüsse in den landwirtschaftlichen Boden von «Helvetialand» (Abb. 3).

Der Stickstoff- und Phosphoreintrag wird erwartungsgemäss vom Düngerfluss geprägt. Der Stickstoffbeitrag der Abluft, «NS anthropogen» (primär aus dem Energiekonsum, genauer gesagt aus den Motorfahrzeugen), ist jedoch signifikant (ca. 10% des jährlichen Gesamteintrages).

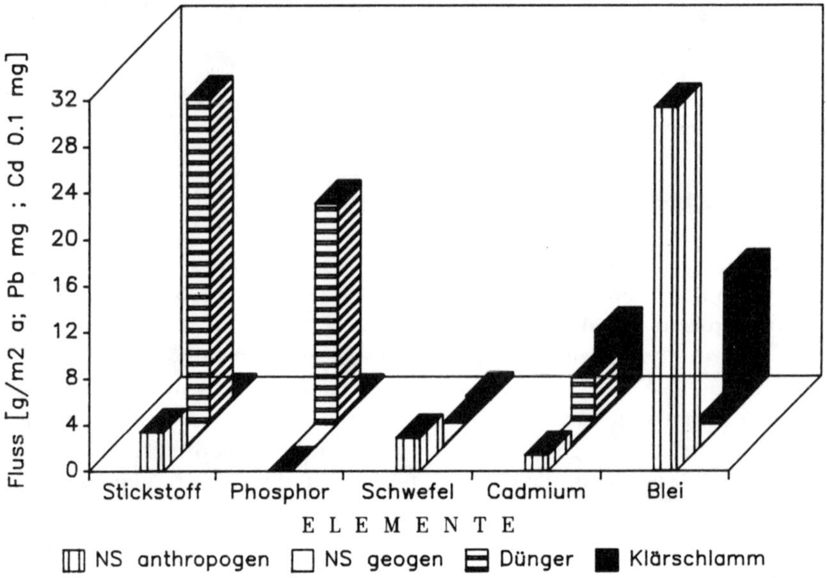

Abb. 3 *Jährliche Elementflüsse in den landwirtschaftlichen Boden von «Helvetialand»*

Die wichtigste Schwefelquelle bilden die fossilen Brennstoffe, gefolgt vom Klärschlamm (ca. 1%).

Der Cadmiumfluss wird durch Klärschlamm und Dünger geprägt (BUS, 1985). Auch der Beitrag aus der Abluft (primär aus der KVA, Tab. 2) liegt in der gleichen Grössenordnung.

Der grösste Bleieintrag stammt aus dem bleihaltigen Benzin. Die Fracht aus dem Klärschlamm ist ebenfalls bedeutend.

Für alle fünf Elemente gilt die Feststellung, dass in «Helvetialand» *die anthropogenen Beiträge um mindestens eine Grössenordnung höher sind als die geogenen*. Mit anderen Worten: Das biologische System Boden, unter räumlichen und stofflichen Rahmenbedingungen wie in «Helvetialand», erfährt seit Jahrzehnten qualitative und quantitative Veränderungen des Stoffeintrages, die, gemessen an der früheren, sich über Jahrtausende erstreckenden Bodenentwicklung (inklusive Nutzung durch den Menschen), neu sind.

Neu ist auch eine breite Palette von synthetischen organischen Molekülen (es sind Zehntausende), die der Mensch für verschiedene Funktionen einsetzt, z.B. Polyvinylchloride (PVC) als Baustoffe, chlorierte Kohlenwasserstoffe als Lösungsmittel. Zur Illustration der möglichen Einflüsse auf den Stoffhaushalt des Bodens sollen zwei Komponenten von Waschmittelinhaltsstoffen dienen, nämlich die Tenside vom Typ «Lineare Alkylbenzolsulfonate (LAS)» und die «Nonylphenolpolyethoxylate (NPnEO)». Das Verhalten dieser beiden Stoffe bei der Abwasserreinigung und der Schlammbehandlung wurde kürzlich von Giger et al. (1987) untersucht. Sowohl LAS als auch Nonylphenol (NP, ein anaerob persistentes Abbauzwischenprodukt von NPnEO) werden im stabilisierten Klärschlamm angereichert. Für den landwirtschaftlichen Boden von «Helvetialand» bedeutet dies eine zusätzliche Fracht bodenfremder Stoffe (Tab. 3). Erste Untersuchungen haben gezeigt, dass während einer Vegetationsperiode im Dauergrünland etwa 90% der eingeführten Menge im Boden abgebaut wird (Diercxens et al., 1987). Somit bleibt eine signifikante Restbelastung, deren ökotoxikologische Bedeutung noch nicht erforscht ist.

Tabelle 3 **Organische Waschmittelinhaltsstoffe im Klärschlamm** (basierend auf Daten von Giger et al., 1987)

Chem. Verbindung	Konzentration im Klärschlamm Gramm pro kg Trockensubstanz	Bodeneintrag in «Helvetialand» $[mgm^{-2}a^{-1}]$
LAS (Alkylbenzolsulfonat)	ca. 6	160
NP (Nonylphenol)	ca. 1	30

Zusammenfassend kann postuliert werden, dass der landwirtschaftliche Boden in einem Siedlungsraum mit analogen Rahmenbedingungen wie in «Helvetialand» sowohl durch die landwirtschaftliche Nutzung als auch durch die gesamte Entsorgungspraxis (Restflüsse aus der Anthroposphäre) stofflich verändert wird. Der anthropogene Beitrag ist für eine Reihe von Elementen und Verbindungen viel bedeutender als der geogene. Je nach Stoff sind sowohl Quellen wie auch Eintragswege sehr verschieden.

4. Der Elementhaushalt landwirtschaftlicher Böden

I. Die ökologische Bedeutung von Konzentrationsänderungen

Die zweite Frage nach dem Stoffhaushalt des Bodens (siehe Kapitel 2) bei erhöhtem Eintrag wird mit Hilfe der schematischen Darstellung in Abb. 4 illustriert. Aus den Kompartimenten «Landwirtschaft» und «Luft» gelangt ein Element X in verschiedenen chemischen Formen in den Boden und kann z.B. durch Stoffwechselprozesse oder mit Erntegütern ganz oder teilweise rückgeführt werden. Weitere «Ausgänge» sind die Erosion und der vertikale Stofftransport mit Sickerwasser in tiefere Schichten und bis ins Grundwasser. Das «offene System Boden», welches sich in einem gegebenen Klima entwickelt hat, benötigt für eine bestimmte Kombination pflanzlichen Wachstums längerfristig (Jahrzehnte oder Jahrhunderte) einen Zustand des Fliessgleichgewichtes für alle essentiellen (lebensnotwendigen) Stoffe. Auch wenn in einem Jahreszyklus starke saisonale Unterschiede zwischen Eintrag und Austrag auftreten können oder sogar müssen – sowohl in landwirtschaftlich intensiv genutzten Böden wie auch in anthropogen praktisch unbeeinflussten Böden – so sollte eine bestimmte Lebensgemeinschaft über Jahre hinweg ähnliche stoffliche Verhältnisse vorfinden können. Mit anderen Worten: $x(t) \approx$ const. im Mittel über mehrere Jahre (Abb. 4).

Die Frage nach der «tolerierbaren Abweichung» soll mit Hilfe der Abb. 5 kurz diskutiert werden. Für jeden Organismus (vom Einzeller bis zum Säugetier) existiert ein optimaler Konzentrationsbereich in bezug auf die biologisch verfügbare Form eines essentiellen Stoffes. Niedrigere Konzen-

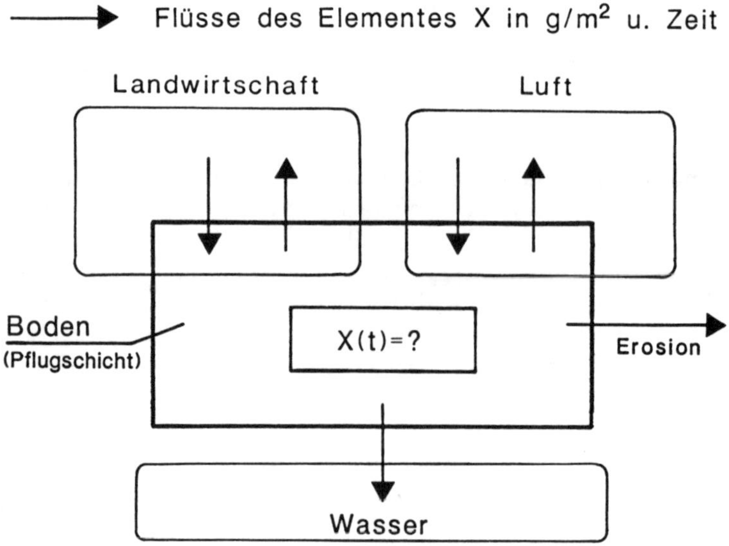

Abb. 4 *Schematische Darstellung des Elementhaushalts für landwirtschaftliche Böden*

trationen wirken wachstumshemmend (limitierend), höhere Konzentrationen toxisch oder sogar tödlich (letal). Im Falle nicht essentieller Stoffe spricht man von einem tolerierbaren, d.h. nicht schädlichen Konzentrationsbereich. Es ist heute möglich, in Labor- und Feldexperimenten diesen optimalen oder tolerierbaren Konzentrationsbereich für einzelne Organismen, einzelne Stoffe oder einfache Stoffkombinationen zu ermitteln. Es ist aber noch nicht möglich, für das komplexe Ökosystem Boden alle wichtigen synergistischen und antagonistischen Wirkungen im Chemismus des Bodens und im Stoffwechselprozess, über komplizierte Nahrungsketten, zu erfassen, geschweige denn zu prognostizieren. Schon relativ einfach angelegte Konkurrenzsituationen verschiedener Schwermetalle in Laborexperimenten lassen erkennen (Schmitt und Sticher, 1986), dass zum Beispiel die biologische Verfügbarkeit von Cadmium durch konkurrierende Ionen an adsorbierenden Oberflächen erhöht werden kann. Es ist noch nicht genügend erforscht, welche Organismen für einen bestimmten Stoff den schmälsten optimalen Konzentrationsbereich besitzen, d.h. am empfindlichsten bezüglich Konzentrationsänderungen reagieren. Es ist auch noch nicht bekannt, wie das ganze System bei der Schädigung einzelner oder mehrerer Organismen schlussendlich reagiert.

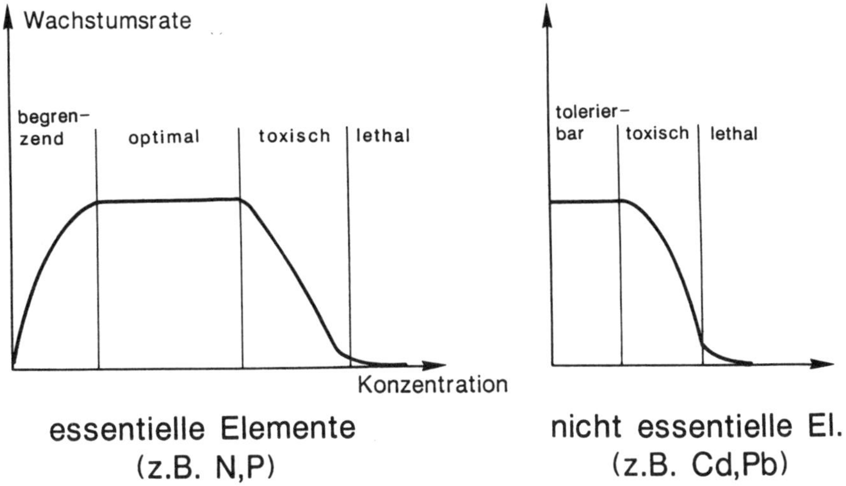

Abb. 5 *Wachstum von Organismen in Funktion der Konzentration von essentiellen und nicht essentiellen Elementen*

II. Strategie im schweizerischen Bodenschutz

Die heute zum Schutz des Bodens festgelegten Richtwerte (Schweiz. Bundesrat, 1986) müssen also auf der Basis dieses Wissensstandes gewertet werden. In der Verordnung über Schadstoffe im Boden dienen vorerst totale und gelöste Konzentrationen von elf Elementen, um die stoffliche Bodenbelastung zu beurteilen. Die Auswahl der elf Elemente beruht im wesentlichen auf zwei Kriterien: 1) Die anthropogenen Flüsse sind gleich oder grösser als die geogenen. 2) Die biologische Erfahrung zeigt, dass diese Elemente, sowohl essentielle (z.B. Kupfer, Zink, Fluor) als auch nicht essentielle (z.B. Cadmium und Blei) für eine Reihe von Organismen relativ schmale optimale respektive tolerierbare Konzentrationsbereiche (siehe Abb. 5) besitzen. Diese Richtwerte sind zwar höher als die heute bekannten durchschnittlichen Gehalte wenig oder nicht anthropogen belasteter Böden (Bowen (1979), Sposito und Page (1984)). Sie liegen jedoch noch in jenem Konzentrationsbereich, wo nach heutiger Erfahrung keine biologischen Schäden auftreten sollten; also noch im optimalen respektive tolerierbaren Bereich. Somit dienen die Richtwerte als «Alarmwerte», die Konzentrationserhöhungen im Boden anzeigen sollen und damit die Kantone – gemäss Verordnung – verpflichten, die Schadstoffquellen zu ermitteln und einen weiteren Anstieg zu verhindern (VSBo, Art. 6). Dies geschieht mit Hilfe von Emissionsbeschränkungen (Luftreinhalteverordnung) und Stoffbeschränkungen oder -verboten (Stoffverordnung, Klärschlammverordnung). Mit anderen Worten: Die heutige Strategie des Bodenschutzes erlaubt praktisch eine gewisse Konzentrationserhöhung bis zu den obgenannten Richtwerten. Diese Strategie soll in Kapitel 5 noch kommentiert werden.

III. Erfassung und Beurteilung von Elementkonzentrationen in Böden

Gewachsene Böden im schweizerischen Mittelland zeigen Schichtdicken zwischen 80 und 120 cm. Landwirtschaftliche Böden werden in der Fruchtfolge über Jahrzehnte hinweg dutzendemal gepflügt, so dass die oberste Schicht von ca. 20 cm, die Pflugschicht, mechanisch gerührt wird, d.h. die Einträge werden darin nahezu homogen verteilt. Die obgenannten Richtwerte beziehen sich denn auch auf diese Pflugschicht, wo die grössten stofflichen Umsetzungsprozesse stattfinden.

Im Unteren Bünztal wurden auf pedologisch vergleichbaren Böden an acht verschiedenen Standorten je drei Bodenprofile entnommen und die Totalgehalte einer Reihe von Elementen, in Funktion der Tiefe, bestimmt (Baccini et al., 1987). Der statistischen Auswertung der Daten (in Abb. 6 sind die Mittelwerte der Proben für Blei, Phosphor und Stickstoff graphisch dargestellt) entnimmt man folgende Phänomene:

6a: Blei

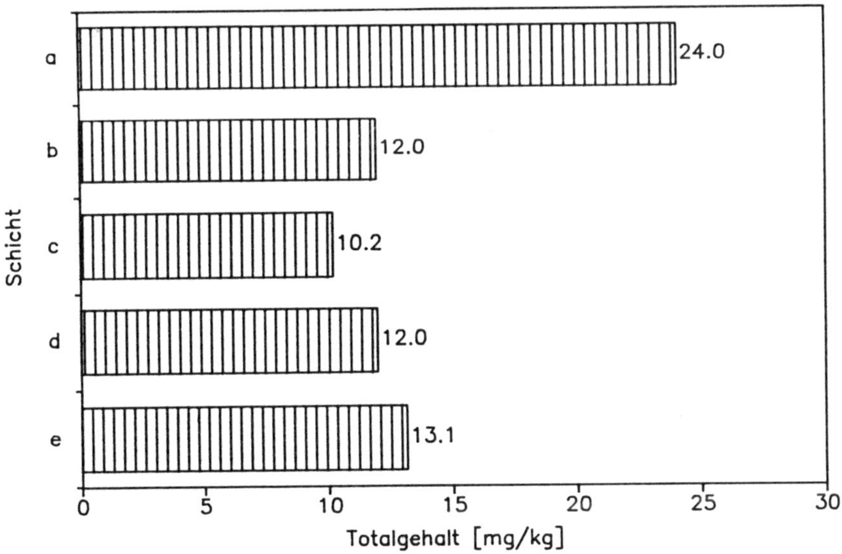

6b: Phosphor

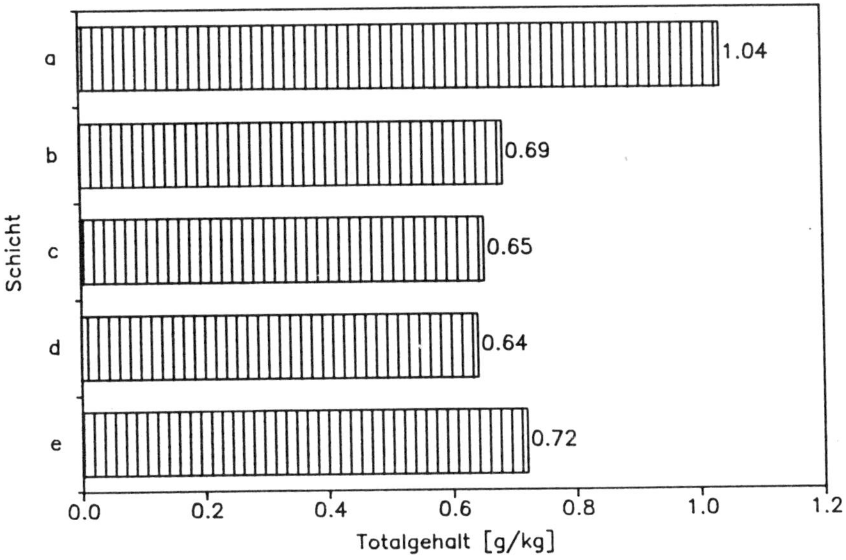

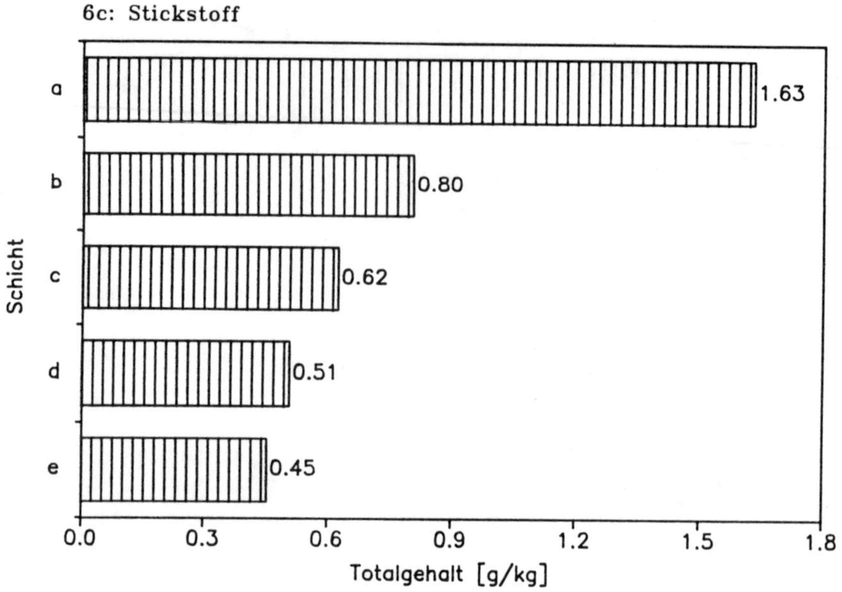

Abb. 6 *Beispiele von Konzentrationsprofilen in landwirtschaftlichen Böden, Totalgehalte (Mittelwerte des Unteren Bünztals) der Elemente*
6a) Blei 6b) Phosphor 6c) Stickstoff
Die Schichten entsprechen den folgenden Bodentiefen:

a	*0– 25 cm*
b	*25– 45 cm*
c	*45– 65 cm*
d	*65– 95 cm*
e	*95–115 cm*

(nach Baccini et al., 1987)

1. Die statistischen Fehler der Mittelwerte (einige Prozente) sind kleiner als die operativ bedingten (Beprobung, Aufschluss, Messung etc.) systematischen Fehler (ca. 10–20%).
2. Für alle drei Elemente ist die Konzentration der obersten Schicht (Pflugschicht) signifikant höher als die der unteren.
3. Im Falle von Phosphor verschwinden die kleinen Differenzen zwischen den unteren Schichten (b–e) in der Streuung der Daten. Die abnehmende Tendenz im Stickstoffgehalt hingegen ist von Schicht a bis d signifikant. Nur Schicht d und e sind nicht nachweisbar verschieden. Die Bleidaten zeigen die kleinste Streuung. Hier sind die Differenzen zwi-

schen benachbarten Schichten – über den ganzen Profilverlauf – statistisch signifikant (Signifikanzniveau für alle Vergleiche zweier Mittelwerte: 99.5 %).

4. Von den drei ausgewählten Elementen existiert nur für Blei ein Richtwert (50 ppm Totalgehalt in Schicht a). Dieser wird in keiner der untersuchten Proben erreicht. Der Mittelwert liegt bei 24 ppm (umgerechnet auf 20 cm Pflugschicht gemäss VSBo: 30 ppm).

Diese Konzentrationsprofile sind Momentaufnahmen eines offenen Systems. Ohne Kenntnisse der Stofftransporteigenschaften dieser drei Elemente kann nicht ohne weiteres gefolgert werden, dass die beobachteten höheren Konzentrationen auf erhöhte Einträge zurückzuführen sind. Es ist auch möglich, dass z.B.

1. Das System selbst in der Lage ist, bestimmte Elemente während seiner stofflichen Entwicklung in der obersten Schicht anzureichern, oder
2. Saisonal bedingte Spitzen durch Düngung oder Niederschläge beobachtet werden, welche jedoch nur zu kurzfristigen (Tage bis Wochen) Konzentrationserhöhungen führen, weil diese Stoffe durch die Pflanze aufgenommen oder rasch ausgewaschen werden.

Somit verlangt die Interpretation von solchen Konzentrationsprofilen auch die Untersuchung der Transporteigenschaften der entsprechenden Elemente im Boden. Zwei komplementäre Methoden stehen dabei zur Verfügung. Die eine Methode arbeitet mit Indikatoren oder Tracern in Labor- und Feldexperimenten und verfolgt die eigentliche Stoffverlagerung im Boden (z.B. Flühler et al., 1985). Man berücksichtigt dabei die chemische Speziierung der Elemente sowie ihr physikalisches und chemisches Verhalten. Damit wird auch das stoffliche Spektrum stark eingeschränkt, da nicht für alle relevanten Elemente diese vielfältigen Informationen zur Verfügung stehen. Die Resultate solcher Untersuchungen erlauben, das Transportverhalten im Boden – in Funktion der Zeit und des Ortes – mit einem mathematischen Modell zu beschreiben. Da sich solche Beobachtungen mit dieser Methode zeitlich auf Wochen bis maximal einige Jahre beschränken und die darauf basierenden Transportmodelle noch sehr grob sind, sind verlässliche Prognosen über grössere Zeiträume (Jahrzehnte) nicht möglich. Die zweite Methode misst Input und Output eines Elementes und bilanziert seinen Bodenhaushalt (siehe Abb. 4). Der Boden selbst wird als «black box» bchandelt. Es lassen sich daraus keine differenzierten Transportmechanismen für den Boden ableiten. Hingegen ist es möglich, die Frage nach $x(t)=?$ auch für grössere Zeitintervalle (> 10 Jahre) und ohne differenzierte Kenntnisse des Chemismus im Boden zu beantworten.

Diese zweite Methode soll mit den drei Elementen Blei, Phosphor und Stickstoff illustriert werden. Die Auswahl dieser drei Elemente ist didaktisch begründet. Sie ermöglicht eine Gegenüberstellung von verschiedenen Elementhaushalt-Typen.

IV. Elementbilanzen von Böden

Die nachfolgend aufgeführten Bilanzen für den landwirtschaftlichen Boden in «Helvetialand» basieren auf ersten publizierten Messresultaten über mittlere Elementgehalte in Niederschlägen, Düngemitteln (siehe auch Abb. 3), Erntegut, Trübstoffen von Oberflächengewässern und Sickerwässern. Die Werte der einzelnen Flüsse müssen noch mit einer Reihe von Feldmessungen im Rahmen des Nationalen Forschungsprogrammes «Nutzung des Bodens» überprüft und für eine konkrete Region gewichtet werden. Bilanziert wird für die Zeitperiode von Anfang 1947 bis Ende 1986, also über 40 Jahre.

Die *Bleibilanz* (Abb. 7a) zeigt, dass der Haupteintrag über die Luft erfolgt. Der Klärschlammeintrag wird hier nicht berücksichtigt. Die beprobten Böden haben keine oder nur unbedeutende Klärschlammeinträge erfahren. Die Menge von 2.1 g/m^2 entspricht etwa der statistisch erfassten Bleimenge von ca. 30 000 Tonnen, die in diesen 40 Jahren in der Schweiz als Benzinzusatzstoff via Verbrennungsmotoren wieder in die Luft gelangt ist und in diesem Fallbeispiel flächenproportional verteilt wird. Im Ver-

7a

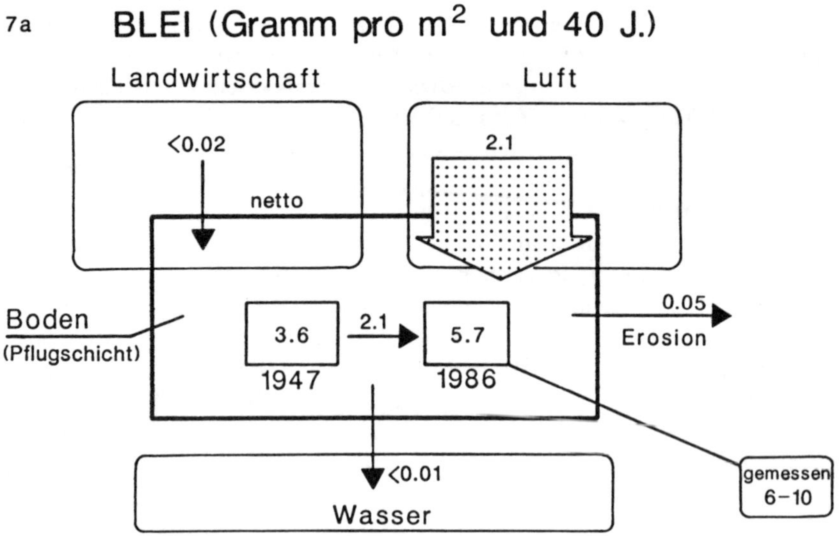

7b PHOSPHOR (Gramm pro m² und 40 J.)

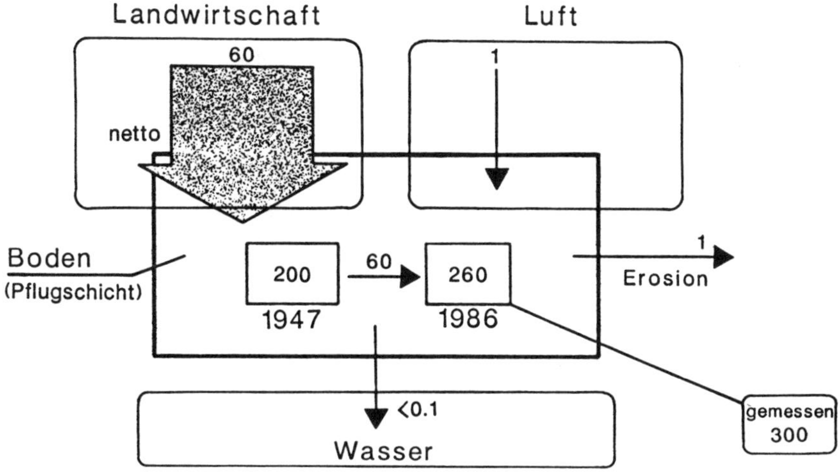

7c STICKSTOFF (Gramm pro m² und 40 J.)

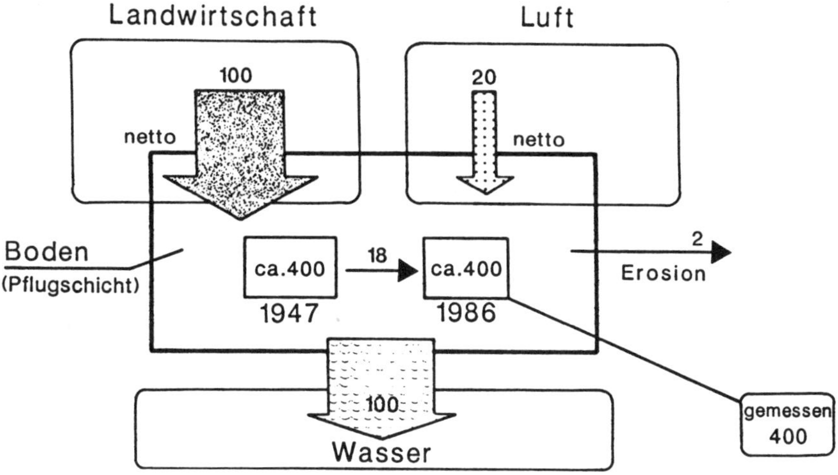

Abb. 7 *Abschätzung von Elementflüssen im landwirtschaftlichen Boden von «Helvetialand» zwischen 1947 und 1986*
a) Blei b) Phosphor c) Stickstoff
«gemessen»: Daten aus dem Unteren Bünztal (Baccini et al., 1987)

gleich dazu sind der Nettoeintrag über die Landwirtschaft sowie die Austräge via Erosion und Auswaschung vernachlässigbar klein. Dies bedeutet, dass der Boden als Bleisenke funktioniert. Nun fehlen leider zuverlässige Informationen über den mittleren Bleigehalt von landwirtschaftlichen Böden im schweizerischen Mittelland vor 1947. Aus einer Vielzahl von Laboruntersuchungen mit der obgenannten ersten Methode ist jedoch bekannt, dass Blei in der obersten Bodenschicht fast vollständig adsorbiert wird. Aufgrund von publizierten Bleigehalten für anthropogen wenig oder nicht belastete Böden (Bowens (1979), Sposito und Page (1984)) liegt der Bleigehalt der obersten Schicht bei 12–15 ppm, was auch der Konzentration der unteren Schichten im Jahr 1986 entspricht, nämlich 12 ppm (Abb. 6a). Somit wäre der Gehalt von 1947 bei ca. 3.6 g/m^2 und wäre durch Addition von 2.1 Einheiten auf 5.7 g/m^2 angewachsen. In der Untersuchung im Unteren Bünztal findet man 1986 Gehalte von 6–10 g/m^2. Diese in erster Näherung recht gute Übereinstimmung wird auch gestützt durch Untersuchungen in Schweizer Waldböden und Seesedimenten (Nyffeler, 1985), die zum Schluss führen, dass Blei aus Autobenzin als Hauptquelle in Aerosolen in Submicrongrösse recht homogen verteilt wird. In «Helvetialand» wird also die oberste Bodenschicht zur wichtigsten und grossräumigen Bleideponie.

Die *Phosphorbilanz* (Abb. 7b) zeigt, dass dieses Element primär durch die landwirtschaftliche Nutzung mit der Düngung eingetragen wird. Der Nettofluss von 60 g/m^2 ist ein statistisch noch schlecht abgestützter Wert, da er sich nicht auf Messungen im Betrieb, sondern auf mittlere Düngungsraten und Ernteflüsse in der Schweiz abstützt. Es dürfte aber von Betrieb zu Betrieb und sogar von Schlag zu Schlag recht grosse Unterschiede geben. Wie beim Beispiel Blei sind die anderen Ein- und Austräge praktisch vernachlässigbar, so dass der durch die landwirtschaftliche Praxis eingebrachte jährliche P-Überschuss fast vollständig im Boden bleibt. Aus vielen Transportuntersuchungen in Böden weiss man, dass Phosphor, hauptsächlich in der chemischen Form Phosphat, wie Blei in der obersten Bodenschicht adsorbiert wird. Nimmt man unter dieser Voraussetzung wiederum an, dass die unteren Schichten (Abb. 6b) den P-Gehalt eines extensiv genutzten Bodens widerspiegeln (ca. 0.7 g/kg), so entspricht dies einem Bodengehalt in «Helvetialand» von 200 g/m^2 anno 1947 und wird innert 40 Jahren auf etwa 260 Einheiten erhöht. Gemessene Mittelwerte im Unteren Bünztal 1986 ergeben ca. 300 g/m^2. Diese Abschätzung stützt den von Furrer (1981) publizierten Befund, dass die P-Gehalte von Wiesland im schweizerischen Mittelland zwischen 1950 und 1970 deutlich angewachsen sind. Zudem ist hinlänglich bekannt, dass besonders im Einzugsgebiet von Seen dieser für die P-Gesamtbilanz des Bodens geringe Austrag in den Gewässern zur wichtigsten Phosphatquelle werden kann. Mit anderen

Worten: Der Phosphorhaushalt des landwirtschaftlichen Betriebes kann zum bestimmenden Faktor in der Gewässereutrophierung werden.

Die *Stickstoffbilanz* (Abb. 7c) zeigt erwartungsgemäss den gleichen dominanten Beitrag aus der Landwirtschaft. Wie schon in Abb. 3 angedeutet, ist der anthropogene Beitrag via Luft (primär Stickoxide aus dem Motorfahrzeugverkehr) nicht vernachlässigbar. Der landwirtschaftliche Nettofluss ist – wie bei Phosphor – nicht gemessen, sondern aus statistischen Dünge- und Erntedaten grob abgeschätzt. Zudem ist die Chemodynamik des Stickstoffs viel komplizierter als bei den vorangegangenen Beispielen (Furrer und Stauffer, 1986). Im besonderen fehlen auch zuverlässige Daten über den Output von flüchtigen Stickstoffverbindungen aus mikrobiellen Abbauprozessen. Im Gegensatz zu Phosphor und Blei sind die eingebrachten Stickstoffspezien durch die Düngung sehr mobil (als gut wasserlösliche Ammonium- und Nitrationen). Deshalb ist es auch möglich, dass beobachtete Austräge über das Sickerwasser ins Grundwasser (Bosshart, 1985) in der gleichen Grössenordnung liegen können wie die Nettoüberschüsse aus dem Input der Landwirtschaft und der Luft. Zudem liegen aus der Literatur keine Messdaten vor, die für die Zeit der 40er Jahre einen signifikant niedrigeren Stickstoffgehalt anzeigen würden als 1986. Das in Abb. 6c dargestellte Konzentrationsprofil des Totalgehaltes repräsentiert erfahrungsgemäss zum grössten Teil organisch gebundenen Stickstoff, der selbst wenig mobil ist, aber als mikrobieller Nährstoff eine permanente Stickstoffquelle darstellt (Stadelmann, 1987). Überschüsse im Stickstoffeintrag der Pflugschicht sind jedoch sehr mobil und dürften relativ rasch, d.h. innert Wochen bis Monate (je nach Wasserfluss) ins Grundwasser transportiert werden. Was für Phosphor postuliert wurde, gilt noch in stärkerem Masse für Stickstoff: Ein unsorgfältiger Stickstoffhaushalt der landwirtschaftlichen Betriebe wirkt sich primär im Gewässer aus, weil der Boden in bezug auf Stickstoff nur eine sehr begrenzte Sorptionskapazität besitzt.

Diese drei Beispiele von Elementbilanz-Abschätzungen führen zu folgenden Folgerungen:

1. Ein erhöhter Eintrag vieler Stoffe lässt sich mit Hilfe der direkten Messung in der Pflugschicht von Böden erst nach Jahrzehnten eindeutig feststellen. So würde zum Beispiel die mittlere jährliche Bleierhöhung in «Helvetialand» bei ca. 1% liegen. Mit der erreichbaren analytischen Genauigkeit wäre also eine signifikante Erhöhung erst nach 10 bis 20 Jahren erkennbar, mit Ausnahme natürlich von wesentlich exponierteren Standorten mit zehnmal höherer Belastung.
2. Es braucht genauere Messdaten beim Ein- und Austrag, um die Rolle des Bodens als Senke oder als Quelle genügend genau zu erfassen. Zusammen mit Kenntnissen über Transportmechanismen für einzelne,

chemisch genau definierte Stoffe ist es dann möglich, Massnahmen für ein langfristig anzustrebendes Fliessgleichgewicht vorzuschlagen.

5. Schlussfolgerungen

- Am Beispiel einer fiktiven Region «Helvetialand», welche ähnliche siedlungsgeographische Eigenschaften besitzt wie Regionen im schweizerischen Mittelland, kann gezeigt werden, dass die anthropogenen Elementflüsse (z. B. Stickstoff, Schwefel, Phosphor, Cadmium, Blei) in den landwirtschaftlichen Boden mindestens zehnmal grösser sind als die geogenen. Diese Entwicklung begann vor etwa einem halben Jahrhundert und stellt deshalb das Ökosystem Boden, welches sich über Jahrtausende entwickelt hat, vor eine neue stoffliche Situation.
- Momentaufnahmen von Elementkonzentrationen in Böden erlauben noch keine eindeutigen Folgerungen über die stoffliche Belastungssituation. Es braucht dazu auch Kenntnisse über die Dynamik des Stofftransportes im Boden. Elementbilanzen, welche auf der Basis von Messdaten sämtlicher Ein- und Austräge über grössere Zeiträume erstellt werden, können die Frage nach der Rolle des Bodens als Senke oder Quelle von Stoffen beantworten.
- Erste Abschätzungen der Elementbilanzen für Blei, Phosphor und Stickstoff im landwirtschaftlichen Boden von «Helvetialand» zwischen 1947 und 1986 führen zu folgenden Hypothesen:
  1. Blei aus der Hauptquelle Treibstoff wird praktisch vollständig via Luft, mehr oder weniger homogen verteilt, in der Pflugschicht adsorbiert. Diese wird somit zur wichtigsten Senke des anthropogenen Bleiflusses.
  2. Phosphor aus der Hauptquelle Dünger wird wegen Düngerüberschüssen ebenfalls fast vollständig in der Pflugschicht zurückgehalten. Der Konzentrationsanstieg könnte innert 40 Jahren durchschnittlich etwa 50% betragen.
  3. Stickstoff aus der Hauptquelle Dünger – mit signifikanten Anteilen aus der Luft – kann vom Boden nicht signifikant sorbiert werden. Überschüssige Stickstoffeinträge werden somit primär an die benachbarten Wasserkompartimente weitergegeben.
- Die aktuelle Strategie im schweizerischen Bodenschutz besteht darin, mit Hilfe von Richtwerten für eine Reihe belastender Elemente (sogenannte «Schadstoffe») Konzentrationserhöhungen zu überwachen und bei Erreichung dieser Werte die Quellen zu ermitteln und neue Stoffflussbeschrän-

kungen durchzusetzen. Die gewählten drei Beispiele sollen auch die Problematik dieser Strategie illustrieren:

1. Konzentrationserhöhungen in der Pflugschicht, auch wenn sie noch keine ökotoxikologische Gefährdung darstellen, können aus analytisch-technischen Gründen erst spät, d.h. vielleicht erst nach Jahrzehnten, festgestellt werden.
2. Die gewählten Richtwerte erlauben praktisch, den Boden auf Zeit als Deponie anthropogener Restflüsse zu benutzen, da die aktuellen Werte meist noch unter diesen Richtwerten liegen.
3. Der Boden als Quelle, sozusagen als Durchlaufsystem mit sehr beschränkter Sorptionskapazität für bestimmte Stoffe, wird nicht berücksichtigt.

– Obwohl dieser erste Schritt im Bodenschutz vernünftig und notwendig ist, so muss doch eine erweiterte Strategie ins Auge gefasst werden:

1. Es sollte grundsätzlich angestrebt werden, dass sich der *Stoffhaushalt des Bodens* mindestens über Jahrzehnte nahezu *im Fliessgleichgewicht* befindet.
2. Es müssten auf Grund dieser Randbedingung *regionale Frachtbegrenzungen anthropogener Stoffflüsse festgelegt* werden, um dieses Fliessgleichgewicht prophylaktisch zu sichern.
3. Frachtbegrenzungen können, mangels genügender ökotoxikologischer Kenntnisse, noch nicht sehr spezifisch festgelegt werden, sondern müssen, wie dies heute auch in den Verordnungen zur Luft-, Wasser- und Bodenreinhaltung geschieht, mit einem *beschränkten Satz von Indikatorstoffen* beschrieben werden.

Diese Strategie basiert auf einer ganzheitlichen Betrachtung von Siedlungsräumen und wäre ein nächster Schritt in der konsequenten Anwendung des im Umweltschutz verankerten Vorsorgeprinzips.

P. Baccini, M. Baechler, P.H. Brunner und G. Henseler (1985): «Von der Entsorgung zum Stoffhaushalt: Die Steuerung anthropogener Stoffflüsse als interdisziplinäre Aufgabe», *Müll und Abfall* 4, 99–108.

P. Baccini und H.P. Diener (1987): «Die Stoffflussanalyse von regionalen Entsorgungssystemen», in *Die Umweltverträglichkeitsprüfung von Entsorgungsanlagen*, AWS-Seminar, ETH Zürich 1987, EAWAG, Dübendorf.

P. Baccini, U. Zihlmann, L. Mazenauer und G. Piepke (1987): *RESUB Projekt Boden, Nr. 30–722 und NFP 22*, unpublizierte Resultate, Abt. AWS, EAWAG, Dübendorf.

U. Bosshart (1985): *Einfluss der Stickstoffdüngung und der landwirtschaftlichen Bewirtschaftungsweise auf die Nitratauswaschung ins Grundwasser*, Beiträge zur Geologie der Schweiz Nr. 32, Bern.

H.J.M. Bowen (1979): *Environmental Chemistry of the Elements*, Academic Press, London.

BUS (1984): *Cadmium in der Schweiz*, Schriftenreihe Umweltschutz Nr. 32, BUS, Bern.

Ph. Diercxsens, M. Wegmann, R. Daniel, H. Häni und J. Taradellas (1987): «Apport par les boues d'épuration de micropolluants organiques dans les sols et les cultures», *Gas-Wasser-Abwasser* 67, 123–132.

EDI (1984): *Waldsterben und Luftverschmutzung*, EDMZ, Bern.

H. Flühler, P. Ferlin, H.M. Selim und R. Schulin (1985): *Transport von Fluorid, Bromid und Chlorid in Bodensäulen und in natürlich gelagertem Boden*, Z. dt. geol. Ges. 136.

O. Furrer (1981): Vorlesungsunterlagen NDS Siedlungswasserbau und Gewässerschutz, ETH Zürich.

O. Furrer und W. Stauffer (1986): «Stickstoff in der Landwirtschaft», *Gas-Wasser-Abwasser* 66, 460–472.

W. Giger, P.H. Brunner, M. Ahel, J. McEvoy, A. Marcomini und C. Schaffner (1987): «Organische Waschmittelinhaltsstoffe und deren Abbauprodukte in Abwasser und Klärschlamm», *Gas-Wasser-Abwasser* 67, 111–122.

H. Häni, M. Schneider, A. Candinas und A. Dessaules (1984): *Bericht über die Belastung der Böden mit Schadstoffen in der Schweiz*, Pilotprojekt für das Nationale Forschungsprogramm «Nutzung des Bodens» (NFP 22), Bern.

U.P. Nyffeler (1985): *The Fate of Airborne Lead in Forest Soils*, EOS Transactions, American Geophysical Union 66 (46), Nov. 12 1985.

H.W. Schmitt und H. Sticher (1986): «Long-term Trend Analysis of Heavy Metal Content and Translocation in Soils», *Geoderma* 38, 195–207.

Schweiz. Bundesrat (1986): *Verordnung über Schadstoffe im Boden (VSBo)*, Bern.

G. Sposito und A.L. Page (1984): «Cycling of Metal Ions in the Soil Environment», in *Metal Ions in Biological Systems*, Vol. 18 (ed. H. Sigel), Marcel Dekker Inc.

F.X. Stadelmann (1987): *N-Flüsse zwischen Atmosphäre und Landwirtschaft – Konsequenzen für die Beratung und die Praxis*, Kursunterlagen LBL-Tagung, Sissach.

W. Stumm und P. Baccini (1978): «Man-made Chemical Perturbations of Lakes», in *Lakes: Chemistry, Geology, Physics* (ed. A. Lerman), Springer-Verlag.

J. Zobrist (1983): *Die Belastung der schweizerischen Gewässer durch Niederschläge*, VDI-Kolloquium «Saure Niederschläge», Lindau BRD.

HEINZ HÄNI

Bodenverschmutzung durch Landbewirtschaftung und agrarische Nutzung

Im Zusammenhang mit der landwirtschaftlichen Praxis können Schadstoffe über verschiedene Wege in den Boden gelangen. Geht man beim Begriff Schadstoff vom Konzept der Verordnung über Schadstoffe im Boden (VSBo) aus, wonach zu diesen Stoffen namentlich Schwermetalle und chlorhaltige organische Verbindungen gehören, stehen als Emittenten hauptsächlich Hofdünger, Handelsdünger, Klärschlamm und Kompost im Vordergrund. Unter Einhaltung dieser Abgrenzung kann auf die Pflanzenschutzmittel nur beschränkt eingegangen werden.

Die Begrenzung auf Schwermetalle und chlorhaltige organische Verbindungen ergibt sich aus der Tatsache, dass diese Stoffe nicht oder nur schwer abbaubar sind, was zu einer Anreicherung im Boden führt.

Im folgenden soll versucht werden, die verschiedenen Einträge zu quantifizieren und mit Bodengehalten zu dokumentieren sowie die Wirkungen dieser Stoffe und Massnahmen zu einer Reduktion ihrer Erträge aufzuzeigen.

1. Schwermetalleinträge

Bei der Beurteilung des Schwermetalleintrages über die *Hofdünger* gilt es einmal zu berücksichtigen, dass ihr Gehalt Ausdruck der allgemeinen Umweltbelastung ist. Die via Wurzeln oder direkt aus der Luft belasteten Pflanzen werden vom Tier verzehrt und zu mehr als 90% wieder ausgeschieden. Eine weitere spezifische Belastung der Hofdünger resultiert aus den Futtermittelzusätzen. Nachfolgend seien einige Zahlen üblicher Zusätze zu Handelsfutter (in mg/kg) wiedergegeben:

Zink	50–100	(beim Schwein bis 300)
Kupfer	5– 20	(beim Schwein bis 250)
Mangan	30– 50	
Eisen	40–100	
Kobalt	0.1–0.5	

Aus Furcht, es könnten Mangelerscheinungen auftreten, wird bei den Zusätzen z.T. stark übertrieben. Die Futtermittelhersteller müssten unbedingt auf die Bodenanreicherungsproblematik aufmerksam gemacht werden.

Bedeutungsvoll ist weiterhin die Tatsache, dass der Schwermetallgehalt in der Hofdüngertrockensubstanz durchschnittlich um den Faktor 4 höher liegt als in der Futtertrockensubstanz, was sich aus dem grossen Kohlenstoffverbrauch im Tier und dem im Vergleich zu den Schwermetallen viel grösseren Übergang des Kohlenstoffs und des Stickstoffs vom Futter ins Tier erklärt.

Da vor allem die Zink- und Kupferzusätze zum Handelsfutter z.T. hoch sein können, sind es eindeutig diese beiden Schwermetalle, die in den Hofdüngern im Vordergrund stehen. Eine Studie des Nationalen Forschungsprogramms Boden (Desaules et al., 1984) zeigt, dass mit Schweinegülle die maximalen Kupferfrachten doppelt, die maximalen Zinkfrachten anderthalbmal so hoch sein können wie gemäss Klärschlammverordnung (1981) noch zulässig ist (2 500 bzw. 7 500 g/ha und Jahr). Die Werte für Rindergülle und Hühnermist liegen jedoch weit unterhalb der Maximalfrachten gemäss Klärschlammverordnung.

In den *Handelsdüngern* spielen bezüglich Bodeneintrag die Schwermetalle Cadmium, Chrom und Vanadin eine gewisse Rolle. Cadmium findet sich im Rohphosphat, wobei je nach Herkunft sehr grosse Gehaltsunterschiede von 6–590 g Cd/t P nachgewiesen werden (Whitby et al., zit. in Mellanby, 1980). Entsprechend werden dem Boden bei einer P-Gabe von 40 kg 0.24–23.6 g Cadmium pro ha zugeführt (maximale Fracht gemäss Klärschlammverordnung 75 g/ha und Jahr).

Chrom und Vanadin sind im Thomasphosphat in grösseren Mengen enthalten. R. Ender (1986) berichtet von einem Versuch, in dem durch eine P-Gabe von 40 kg dem Boden mit Thomasphosphat 660 g Chrom bzw. 2 920 g Vanadin pro ha zugeführt wurden. Die maximale Fracht gemäss Klärschlammverordnung würde für Chrom 2 500 g/ha und Jahr betragen. Beim Vanadin ist kein Vergleich möglich, da ein entsprechender Grenzwert in der Klärschlammverordnung fehlt.

Die maximalen Schwermetallfrachten ergeben sich beim *Klärschlamm* aus der maximal zulässigen Ausbringmenge (2.5 t/ha und Jahr) und den festgelegten Schwermetallgrenzwerten. Dank den zwischen 1978 und 1983 ständig gesunkenen mittleren Schwermetallgehalten und den ebenfalls sinkenden Aufwandmengen, die sich im Mittel auf 1 t Trockensubstanz/ha belaufen, werden die Maximalfrachten heute nur noch zu 10–20% ausgeschöpft.

Demgegenüber musste der *Kehrichtkompost* häufig als Ursache für stark erhöhte Bodengehalte angesehen werden. Bei Aufwandmengen, die mindestens um den Faktor 10 höher sind als für Klärschlamm, ist es nicht erstaunlich, dass auch die Schwermetallfrachten um diesen Faktor höher liegen. Ein problemloser Einsatz von Kompost ist demnach nur dort möglich, wo ein Material zur Verfügung steht, dessen Schwermetallgehalte im Mittel um den Faktor 10 tiefer sind als im Klärschlamm. Mit Kompost, der aus reinem pflanzlichem und tierischem Material hergestellt wird, ist diese Forderung im allgemeinen zu erfüllen.

Am Beispiel des Cadmiums seien die verschiedenen Einträge durch Handelsdünger, Klärschlamm und Kompost miteinander verglichen (siehe Tabelle 1).

Tabelle 1 **Einträge von Cadmium aus Handelsdünger, Klärschlamm und Kompost in den Boden**

Dünger	g Cd/ha und Jahr	Bodengehalts-zunahme in ppm. a^{-1}*
P-Düngung ausschliesslich durch Handelsdünger	5–10	0.002–0.004
Klärschlamm		
Maximalfracht gemäss Klärschlamm-verordung: 30 ppm Cd 2.5 t TS/ha und Jahr	75	0.03
Fracht gemäss aktueller Sitation	6.5	0.0026
Kehrichtkompost 40 ppm Cd, 30 t TS/ha und Jahr (Bundesamt für Umweltschutz, 1985)	1410	0.56
Kompost aus pflanzlichem Material 1.4 ppm Cd, 30 t TS/ha und Jahr	42	0.017

* 1 ha Boden, Tiefe 0–20 cm = 2500 t
Richtwert gemäss Verordnung über Schadstoffe im Boden (VSBo): 0.8 ppm

Obschon andere Einträge als über die Bewirtschaftung nicht Gegenstand der vorliegenden Ausführungen sind, ist es für eine Gesamtbetrachtung trotzdem nützlich, diese Einträge an einem Beispiel mit denjenigen aus der

Luft zu vergleichen. Tabelle 2 stellt – wiederum für Cadmium – die Ergebnisse einer bundesinternen Arbeitsgruppe zusammen (Bundesamt für Umweltschutz, 1984).

Tabelle 2 **Jährlicher mittlerer Eintrag von Cadmium in die landwirtschaftlich genutzten Böden der Schweiz**

Eintrag aus	g/ha und Jahr
Atmosphäre	4
Hofdünger	2
Handelsdünger	2
Klärschlamm	1.7
Kehrichtkompost	0.5

2. Gehalte von Schwermetallen im Boden als Folge verschiedener Einträge

Was die *Hofdünger* anbetrifft, fehlen systematische Untersuchungen. Als Grundlage für solche könnte die in der erwähnten Studie des Nationalen Forschungsprogramms Boden wiedergegebene Darstellung der Gebiete mit sehr hoher Schweinedichte dienen.

Bezüglich *Handelsdünger* sei auf die Arbeit von R. Ender (1986) verwiesen, die Resultate von Schwermetallgehalten in Böden nach langjähriger Anwendung eines Handelsdüngers (Thomasphosphat) enthält (siehe Tabelle 3). Es wird der Schluss gezogen, dass Vanadin und Chrom fast ausschliesslich über die Phosphatdüngung in den Boden gelangen, während bedeutende Anteile von Blei und Cadmium aus der Niederschlagsdeposition stammen.

Für die Abschätzung der Bodenbelastung mit Schwermetallen als Folge der *Klärschlammanwendung* muss man von der Annahme ausgehen, dass vor 1981 – dem Inkrafttreten der Klärschlammverordnung – in Einzelfällen Schlamm schlechter Qualität (hohe Schwermetallgehalte) in Mengen ausgebracht wurde, die bereits zu einem alarmierenden Kontaminationsgrad geführt haben. Tatsächlich sind Fälle aus der Praxis bekannt, wo als Folge einer unsachgemässen Klärschlammverwertung die Gehalte eines oder mehrerer Schwermetalle die Richtwerte der VSBo um den Faktor 2–5 übersteigen (FAC, interne Daten).

Tabelle 3 **Tiefenfunktion von Vanadin, Chrom, Blei und Cadmium in vier Böden nach langjähriger Düngung mit Thomasphosphat (R. Ender, 1986)**

	Sand (ppm)				Lehm (ppm)				Löss (ppm)				Ton (ppm)			
Tiefe (cm)	V	Cr	Pb	Cd	V	Cr	Pb	Cd	V	Cr	Pb	Cd	V	Cr	Pb	Cd
0–25	26	13	69	0.27	71	51	78	0.51	66	44	77	0.38	130	120	64	0.39
25–50	10	7.1	5.7	0.03	55	47	40	0.31	42	40	27	0.14	74	75	14	0.12
50–75	9.3	7.5	4.2	0.04	56	51	26	0.27	45	47	13	0.07	62	68	11	0.08
Richtwert VSBo	–	75	50	0.8	–	75	50	0.8	–	75	50	0.8	–	75	50	0.8

Am Beispiel des Kantons Freiburg (siehe Tabelle 4) kann gezeigt werden, dass beim Einhalten einer guten Praxis – auch nach mehr als zehnjähriger Klärschlammanwendung – die Schwermetallgehalte der Böden nur unwesentlich angestiegen sind (Julien, 1986). Die geschätzten Mengen total ausgebrachten Schlamms bewegen sich zwischen 5.75 und 20 t TS.

Tabelle 4 **Mittlere Gehalte von Cadmium, Kupfer, Nickel, Blei und Zink in Böden des Kantons Freiburg mit und ohne Klärschlamm; 20 Betriebe (Angaben in ppm)**

	Cd		Cu		Ni		Pb		Zn	
Bodentiefe	mit	ohne	mit	ohne	mit	ohne	mit	ohne	mit	ohne
0–20 cm	0.18	0.13	16.7	14.8	27.6	26.3	19.8	18.3	45.9	41.6
60–80 cm	0.02	0.06	12.0	12.6	34.9	33	13.1	12.3	36.0	38.1
Richtwert VSBo	0.8		50		50		50		200	

Geht man allerdings von einer Gesamtdüngstoff-Bilanzierung aus, gemäss welcher der Klärschlamm gezielt als P-Ergänzungsdünger einzusetzen ist, so muss man aufgrund der P-Gehalte im Boden annehmen, dass die meisten Klärschlammabnehmer dieses Konzept noch zu wenig berücksichtigen. So sind die P-Gehalte in den mit Klärschlamm gedüngten Parzellen bedeutend höher als in den Vergleichsparzellen (siehe Tabelle 5).

Tabelle 5 **Totalgehalte von P (ppm) in den Böden des Kantons Freiburg**

Bodentiefe	mit Klärschlamm	ohne Klärschlamm
0–20 cm	1002.9	787.2
60–80 cm	391.6	377.6

Böden, die mit *Kompost* schlechter Qualität (hohe Schwermetallgehalte) behandelt wurden, weisen entsprechend hohe Gehalte auf. Tabelle 6 enthält Angaben über Rebböden (Furrer, 1981).

Tabelle 6 **Schwermetallgehalte (ppm) in Rebböden mit und ohne Kompostgaben**

Element	Boden 0–20 cm	Regionen BE	SH	GE	VD	VS	Nat. Gehalt	Richtwert VSBo
Cadmium	ohne Kompost	<0.5	<0.5	<0.5	<0.5	<0.5	0.1–0.5	0.8
	mit Kompost	6	1.5	<0.5	0.7	<0.5		
Zink	ohne Kompost	112	124	60	88	46	3–50	200
	mit Kompost	1415	536	120	252	146		
Kupfer	ohne Kompost	530	547	110	243	140	1–20	50
	mit Kompost	1000	710	229	395	190		
Blei	ohne Kompost	43	40	31	46	35	0.1–20	50
	mit Kompost	830	239	112	119	81		

Beim Kupfer sind auch in Parzellen ohne Kompost die Gehalte im Boden recht hoch, was auf die Verwendung kupferhaltiger Spritzmittel zurückzuführen ist.

Übertriebene Anwendung von Kompost schlechter Qualität ist ein Hauptgrund dafür, weshalb auch in Gartenböden häufig stark erhöhte Schwermetallgehalte gefunden werden.

3. Einträge organischer Schadstoffe

Im Rahmen eines kürzlich abgeschlossenen Nationalfondsprojektes wurde eine Schätzung des Eintrages polyzyklischer aromatischer Kohlenwasserstoffe (PAH) und polychlorierter Biphenyle (PCB) aus verschiedenen Quellen in landwirtschaftlich genutzten Böden vorgenommen (Diercxens et al., 1987).

Abb. 1 stellt die Ergebnisse für diese zwei synthetischen organischen Schadstoffe als prozentualen Eintrag aus Luft, Handelsdünger, Hofdünger und Klärschlamm graphisch dar.

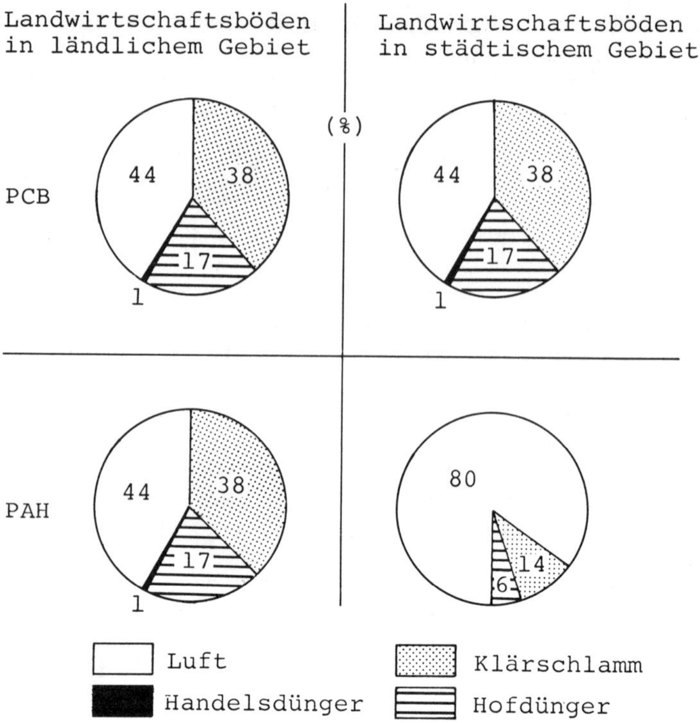

Abb. 1 *Prozentualer Eintrag von PCB und PAH aus verschiedenen Quellen in den Boden*

4. Auswirkungen erhöhter Schwermetallgehalte im Boden

Einige Schwermetalle (wie Kupfer und Zink) sind Spurenelemente, d.h. diese Elemente sind in geringen Konzentrationen für das Pflanzenwachstum notwendig. Andere Schwermetalle (wie Blei, Cadmium und Quecksilber) haben überhaupt keine positive Wirkung. Bei höheren Konzentrationen zeigen alle Schwermetalle – ob Spurenelemente oder nicht – negative Wirkungen.

Die lösliche und damit wirksame Schwermetallkonzentration hängt von den Bodeneigenschaften ab. Neutrale bis schwach alkalische Böden (pH-Wert 6.5–7.5) mit ausreichendem Ton-, Humus- und Oxidgehalt binden Schwermetalle wesentlich besser als saure Sandböden. Pflanzen, die auf solchen Böden wachsen, werden also bereits bei viel geringeren Totalgehalten geschädigt als Pflanzen, die auf gut bindenden Böden gezogen werden.

Neutrale Salzlösungen (z.B. 0.1 M $NaNO_3$) haben sich am besten bewährt, eine zum Pflanzengehalt in Beziehung stehende Schwermetallmenge aus den Böden zu extrahieren. Abb. 2 dokumentiert diesen Befund anhand der Abhängigkeit des Cadmiumgehaltes in Rettichblättern von der aus 12 Böden verschiedener Eigenschaften extrahierten (mit 0.1 M $NaNO_3$) Cadmiummenge (Häni und Gupta, 1984).

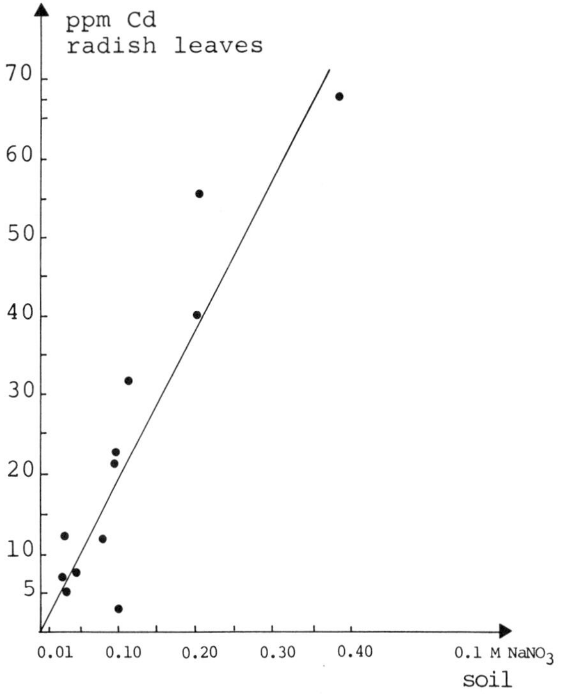

Abb. 2 *Cadmiumgehalt von Rettichblättern in Abhängigkeit des aus 12 verschiedenen Böden extrahierten (mit 0.1 M $NaNO_3$) Cadmiums*

Je geringer die Schwermetalle im Boden festgehalten werden, desto grösser ist ihre Mobilität oder Beweglichkeit. Mobile Schwermetalle besitzen nicht nur eine erhöhte Pflanzenverfügbarkeit, sie unterliegen auch einer erhöhten Auswaschungsgefahr. Tabelle 7 zeigt, dass Zink in einem stark belasteten sauren Boden bis in Tiefen von 60 cm eingewaschen wird (ersichtlich am erhöhten löslichen Gehalt). Gleichzeitig erkennt man aus der vergleichsweise geringen Mobilität des Kupfers, dass die Bindungsfestigkeit – neben den Bodeneigenschaften – auch von der Art des Schwermetalls abhängt. Für die Schwermetalle Cadmium, Nickel, Zink, Kupfer und Blei nimmt die Mobilität in der Reihenfolge ihrer Aufzählung ab.

Tabelle 7 **Verteilung von Kupfer und Zink (total und löslich) im Profil eines belasteten Bodens**

Tiefe (cm)	pH-Wert	Kupfergehalt			Zinkgehalt		
		Total mg/kg	löslich mg/kg	lösl. (% v. total)	Total mg/kg	löslich mg/kg	lösl. (% v. total)
0–20	5.0	400	3.7	0.92	146	12	8.2
20–40	5.7	128	n.n.	–	80.6	2.6	3.2
40–60	5.9	18.2	n.n.	–	53	0.54	1.1
60–80	6.0	20.5	n.n.	–	60.5	n.n.	–
Richtwert VSBo		50	0.7		200	0.5	
Krit. Gehalt		100	1.4		300	1.0	

n.n. = nicht nachweisbar

Ähnlich wie Pflanzen reagieren auch die Bodenmikroorganismen auf die löslichen Metallkonzentrationen in der Bodenlösung. Häufig kann gegenüber einem bestimmten bodenbiologischen Parameter (z.B. Kohlenstoffmineralisierung) eine vergleichbare Empfindlichkeit wie bei Pflanzen festgestellt werden. Kupfer bildet hier allerdings eine Ausnahme, indem eine Beeinträchtigung der Bodenmikroorganismen vor der Pflanzenschädigung eintritt (Stadelmann und Santschi, 1987).

Ein Boden, in dem die biologischen Prozesse gestört sind, ist in seiner Fähigkeit, abgestorbene Lebewesen pflanzlicher und tierischer Herkunft in Humus umzuwandeln, wesentlich beeinträchtigt. Dies wirkt sich ungünstig auf die Bodenstruktur aus. Zudem erfolgt der Abbau organischer Schadstoffe in einem Boden geringerer biologischer Aktivität viel langsamer als in einem Boden ungestörter biologischer Aktivität.

5. Auswirkungen organischer synthetischer Schadstoffe

Im Gegensatz zu den Schwermetallen ist über die Wirkungen organischer Schadstoffe noch recht wenig bekannt. In neuester Zeit beschäftigten sich verschiedene Autoren mit dem Abbauverhalten dieser Stoffe im Boden. Nach Giger et al. (1987) werden die Tenside, die über den Klärschlamm in den Boden gelangen, relativ rasch abgebaut. So konnte während der Vegetationszeit in der obersten Bodenschicht (0–5 cm) einer Parzelle, die seit 10 Jahren mit 5 t organischer Faulschlammsubstanz pro Hektare und Jahr gedüngt wurde, 100 Tage nach der letztmaligen Klärschlammgabe ein 90%iger Abbau der linearen Alkylbenzolsulfonate (LAS), von Nonylphenol (NP), Nonylphenolmonoethoxylat (NP 1EO) und Nonylphenoldiethoxylat (NP 2EO) festgestellt werden. Es wird allerdings darauf hingewiesen, dass wegen der hohen Gehalte von NP und LAS im Klärschlamm sich die Bodengehalte immer noch im ppm-Bereich bewegen. Zudem sei die ökotoxikologische Bedeutung der Restkonzentrationen von NP und LAS zurzeit noch unklar.

Demirjian et al. (1987) untersuchten eine ganze Reihe organischer Schadstoffe im Klärschlamm (N-Verbindungen, polyzyklische aromatische Kohlenwasserstoffe, Säuren u.a.). Die Autoren wiesen bei einer Klärschlammgabe von 25 t TS/ha und Jahr einen mehr als 50%igen Abbau der meisten dieser Substanzen während einer Vegetationsperiode nach. Sie folgern, dass vom Gesichtspunkt einer Bodenbelastung mit organischen Schadstoffen eine jährliche Gabe in dieser Grössenordnung sicher zu sein scheine, sofern der Boden fortlaufend überwacht werde. Gemäss Klärschlammverordnung (1981) ist die maximale jährliche Gabe bekanntlich auf 2.5 t TS pro Hektare begrenzt.

Die Erkenntnis, dass diese Stoffe im Boden allmählich verschwinden, genügt allein nicht. Man müsste mehr über die beim Abbau entstehenden Umwandlungsprodukte (Metabolite) wissen. So ist es immerhin beunruhigend, dass von den rund 5 000 potentiell toxischen Substanzen nur einige näher untersucht sind. Wertvoll ist der Hinweis von Demirjian et al. (1987), wonach vermehrt versucht werden sollte, aus der chemischen Struktur einer Substanz Ideen über ihre möglichen Umwandlungen im Boden zu entwickeln. Solche Hypothesen wären dann gezielt mit Hilfe analytischer Methoden zu überprüfen.

Die Aufnahme organischer Schadstoffe über die Wurzeln in oberirdische Pflanzenteile scheint eher unwahrscheinlich. Hingegen wurde für polychlorierte Biphenyle (PCB), polyzyklische aromatische Kohlenwasserstoffe und Diethylhexylphthalate (DEHP) eine Anreicherung in den Wurzeln (Ad- oder Absorption?) festgestellt (Diercxens et al., 1987).

Neben dem indirekten Eintrag organischer Schadstoffe über die Siedlungsabfälle ist der direkte – durch die Anwendung von Pflanzenschutzmitteln (Biozide) – zu erwähnen. Gemäss Scheffer/Schachtschabel (1982) lässt sich für die einzelnen Biozidgruppen die folgende Reihe abnehmender Persistenz (Zeiten für einen 75–100%igen Abbau) angeben:

- Chlorierte Kohlenwasserstoffe 2–5 Jahre
- Harnstoffderivate, s-Triazin 2–18 Monate
- Carbamate, P-Ester 2–12 Wochen

Im Zusammenhang mit den Bioziden wird häufig auf ungünstige Veränderungen in der Zusammensetzung der Mikroorganismenpopulation im Boden sowie auf mögliche Hemmungen der Aktivität der Bodenlebewesen hingewiesen (Desaules et al., 1984).

Die Möglichkeit der Auswaschung von Bioziden (Grundwasserkontamination) kann aus ihrer Mobilität, die nach Scheffer/Schachtschabel (1982) mittel bis gering ist, abgeschätzt werden. Allerdings bestehen im einzelnen grosse Unterschiede, indem Stoffe mit Säurecharakter (z.B. Pichloran) am mobilsten, Phenylharnstoffe (z.B. Linuron) und s-Triazin (z.B. Simazin) mittel mobil und chlorierte Kohlenwasserstoffe (z.B. Lindan) und P-Ester (z.B. Parathion) wenig mobil sind.

6. Massnahmen

Im Verlaufe der Zeit wurden verschiedene gesetzliche Massnahmen, die für den qualitativen Bodenschutz von grosser Wichtigkeit sind, beschlossen:

- Verordnung über den Verkehr mit landwirtschaftlichen Hilfsstoffen vom 4. 2. 1955 (Bewilligungsverfahren für landwirtschaftliche Hilfsstoffe)
- Giftgesetz vom 21. 3. 1969 (Unschädlichmachen von Giften, ohne den Boden zu verunreinigen)
- Verordnung über verbotene giftige Stoffe vom 23. 12. 1971 (vollständiges bzw. teilweises Verbot der Verwendung von Arsen, Blei, Quecksilber, Thallium sowie von verschiedenen schwer abbaubaren organischen Schadstoffen)
- Klärschlammverordnung vom 8. 4. 1981 (Festlegen von Grenzwerten für Schwermetalle im Klärschlamm)
- Umweltschutzgesetz vom 1. 1. 1985
  - Luftreinhalteverordnung (Festlegen von Emissions- sowie Immissionsgrenzwerten für eine ganze Reihe von Schadstoffen)
  - Stoffverordnung (Umweltverträglichkeitsprüfung; Qualitätsanforderungen an Dünger und düngerähnliche Stoffe sowie an Komposte; Verbot problematischer Stoffe wie Octyl oder Nonylphenolethoxylate in Textilwaschmitteln, polychlorierte Biphenyle, Pentachlorphenole und Hexachlorbenzole)
  - Verordnung über Schadstoffe im Boden (Festlegen von Richtwerten für 10 Schwermetalle und Fluor im Boden)

Kurz- bis mittelfristig weisen die erwähnten gesetzlichen Massnahmen zur Reduktion des Schadstoffeintrages in den Boden in die richtige Richtung. Längerfristig müssen jedoch die Anstrengungen zu einer weitgehenden Reduktion der Schadstoffe an der Quelle noch ganz wesentlich verstärkt werden. Nur so ist es möglich, auch für künftige Generationen unsere Böden gesund zu erhalten.

Verdankung

Für die vielen wertvollen Anregungen sei Herrn Dr. O. J. Furrer bestens gedankt.

Literatur

Bundesamt für Umweltschutz: *Cadmium in der Schweiz*. Schriftenreihe Umweltschutz Nr. 32 (1984)

Bundesamt für Umweltschutz: *Kompostieren in regionalen Anlagen*. Schriftenreihe Umweltschutz Nr. 45 (1985)

Demirjian, Y. A.; Joshi, A. M.; Westman, T. R.: «Fate of Organic Compounds in Land Application of Contaminated Municipal Sludge». *Journal WPCF*, Volume 59, 32–38 (1987)

Desaules, A.; Candinas, A.; Schneider, M.: *Bericht über die Belastung der Böden mit Schadstoffen in der Schweiz*. Pilotprojekt 3, Nationales Forschungsprogramm 22, Bern (1984)

Diercxens, Ph.; Wegmann, M.; Daniel, R.; Häni, H.; Tarradellas, J.: «Apport par les boues d'épuration de micro-polluants organiques dans les sols et les cultures». *Gas, Wasser, Abwasser* Nr. 3, 123–132 (1987)

Ender, R.: *Schwermetallbilanzen von Lysimeterböden*. Marburger Geographische Schriften, Heft 102 (1986)

Furrer, O. J.: *Siedlungskomposte in der Schweiz – Positive und negative Aspekte*. Deutsche Gesellschaft für Qualitätsforschung. 17. Vortragstagung, Speyer, 31–47 (1981)

Giger, W.; Brunner, P.; Ahel, M.; Mc Evoy, J.; Marcomini, A.; Schaffner, Chr.: «Organische Waschmittelinhaltsstoffe und deren Abbauprodukte im Abwasser und Klärschlamm». *Gas, Wasser, Abwasser* Nr. 3, 111–122 (1987)

Häni, H.; Gupta, S. K.: «Reasons to Use Neutral Salt Solutions to Assess the Metal Impact on Plant and Soils». *Proceedings of a Seminar on «Chemical Methods for Assessing Bio-available Metals in Sludges and Soils»*, organized at Münster in 1984 by the Commission of the European Community, Brussels. Eds. Leschber, R.; Davis, R. D.; L'Hermite, P.; Elsevier Applied Science Publishers, London, 42–48 (1984)

Julien, P.: *Consequences de l'utilisation de boues d'épuration sur les sols agricoles dans le canton de Fribourg*. Institut agricole de l'Etat de Fribourg. Station cantonale de production végétale, Grangeneuve (1986)

Mellanby, K.: «Effect of Heavy metal Pollution on Plants». *Pollution Monitoring Series*, Vol. 2, 52 (1980)

Scheffer/Schachtschabel: *Lehrbuch der Bodenkunde*. Ferdinand Enke Verlag, Stuttgart (1982)

Stadelmann, F. X.; Santschi, E.: *Beitrag zur Abstützung von Schwermetallrichtwerten im Boden mit Hilfe von Bodenatmungsmessungen*. Schlussbericht Projektauftrag BUS (1987)

CHRISTIAN PFISTER

Gesellschaftssystem und Bodennutzung. Rückblick und Ausblick

Ein neues gesellschaftliches Leitbild?

In Phasen des Umbruchs büssen die in einer Gesellschaft geltenden Grundwerte an handlungsleitender Kraft ein. An ihrer Stelle gewinnen neue Normen in der Öffentlichkeit an Resonanz. Die Zahl der Akteure und Gruppen, die sich den neuen Leitbildern zuwenden, nimmt stetig zu, bis diese schliesslich die alten weitgehend ausser Kraft gesetzt haben.

Ein normativer Wandel dieser Art hat am Ende des 18. und zu Beginn des 19. Jahrhunderts mit dem Übergang von der ständisch geschichteten zur bürgerlich liberalen Staatsordnung stattgefunden. Wirtschaftspolitisch entsprach ihm eine Abkehr vom bewahrenden, in der Frontstellung gegen Innovationen festgefahrenen Denken des Ancien Regimes. Die Demontage des interventionistischen Instrumentariums entfesselte den Wettbewerb und mobilisierte Energien für das Wachstum, verschärfte aber die sozialen Probleme. Diesem Paradigmawechsel gingen jahrzehntelange wissenschaftliche Kontroversen und Auseinandersetzungen voraus.

Heute ist ein Glaubenskrieg um unseren Umgang mit der Natur entbrannt. Jene, die das alte, einseitig auf Wirtschaftswachstum fixierte Leitbild korrigieren oder umstossen möchten, sind überzeugt, dass nicht nur die Weiterexistenz unseres Gesellschaftssystems, sondern das Überleben des Menschen als Spezies auf dem Spiele steht. Die Verfechter der alten Werte befürchten, eine Abkehr breiter Massen vom bisherigen Lebensstil könnte die Effizienz unseres Wirtschaftssystems unterminieren. Unter dem Eindruck der jüngsten Umweltkatastrophen wird ein umweltgerechteres Verhalten der Bevölkerung heute von fast allen politischen und wirtschaftlichen Gruppierungen propagiert. Die Geister scheiden sich dagegen in der Frage, wie eine solche Verhaltensänderung erreicht werden kann.

Strafen oder Überzeugen – eine Frage des Menschenbildes

Die Frage des Menschenbildes, von welchem auszugehen ist, spielt dabei eine entscheidende Rolle. Die einen legen ihrer Argumentation zugrunde, dass der Mensch von Natur aus einsichtig und für Vernunftgründe empfänglich ist. Folglich könne ein Umdenken durch *Appelle und erzieherische Massnahmen* erreicht werden, und diese Bewusstseinsveränderung werde schliesslich in die gewünschte Verhaltensänderung ausmünden. Für die anderen braucht es dazu *materielle Anreize und Strafen*, Peitsche und Zuckerbrot, weil der Mensch von Natur aus egoistisch, träge und kurzsichtig sei.

Ältere Gesellschaften sind nach unseren Massstäben relativ sorgfältig mit natürlichen Ressourcen umgegangen. Es stellt sich die Frage, unter welchen Voraussetzungen damals ein umweltgerechteres Verhalten erreicht worden ist. Kann dies auf äussere Rahmenbedingungen wie die geringe Bevölkerungsdichte und die schwache soziale Differenzierung zurückgeführt werden, wurde der *Handlungsspielraum durch Verbote und Verordnungen eingeschränkt* oder wurde ein *rücksichtsvolleres Verhalten gegenüber der Umwelt* über den Prozess der Sozialisierung, der Erziehung, vermittelt?

Dieses Problem wird im folgenden am Beispiel des Bodens näher beleuchtet. Der Boden ist einmal als Thema dieser Vortragsreihe gegeben; im weiteren ist er, weil er im Gegensatz zu Wasser und Luft schon immer zu den knappen Ressourcen gehörte und deshalb häufig Gegenstand von sozialen Auseinandersetzungen und obrigkeitlichen Regelungen war, als Objekt einer historischen Betrachtung besonders geeignet.

Bei unserer Betrachtung sollten wir idealerweise stets *zwei Problemkreise* im Auge behalten – einmal den tatsächlichen Umgang mit Boden, das beobachtete Verhalten, dann im weiteren die diesem Verhalten zugrundeliegenden Sachzwänge, Gebote und Wertmuster. Allerdings sind unsere Erkenntnisse noch bruchstückhaft, episodisch. Die Historiker haben erst unter dem Eindruck der heutigen Umweltkrise begonnen, sich ernsthaft mit den Mensch–Umwelt-Beziehungen in der Vergangenheit auseinanderzusetzen. Dabei bewegen sie sich im Überlappungsbereich verschiedenster Disziplinen – der Rechtsgeschichte, der Agrargeschichte, der Technikgeschichte, der Mentalitätsgeschichte und der Sozial- und Wirtschaftsgeschichte. Forschungsansätze dieser Art sind auf eine Integration dieser verschiedenen Bereiche ausgerichtet und sollten nicht nur an disziplinären Massstäben gemessen werden.

Solarenergiesystem und Träger von Bausubstanz

Es scheint zweckmässig, *zwei ökologisch grundlegend verschiedene Qualitäten von Bodennutzung* zu unterscheiden, um die seit dem Ancien Regime eingetretenen Veränderungen in ihrem besonderen Charakter bestimmen zu können. Einmal ist der Boden *das einzige Netz, mit welchem Sonnenenergie eingefangen und in Biomasse umgewandelt werden kann.* In natürlichen oder naturnahen Landschaftselementen geschieht dies ohne das Dazutun des Menschen, in land- und forstwirtschaftlich genutzten Räumen wird die Energieumwandlung vom Menschen so gesteuert, dass ein Grossteil der Biomasse für seine Zwecke monopolisiert und in Form von Nahrungsmitteln, agrarischen Rohstoffen und Holz abgeschöpft werden kann. Vor der Erschliessung fossiler Energien funktionierte die Landwirtschaft als reines Solarenergiesystem. *Sonnenenergie war die einzige Energiequelle der Menschheit*; denn auch die anderen damals verfügbaren Formen von Energie – Wind, Wasser, tierische Zugkraft – sind letztlich solaren Ursprungs. Die Produktion von Nahrung und die Verfügbarkeit von Energie blieben damit mengenmässig beschränkt und waren entsprechend den Klimaverhältnissen zeitlich variabel, dafür aber unbeschränkt erneuerbar. Die moderne Landwirtschaft hat die Flüsse von Materie durch das Einbringen von Kunstdünger, Klärschlamm, Pestiziden und Gülle stark intensiviert; sie trägt aber, soweit sie nicht zur hochsterilen Tierfabrik entartet ist, zumindest noch teilweise den Charakter eines Solarenergiesystems.

Dann ist der *Boden als Bau- und Siedlungsgrund* Träger von Wohnraum, Produktionsraum, Infrastrukturanlagen und Deponien. In dieser Funktion hört er auf, Energieträger zu sein, abgesehen von den dazwischenliegenden rein dekorativen Grünflächen, und zwar für immer. Wenn wir von dieser Polarität ausgehen, dann treten Unterschiede in den Konfliktlinien heutiger und früherer Generationen hervor. Vor- und frühindustrielle Gesellschaften waren in ihrem Trachten und Denken einseitig auf die Schonung und Mehrung des kulturfähigen Bodens bedacht, Auseinandersetzungen drehten sich hautpsächlich um das Verhältnis von Wald und Kulturland – sie *stellten die Verwendung des Bodens als Solarenergiesystem aber nie grundsätzlich in Frage.* Erst als Folge der Ankoppelung an den Weltmarkt über die modernen Verkehrssysteme und dem dadurch ermöglichten unbeschränkten Import von Fremdenergie büsste der Boden seine Aktivität als landwirtschaftlicher Produktionsraum zugunsten der Funktion als Bau- und Siedlungsgrund ein, und zwar in deutlichem Bezug zur wachsenden Bedeutung fossiler Energieträger. Damit hat sich der Nutzungskonflikt auf die Alternative Bauland–Nichtbauland verlagert. Die Erhaltung des Bodens als natürlicher Energieträger wird heute umweltpolitisch mit der Erhaltung der ökologischen Substanz, sicherheitspolitisch mit einem Krisenfall legitimiert, bei dem der Strom der Energie- und Nahrungsmittelimporte versiegen könnte. Demgegenüber steht der implizite Anspruch der Bauwirtschaft auf eine faktisch unbegrenzte Verfügbarkeit von Kulturland nach den Spielregeln des freien Marktes.

Aus der Wirtschaftstheorie ausgeblendet

In der Wirtschaftsgeschichte moderner Gesellschaften stellt der zunehmende Warencharakter der Nahrungsmittel und des Bodens eine der am stärksten durchdringenden Kräfte dar. Diese Entwicklung ist ihrer Richtung nach unumkehrbar; sie ist zum Teil Ausdruck der Tatsache, dass der Boden seinen Monopolcharakter als Energieträger mit der Erschliessung fossiler Energiequellen verloren hat. Dieser Wandel in der Bewertung des Bodens spiegelt sich in den jeweils geltenden Ansichten über die Natur des Wirtschaftsprozesses. Das erste geschlossene System der Wirtschaftstheorie, jenes der Physiokraten im 18. Jahrhundert, betrachtete den Boden als primäre Quelle des Volkswohlstandes, was bei der ausschliesslichen Abhängigkeit von erneuerbaren Energiequellen den damaligen Gegebenheiten am ehesten entsprach. Die klassische Theorie, welche im 19. Jahrhundert in Grossbritannien entstand, wo fossile Energie in wachsenden Mengen gewonnen und Nahrungsmittel billig importiert werden konnten, ging von der Trias von Boden, Arbeit und Kapital aus. Am Anfang dieses Jahrhunderts dann substituierte J.B. Clark den Boden durch das Kapital und blendete damit die entscheidende Bedeutung des Solarenergiesystems Boden im Wirtschaftskreislauf vollständig aus.

Spannungsfeld von vier Kräften

Ich beschränke mich bei meinen folgenden Ausführungen auf das land- und forstwirtschaftlich genutzte Areal und die Bedingungen seiner Umwandlung zu Bauland. Die Nutzungsveränderungen innerhalb der überbauten Flächen werden ausgeklammert. Welches waren die Kräfte, welche an der Ausformung der Bodennutzung auf dem Lande beteiligt waren? Wir können deren vier unterscheiden. Vom *Stand der technologischen Entwicklung* hing das Angebot an Nutzungsmöglichkeiten ab. Der *Markt* und die durch ihn bestimmten Preise entschieden darüber, welche Technologie und welche Nutzungsrichtung sich auszahlte. Die *Spielregeln des politischen Systems* bestimmten, in welchem Mass die Möglichkeiten der Technologie über die Kräfte des Marktes ausgeschöpft werden konnten. Diese Spielregeln beruhten ihrerseits auf den in der betreffenden Gesellschaft geltenden *Wertmustern und Normen.*

Lebensquelle der vorindustriellen Gesellschaft

Im Verlaufe der geschichtlichen Entwicklung haben sich diese vier Kräfte in sehr unterschiedlichen Kombinationen und Konstellationen zur Wirkung gebracht, wie im folgenden zu zeigen sein wird. Zunächst wollen wir uns den Stellenwert des landwirtschaftlich genutzten Bodens für vorindustrielle Gesellschaften in Erinnerung rufen: Der Boden war zugleich bedeutendstes Produktionsmittel, sicherstes und gebräuchlichstes Gefäss für die Anlage von Kapital, gewichtigstes Steuersubstrat, ausschlaggebender Massstab für politische Macht und gesellschaftliche Wertschätzung, einzige Quelle der sozialen Sicherheit und damit *der Angelpunkt der sozialen Logik*. Wer nicht genügend Kulturland besass, um sich und seine Familie zu ernähren und einzig auf seine Arbeitskraft angewiesen war, galt als arm. Der Grundbesitz spiegelte sich im Speisezettel, er entschied über die Möglichkeit, eine Familie gründen zu können, und war vielfach ausschlaggebend bei der Partnerwahl. Eine Witwe hatte selbst im vorgerückten Alter noch gute Aussichten, einen erheblich jüngeren Mann zu freien, sofern sie über ansehnliche Güter verfügte, während Landlose und Landarme ihr Leben häufig als ledige Knechte oder Mägde fristen mussten. Die Obrigkeiten verlangten einen Grossteil ihrer Steuerleistung als Zehnten in Form von Produkten des Bodens, und sie entrichteten ihrerseits die Gehälter und Bezüge von Ratsherren, Pfarrern, Schreibern und anderen in ihrem Auftrag Tätigen teilweise in Form von Getreide, Wein und Holz. In einem Wirtschaftssystem, wo die Lebensmittelpreise im Gefolge von Missernten innert Jahresfrist um das Zwei- bis Dreifache steigen konnten, stellte diese Art der Entlöhnung einen gewissen Teuerungsausgleich sicher. Ausserhalb der damals noch unbedeutenden Städte standen alle sozialen Schichten mit der Landwirtschaft in unmittelbarem Kontakt; Kühe und Schweine hielt auch der Pfarrer, und selbst Landlose durften Ziegen und Schweine auf die Allmende treiben. Die wohlhabenden Städter investierten ihr Kapital in Landgütern, die ärmeren bekamen die Abhängigkeit vom Boden in den Lebensmittelteuerungen zu spüren. Für alle Schichten war der Boden ein Teil der sie allüberall umgebenden Natur, von der sie sich in ihrer ganzen Existenz so völlig und unmittelbar abhängig wussten. Diese Abhängigkeit von den Naturkräften, der Wechsel von Mangel und Überfluss wurde von der Kirche auf den Willen Gottes zurückgeführt. Das Geschehen in der Natur wurde auf das eigene Verhalten bezogen. Darauf beruhte die Fähigkeit zur ökologischen Kommunikation (Luhmann).

Beziehungen zwischen Gesellschaftssystem und Bodennutzung

Die Beziehungen zwischen Gesellschaftssystemen und der Bodennutzung können am geeignetsten auf der Mikro-Ebene von Gemeinden durch transdisziplinäre Untersuchungen aufgezeigt werden, welche die vorhandenen sozialen und ökologischen Ressourcen und die Art ihrer Nutzung mit den geltenden Regelsystemen und den Denkmustern der Handelnden verknüpfen. Für die Schweiz des Ancien Regimes liegen bis jetzt zwei solche Untersuchungen vor; die vom amerikanischen Ethnologen Robert Netting 1981 verfasste ökologische Geschichte des Walliser Dorfes Törbel, und Jon Mathieus Darstellung des Gesellschafts- und Wirtschaftssystems im Unterengadin.

Im Unterengadin war der produktive *Boden emotional eingebunden.* Man wusste sehr genau, welche Landparzellen von wem stammten. Parzellen, die man von den Eltern geerbt hatte, wurden besonders in Ehren gehalten, weil man dadurch einer religiösen Pflicht nachzukommen glaubte. Geriet eine Familie in Not, so nahmen die nächsten Verwandten das Haus und die Güter, gestützt auf das Zugrecht, eine Art Vorkaufsrecht. Der Verkauf war keine endgültige Sache; es bestand ein Recht zum Rücktritt vom Verkauf innerhalb einer bestimmten Frist, um diesen für das Schicksal einer Familie entscheidenden Schritt wenn möglich rückgängig machen zu können. Die Höhe des Kaufpreises entsprang dabei, wie Giovanni Levi am Beispiel des Bodenmarktes der norditalienischen Gemeinde Santena nachgewiesen hat, längst nicht immer dem freien Spiel der Marktkräfte. In einer sozial eingebundenen Wirtschaft wurden die höchsten Preise – weit über dem Marktwert – zur Abgeltung von Schulden gezahlt. Diese charitativ motivierten Käufe entsprangen der geltenden *religiös überformten sozialen Wirtschaftsethik.* Wer aus der Notlage von Dorfgenossen Profit schlug, setzte seine Ehre aufs Spiel. Und die Ehre, der gute Name, war das höchste Gut, welches man im Dorfe verlieren konnte. *Gesellschaftliche Kräfte, nicht jene des Marktes, steuerten damals den Umgang mit Boden.*

Das Ausbalancieren von Kulturland und Bevölkerung

In der Nullwachstumswirtschaft des Ancien Regimes stand jede Gemeinschaft vor dem existentiellen Problem, die Grösse ihrer Bevölkerung den verfügbaren Ressourcen anzupassen und deren Übernutzung zu vermeiden. *Die gängige Lösung bestand darin, den individuellen an den kollektiven Besitz zu binden, der unter der Kontrolle der Dorfgemeinschaft stand.* Wer im Walliser Dorf Törbel eine Existenz fristen wollte, brauchte neben seinem Besitz an Acker- und Wiesland Weiderechte für das Vieh auf der Alp und Bezugsrechte für Holz aus dem Burgerwald. Während das Acker- und Wiesland vererbt oder nach den Spielregeln des freien Marktes gehandelt wurde, wurden diese beiden kollektiven Nutzungsrechte durch die Versammlung der Nutzungsberechtigten, die Vorform der heutigen Gemeindeversammlung, reglementiert und kontrolliert. Einem Nichtburger, der sich in Törbel niederlassen wollte, wurden diese Rechte nicht gewährt, und zwar nicht einmal dann, wenn seine Frau aus Törbel stammte. Wer seinen Besitz in Törbel verkaufte, verlor zugleich seinen Anteil an den Nutzungsrechten. Die Heirat war an einen für die Ernährung einer Familie ausreichenden Besitz an Acker- und Wiesland gebunden. Boden wurde vererbt, durch Heirat oder durch Kauf erworben. Der Zeitpunkt der Übertragung von Boden von einer Generation an die folgende lag im freien Ermessen des Familienoberhauptes. Unter diesen Voraussetzungen standen Brautpaare in Törbel im Durchschnitt erst mit Dreissig vor dem Traualtar, was die Fruchtbarkeit ohne Geburtenkontrolle auf ein ökologisch tragbares Mass begrenzte. Ein *System von griffigen Vorschriften und Sanktionen verwehrte es dem Einzelnen, individuellen Nutzen auf Kosten allgemeiner Güter zu erzielen.* So wurde, um eine Übernutzung zu vermeiden, sorgfältig überprüft, dass die Alp nur mit Vieh bestossen wurde, das mit wirtschaftseigenem Futter im Dorfe gewintert worden war; die Kontrolle und Durchsetzung dieser kollektiven Regelung wurde an individuelle Interessen gebunden, indem der Alpvogt die Hälfte der Bussen für sich behalten durfte. Unter Strafe gestellt war auch das Laufenlassen von Ziegen, um Waldschäden zu vermeiden, ferner das Jagen von Murmeltieren ohne Erlaubnis. Diese Sanktionen zielten darauf ab, den gesellschaftlichen Schaden individuell spürbar werden zu lassen.

Waldkrieg im Unterengadin

Bezeichnenderweise wurde nur der Umgang mit jenen Umweltgütern reglementiert, die als knapp empfunden wurden. *Die Umwelt wurde nicht um ihrer selbst willen geschützt, und längst nicht immer wurde Rücksicht genommen auf die Bedürfnisse kommender Generationen.* Dies lässt sich am Beispiel der Waldnutzung im Unterengadin aufzeigen. Über die Wasserstrasse des Inns war dieses Tal mit der energiefressenden Salzpfanne von Hall im Tirol verbunden; bei der wachsenden Nachfrage nach Holz wurden die Wälder zum Objekt kommerzieller Ausbeutung. Im 17. Jahrhundert entblössten tirolische Holzfäller wiederholt ganze Berghänge von Bäumen. Truppen verteidigten sie dabei gegen die Angriffe der Unterengadiner; eine Situation, die an den Waldkrieg um die Donauauen bei Hainburg erinnert. Nur dass die Opposition der Unterengadiner nicht ökologisch, sondern ökonomisch motiviert war. Als eine zufriedenstellende Abfindungssumme an die betroffenen Gemeinden sichergestellt war, blieben die Holzfäller unbehelligt. Durch die Trägheit physisch-natürlicher Abläufe wurde der endgültige Test der Umweltverträglichkeit dieser Bewirtschaftungsmethode weit in die Zukunft verlegt. *Der Wald wurde nur dort wirksam geschützt, wo das Holz knapp war oder wo sein Fehlen den Siedlungsraum unmittelbar durch Lawinen bedroht hätte.* Wir sind deshalb ein wenig länger bei den vorindustriellen

Gesellschaften stehengeblieben, weil sie heute in manchen Kreisen zu Kultsymbolen einer heilen Welt geworden sind und weil sie die einzigen sind, die eine griffige Kontrolle der Bodennutzung durchgesetzt haben. In der Folge wollen wir am Beispiel des tieferen Mittellandes die wirtschaftliche Kehrseite dieser hohen Regelungsdichte aufzeigen und anschliessend die Entwicklung bis zur Gegenwart skizzieren.

Bauzonen im Ancien Regime

Das Bewirtschaftungssystem der Dreizelgenordnung im tieferen Mittelland ist, wie dasjenige in Törbel, durch eine Verschränkung von individuellem Besitz an Häusern, Acker- und Wiesland mit der Nutzung von kollektiven Rechten gekennzeichnet. Im Unterschied zu Törbel war auch die *Nutzung des privaten Landbesitzes durch technologische Sachzwänge, soziale Rücksichten und obrigkeitliche Vorschriften reglementiert.* Weil zur Schonung des Kulturlandes keine Flurwege angelegt wurden und weil die Flur nach der Ernte der dörflichen Viehherde zur Beweidung freigegeben werden musste, war die Bewirtschaftung des Bodens kollektiv geregelt. Eine Zelge, das heisst ein Parzellenverband, wurde durch die Gemeindeversammlung nach der Ernte zur Beweidung freigegeben. Da kein Rechtsanspruch bestand, Kulturen auf einer Eigentumsparzelle früher abzuernten oder länger stehenzulassen, mussten alle Bewirtschafter die gleiche Frucht anbauen. Ein Herausbrechen einer Eigentumsparzelle aus diesem Verband war äusserst schwierig. Die Art der Nutzung jeder Parzelle als Acker oder Wiesland war durch den Eintrag im Urbar, dem Vorläufer des Grundbuches, rechtlich festgeschrieben. Die Obrigkeit sicherte sich dadurch ungeschmälerte Abgaben an Getreide. Die rechtliche Befreiung einer Parzelle von diesen kollektiven Auflagen und Regelungen in Form eines sogenannten Einschlags war zwar möglich und wurde da und dort auch praktiziert, war aber an die Bewilligung der betroffenen Rechtsträger gebunden und unterlag einer recht hohen Abgabe. Die Schwierigkeiten und Hindernisse sind etwa mit jenen zu vergleichen, die heute einer Einzonung von Land aus dem übrigen Gemeindegebiet entgegenstehen. Die im heutigen Raumplanungsgesetz verankerte Abgrenzung von Bauland und Nichtbauland war schon dem Ancien Regime geläufig. Ausserhalb des durch den Dorfzaun sichtbar abgegrenzten Siedlungsbereiches durfte nicht gebaut werden. Zuwiderhandelnde hatten mit dem Abbruch ihrer Bauten zu rechnen.

Jahrzehnte zur Durchsetzung des vollen Bodeneigentums

Diese Beschränkungen der Nutzungsfreiheit stiessen vom 18. Jahrhundert an auf zunehmende Kritik, weil sich in Form produktiverer Kulturpflanzen und Anbausysteme neue Technologien anboten, welche die stetig wachsende Bevölkerung zu ernähren versprachen. Die Abkehr von den traditionellen Bewirtschaftungsmethoden verlangte neue rechtliche und wirtschaftspolitische Rahmenbedingungen im Sinne einer völligen Freigabe der individuellen Initiative; eine Forderung, welche der individualistisch geprägten Weltanschauung der Aufklärung entsprach. Die neue Eigentumsordnung, die in den Grundzügen bis heute erhalten geblieben ist, entstand in den Kantonen mit der Inwertsetzung liberalen Gedankengutes in der ersten Hälfte des 19. Jahrhunderts: Grund und Boden sollten vollumfänglich von grundherrlichen und kollektiven Belastungen befreit werden; Besitz sollte gleichbedeutend sein mit absoluter Verfügungsfreiheit über den Boden. Damit war der Privatbesitz im heutigen Sinne geboren, vorerst allerdings nur auf dem Papier. Für die Setzung der neuen Rechtsnormen genügte eine Willensäusserung in der Verfassung; die Ausgestaltung der gesetzgebung und ihre Durchsetzung in der Nutzungswirklichkeit des Dorfes stiessen dagegen an gewachsene Strukturen, Sachzwänge und Interessen, die in einem weltanschaulich durch den Gegensatz zwischen Liberalismus und Konservatismus geprägten Tauziehen über Jahrzehnte hinweg Schritt für Schritt abgetragen und beseitigt werden mussten. Rechtsansprüche wie die Zehntpflicht mussten abgegolten werden, eine individuelle Bewirtschaftung der einzelnen Parzellen verlangte eine Erschliessung durch Flurwege, und die Aufteilung der Allmenden in individuelle Nutzungsparzellen warf soziale Probleme auf. In ähnlicher Weise wird die Durchsetzung des heutigen Umweltschutzgesetzes durch Sachzwänge, Interessen und die Trägheit der Institutionen verzögert, nur dass – im Unterschied zum 19. Jahrhundert – die Zeit zum Handeln heute knapp geworden ist. *Bestehen blieb auch die an der Existenzsicherung orientierte Versorgungsmentalität*: Solange Missernten Preissteigerungen nach sich zogen, wurde die Subsistenzproduktion nicht ganz aufgegeben; lange Zeit blieb der Arbeiter auf dem Lande durch eine Ziege und einen Kartoffelacker, in der Stadt durch seinen Garten emotional an die Scholle gebunden.

Neue Verkehrsträger verändern den Umgang mit Boden

Nach der Mitte des 19. Jahrhunderts waren die alten Strukturen und Sachzwänge so weit beseitigt, dass Rechtsnorm und Rechtswirklichkeit einigermassen übereinstimmten. Angebot und Nachfrage nach dem Boden und seinen Produkten wurden nun dort zu der bestimmenden Grösse für die Nutzungsgestaltung, wo die traditionellen, an der Existenzsicherung orientierten Normen an handlungsleitender Kraft eingebüsst hatten. Die räumliche und zeitliche Wirkung der Marktkräfte wurde durch die Entfaltung neuer Technologien kanalisiert; diese wurden zu den eigentlichen Schrittmachern der heutigen Art, den Boden zu verwenden, und zwar in dreifacher Weise:

Einmal zogen *neue Verkehrsträger*, welche den Raum erschlossen, das Wachstum von Siedlungen, Industrie- und Infrastrukturanlagen – auf Kosten von Kulturland – nach sich: das Eisenbahnnetz in der zweiten Hälfte des 19., das Autobahnnetz in der zweiten Hälfte unseres Jahrhunderts. Die Bewirtschaftung des Kulturlandes selbst veränderte sich nach der *Ankoppelung an den Weltmarkt* im späten 19. Jahrhundert grundlegend. Die massiven Getreideimporte drängten den einheimischen Getreidebau zugunsten der Milchwirtschaft zurück: die gelbe wurde zur grünen Schweiz. Schliesslich wurde über die neuen Verkehrsnetze *Fremdenergie in Form von Kraftfutter und Dünger* in immer grösseren Mengen importiert; eine Tendenz, welche neben der völligen Motorisierung zum hervorstechendsten Entwicklungsmerkmal der schweizerischen Landwirtschaft nach dem Zweiten Weltkrieg geworden ist.

Umdenken – nach der Katastrophe

Wohin eine Bodennutzung führen kann, die sich ausschliesslich nach den Spielregeln des Marktes richtet, kann am Beispiel der grünen Schweiz zu Beginn dieses Jahrhunderts gezeigt werden. Nach der Ankoppelung an den Weltmarkt über das Eisenbahnnetz schrumpften die Ackerflächen innerhalb von vier Jahrzehnten auf einen Drittel zusammen. Durch *einseitige Ausrichtung auf Milchwirtschaft* sicherte die Landwirtschaft ihr ökonomisches Überleben, aber dafür vermochte sie die Bevölkerung am Vorabend des Ersten Weltkrieges nur noch während 60 Tagen zu ernähren. *Ein namhafter Teil des Viehbestandes lebte von importierten Futtermitteln.* Mehrmals hatten Parlamentarier den entscheidenden Stellenwert einer gesicherten Landesversorgung im Falle eines Krieges hervorgehoben; doch waren ihre Vorstösse auf die lange Bank geschoben worden. Wie andere europäische Staaten wurde die Schweiz *völlig unvorbereitet mit der Situation des Wirtschaftskrieges konfrontiert.* Als die Einfuhr von Nahrungs- und Futtermitteln 1917 versiegte, war der Kollaps der Versorgung nicht mehr aufzuhalten. 1918 stieg die Teuerung bis zum Hungerpegel empor. Im Generalstreik wuchs sich die Krise der Versorgung zur Krise des politischen Systems aus.

Erst im Nachhinein, dies ist auch für die heutige Situation bezeichnend, sind Konsequenzen gezogen worden; Konsequenzen im Hinblick auf einen griffigen Schutz der einheimischen Getreideproduktion und im Vorfeld des Zweiten Weltkrieges rechtzeitige vorbereitende Massnahmen zur Sicherung der Ernährung. Diese haben sich in dieser zweiten grossen Belastungsprobe bewährt.

Bodenschonendes und bodenfressendes Wirtschaftswachstum

Das Eisenbahnnetz förderte eine verdichtete Besiedlung des Landes. Nutzungskonflikte entstanden durch die Citybildung zunächst im Inneren der Städte, nach der Schaffung von Tram- und Busverbindungen auch im stadtnahen Umland. Massgebend für die Agglomerationsbildung blieb dabei die Erreichbarkeit mit öffentlichen Verkehrsmitteln. Die Stadt wuchs breiartig, schwerpunktmässig um Bahnhöfe und Haltestellen zentriert, ins Land hinaus. Das auf stadtnahe Gebiete beschränkte Wachstum der Siedlungen schmälerte zwar das zur Bewirtschaftung offenstehende Kulturland; doch hielt sich der Verlust in Grenzen, weil zumeist Wohnblöcke entstanden und die Belegungsdichte recht hoch war. Eine graduelle massvolle Siedlungsentwicklung in diesem Rhythmus hätte über viele Jahrzehnte hinweg verkraftet werden können. *1942 waren in der Schweiz erst ca. 100 000 Hektaren Kulturland überbaut, was etwa 6% unseres Kulturlandes entspricht. Und dies, obschon sich die Bevölkerung seit der Mitte des 19. Jahrhunderts verdoppelt hatte, trotz fortgeschrittener Verstädterung, trotz dem Bau von Industrie- und Verkehrsanlagen. Von heute aus gesehen muss diese bis in die späten 1950er Jahre übliche Form des Wirtschafts- und Wohlstandswachstums als relativ boden- und ressourcenschonend bezeichnet werden.*

Erst in den vergangenen drei Jahrzehnten hat sich unser Umgang mit Boden in einer Weise verändert, die unsere Lebensgrundlagen bedroht. 100 000 Hektaren Boden sind in dieser kurzen Zeit vom Solarenergieträger zum Baugrund geworden – unwiederbringlich. Dies entspricht der gesamten im Jahre 1942 überbauten Fläche. Die Grösse der Verluste erklärt sich durch den *zunehmenden individuellen Bedarf an Wohnraum, die Massenmotorisierung und den Bau eines engmaschigen Autobahnnetzes.* Autobahnen erschliessen den Raum nicht punktuell, sondern schaffen – über ihre Verknüpfung mit immer schnelleren und besser ausgebauten Kantons- und Gemeindestrassen – auf beiden Seiten ein kilometerbreites Band von Siedlungen, Lagerhallen und Dienstleistungsbetrieben. Die Attraktivität dieser werdenden Bandstadt beruht auf der raschen Erreichbarkeit der wichtigsten Zentren. Da die Autobahn – wie früher die Eisenbahn – weitgehend dem Weg des geringsten topographischen Widerstandes entlang den Talachsen und durch die Ebenen gefolgt ist, werden dabei die fruchtbarsten und für die mechanisierte Bewirtschaftung gängigsten Böden geopfert. Bis jetzt konnten diese Verluste durch höhere Erträge wettgemacht werden; weitere Produktivitätssteigerungen sind jedoch nicht mehr möglich, da die ökologische Tragfähigkeit des Bodens vielerorts erreicht oder überschritten worden ist. Dies ist nicht zuletzt den Tierfabriken zuzuschreiben.

Tierfabriken vergüllen das verbleibende Kulturland

In der ökologisch orientierten Landwirtschaft des letzten Jahrhunderts spielte das Schwein die Rolle eines sinnvollen Verwerters von organischen Abfällen. Die meisten Tiere wurden in Beständen von 2–3 Stück gehalten; die Schweinedichte pro Hektar Kulturland war entsprechend gering. Auch der kleine und mittlere Bauer konnte an der Zucht etwas verdienen.

In den letzten Jahrzehnten sind die technologischen Voraussetzungen geschaffen worden, um die Schweinezucht zur Industrie umzugestalten; eine einseitig an der Produktion orientierte Landwirtschaftspolitik hat die nötigen Anreize geliefert. Nach der eidgenössischen Viehzählung von 1983 wurden in rund 4 000 Betrieben mit weniger als einer Hektare Landfläche nicht weniger als 716 000 Schweine gehalten. Das ergibt 200 Schweine auf ein Landgebiet von nur 100 Metern Seitenlänge. Auf dieser Fläche kann weder das nötige Futter produziert noch die anfallende Jauche ausgebracht werden, ohne dass das Grundwasser mit Nitrat und Phosphat vergiftet wird. Auch gesamtwirtschaftlich gesehen hat sich die Tierfabrik als kontraproduktiv erwiesen, indem die dadurch verursachte Überproduktion eine dezentralisierte umweltgerechte Haltung unrentabel gemacht hat. Der Prozess der Konzentration und Vergüllung wird weiter voranschreiten, sofern der Gesetzgeber nicht ohne Zögern wirksam Einhalt gebietet.

In der Entwicklung der Schweinebestände seit dem späten 18. Jahrhundert spiegelt sich die Zunahme der Nitratbelastung im Kanton Bern: bis in die Zeit nach dem Zweiten Weltkrieg stiegen die Bestände ungefähr parallel zur Bevölkerungsentwicklung. Dann verfünffachten sie sich innerhalb von dreieinhalb Jahrzehnten. Der Verlauf dieser Kurve dürfte symptomatisch sein für die meisten Indikatoren der Umweltbelastung – vom Bodenverschleiss bis zu den Schadstoffen in der Luft.

Was für Schlüsse sind aus diesem historischen Rückblick zu ziehen?

1. Vor- und frühindustrielle Gesellschaften sind mit dem Kulturland haushälterisch umgegangen,
   - weil dessen Knappheit in Versorgungskrisen persönlich erlebt wurde und damit im öffentlichen Bewusstsein verankert war.
   - weil ein normativ sanktioniertes, durch die Betroffenen kontrolliertes Regelsystem einer Zweckentfremdung (Überbauung, Verkauf an Fremde) entgegenwirkte.
   - weil die technologischen und marktwirtschaftlichen Voraussetzungen für eine grossflächige Zerstörung des Bodens fehlten: durch Importe

sichergestellte Versorgung; leistungsfähiges engmaschiges Verkehrsnetz; Höherbewertung des Baulandes im Vergleich zum Kulturland.

2. Die heutige Gesellschaft ist nicht mehr in der Lage, Entwicklungen unter Kontrolle zu bringen, die ihre Existenzgrundlage untergraben. Sie lässt es immer noch zu, dass Individuen ihren persönlichen Nutzen durch Zweckentfremdung von Boden (Überbauung, Vergüllung) maximieren, selbst wenn sie dem Gemeinwesen und der Umwelt dadurch in zunehmendem Masse Schaden zufügen.

3. Moderne Technologie und ein voll ausgebildetes Marktsystem sind Teile unserer Welt geworden; sie können und wollen wir nicht mehr entbehren. Dagegen sollten wir uns, um unseren Umgang mit dem Boden zu ändern, an die beiden Instrumente erinnern, die in der Vergangenheit ihre Wirksamkeit erwiesen haben:
   - **persönliche Erfahrung:** Es gilt zu vermeiden, dass wir – wie unsere Vorfahren – aus Schaden klug werden müssen, da es in dieser Situation zum Lernen zu spät sein könnte. Aufklärung und Bewusstseinsbildung können die fehlende persönliche Erfahrung vielleicht ersetzen; *es muss ein «Kulturlandbewusstsein» geschaffen werden*, das für die Akzeptanz von griffigen Massnahmen Voraussetzung ist.
   - diese Bewusstseinsbildung bedarf der Ergänzung durch ein Set von **Rechtsnormen und Regelungsmechanismen,** die dem Stand und der Entwicklung der Technik angepasst sind, und *die in nachvollziehbarer Weise sichtbar durchgesetzt werden*: Normen und Sanktionen bedürfen einander; wo der Einzelne Normen ungestraft verletzen kann, sind alle Appelle in den Wind gesprochen.

Literatur:

Mathieu, Jon: *Bauern und Bären. Eine Geschichte des Unterengadins von 1650 bis 1800*. Chur 1987.

Netting, Robert: *Balancing on an Alp*. Cambridge 1981.

Pfister, Christian; Thut, Werner: *Haushälterischer Umgang mit Boden – Erfahrungen aus der Geschichte*. Pilotprojekt zum Nationalen Forschungsprogramm 22 «Nutzung des Bodens in der Schweiz». Bern 1986.

Historische Statistik des Kantons Bern

Nitratbelastung durch Schweine im Berner Mittelland pro Hektare Ackerfläche

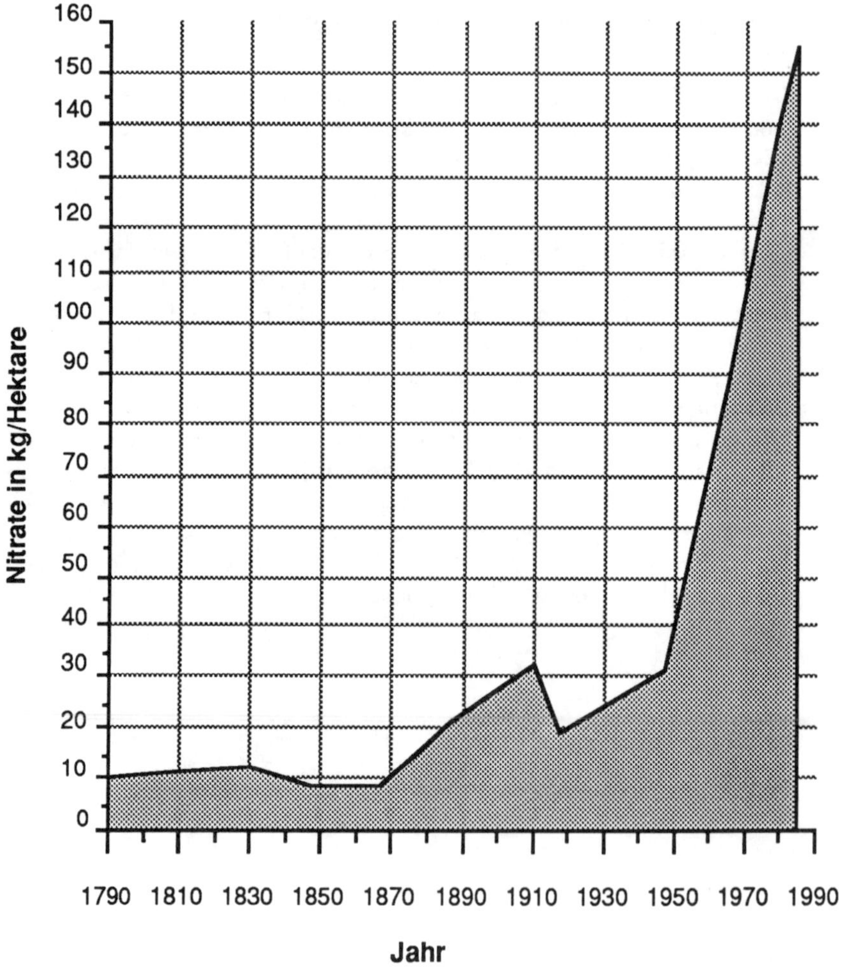

Schweine im bernischen Mittelland
Nitratbelastung in Kg pro Hektare (Getreide- und Hackfruchtfläche)
bis 1880: 13.6 kg/Schwein, danach 16 kg

Die Situation im späten 18. Jahrhundert

Auf den Ackerflächen wächst vorwiegend Getreide, bei geringen Erträgen. Rund ein Achtel des Landes wird marginal als Allmendweide genutzt oder liegt periodisch brach. Weniger als ein Prozent der gesamten Kulturlandfläche ist überbaut. Das Kulturland, in geringerem Masse auch das überbaute Gebiet, wird schleichend auf Kosten des marginalen Landes und des Waldes ausgedehnt.

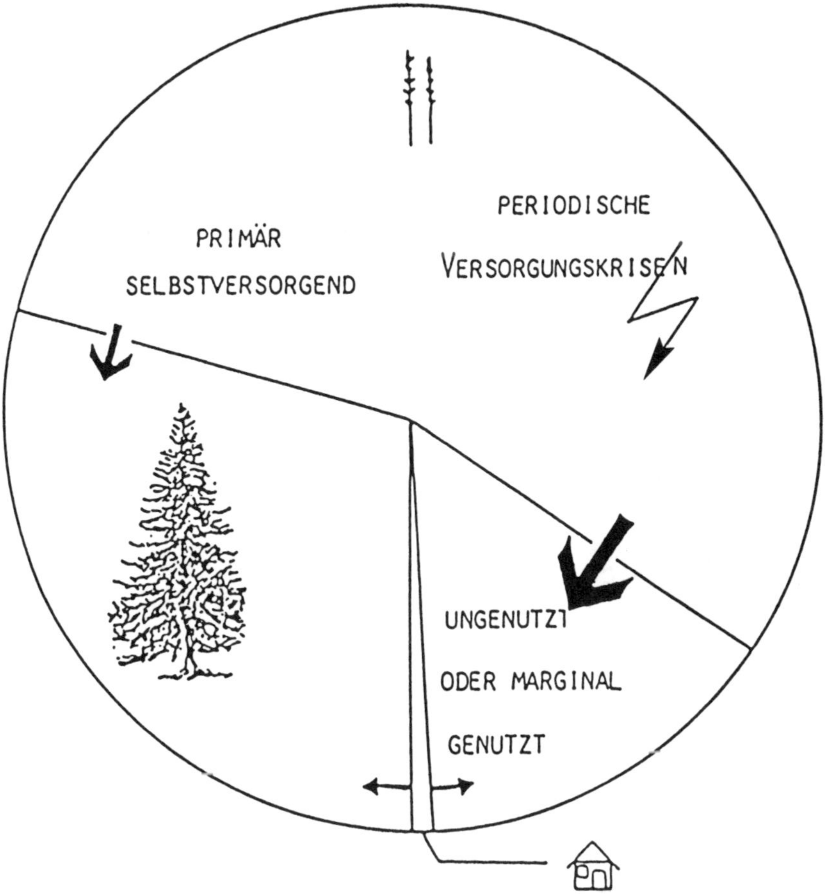

Primäres Wirtschaftsziel ist die Selbstversorgung. Trotz der geringen Bevölkerungsdichte treten immer wieder Versorgungsengpässe auf, die in manchen Fällen den Charakter von Hungersnöten annehmen. Eine Mangelsituation also angesichts einer Fülle an Boden.

Die Situation nach der Mitte des 19. Jahrhunderts

Die Agrarfläche ist auf fast drei Viertel des genutzten Landes ausgedehnt worden; in erster Linie auf Kosten der marginal genutzten Böden, in zweiter Linie auf Kosten des Waldes. An die Seite des Ackerbaus ist im Talgebiet die Milchwirtschaft getreten.

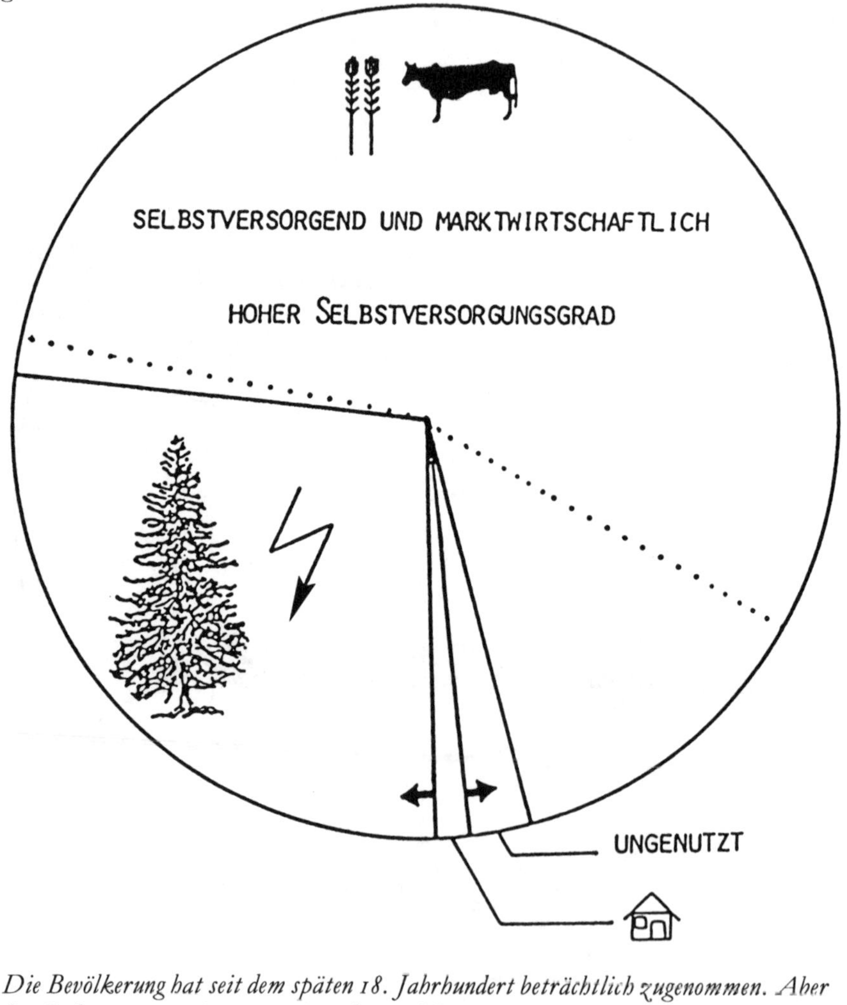

Die Bevölkerung hat seit dem späten 18. Jahrhundert beträchtlich zugenommen. Aber der Boden vermag sie, ausser in seltenen Notsituationen, besser und reichlicher zu ernähren. Nur wenig vermehrt hat sich der Bedarf an Siedlungsfläche, wodurch in den verdichteten Städten die Gefahr schwerer Epidemien steigt. Zu einem weiteren Notstandsraum ist der Wald geworden, namentlich im Berggebiet.

Die Situation im frühen 20. Jahrhundert

Die Agrarfläche ist zugunsten des Waldes, der Siedlungs- und Verkehrsfläche etwas verkleinert worden. Der Wald ist durch das Forstgesetz in seinem Flächenbestand geschützt. Die Landwirtschaft ist durch die Ankoppelung ans internationale Eisenbahnnetz ohne nennenswerten Schutz der Konkurrenz des Weltmarktes ausgesetzt worden und hat deshalb weitgehend auf Milchwirtschaft umgestellt.

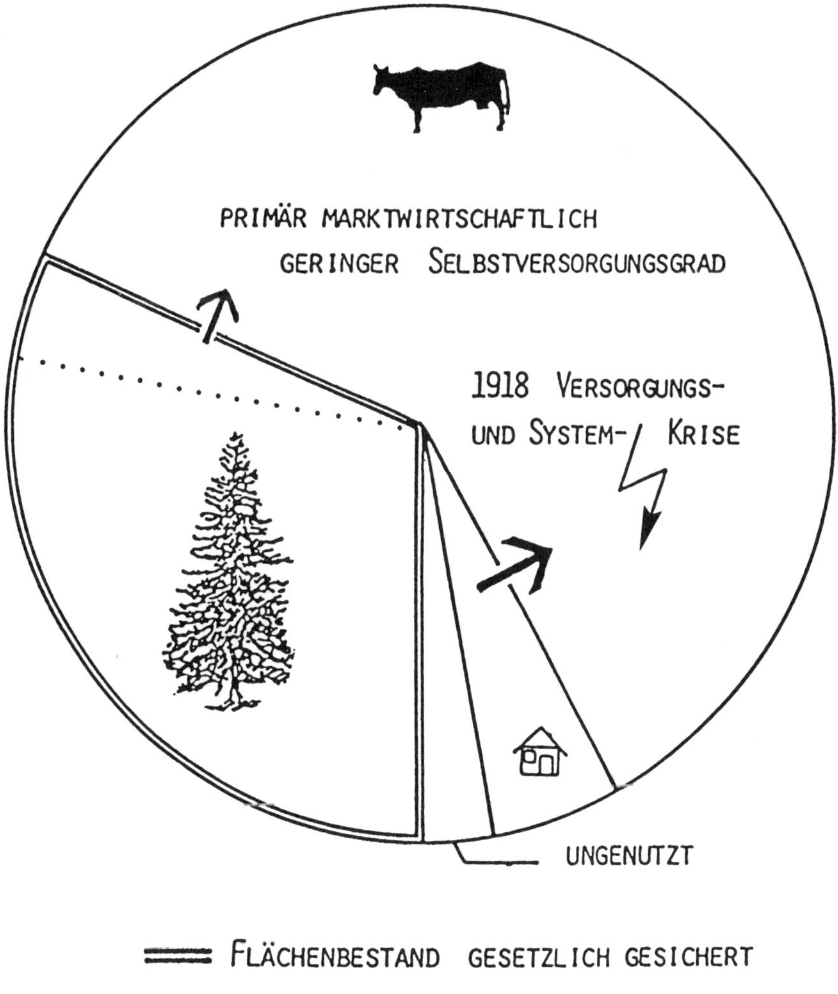

Die Schweiz wird von der Belastungsprobe des Ersten Weltkrieges überrascht, aber aus der Systemkrise von 1918 werden Lehren gezogen.

Kennzeichnend für die heutige Situation ist das fortdauernde Wuchern der Siedlungs- und Strassenflächen auf Kosten des Kulturlandes. Der Anteil dieser Nutzungsträger hat sich gegenüber dem frühen 20. Jahrhundert mehr als verdoppelt. 100 000 Hektaren teilweise besten Kulturlandes sind in nur drei Jahrzehnten überbaut worden. Massgebend für die Art der landwirtschaftlichen Nutzung sind die Spielregeln des staatlich gelenkten Agrarmarktes geworden. Der Wald ist gesundheitlich angeschlagen. Ungenutzte Räume sind in Form von Naturschutzgebieten teilweise konserviert worden; aber sie sind zu zersplittert, um dem Aussterben von Tier- und Pflanzenarten wirksam Einhalt zu gebieten.

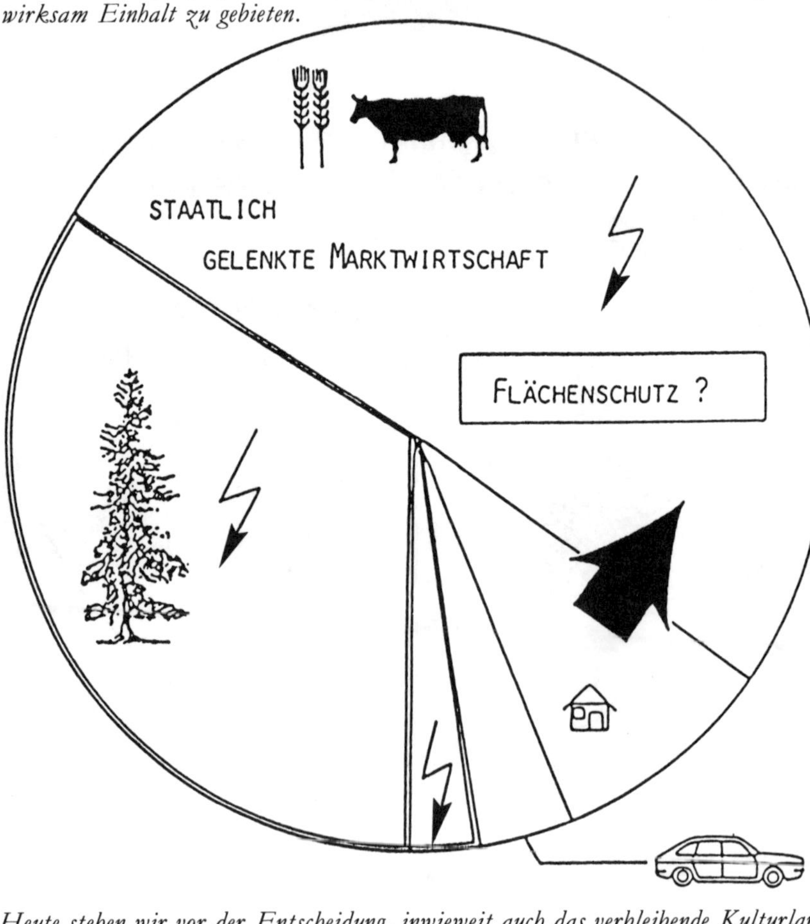

Heute stehen wir vor der Entscheidung, inwieweit auch das verbleibende Kulturland – wie zuvor der Wald und die Relikte der Naturlandschaft – in seinem Bestand geschützt werden soll.

RUDOLF HÄBERLI

Bodensparen im Siedlungsgebiet

1. Weshalb sollen wir Boden sparen?

«Sparen» ist ein Begriff aus der Volkswirtschaftslehre: «Sparen» ist Nichtverbrauch von Einkommensteilen – man kann auch sagen Ressourcen –, wobei dieser Nichtverbrauch nur provisorisch (Konsumaufschub) oder aber definitiv (Konsumverzicht) sein kann. Gespart wird selten ganz freiwillig. Man spart, weil man an die Zukunft denkt, weil man nicht alles jetzt verbrauchen und später nichts mehr haben möchte. Im Duden wird das Wort «Sparen» mit den folgenden, sinnverwandten Wörtern erläutert: etwas zurücklegen, erübrigen, sich einschränken, Mass halten, sich zurückhalten, haushalten oder (schweizerisch) hausen.

Müssen wir Boden sparen? Können wir überhaupt Boden «verbrauchen»? Ist denn die Bodenfläche der Schweiz nicht konstant? «Boden» ist nicht nur «Fläche». Natürlicher Boden ist über lange Zeit «gewachsen», ist Lebensgrundlage und Lebensraum, ist einzigartig und nicht wieder herstellbar. Boden wird verbraucht, wenn er irreversibel verändert wird. Boden ist dann irreversibel verändert, wenn er unter den gegebenen technischen, wirtschaftlichen und sozialen Bedingungen nicht mehr seiner anfänglichen Bestimmung zugeführt werden kann.

Weshalb sollen wir Boden sparen? Ich sehe dafür vor allem fünf Gründe: Boden ist erstens unvermehrbar. Gewachsener, natürlicher Boden ist nicht wiederherstellbar. Nur auf kleinen Flächen lässt sich mit grossem Aufwand wieder eine Art Boden künstlich schaffen. Solcher Boden bleibt in seiner Qualität aber noch während Jahrzehnten hinter derjenigen natürlichen Bodens zurück. Mit der Überbauung wird natürlicher Boden in der Regel irreversibel verändert.

Wir haben zweitens bereits sehr viel Boden durch Überbauung verbraucht. In einer einzigen Generation, in den letzten 30 Jahren, ist in der

Schweiz ebensoviel Land überbaut worden wie in allen Generationen zuvor. Die Siedlungsfläche hat sich seit 1950 verdoppelt. In unserem Land stehen heute mehr als 2.2 Millionen Gebäude; pro 3 Schweizer ein Haus. Bei gleicher weiterer Entwicklung würden in der nächsten Generation ebensoviele Häuser herumstehen wie heute bereits Autos.

Es sind drittens keine deutlichen Zeichen zu erkennen, dass die Nachfrage nach weiterem umbautem Raum von selbst abnehmen wird.

Der Wohnflächenverbrauch nimmt weiterhin jährlich zwischen ½ und 1 m^2 pro Bewohner zu. Deshalb werden auch weiterhin pro Jahr zwischen 30 000 und 40 000 Wohnungen gebaut, die ihre Abnehmer finden. Sinkende Haushaltgrössen, frühere und im Alter längere Belegung einer eigenen Wohnung, grössere Wohnungen und Zweitwohnungen sind einige Gründe für diese anhaltende Wohnungsnachfrage, auch bei stagnierender Gesamtbevölkerung.

Zwischen 1960 und 1980 hat sich der Wohnungsbestand in der Stadt Bern um 13 400 Einheiten erhöht; gleichzeitig aber sank die Bevölkerung um 16 000 Personen. Wenn sich die Berner 1980 – sie beanspruchten damals im Durchschnitt 36 m^2 Wohnfläche – noch mit der gleichen Fläche begnügt hätten wie 1970 – damals waren es im Schnitt erst 30 m^2 – so hätte der Wohnraum von 1980 für 29 000 Einwohner mehr gereicht, oder es hätten 11 000 Wohnungen leer gestanden.

Auch der Arbeitsflächenverbrauch nimmt, soweit darüber überhaupt Zahlen bestehen, weiter zu. Und dies, obwohl die neuen Technologien – man spricht ja von Mikrotechnik – eigentlich Platzeinsparungen verheissen. Praktisch scheint es aber, dass diese Einsparungen bei den Geräten durch eine andere Anordnung, durch Abschirmungs- und Vorbereitungszonen usw. mehr als aufgewogen würden. Aus dem Elektroniksektor wurde eine Zunahme der Fläche pro Arbeitsplatz von 13 m^2 auf 20 m^2 genannt. Eine Faustregel besagt, dass auch die pro Arbeitsplatz beanspruchte Fläche jährlich um etwa ½ bis 1 m^2 zunimmt.

Im Freizeitbereich hält die Nachfrage nach weiterem umbautem Raum ebenfalls an. Tennishallen, Fitnesscenter und Freizeitparks legen dafür beredtes Zeugnis ab.

Und wenn beim Verkehr zwar eine Verlangsamung stattgefunden hat, so werden doch immer noch weitere Verkehrsanlagen gebaut. Und demgegenüber nur verschwindend kleine Teile bestehender Anlagen wieder abgebrochen.

Es kommt viertens als wichtiger Faktor dazu, dass es in aller Regel billiger – und vor allem einfacher – ist, neues Land zu überbauen, als bereits überbautes Land mit einem Abbruchobjekt wieder zu verwenden (zu «recyclen»). Erschwerend sind insbesondere die Widerstände und Einsprachemöglichkeiten der Anwohner. Wie viel leichter ist es da, auf die «grüne

Wiese» auszuweichen, wo Regenwürmer, Maulwürfe und Feldhasen bekanntlich keine Einspracherechte besitzen.

Im Wettstreit zwischen Bauland und Kulturland geht es fünftens fast immer um den besten Boden. Die Böden, welche die Landwirtschaft gerne weiterhin bewirtschaften möchte, sind meist auch geeignete Flächen für Wohnungsbau und fast immer günstige Standorte für Handel und Industrie. In der Regel sind es auch wertvolle Grundwasserträger. Von der gesamten Landesfläche sind erst – oder auch schon – 5 % zu Siedlungsfläche geworden. Von der effektiv besiedelbaren Fläche – das sind 13 500 km^2 – beträgt der Siedlungsflächenanteil bereits 15 %; vom wirklich guten Ackerland sind wohl bereits etwa 30% zu Siedlungsfläche geworden (die bodenkundliche Gesellschaft schätzt, dass heute nur noch etwa 200 000 ha guten Ackerlandes übriggeblieben sind).

Eine harmonische Gesamtnutzung unseres Landes ergibt sich nicht von selbst. Wir müssen die Bodennutzung, die wir wollen, bewusst schaffen. Dabei wird es nötig sein, Boden zu «sparen».

2. Für wen sollen wir Boden sparen?

Zum «Sparen» braucht es ein Ziel. Wir wollen wissen, zu wessen Gunsten wir uns einschränken, etwas zurücklegen sollen.

Wiederum ist zu unterscheiden zwischen gewachsenem Boden als Naturelement und Boden als Fläche.

Der gewachsene, unüberbaute Boden ist nicht bloss Produktionsgrundlage für die Landwirtschaft. Er erfüllt vielfältige Funktionen im Naturhaushalt.

An erster Stelle steht hier die Regelungsfunktion: für den Luft- und Wärmehaushalt, vor allem aber für den Stoff- und Wasserhaushalt. Der Boden erfüllt dabei zentrale Ausgleichs-, Puffer- und Speicherfunktionen. Im und auf dem gewachsenen Boden werden jährlich riesige Mengen organischer Abfälle und andere Stoffeinträge ab- und umgebaut. Dieses Selbstregenerationsvermögen des Bodens ist abhängig von der biologischen Aktivität einerseits, von der Bodenfläche anderseits. Die biologische Aktivität lässt sich durch geeignete Kulturmassnahmen zum Teil wieder verbessern; entzogene Fläche natürlichen Bodens ist dagegen unwiederbringbar verloren.

Unüberbauter Boden und offene Landschaft sind zweitens Lebensraum für eine milliardenstarke Bodenlebewelt, für die wildlebende Flora und Fauna.

Boden ist drittens Produktionsgrundlage für die Landwirtschaft, für die Forstwirtschaft und für den Gartenbau. Die momentane Überschusssituation bei einigen Landwirtschaftsprodukten darf nicht darüber hinwegtäuschen, dass die Versorgung mit einheimischen Nahrungsmitteln insgesamt bloss zu 55% gewährleistet ist. Mit 0.06 ha Fruchtfolgefläche pro Kopf der Bevölkerung steht der schweizerischen Landwirtschaft bereits heute die weltweit geringste Fläche zur Verfügung. Nur die Niederlande und Japan müssen sich mit ähnlich geringen Produktionsflächen begnügen.

Allerdings sind mit Gentechnologie und anderen Züchtungsmethoden – zusammen mit immer intensiveren Anbauverfahren – Entwicklungen im Gange, die unter Umständen noch weitere starke Ertragssteigerungen pro Fläche ermöglichen werden. Die Frage stellt sich aber, wieweit wir solche, sich immer weiter von der Natur entfernende Produktionsmethoden noch wollen. Immer mehr Konsumenten möchten sich nicht mehr mit Produkten begnügen, die zwar in ihren konventionell messbaren Merkmalen einer bestimmten Qualität entsprechen, im übrigen aber auf irgendeine Weise fabriziert worden sind. Sie wünschen Nahrungsmittel, von denen sie auch wissen, wie und wo sie gewachsen sind. Dabei wird Wert auf sanfte, naturschonende Anbaumethoden gelegt.

In dieser Entwicklung liegt möglicherweise eine besondere Chance gerade für die einheimische Landwirtschaft. Denn für Produkte, von denen man weiss, wie sie produziert worden sind, und die sich in ihrer – umfassend verstandenen – Qualität deutlich von den Produkten auf dem Weltmarkt unterscheiden, wird der Konsument auch auf die Dauer bereit sein, deutlich höhere Preise zu bezahlen.

Solche naturnahen, sanften Produktionsmethoden erfordern aber in der Regel etwas mehr Boden.

Flächen benötigt der Mensch als Siedlungs- und Verkehrsraum. Hier spielt sich das Leben von über 90% der Bevölkerung ab. In diesem Siedlungsraum soll man sich wohl fühlen. Dieser Raum soll wohnlich sein, er soll seine Produktions- und Verkehrsfunktionen erfüllen können. Er soll insgesamt funktionieren.

Zu seinem Wohlbefinden braucht der Mensch sowohl Geborgenheit wie auch Weite. Geborgenheit kann er auch in einer gut konzipierten, verdichteten Siedlung finden; die Weite geht ihm dagegen in unserem zersiedelten, von Verkehrswegen und ihren Lärmkorridoren durchzogenen Lande immer mehr verloren. Damit auch in Zukunft ein Minimum an Weite noch übrigbleibt, sollten Siedlungs- und Verkehrsentwicklung möglichst wenig zusätzliche Fläche beanspruchen.

Wildlebende Pflanzen und Tiere benötigen nicht nur Boden, sondern auch grössere, unüberbaute Flächen. Zwar können sich einzelne Arten in städtischer Umgebung recht gut zurechtfinden. Für die grosse Mehrzahl der Arten jedoch bietet der kleinparzellierte und ausgetrocknete, mit lebensfeindlichen Verkehrsbarrieren durchschnittene urbane Raum keine

Überlebensmöglichkeit. Seit 1950 ist die Zahl der in ihrem Überleben bedrohten Arten dramatisch gestiegen. Nur wenn der Landverbrauch für Bauzwecke drastisch vermindert wird, kann verhindert werden, dass zahlreiche, bisher heimische Tier- und Pflanzenarten aussterben. Allerdings müssten auch Teile des offenen Landes wieder in naturnähere Formen zurückgeführt werden; denn intensiv genutzte Landwirtschaftsflächen sind nur noch bedingt geeignet als Lebensraum.

Das «richtige» Verhältnis zwischen überbauter Fläche und unüberbautem Boden, zwischen dem Siedlungsraum als Lebens-, Produktions- und Verkehrsraum des städtischen Menschen und dem unüberbauten Raum in seinen ökologischen Funktionen, zwischen Boden als Ernährungs- und Erholungsraum für den Menschen und als Lebensraum für Tiere und Pflanzen – dieses Verhältnis lässt sich nicht auf einfache Art definieren. Vieles deutet darauf hin, dass wir Grenzen erreicht oder bereits überschritten haben.

Allein schon der Umstand, dass der Übergang von unüberbautem Boden zu überbauter Fläche in der Regel irreversibel ist und dass damit die wichtigen bisherigen Funktionen des unüberbauten Bodens grösstenteils verlorengehen, müsste uns zu sparsamerem Verhalten veranlassen.

Boden ist Teil eines Ganzen, in dem wir leben und von dem auch wir nur ein Teil sind. Je mehr wir davon zu einseitiger Nutzung verändern, desto mehr gefährden wir auch unsere eigene Existenz.

3. Wie Boden sparen?

Über Energiesparen spricht man schon länger als über Bodensparen. Man hat herausgefunden, dass Energie auf 3 Arten gespart werden kann:
- durch besseres Nutzen die Produktivität erhöhen
- durch Verlagern, Substituieren
- durch Verzicht auf Konsum.

Alle 3 Spar-Formen lassen sich auch auf den Boden anwenden.

«Besser nutzen» heisst beim Boden, die Gebäude – bestehende und neue –, die Parzellen und die Gebiete besser zu nutzen.

«Besser verteilen» heisst, eine räumlich bessere Verteilung anzustreben, indem die Standorte und die Siedlungsentwicklung optimiert werden. «Besser verteilen» heisst aber auch, persönlich und über die Zeit besser zu verteilen. Diese Verteilung soll Anpassungen an sich wandelnde Bedürfnisse bestmöglich gewährleisten.

«Weniger brauchen» könnte derart verstanden werden, dass man sich auf das besinnt, was wirkliche Lebensqualität ausmacht; und auf das verzichtet, was nicht effektiv zusätzlichen Nutzen bringt. «Weniger verbrauchen» ist möglich, indem man sein Verhalten überdenkt, intern besser verteilt, besser entscheidet und allenfalls Lenkungsmassnahmen einführt.

1. Besser nutzen

Besser nutzen bedeutet, mit weniger Boden gleichviel oder mit gleichviel Boden mehr Nutzen zu schaffen als bisher.

Der erste Gedanke betrifft die bessere Nutzung der bereits bestehenden Gebäude. 80–90% der im Jahre 2000 benützten Gebäude bestehen ja schon. Vielleicht genügt bereits eine technische Sanierung, um das Gebäude wiederum den heutigen Bedürfnissen anzupassen; vielleicht sind auch eine bessere Innenaufteilung, ein besserer Bezug zwischen Innen- und Aussenräumen oder die Ergänzung gemeinschaftlicher Einrichtungen möglich; vielleicht ist es möglich, nicht mehr oder schlecht genutzte Räume neuen Nutzungen zuzuführen. Wenn Bedürfnisse – ebenso zusätzliche Bedürfnisse in bereits bestehenden Gebäuden – besser befriedigt werden können, so ist damit auch gleich Boden gespart.

Auch neue Gebäude können besser gebaut werden. «Besser» heisst in diesem Zusammenhang, dass die Innen- und Aussenräume den echten Bedürfnissen der Benützer entsprechen: dass vielleicht die Wohnzimmer kleiner und die Kinderzimmer dagegen grösser werden; dass sich im Schlafzimmer noch Platz für ein Büro findet; dass die Küche gleichzeitig Wohnraum ist; dass auf dem Balkon wirklich gewohnt werden kann; oder dass sogar ein Gartenplatz, ein Wintergarten oder ähnliches zur Verfügung steht. «Besser bauen» könnte heissen, dass sich die Räume – auch über Jahre hinweg – in ihrem Gebrauch bewähren, und dass sie nicht bloss beim ersten Besuch dem Mieter oder Käufer imponieren.

«Besser nutzen» kann schliesslich heissen, wieder etwas höher zu bauen. Dabei ist nicht gleich an die Hochhäuser der 60er und 70er Jahre zu denken. Zwei- bis viergeschossige Bauten haben den menschlichen Massstab noch keineswegs verloren; sie bieten aber bereits ein Mehrfaches an Nutzraum an. In zwei- bis viergeschossigen Bauten lassen sich sowohl Reihenhäuser wie auch Geschosswohnungen unterbringen. Wir sollten uns vielleicht vermehrt an die – aus heutiger Sicht – wohnlichen und gleichzeitig bodensparenden Bauten der 50er Jahre erinnern.

Man kann auch die Parzellen besser nutzen. Die Abstände zwischen den Gebäuden können variiert werden, oder es kann gänzlich auf Abstände verzichtet werden. Anstatt Höchst-Ausnützungen könnte man Mindest-Ausnützungen vorschreiben. Von der sogenannt «offenen Bauweise», die heute in der Mehrzahl der Gemeinden die Regel ist, könnte vermehrt zu geschlossener Bauweise übergegangen werden.

Dagegen wird man einwenden, dass diese Form der Reihen- und Blockbauweise vorab eine städtische Bauform sei und nicht dem Charakter unserer Vorortsgemeinden und Dörfer entspreche. Da ist aber die Gegenfrage zu stellen, ob nicht unsere Lebensform – jedenfalls für die Mehrheit unter uns – ohnehin eine «städtische» geworden sei. Mit vermehrt «städtischen» Bauformen auch in den Vororten würden wir bloss unsere Wohnform mit unserer Lebensform wieder in Einklang bringen.

Nicht nur die einzelnen Parzellen und Gebäude, auch das weitgehend überbaute Gebiet kann und soll besser genutzt werden. Beispielsweise indem

- Lücken gefüllt
- Verkehrs- und Versorgungsflächen besser genutzt
- Flächen und Gebäude mehrfach genutzt werden.

Die Verhältnisse liegen jedoch, je nach städtischen Quartieren, Vorortsgemeinden oder Dörfern, anders.

Städtische Quartiere sind meist bereits dicht überbaut. Das Ziel kann hier nicht darin liegen, das schon dichte Quartier noch weiter zu verdichten. Wenig befriedigend dagegen ist oft die Wohnqualität, weshalb zahlreiche Familien in das grüne Umland abwandern. Mit eigentlichen Quartiersanierungsmassnahmen sollte die Wohnqualität so verbessert werden, dass die Leute wieder gern hier wohnen wollen. Verkehrsberuhigung, Rückbau von Strassen- und Parkflächen, Begrünung des öffentlichen Raumes, der Industrie- und Gewerbegebiete und Aufbau eines Quartierzentrums könnten zweckmässige Massnahmen sein.

In Vorortsgemeinden bestehen dagegen Möglichkeiten zur effektiven Verdichtung. Allerdings wird es oft nicht einfach sein, solche Vorhaben in den gewachsenen, zum Teil überalterten Quartieren zu realisieren. Die Bewohner werden sich gegen Veränderungen wehren, die ihnen, wenn sie nicht gerade selber als Verkäufer auftreten, nur wenig bringen. Sorgfältige Planung und Massnahmen zur Verbesserung der ganzen Quartierqualität sind deshalb besonders wichtig. Eine bessere Erschliessung mit öffentlichem Verkehr, Verkehrsberuhigung und gemeinsame Parkieranlagen können auch den ansässigen Bewohnern nützen. Intensive Aufklärungsarbeit und enges Zusammengehen zwischen den an der Verdichtung interessierten Bauherren, den Bewohnern und der Gemeinde sind nötig.

In Dörfern besteht das Problem vor allem darin, dass die Notwendigkeit zum Bodensparen von den Dorfbewohnern oft gar nicht erkannt wird. Der Bodenverbrauch pro Person ist aber bedeutend: er liegt bei 400–700 m^2, während er in städtischen Quartieren bloss etwa bei 150–250 m^2 liegt. Aufklärungsarbeit ist also auch hier nötig.

Eine gut konzipierte Verdichtung wird sich nicht darauf beschränken, bloss den idyllischen Rest einer Wiese, an der sich alle freuen, zu überbauen.

Sehr oft gibt es aber Lagerplätze, leerstehende Fabrikationsgebäude, verlotterte Bauten und schlecht genutzte öffentliche Areale – beispielsweise auch des öffentlichen Verkehrs –, die sehr wohl einer besseren Nutzung zugänglich sind. Und wenn dies im Rahmen eines Gesamtkonzeptes geschieht, so kann vielleicht gerade dadurch die idyllische Wiese dauernd als Grünfläche erhalten werden.

Bauordnungen und Zonierungssysteme sind im Laufe der Zeit immer differenzierter geworden. Heute stehen sie oft sinnvollen Entwicklungen entgegen, anstatt diese – wie es ihr ursprünglicher Zweck war – zu fördern.

Im Sinne der sparsamen Bodennutzung ist nach neuen Zonierungssystemen und Bauvorschriften zu suchen, die

- die Durchmischung der Nutzungsarten fördern
- innovative Bauformen begünstigen
- bodensparende, verdichtete Bauvorhaben zum Regelfall machen, anstatt sie auf den hürdenreichen Ausnahme- und Sonderbewilligungsweg zu verweisen
- städtische, verdichtete Bauformen in vorstädtischen Gemeinden begünstigen, wo sie der Lebensweise der Mehrheit der Bevölkerung entsprechen
- auf alle weiteren Bestimmungen, die keinem eindeutigen Zweck dienen und bloss kreatives Bauen verhindern, verzichten.

Besser nutzen ist vielschichtig und anspruchsvoll. Es kann nicht bloss darum gehen, bisherige Qualität durch mehr Quantität zu ersetzen. Nur wenn verdichtet und gleichzeitig die Qualität erhalten oder sogar verbessert wird, kann dadurch ein Beitrag zur haushälterischen Bodennutzung geleistet werden. Sonst wird damit bloss das Problem in andere Räume verschoben.

Qualität heisst insbesondere auch «Qualität über Zeit». Je mehr verdichtet wird, desto mehr wird das Problem der Reserven bedeutsam. Denn aus allen Untersuchungen wird deutlich: Jede erzwungene Verlegung einer Familie oder eines Betriebes verbraucht ein Mehrfaches an Fläche; am neuen Ort wird mehr Wohnraum beansprucht, und es wird grosszügiger gebaut; es werden vorsorgliche Reserven angelegt; es entsteht zusätzlicher Verkehr. Auch ein verdichtetes Quartier muss anpassungs- und wandlungsfähig bleiben. «Reserven» werden aber meist nicht für immer benötigt; wäre es möglich, sie zu einem späteren Zeitpunkt wieder an die Wohn- und Quartiergemeinschaft zurückzugeben (Reservepool)?

Was wird von alldem in der Schweiz bereits getan?

Ich meine, Ansätze sind überall vorhanden:

- der Wert und die Bedeutung bestehender Gebäude ist erkannt
- neue Gebäude werden zum Teil wieder besser gebaut
- verdichtete Bauformen sind bereits an zahlreichen Orten – in der deut-

schen Schweiz allerdings häufiger als in der Westschweiz – verwirklicht – über Quartiererneuerung und -sanierung beginnt man zumindest zu sprechen.

Allerdings sind die guten Beispiele oft noch Ausnahmen. In den meisten Fällen wird auch nicht «aus Einsicht» besser genutzt; sondern weil man sich die Bodenverschwendung bei den hohen Landpreisen nicht mehr leisten kann, und weil schlechte Bauten nicht mehr so leicht wie in den 60er und 70er Jahren an den Mann bzw. an die Frau zu bringen sind. Man möchte mehr Wohn-, Arbeits- und Freizeitraum, gleichzeitig mehr Grün; eine Verdichtung jedoch ist im eigenen Quartier unerwünscht. All das lässt sich noch schwer unter einen Hut bringen.

II. Besser verteilen

Wir sind bisher davon ausgegangen, dass ein tatsächlicher Mehrbedarf besteht, und dass eine vermehrte Nutzung auf möglichst wenig zusätzlichem Boden angeboten werden kann.

Räumlich besser verteilen heisst, die Standorte und die Siedlungsentwicklung zu optimieren. Es spielt nicht nur eine Rolle, wieviel Boden benötigt wird; sondern vor allem auch, wo und welcher Boden benötigt wird.

Die Raumplanung geht davon aus, dass jeder Nutzung der für sie besonders geeignete Raum zugewiesen werden kann. Durch sachgerechte Ordnung soll gleichzeitig Boden gespart werden. Mit einer guten Planung können Durchmischung und Mehrfachnutzung gefördert werden. Damit werden zudem Verkehrsflächen gespart.

Die Raumplanung wirkt auch bei Standortentscheiden für wichtige Bauten und Anlagen mit. Optimale Standortplanung sollte nicht nur aus betriebswirtschaftlicher Sicht erfolgen, sondern müsste zudem folgende Fragen berücksichtigen:

- Welche Nutzung wird verdrängt? Wo geht sie hin?
- Welche Nutzung wäre auch noch möglich (z.B. Landwirtschaft)?
- Welche Infrastrukturfläche wird (mit-)beansprucht?
- Welche Folgebauten sind nötig?
- Welche Alternativstandorte beanspruchen weniger Infrastrukturflächen, nutzen bestehende besser aus, machen weniger Folgebauten nötig?
- Ist die betriebswirtschaftliche Arbeitsteilung (Auslagerung) auch «flächenwirtschaftlich»?

Deshalb sollte eigentlich gelten: Keine Planungs- und Bauentscheide ohne Prognose und Beurteilung des «Folgeflächenverbrauchs». Im Vordergrund stehen dabei Verkehrs-, Erholungs- und allfällige Kompensationsbedürfnisse.

Mit den grossen Infrastrukturanlagen wird Siedlungsstrukturpolitik im grossen Massstab betrieben. Mit dem Autobahnbau hat man neue Verteilzentren – wie Egerkingen – geschaffen. Zudem sind die Pendlerwohnorte – weil ja in Arbeitswegminuten und nicht in Arbeitswegkilometern gerechnet wird – erheblich aufs Land hinaus gerückt.

Sind wir uns über die siedlungsstrukturellen Auswirkungen des Konzeptes «Bahn 2000» genügend im klaren? Man spricht zwar von den – je nach Standpunkt bescheidenen oder aber bedeutsamen – Kulturlandflächen, die durch den Bau der neuen Strecken beansprucht werden. Über mögliche Verschiebungen im Siedlungsgefüge spricht man dagegen kaum. Dies nicht zuletzt auch deshalb, weil wir über diese Mechanismen – zum voraus und nicht erst hinterher – noch viel zu wenig wissen.

Aber nicht nur die räumliche Verteilung steht zur Diskussion. Die Bodennutzung könnte auch in persönlicher und zeitlicher Hinsicht besser verteilt werden. Das Schlagwort heisst hier: «der Boden dem besten Wirt». Vielleicht braucht es dann im Idealfall gar keine zusätzlichen Bauflächen, weil der vorhandene Siedlungsraum – besser verteilt – bereits allen Bedürfnissen genügen würde.

Die liberale Theorie geht davon aus, dass bei grösster wirtschaftlicher Eigenverantwortung grösste Sparsamkeit und optimale Wirtschaftlichkeit angestrebt werden. Eigentum lehrt, Sorge zum Boden zu tragen. Familienbesitz motiviert den Landwirt, den Boden seinen Kindern und Enkeln fruchtbar zu erhalten usw.

In der Landwirtschaft erscheint das Ziel, den Boden dem Selbstbewirtschafter zu erhalten und wieder zugänglich zu machen, grundsätzlich unbestritten. Dabei ist aber weniger der Besitz des Bodens für die bodenschonende Arbeitsweise des Bauern ausschlaggebend; vielmehr ist es der in der europäisch-bäuerlichen Tradition begründete Wille, den Hof auch an die Nachkommen und Enkel zu übertragen. Bodenbesitz ist dafür eine Voraussetzung. Dass dies allein nicht genügt, beweist das amerikanische Farmertum, wo der Hof mehr Investitionsobjekt ist und zum Teil in jeder Generation die Hand wechselt. Entsprechend ist die amerikanische Landbewirtschaftung auch oft alles andere als bodenschonend.

Im Wohnbereich gibt es wenig Hinweise, dass Eigennutzung flächensparender wäre als die heute vorherrschende Vermietung. Die Vorteile des Wohneigentums sind Sicherheit, steuerliche Entlastung, Alterssparkapitalanlage usw.

Flächenverzehrend wirkt sich aus, dass diese Vorteile oft «auf der grünen Wiese» gesucht und in den bestehenden Quartieren nicht durch einen gleichgewichtigen Markt angeboten werden. Zudem bleibt der Eigentümer oft auch nach der Schrumpfung der Familie in der übergrossen Wohnung.

Flächensparend ist der Wirt, der dem Nutzer Sicherheit, einen angemessenen Preis, und gleichzeitig eine dem Lebenszyklus entsprechende Mobilität gewährt: also – wenn die Familie kleiner geworden ist – eine kleinere, jedoch gleichwertige Wohnung zu einem tieferen Mietzins. Ein solcher Wirt kann auch ein institutioneller Vermieter sein.

Gewerbe-, Industrie- und Dienstleistungsbetriebe als Eigennutzer unterliegen dem Drang, Land für eine Expansion bei günstiger Wirtschaftsprognose zu erwerben.

Ziel einer flächensparenden Verteilung müsste sein, den Unternehmen genügend Land für die aktuelle Tätigkeit und entsprechende Mobilitätsreserven zur Verfügung zu halten, ohne dass sie dieses Reserveland bereits lange zum voraus kaufen und damit für andere Entwicklungen blockieren müssten.

Wäre hier allenfalls «Land-Leasing» (Baurecht) die optimale Form? Sollte die Gemeinde Landeigentümerin des Gewerbelandes bleiben, damit sie bei Wachstum auch die Ausnützungsziffer flexibel handhaben kann?

Selbst eine ursprünglich optimale Verteilung wird im Laufe der Zeit, unter den gegebenen Verhältnissen, meist weniger günstig. Die aktuellen Verkehrs- und Ertragswerte führen dazu, dass eine nicht mehr in Anspruch genommene Boden- und Raumnutzung oft nicht zur Neuverteilung gelangt: der Alleinstehende bleibt in der zu grossen Eigentumswohnung – oft allerdings auch in der zu grossen Mietwohnung –, weil die gleichwertige, kleinere Wohnung entweder überhaupt nicht, oder dann nur zu gleichem oder höherem Preis erhältlich ist; der Gewerbetreibende behält das noch nicht benötigte Reserveland und der Spekulant hortet sein Land, bis eine Monopolsituation eingetreten ist – dank steigender Bodenpreise ist solches Verhalten betriebswirtschaftlich vernünftig. Es verhindert aber eine aus der Gesamtsicht haushälterische Bodennutzung.

Sollte deshalb eine Ausgestaltung der Nutzungsrechte, die der Mobilität der Nutzung angepasst wäre, gefördert werden? Also

- Miete, wo hohe Mobilität gefordert ist
- Baurecht bei mittlerer Mobilität
- Eigentum bei geringer Mobilität?

Ich meine, dass solche Fragen nicht aus der Diskussion ausgeklammert werden dürfen. Zumindest ist nach Wegen zu suchen, wie den für die haushälterischen Bodennutzung negativen Preismechanismen entgegengewirkt werden kann.

Zum Abschluss dieses Kapitels wiederum die Frage: Was wird davon in der Schweiz bereits getan?

Die Raumplanung bemüht sich seit Jahren um eine Nutzungsordnung, die der natürlichen Eignung besser entspricht, und um Standortentscheide, die der gesamträumlichen Situation Rechnung tragen. Allerdings hatte sie dabei, was die Verteilung betrifft, nur mässigen Erfolg.

Mehr Erfolg hatte sie bei der Begrenzung der Baugebietsflächen. Das hat ihr aber – weil einschränkend durchgeführt – ein in vielen Kreisen negatives Image beschert.

Die Möglichkeiten einer besseren Verteilung – in persönlicher und zeitlicher Hinsicht – werden dagegen kaum ernsthaft diskutiert. Hier stösst man an bodenpolitische Tabus. Auch der verbindliche Auftrag im Bundesgesetz über die Raumplanung, für die durch Planung entstandenen erheblichen Vor- und Nachteile einen angemessenen Ausgleich zu schaffen, wurde bisher erst von einem Kanton ausgeführt.

III. Weniger brauchen, nicht noch mehr brauchen

Sparen durch weniger brauchen – also Verzicht auf Konsum – ist das, was unserem Verständnis von «Sparen» am nächsten kommt. Es fällt uns aber in der Regel am schwersten. Es muss unterschieden werden, was nötig und was weniger nötig ist.

Wenn ich von weniger brauchen spreche, so meine ich damit nicht Einschränkung dessen, was echte Lebensqualität bedeutet. Die meisten von uns leben ja – und wir sind darüber glücklich – über dem Existenzminimum. Sobald aber dieses Minimum überschritten ist, wird das, was wir zu benötigen meinen, sehr flexibel. Wir sind geprägt von den Wertmassstäben und Entscheidungssystemen unserer Umgebung, der Gesellschaft allgemein, der Mode, der Reklame, der Konsumindustrie usw. Solche Wertmassstäbe könnte man ändern, ohne dass damit notwendigerweise auch die Lebensqualität vermindert würde.

Ein erster Schritt kann darin bestehen, das Verbrauchsverhalten bewusst und damit der Diskussion zugänglich zu machen.

Was ist Bedürfnis, was Luxus, was dient dem Prestige, was ist blosse Konvention?

Nutzen wir die übergrossen Wohnzimmer – mit denen moderne Wohnungen beeindrucken – in einem zu den damit verbundenen Kosten vertretbaren Ausmass? Meistens benutzen wir sie ja nur wenige Stunden pro Tag, und erst noch alleine, zu zweit oder allenfalls zu dritt. Wären da Wohnungen mit einheitlich mittelgrossen bis kleineren Zimmern nicht vielseitiger nutzbar und ebenso wohnlich, wenn man sich einmal daran gewöhnt hat?

Ist es sinnvoll, dass wir selbst unsere Freizeit immer mehr in speziell dafür erstellten Gebäuden – ich meine Fitnesscenters, Tennishallen, Curlinghallen usw. – verbringen, obwohl wir doch eigentlich den Ausgleich an der frischen Luft nötig hätten?

Das Überdenken verschwenderischen Verhaltens wird erleichtert, wenn mit diesem Verhalten direkte, persönliche Kosten verbunden sind, auch wenn diese Kosten an sich tragbar sind. Ein Beispiel dafür ist die Zweitwohnung, die nicht nur Boden verbraucht, sondern auch geheizt werden muss; also Energie verbraucht und weitere Unterhaltskosten verursacht.

Dass ein Parkplatz beim Büro nicht einfach gratis, d.h. im Lohn inbegriffen sein soll, hat sich inzwischen vielerorts durchgesetzt. Eine Taxe von bloss 20 bis 30 Franken pro Monat kann mithelfen, zahlreiche verbitterte Verteilungskämpfe zu entschärfen. Letzthin habe ich erfahren, dass eine Verwaltung noch einen Schritt weitergehen und auf den Büroparkplätzen eine zentrale Parkuhr einrichten will. Man bezahlt dann nur, wenn man den Parkplatz auch tatsächlich benutzt; und zwar etwa gleich viel, wie wenn ein öffentliches Verkehrsmittel benutzt würde. Wenn damit erreicht werden könnte, dass die Parkplätze mehr leer als besetzt wären, so würden damit gleich mehrere Dinge für die haushälterische Bodennutzung getan: Die Beanspruchung von Verkehrsflächen würde vermindert; der Bedarf an Parkplätzen bei künftigen Bauten könnte tiefer angesetzt werden; die Luftbelastung würde reduziert.

Dieses Beispiel der Büroparkplätze ist charakteristisch für das, was J. Huber in seinem Buch «Die Regenbogengesellschaft» mit dem Bild des «Freibiereffekts» veranschaulicht hat. Allzuvieles ist uns heute selbstverständlich, inbegriffen und normal geworden, ohne dass wir uns noch überlegen, wer denn die Kosten dafür zu tragen hat und ob wir damit auch tatsächlich glücklicher werden. Die Umweltsituation bringt es aber an den Tag: Wir alle tragen gemeinsam die Kosten. Wenn nun, entgegen dem «Freibiereffekt», jeder wieder direkter und selber an den Kosten beteiligt wäre, so würde ihm dadurch sein Bier noch lange nicht vergällt werden. Er würde aber einige Gläser weniger trinken und sich am anderen Morgen glücklich schätzen, gerade deshalb frisch und mit klarem Kopfe aufstehen zu können.

In der Bundesverwaltung werden die Büros in ihrer Grösse nach Lohnklassen zugeteilt. Dementsprechend haben Beamte tieferer Lohnklassen – obwohl sie jahraus, jahrein an ihren Platz gebunden sind und wenig abwechslungsreiche Arbeit zu erfüllen haben – oft besonders enge und wenig motivierende Arbeitsplätze. Anderseits stehen die weitläufigen Chefbüros, weil ihre Inhaber oft auf Reisen oder an Konferenzen sind, häufig leer. Wie wäre es, wenn man auch die Büros mehr nach sachlichen Kriterien, also nach der effektiven Belegung und der darin zu verrichtenden Arbeit, zuteilen würde? Man könnte dann immer noch den Status des Inhabers mit einer entsprechenden Büroeinrichtung – die er vielleicht sogar im Rahmen eines Budgets selber auswählen könnte – zum Ausdruck bringen. Solche funktionellen Lösungen sind nicht wirklichkeitsfremd; sie werden in Privatunternehmen bereits praktiziert. Man muss sich nur an den neuen Gedanken gewöhnen.

Sowohl bei privaten wie bei öffentlichen Bauvorhaben kommt es vor, dass der Raumbedarf, der Standort und weitere wichtige Elemente für ein neues Gebäude fixiert werden, bevor die Baufachorgane überhaupt zum Zuge gekommen sind. Diese werden dadurch zu einer blossen Ausführungsrolle degradiert. Intelligentere, ressourcensparende Lösungen kommen schon deshalb nicht zustande, weil gar nicht danach gefragt worden ist.

Möglichkeiten gibt es schliesslich für echte Substitution und Kompensation. Gerade auf diesem Gebiet wird wohl noch viel zuwenig getan. So hat eine Untersuchung in Österreich gezeigt, dass Wohnungen in städtischem Umfeld, wenn sie bloss über einen ausreichenden und attraktiven privaten Aussenraum verfügen (Terrasse, Dachgarten usw.) und zudem mit gemeinschaftlichen Einrichtungen (wie gedeckte und offene Spielräume, Sauna, Bastel- und Versammlungsräume) ausgestattet sind, sehr wohl mit Einfamilienhäusern im Grünen konkurrieren können; und dies bei wesentlich geringerem Land- und Kapitalverbrauch. Solche «echten Alternativen» werden aber noch viel zuwenig angeboten.

Man könnte natürlich noch einen Schritt weitergehen und vom Staat her Massstäbe setzen, und diese mit Lenkungssteuern verbinden.

Beispielsweise könnte man in einem Gesetz über die Wohnflächennutzung den heutigen Durchschnittsverbrauch von etwa 40 m^2 pro Person als Norm festlegen. All diejenigen, die mehr als diese Fläche bewohnen, hätten eine Wohnflächenverbrauchssteuer zu entrichten. Das könnte zur Folge haben, dass manche – von Einzelpersonen bewohnte – Grosswohnung geräumt würde, weil der Preis der Grosswohnung inklusive Wohnflächensteuer näher an den Preis einer komfortableren, kleineren Neuwohnung herankäme.

Auch für Arbeitsflächen könnten auf ähnliche Weise «Normalstandards» fixiert und der Konsum über diesem Standard mit einer Lenkungssteuer belastet werden. Allerdings wäre es hier wesentlich schwieriger, den angemessenen «Normalstandard» zu bestimmen.

Etwas anders könnte die ebenfalls in die Diskussion gebrachte Bodennutzungssteuer wirken. Dabei würde nicht die beanspruchte Wohnfläche, sondern die anteilsmässig benutzte Bodenfläche zum Kriterium. Derjenige, der in städtischer Bauform – extrem im Hochhaus – lebt, könnte eine grössere Wohnfläche im Rahmen des Standards benützen als derjenige, der seine Wohnfläche in Form eines Einfamilienhauses im Grünen nutzt. Eine solche Steuer hätte vor allem Verdichtungseffekte zur Folge; der Wohnflächenkonsum dagegen würde weniger gebremst.

Auch zu diesem Kapitel wiederum die Frage: Was wird davon in der Schweiz bereits getan?

– Über den Bodenverbrauch wird seit einigen Jahren vermehrt gesprochen; allerdings meist nur in allgemeiner Form (z.B. Kulturlandver-

brauch über alles oder Wohnung gegen Einfamilienhaus).
- Eine differenziertere Diskussion ist schon deshalb noch kaum angelaufen, weil die notwendigen Zahlengrundlagen dafür fehlen.
- Bei den diversen Verhaltensweisen der Verbraucher ist man daran, Automatismen abzubauen (vgl. Parkplätze); bei anderen – wie zum Beispiel den Freizeiteinrichtungen – nehmen die Automatismen noch zu.
- Lenkungsmassnahmen wurden zwar bereits hier und dort vorgeschlagen; darüber ernsthaft gesprochen wurde aber bisher nicht.
- «Bodensparen» ist noch weit davon entfernt, ein Diskussionsthema – wie etwa das Energiesparen – zu sein. Und wie weit der Weg vom «darüber reden» bis zum «etwas tun» noch sein wird, darüber gibt die Energieszene anschaulichen, wenn auch wenig erbaulichen Unterricht.

4. Haushälterische Bodennutzung heisst intelligentes Bodensparen

Wenn wir den Boden vermehrt haushälterisch nutzen wollen, so müssen wir besser nutzen, besser verteilen und weniger brauchen, wo dies möglich – und auch sinnvoll – ist.

Sinnvoll erscheinen Massnahmen dann, wenn wir ihre relative Bedeutung beachten:
- Also im Sinne der Verhältnismässigkeit dort sparen, wo auch etwas dabei herausschauen kann; und nicht nur dort, wo es am leichtesten geht. Weder der Umwelt noch uns selbst ist mit Alibiübungen gedient. Vielleicht kommt ein Teil des Misstrauens gegen den Staat auch daher, dass allzu vieles getan wird, um damit doch nur wenig zu erreichen. Vielleicht liesse sich der Bürger besser dazu motivieren, in einigen zentralen Bereichen wirklich etwas zu ändern, wenn er dagegen in nebensächlicheren Sparten unbehelligt bliebe.

Sinnvoll sind nur Massnahmen, welche den Gesamtzusammenhang beachten:
- Also Massnahmen, mit denen wirklich gespart wird und nicht bloss die Probleme von einem an den andern Ort verschoben werden. So ist etwa wenig erreicht, wenn aufgrund ungenügender Versorgung beim Wohnen ein Überkonsum an Freizeiteinrichtungen (Zweitwohnungen, Mobilhomes) ausserhalb des Wohnbereichs entsteht. Auch hat es wenig Sinn, wenn die Wohnungsnachfrage bloss aus dem engeren städtischen Raum in das weitere Umland verschoben wird, und dabei insgesamt mehr Flächen verbraucht und zusätzliche Verkehrsbewegungen begründet werden. Schliesslich führt es auch nicht weiter, wenn heute – ohne Erhaltung von Reserven und unter Missachtung qualitativer Aspekte – verdichtet wird, und morgen zahlreiche Familien und Unternehmen

ihren Sitz an einen neuen Standort verlegen und dort ein Mehrfaches der ursprünglich gesparten Flächen wiederum verbrauchen.

Sparen heisst willentlicher Nichtverbrauch: entweder überhaupt nicht, oder dann nicht heute – im Interesse von morgen. Beim Boden geht es um ein gemeinsames Gut; wir müssen zusammen überlegen, darüber reden und letztlich entscheiden,

– was wir brauchen und
– was wir wirklich wollen.

Haushälterische Bodennutzung setzt voraus, dass wir etwas an unserem Verhalten ändern. Aber nicht unser Wohlstand, unser Komfort oder unsere individuelle Freiheit stehen primär auf dem Spiel, sondern vorerst bloss unsere Trägheit, unser Schemadenken, unsere Denkfaulheit. Es sind noch grosse Spielräume vorhanden. Vieles ist möglich, wenn wir vermehrt intelligente, weitblickende statt einfache, kurzfristige Lösungen anstreben.

Wir sollten wieder den Mut aufbringen, Probleme nicht nur zu erkennen, sondern sie auch zu lösen. Also packen wir es an. Zukunftsgerichtete Lösungen sind möglich!

SIEGFRIED LOSCH

Bodensparen im Siedlungsgebiet: Ideen und Erfahrungen in der Bundesrepublik Deutschland

1. Vorbemerkung

Trotz günstiger Siedlungsstruktur hohe Umweltbelastungen

Die Bundesrepublik Deutschland ist durch die intensive Siedlungs- und Wirtschaftstätigkeit heute eines der Länder in Europa, die in sehr hohem Masse ihre Umwelt und ihre Ressourcen beanspruchen. Die Umweltbeanspruchung erstreckt sich auf das ganze Bundesgebiet. Das Bundesgebiet hat eine Fläche von 24.8 Mio. ha, auf der heute rund 61 Mio. Menschen leben (245 Einwohner je ha). In der Schweiz leben auf 4.1 Mio. ha rund 6.4 Mio. Menschen (156 Einwohner je ha).

Das besondere Merkmal der Siedlungsstruktur in der Bundesrepublik besteht – ähnlich wie in der Schweiz – in einem ausgeprägten dezentralen System leistungsfähiger grosser und mittlerer Städte. Diese raumstrukturell günstige Siedlungsstruktur in der Bundesrepublik Deutschland hat sich – trotz der hohen wirtschaftlichen und demographischen Dynamik der letzten 30 Jahre – als erstaunlich stabil erwiesen: derzeit leben und wirtschaften auf nur 27% der Fläche (6.8 Mio. ha) 56% der Bevölkerung (33.9 Mio. Menschen) und 59% der Beschäftigten (12.1 Mio. Menschen).

Akute Gefahrenpotentiale für den Boden

In einem so dicht besiedelten Land wie der Bundesrepublik Deutschland sind die Flächenansprüche hoch und die Umweltbelastungen besonders spürbar. Zu den Gefahrenpotentialen für den Boden gehören:
- Eintrag und Anreicherung von Schadstoffen, insbesondere von Säuren und Säurebildnern, Schwermetallen und persistenten organischen Verbindungen

- Veränderungen der Bodeneigenschaften, des Nährstoff- und Wasserhaushaltes, des Bodenlebens, sowie Veränderungen durch Bodenerosion
- Überbauung und Versiegelung der Bodenflächen und Zerschneidung und Isolierung von bestehenden Landschaftsräumen durch Flächeninanspruchnahme für Wohnen, Industrie, Gewerbe, Verkehr und sonstige Infrastrukturen.

Im Rahmen dieses Aufsatzes soll nur auf die Flächeninanspruchnahme durch Siedlungsaktivitäten näher eingegangen werden.

2. Entwicklung der Siedlungsflächen in der Bundesrepublik Deutschland

Siedlungswachstum in die «Fläche»

In der Bundesrepublik Deutschland wachsen die Siedlungen seit Jahren «in die Fläche». Diese Entwicklung vollzieht sich trotz der Abnahme von Bevölkerung und Erwerbstätigen. Das hat eine ständige räumliche Ausweitung der Siedlungsfläche in den Landschaftsraum zur Folge.

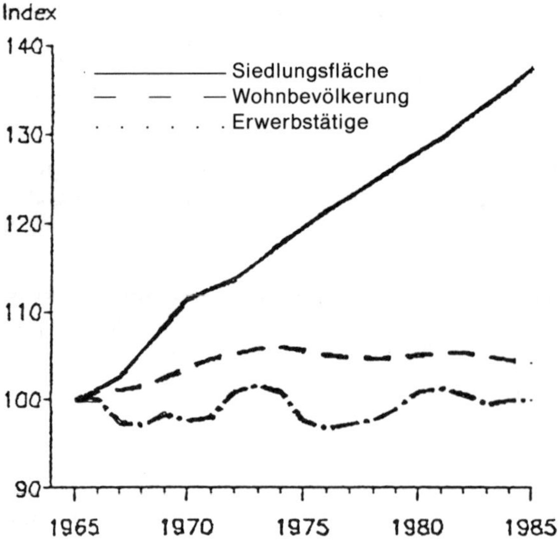

Anmerkung:

Die Siedlungsfläche ist ab 1979 nur annähernd mit der Siedlungsfläche vorhergehender Jahre vergleichbar.

Quellen:

Statistisches Bundesamt, Bodennutzung u. Ernte, FS 8, Reihe 1, 1965–1975; Statistisches Bundesamt, Pflanzliche Erzeugung, FS 3, Reihe 3, 1976–1978; Statistische Bundesamt, Erwerbstätigkeit, FS 1, Reihe 4.1; Statistische Jahrbücher für die Bundesrepublik Deutschland, 1965–1985.

Abb. 1 *Entwicklung der Siedlungsfläche, der Wohnbevölkerung und der Erwerbstätigen 1965 bis 1985* *1965 = 100 (Index)*

Seit 1950 wuchs in der Bundesrepublik Deutschland die Siedlungsfläche von 1.9 Mio. ha (7.5%) auf gegenwärtig 3.1 Mio. ha (12.5%). Die Entwicklungsdynamik war in der Schweiz, wo sich die Siedlungsfläche gar verdoppelt hat, wohl noch stärker.

Die Flächeninanspruchnahme für Siedlungen in der Bundesrepublik Deutschland war in den letzten Jahren grösser als in den Jahren davor. Zwischen 1950 und 1960 lag die Zuwachsrate bei 66 ha pro Tag. Sie erhöhte sich in den 70er Jahren auf rund 113 ha pro Tag und steigerte sich bis Mitte der 80er Jahre auf rund 120 ha pro Tag. Zu dieser täglichen Flächeninanspruchnahme von 120 ha trugen vor allem Verkehr, Wohnen, Industrie und Gewerbe bei.

Tabelle 1 **Flächennutzung im Bundesgebiet 1981 und 1985**[1]

Nutzungsart	Flächennutzung					
	1981		1985		Entwicklung 1981 bis 1985	
	1 000 ha	in %	1 000 ha	in %	1 000 ha	in %
Siedlungsfläche insgesamt	2 937	11.8	3 115	12.5	+178	+ 6.1
davon						
– Gebäudefläche und Freifläche	1 360	5.5	1 488	6.0	+128	+ 9.4
– Betriebsfläche (ohne Abbauland)	79	0.3	52	0.2	− 27	−34.2
– Erholungsfläche	128	0.5	146	0.6	+ 18	+14.1
– Verkehrsfläche	1 169	4.7	1 211	4.9	+ 42	+ 3.6
– Fläche anderer Nutzung (ohne Unland)	201	0.8	218	0.9	+ 17	+ 8.4
Landwirtschaftsfläche (ohne Moor und Heide)	13 761	55.3	13 548	54.5	−213	− 1.5
Waldfläche	7 328	29.5	7 360	29.6	+ 32	+ 0.4
Wasserfläche	430	1.7	444	1.8	+ 14	+ 3.3
Moor. Heide. Unland. Abbauland	414	1.7	403	1.6	− 11	− 2.9
Katasterfläche	24 869	100	24 869	100	–	–

[1] Ein Vergleich der beiden Flächenerhebungen 1981 und 1985 ist aufgrund räumlich unterschiedlicher Aktualisierung der erhobenen Flächendaten nur eingeschränkt möglich.
Quelle: Statistisches Bundesamt, Flächenerhebung

1. Flächen für den Verkehr

a) Verkehrsflächenzunahme seit Jahren

Die im Bundesgebiet direkt beanspruchte Fläche für Strassen, Wege, Plätze, Eisenbahnen und Flugplätze betrug 1985 rund 1.2 Mio. ha. Diese Verkehrsfläche nahm mit 4.9% (1981: 4.7%) an der gesamten Katasterfläche der Bundesrepublik Deutschland mehr Fläche in Anspruch als die bebaute Fläche für alle Wohngebäude. So führen steigende Motorisierung, wachsende Verkehrsleistungen sowie die an «Leichtigkeit und Flüssigkeit» des Verkehrs orientierten höheren Standards der Strassen zu einer Zunahme der Verkehrsfläche von 41 500 ha zwischen 1981 und 1985. Zu dieser Entwicklung dürfte die Neubautätigkeit von Strassen wesentlich beigetragen haben. Das Strassennetz allein für den überörtlichen Verkehr erweiterte sich zwischen 1981 und 1985 um rund 600 km Länge. Hinzu kommen neue Gemeindestrassen von 7 000 km Länge[1].

Auch die seit Jahren zu beobachtende Tendenz zu immer breiteren Strassen dürfte die Verkehrsfläche vergrössert haben. Vergrösserungen der Strassenfläche ergaben sich auch – im Zuge von Um- und Ausbaumassnahmen – durch den Abbau von sogenannten «Unterbreiten». Dieser Abbau hat dazu geführt, dass am 1. 1. 1981 nur noch rund 27% aller Bundesstrassen (1971 ca. 43%) und rund 77% aller Landstrassen (1971 ca. 87%) schmaler als 7 Meter waren.

b) Weiteres Verkehrsflächenwachstum vorprogrammiert

Das bestehende überörtliche und örtliche Verkehrsnetz hat sich im Zeitraum von 1976 bis 1985, in dem der alte Bundesverkehrswegeplan Gültigkeit hatte, um rund 23 900 km vergrössert. Zukünftig kann – allein aufgrund der Investitionsstruktur des neuen Bundesverkehrswegeplans 1986 bis 1995 – von weiteren flächenbeanspruchenden Neubauten und von Veränderungen am bestehenden Verkehrsnetz ausgegangen werden. Rund 64 Mrd. DM sollen für den Bundesfernstrassenbau und für den kommunalen Strassenbau ausgegeben werden[2]. Dieses Mittelvolumen weitet sich noch erheblich aus, wenn es um Mittel für den Strassenbau aus den Ländern und den Gemeinden ergänzt wird.

c) Mehr Verkehr und besseres Wegenetz lässt Belastungen steigen

Die direkt beanspruchte Verkehrsfläche muss um die indirekt durch den Verkehr beanspruchte Fläche ergänzt werden. Beim Strassenverkehr z.B. kann je nach Verkehrsdichte, Windrichtung, Bepflanzung, Strassenprofil u.a.m. und je nach Strassentyp die indirekt beanspruchte Fläche bis zu 18 mal höher liegen als die zugehörige Verkehrsfläche – wie grobe Modellrechnungen für die Jahre 1971 und 1981 zeigen. Ein Ausbau des Verkehrswegenetzes erhöht also weitere, indirekt beanspruchte Flächen.

Bedeutsam als Schadstoffe sind Kohlendioxyd, Stickoxide, Kohlenwasserstoffe, Schwermetalle sowie Ölreste, Russ, Staub, Abrieb, Abfälle und Auftausalze, aber auch Einflüsse durch Erschütterungen, Lärm und Luftzug. Sie können von Verkehrsstrassen Schadstoffbelastungen auf die angrenzenden Flächen – bis zu einer Entfernung von 100 Metern und mehr – ausgehen. Steigende Verkehrsmengen dürften, trotz verbesserter Abgaswerte beim Individualverkehr, die Schadstoffmenge insgesamt nicht wesentlich reduzieren.

Insgesamt ergibt sich z.B. für 1981 eine *direkt und indirekt* beanspruchte Fläche, allein aus dem Strassenverkehr, von 11.3% der gesamten Katasterfläche in der Bundesrepublik Deutschland – legt man die Modellrechnungen der Tabelle 2 zugrunde. Daher ist es bei öffentlichen Diskussionen um die Flächeninanspruchnahme durch den Verkehr[3] zumindest einseitig, nur mit rund 1.2% befestigter (versiegelter) Strassenflächenanteile zu argumentieren. Zu der befestigten und damit versiegelten Strassenfläche kommen weitere Verkehrsflächen wie Böschungen, Bankette u.a. zur Strasse gehörende Verkehrsflächen hinzu; sie führen zu Einstrahlungs- und Temperaturunterschieden, die sich bis zu 40 Meter Entfernung – je nach Exposition auch bis zu 100 Meter Entfernung – auf das Bestandsklima auswirken. Hier können sich sogenannte Verhagerungszonen mit ungünstigem Bodenwasserhaushalt und Nährstoffkreislauf ausbilden.

Weiterhin wird bei Strassenneubauten der natürlich gewachsene Boden, in der Regel bis zu 10 Meter und mehr neben der eigentlichen Fahrbahn, durch Abtrag, Umschichtung und Eintrag von Baumaterial drastisch verändert. Hinzu kommen Dämme und Einschnitte, die das lokale Windsystem (Kaltluftabfluss) beeinflussen. Auch führt ein engmaschiges Netz von Verkehrswegen zu sogenannten Verinselungseffekten, durch welche bestehende Lebensgemeinschaften (Biotope) in Teilpopulationen ohne jeglichen Individuenaustausch zerteilt werden. Diese Isoliereffekte, die sogar von Gemeindestrassen und Feldwegen ausgehen können, verringern die Artenvielfalt und beschleunigen das Aussterben gefährdeter Arten[4].

Tabelle 2 **Direkte und indirekte Flächeninanspruchnahme durch den Strassenverkehr 1971 und 1981**

	Bundes-autobahnen		Bundesstraßen		Landesstraßen		Kreisstraßen		Gemeindestraßen		Straßen insgesamt	
	1971	1981	1971	1981	1971	1981	1971	1981	1971	1981	1971	1981
	a) Straßenlänge in 1000 km											
Länge der öffentlichen Straßen[1])	4,461	7,538	32,6	32,6	65,4	65,6	62,0	66,7	276	310	440,461	482,438
	b) Flächeninanspruchnahme in ha											
Befestigte Flächen der öffentlichen Straßen[1])	10 850	20 050	25 200	27 180	39 030	42 580	32 740	38 000	143 620	160 690	251 440	288 500
Belastete Zone beidseitig von der befestigten Straßenfläche[2])	66 915	113 070	489 000	489 000	654 000	656 000	310 000	333 500	828 000	930 000	2 347 915	2 521 570
Befestigte Straßenfläche und belastete Zone insgesamt	77 765	133 120	514 200	516 180	693 030	698 580	342 740	371 500	971 620	1 090 690	2 599 355	2 810 070
	c) Flächeninanspruchnahme in v. H. der Gesamtfläche											
Befestigte Straßenfläche	0,04	0,08	0,1	0,1	0,2	0,2	0,1	0,2	0,6	0,7	1,0	1,2
Belastete Zone	0,3	0,5	2,0	2,0	2,6	2,6	1,3	1,3	3,3	3,7	9,5	10,1
Befestigte und belastete Flächen insgesamt	0,3	0,5	2,1	2,1	2,8	2,8	1,4	1,5	3,9	4,4	10,5	11,3

Quellen:

[1] Verkehr in Zahlen, Bonn, 1985, S. 96 und S. 98, Hrsg.: Der Bundesminister für Verkehr

[2] Berechungen der Bundesforschungsanstalt für Landeskunde und Raumordung. Für die beidseitig von der befestigten Strassenfläche belastete Zone wurde eine Gesamtbreite von 150 m bei Bundesautobahnen und bei Bundesstrassen, 100 m bei Landesstrassen, 50 m bei Kreisstrassen und 30 m bei Gemeindestrassen zugrunde gelegt (vorsichtige Schätzung auf der Gundlage des BMV-Gutachtens «Verfahrenskonzept zur ökologischen Risikoeinschätzung von Strassenprojekten des Bundesverkehrswegeplans», 1984).
In: Drucksache 10/6027, Deutscher Bundestag

2. Flächen für Wohnen und Gewerbe

a) Gebäudeflächenwachstum trotz rückläufiger Tendenz beim Wohnungs- und Gewerbebau

Wohnbauflächen nehmen nach der Flächenstatistik rund 3.4% der Gesamtfläche des Bundesgebietes ein. Sie wuchsen zwischen 1981 und 1984 um rund 50 000 ha. Dieser erhebliche Zuwachs an Wohngebäudeflächen dürfte durch die seit Jahren zwar rückläufige, in der Summe jedoch beachtliche Wohnungsbautätigkeit in der Bundesrepublik Deutschland verursacht worden sein. So wurden in den Jahren von 1981 bis 1984 rund 1.33 Mio. Wohnungen neu gebaut. Für diese umfangreiche Wohnbautätigkeit musste überwiegend neues Bauland zur Verfügung gestellt werden. Gegenwärtig zeichnet sich zwar eine leicht rückläufige Tendenz bei den Baumassnahmen und damit auch bei den Flächeninanspruchnahmen ab. So wurden 1983 rund 340 781 Wohnungen fertiggestellt; 1986 waren es nur noch deren 251 940.

Industrie- und Gewerbeflächen können in der Bundesrepublik Deutschland nur geschätzt werden, da sie in einigen Bundesländern nur in Zusammenhang mit der Wohngebäudefläche erfasst werden. Sie betragen rund 3.8% der Gesamtfläche von 1985. Mit allen Nebenflächen dürften sie jedoch im Vergleichszeitraum nahezu in gleichem Masse gewachsen sein wie die Wohnbaufläche.

Bei den Wirtschaftsgebäuden wird nach wie vor eine überwiegend ebenerdige, flächenaufwendige Bebauung bevorzugt. Neben grossen Grundstücksflächen ist seit Jahren die Anzahl der Vollgeschosse bei Wirtschaftsgebäuden nahezu unverändert geblieben. Selbst in Regionen mit überdurchschnittlich hohen Baupreisen kommen die Wirtschaftsgebäude nicht über knapp 1.4 Vollgeschosse hinaus. Eine grundsätzlich höhere und tendenziell zunehmende Bebauungsdichte lässt sich jedoch bei Büro- und Verwaltungsgebäuden feststellen. Hier werden im Bundesdurchschnitt für 1984 etwa 2.8 Vollgeschosse erreicht[5].

b) Anhaltende Nachfrage nach Bauflächen

Zukünftig wird in der Bundesrepublik Deutschland die Anzahl der Haushalte weiter wachsen, obwohl die Einwohnerzahl weiter abnehmen wird[6].

Höherer Wohnflächenkonsum der Haushalte – insbesondere die Zunahme der kleineren Haushalte, die pro Kopf mehr Wohnfläche als grössere Haushalte benötigen – und breitere Eigentumsbildung lassen zumindest bis ins Jahr 1995 eine weitere Nachfrage nach Wohnraum erwarten. Daraus ergibt sich bis ins Jahr 1995 in der Summe doch noch eine erhebliche

Abb. 2 *Vorausschätzung der Wohnbevölkerung und der privaten Haushalte in den Regionen der Bundesrepublik Deutschland bis ins Jahr 2000 1985 = 100 (Index)*

Abb. 2.1 *Vorausschätzung der Wohnbevölkerung in privaten Haushalten*

Abb. 2.2 *Vorausschätzung der privaten Haushalte*

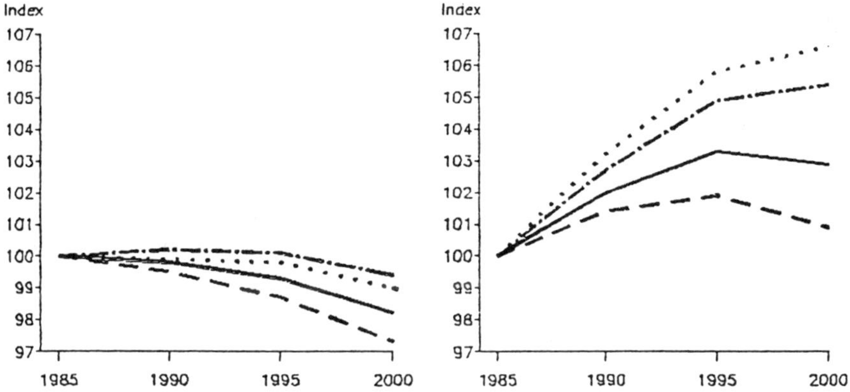

— — — Regionen mit grossen Verdichtungsräumen
— · — · — · Regionen mit Verdichtungsansätzen
.... Ländlich geprägte Regionen
———————— Bundesgebiet

Quelle: Laufende Raumbeobachtung der BfLR: Bevölkerungs- und Haushaltsprognose 1981–2000

Wohnbautätigkeit, für die Bauland bereitzustellen ist. Nur der kleinere Teil dieses Baulandes wird in der Bundesrepublik Deutschland wegen der hohen Kosten durch Flächenrecycling oder durch Baulücken abgedeckt werden können, so dass weitere Freiflächen beansprucht werden. Die Baulandnachfrage wird nur unwesentlich dadurch verringert, dass zukünftig regionale Freisetzungen von Wohnraum (z.B. in Hochhäusern) zu erwarten sind. Auf Grund der verschiedenen quantitativen und qualitativen Anforderungen an den Wohnraum und dessen Umgebung können Leerbestände nicht wesentlich – bestenfalls für untere Einkommensschichten – die Wohnraumnachfrage und damit die Baulandnachfrage kompensieren.

Obwohl die Zahl der Erwerbstätigen rückläufig ist, müssen weiterhin Industrie- und Gewerbeflächen bereitgestellt werden. Hier dürften insbesondere die Verlagerung der Produktion in die ebenerdige Dimension, aber auch Betriebserweiterungen weiterhin Bauland erfordern. Die Wiederverwendung bestehender Gewerbe-, Industrie- und Infrastrukturbrachen, die in der Bundesrepublik Deutschland regional sehr erheblich sein können, dürfte die Beanspruchung weiterer Freiflächen nur teilweise entlasten, weil ehemalige Industrie- und Gewerbeflächen häufig erst mit hohem Kostenaufwand saniert werden müssen.

c) Wachsende Überbauung und Versiegelung des Bodens

Für die qualitativen Auswirkungen der Baumassnahmen auf Bodenstruktur, Wasserhaushalt, Kleinklima und Vegetation ist in diesem Zusammenhang insbesondere der Versiegelungsgrad von Bedeutung. Er liegt bei Wohngebäuden bei etwa 20% der beanspruchten Grundstücksfläche und bei Industrie- und Gewerbebauten nur geringfügig höher. Die Versiegelungsanteile vergrössern sich leicht. Bezieht man neben der überbauten Fläche auch die Flächen für Erschliessungswege, Parkplätze, Garagen und andere Nebenanlagen mit ein, so liegt der tatsächliche Versiegelungsgrad jedoch weit höher.

Bei der Versiegelung werden durch die Oberflächenabdichtung ökologische Austauschprozesse unterbrochen, das Kleinklima verändert sich; Niederschlagswasser wird schnell in die Kanalisation abgeleitet, statt zu versikkern und damit zur Grundwasserneubildung beizutragen; auf versiegelten Flächen ist jegliches Pflanzenwachstum auszuschliessen; Immissionen werden hier nicht durch die Vegetation abgeschirmt oder gefiltert; durch Gründungen und Fundamente sowie Ver- und Entsorgungsleitungen, aber auch durch Bodenumlagerungen und Transport von Mutterboden werden gewachsene Bodenprofile, teilweise auch Grundwasserströme drastisch verändert[7].

Neben den in ihrer Gesamtheit nur schwer zu bewertenden Auswirkungen auf den Naturhaushalt bringt die Siedlungsflächenentwicklung auch ökonomische Nachteile mit sich: Neue Baugebiete müssen erschlossen und unterhalten werden. Das bedeutet eine zusätzliche finanzielle Belastung. Weiterhin wird – aufgrund der sich verringernden Bevölkerungs- und Beschäftigtendichte – die vorhandene Infrastruktur immer weniger ausgelastet; das kann dazu führen, dass die Funktionsfähigkeit ganzer Teilbereiche der öffentlichen Infrastruktur in Frage gestellt wird.

3. Ansätze beim Bodensparen in der Bundesrepublik Deutschland

Kritik am steigenden Landschaftsverbrauch

Wachsende ökologische Beeinträchtigungen durch Siedlungsflächen, besonders aber deren Zunahme haben die Kritik am steigenden Landschaftsverbrauch verschärft[8]. Gefordert werden wissenschaftlich eindeutige, ökologisch orientierte Schwellenwerte. Die Schwierigkeit bei der Definition solcher Schwellenwerte besteht vor allem darin, «eindeutige und qualitativ fassbare Kausalitäten zwischen Freiraumverbrauch und Umweltbelastung herzustellen»[9]. Da ein solcher Rückgriff auf eindeutige, wissenschaftlich gesicherte Schwellenwerte zur Zeit nicht möglich ist, müssen Politik und Planung – aus Gründen der Vorsorge – solche Grenzwerte politisch bestimmen und damit aussagen, wieviel Natur die Gesellschaft haben soll. Ein erster Versuch dieser Art in der Bundesrepublik Deutschland, über die Siedlungsflächenausweisung im Landesentwicklungsplan III des Bundeslandes Nordrhein-Westfalen[10] solche Grenzwerte festzulegen, war wegen der erheblichen politischen Widerstände aus den Gemeinden bisher nicht erfolgreich.

Zwischenzeitlich wurden – unter dem Aspekt des vorsorgenden Schutzes des Bodens – auch von der Bundesregierung Handlungsansätze erarbeitet: In der «Bodenschutzkonzeption der Bundesregierung»[11] aus dem Jahre 1985 nennt sie die «Trendwende im Landverbrauch» als einen ihrer beiden zentralen Handlungsansätze. Handlungsfelder liegen hier u.a. im städtischen Bereich, weil Gemeinden sehr massgeblich das Ausmass der Flächenumwidmung bestimmen. In der Bodenschutzkonzeption wird das Konzept der «Innenentwicklung» als tragender Handlungsansatz vorgeschlagen.

Das Konzept der «Innenentwicklung» wurde bereits 1983 im Baulandbericht[12] als Gegenstrategie zum hohen Landschaftsverbrauch und seinen negativen Folgen empfohlen. Mit «Innenentwicklung» im Städtebau ist gemeint,

- die Flächennachfrage innerhalb der bereits bestehenden Siedlungsfläche zu decken und auf die bisher ungenutzten Baulandreserven innerhalb der bestehenden Siedlungsfläche umzulenken,
- die Nachfrage nach Siedlungsfläche durch Massnahmen der Stadt- und Dorferneuerung zu verringern, und
- die Flächeninanspruchnahme bei Baumassnahmen gleichzeitig durch flächensparendes Bauen zu reduzieren.

Aus diesem städtebaulichen Konzept ergeben sich, vor dem Hintergrund der dargestellten Ausgangssituation, eine Reihe von flächensparenden und bodenschonenden Ansätzen, die hier kurz erläutert und bewertet werden sollen.

1. Ansätze für das Wohnen

a) Behutsame, kleinteilige Stadterneuerung

Eine Strategie der behutsamen und kleinteiligen Stadterneuerung zielt auf eine längerfristige Stabilisierung und Verbesserung der innerstädtischen

Quartiere und der Wohnumfeld-Bedingungen ab. Wenn dies gelingt, so kann die Nachfrage nach neuen Siedlungsflächen letztlich reduziert werden, auch wenn – infolge einer gewissen Entdichtung in hochverdichteten Quartieren – ein Ersatzbedarf an Bauland bestehen bleibt. Diese Strategie gewinnt für die Städte der Bundesrepublik Deutschland zukünftig noch an Bedeutung. Gelingt es, einen Teil der Wohnraumnachfrage, die bis Mitte der 90er Jahre noch zu erwarten ist, im Wohnungsbestand zu decken, so werden heute Wohnneubauten vermieden, die möglicherweise nach 1995 leerstehen werden. Daher sollten die Gemeinden in Zukunft sehr zurückhaltend Bauland ausweisen, verstärkt die bestehende Bausubstanz erneuern und das zugehörige Umfeld qualitativ verbessern – zumal die Städte ausreichend Bauland ausgewiesen haben[13].

b) Aktivierung innerstädtischer Baulücken

Auch eine Strategie der Aktivierung des z. T. vorhandenen und meist schon erschlossenen Baulandes (z. B. Baulücken) im inneren Bereich der Städte und Gemeinden vermindert den Landverbrauch an anderer Stelle. Das Ausmass einer solchen Baulückenschliessung kann allerdings unter stadtökologischen Zielsetzungen und freiraumpolitischen Erfordernissen, gerade in den hochverdichteten städtischen Räumen der Bundesrepublik Deutschland, sehr begrenzt sein.

c) Innerstädtische Nachverdichtung

Eine Strategie der Nachverdichtung in bestehenden Baugebieten kann ebenfalls Bauland sparen helfen. Nachverdichtungen können durch Neu-, An- oder Ausbauten (z. B. Dachgeschosse) bei bestehenden Gebäuden erreicht werden. Wohnflächenansprüche an dieser Stelle werden an anderer Stelle (Aussenbereich) sicherlich nicht mehr auftreten. Nachverdichtungen, die eine Geschossflächendichte von über 0.7 erreichen, sollten aus bodenschonenden Gründen vermieden werden, da nennenswerte Flächenersparnisse von diesem Grenzwert an nicht mehr zu erwarten sind. Zur Erhaltung der ökologischen Bodenfunktionen wäre bei hohen baulichen Dichten ein Verzicht auf Nachverdichtung und eine gezielte Schaffung von weiteren Freiflächen notwendig.

d) Sparsamer und bodenschonender Flächenverbrauch bei der Bebauung

Flächensparender mit Bauland umzugehen, das scheint sich, als Folge des hohen Bodenpreisniveaus in der Bundesrepublik Deutschland, gegenwärtig immer mehr durchzusetzen. So werden die Grundstücke generell kleiner, und die Nutzungsintensität (Geschossflächendichte) nimmt zu. Das führt aber gerade in den hochbelasteten Verdichtungsräumen der Bundesrepublik Deutschland zu einer verhältnismässig hohen Nutzungsdichte bei Wohnbauland und zu einer intensiven Verkehrserschliessung; auch steigt der Versiegelungsgrad an. Dadurch werden die ökologischen Bodenfunktionen zunehmend beeinträchtigt – teilweise sogar zerstört. Deshalb kann ein flächensparender Ansatz allein sehr problematisch werden.

2. Ansätze für Industrie und Gewerbe

a) Innerstädtische Gewerbebestandspflege

In vielen Städten wird eine systematische innerstädtische Gewerbebestandspflege betrieben. Eine bestandsorientierte Politik für Klein- und Mittelbetriebe gewinnt zunehmend an Bedeutung, da hier die dabei ausgehenden positiven Arbeitsplatzeffekte und die Flächeneinsparung hoch einzuschätzen sind. Solange die industrielle Entwicklung weitgehend ohne Berücksichtigung der klein- und grossräumigen Umweltbelastung betrieben werden konnte, war eine starke räumliche Trennung von Arbeitsplätzen und Wohnungen nicht zu umgehen. Mit dem Ausbau des technischen Umweltschutzes und der Entwicklung immissionsarmer Produktionsmethoden kann heute ein Konzept der «Durchmischung» besser vertreten und durchgesetzt werden. Erforderlich ist dabei eine Umorientierung – vor allem der Stadterneuerungspolitik. Ansatzpunkte ergeben sich z.B. bei der Integration wohnverträglichen Gewerbes in den Altbauquartieren, bei der Wiedernutzung von verlassenen Betriebsgrundstücken, bei der Umnutzung von verlassenen Betriebsgebäuden für Wohnzwecke oder bei der Einrichtung von Gewerbehöfen[14].

b) Flächenrecycling vor neuer Baulandausweisung

Zur Bestands- und Standortsicherung von Gewerbe und Industrie bedarf es der verstärkten Wiederherstellung von alten Flächen zur wirtschaftlichen Nutzung. Die Erkenntnis, dass gewerbliche und industrielle Brachflächen – nicht nur in altindustrialisierten Gebieten der Bundesrepublik Deutschland, sondern praktisch im ganzen Bundesgebiet – ein städtebauliches Problem darstellen, ist nicht neu. Ihre Wiedernutzung kann Flächenausweisungen an anderer Stelle vermindern helfen. Verstärkt muss daher versucht werden, aufgelassene oder brachliegende Industrie- und Gewerbeflächen sowie «Stadtgerümpel» (kaum genutzte Lagerplätze, Bauhöfe, Flächen mit städtebaulichen «Dauerprovisorien» u.a.m.) wieder zu nutzen. Häufig bedeutet dies auch einen Nutzungswandel hin zum Misch- und Wohngebiet, wo Lagegunst und erzielbare Bodenrenditen anziehend wirken.

c) Information und Koordination

Die z.T. reichlich vorhandenen Industrie- und Gewerbeflächenreserven sind häufig nicht verfügbar, weil
- die Eigentümer nicht verkaufen wollen oder überhöhte Preise fordern,
- die Flächen häufig innerhalb von genutzten Betriebsgeländen liegen oder nur als Beleihungsobjekte angesehen werden,
- die Kommunen häufig keine aktive Bodenpolitik mit dem Ziel einer Umlegung oder eines Tausches von Grundstücken betreiben,
- Widerstände von unterschiedlichen Dienststellen und/oder von Bürgerinitiativen bestehen.

Wenn auch grundsätzlich bei knapperem Flächenangebot die Chancen für eine industriell-gewerbliche Innenentwicklung steigen, so hat sich doch gezeigt, dass über das tatsächliche Ausmass von un- und untergenutzten Flächen in bestehenden Industrie- und Gewerbegebieten die Gemeinden nur unvollständig informiert sind. Eine Kooperation mit privaten Anbietern findet häufig nicht statt. Stattdessen konzentrieren sich die gemeindlichen Aktivitäten auf die Vermarktung der eigenen, jedoch neu erschlossenen Flächen. Selten wird versucht, über eine gezielte Belegungspolitik zu einer intensiveren Ausnutzung der gewerblichen Bauflächen zu kommen[15].

3. Ansätze für den Verkehr

Ein Konzept der behutsamen, kleinteiligen Stadterneuerung muss auch den Verkehr einschliessen[16].

a) Verkehrsberuhigung und Verkehrsverlagerung

Verkehrsberuhigung hat in der Bundesrepublik Deutschland eine lange Tradition. Schon zu Beginn der 70er Jahre wurden städtische Teilgebiete «beruhigt», d.h. man wollte hier die Nachteile des Verkehrs verringern und dabei die Transportvorteile erhalten. Sehr bald schon stellte man fest, dass durch die Teilberuhigung Nachbarbezirke sehr stark belastet wurden. Das änderte den konzeptionellen Ansatz und führte zur Verkehrsberuhigung im Gesamtnetz, d.h. zu einer flächenhaften Dämpfung. Im Gesamtnetz bedeutet Verkehrsberuhigung mehr als nur Umbau; es bedeutet auch Netze schaffen und korrigieren: Netze für Fussgänger und/oder Autofahrer. Die Gestaltung der Strasse durch unterschiedliche Verkehrswiderstände sorgt dann für eine bessere Verteilung des Autoverkehrs im Netz.

b) Abgestufte Geschwindigkeit

Auch Geschwindigkeitsreduzierungen ermöglichen Spielräume für einen flexibleren Strassenbau – durch den Wegfall grosszügiger Bewegungs- und Sicherheitsspielräume bei der Fahrspurbemessung. Sie erlauben die Einführung ganz neuer flächensparender Elemente in den Strassenbau.

c) Verbesserte Strassenbaurichtlinien

Flächenverbrauch als Instrument zur Beherrschung von Risiken ist auch im Verkehrsbereich immer noch die «einfachste» Lösung: Wenn niemand den anderen behindert, dann kann jeder seine Sicherheitsaufgabe optimal erfüllen. Dies führt etwa zu grossen Querschnitten bei den Strassen, zu grossen Abständen bei den Trassen, und bei den Erschliessungsstrassen zu grosszügigeren Wendemöglichkeiten für Grossraumfahrzeuge. Mit den jetzt in der Bundesrepublik Deutschland überarbeiteten Richtlinien für Erschliessungsstrassen[16] können dagegen flächensparende und bodenschonende innerstädtische Erschliessungen durchgeführt werden. Diese Richtlinien könnten zur gängigen Praxis in der Bundesrepublik Deutschland werden. Darüber hinaus müssen weitere Richtlinien für die Verkehrsstrassen – unter flächensparenden und bodenschonenden Aspekten – überarbeitet werden, weil in der Vergangenheit die öffentliche Mittelvergabe von der Einhaltung der jeweiligen Richtlinien abhängig gemacht wurde.

d) Verkehrsvermeidung und Verkehrsverlagerung

Bei vorhandenen Strassen kann z.B. durch das Anfügen von durchgehenden Fahrstreifen eine flächensparende Alternative zu Strassenneubauten entwickelt werden. Die Belastungen und Risiken aus dem anwachsenden Verkehr können sich jedoch an solchen Strecken in einem Masse akkumulieren, dass möglicherweise die ökologischen Funktionen auf den angrenzenden Flächen sehr stark gefährdet werden. Aus diesem Grunde werden zum Schutz des Bodens die Strategien, die Verkehr vermeiden helfen, vordringlicher sein als Strategien, die Verkehrsengpässe beseitigen oder die Sicherheitsstandards erhöhen. Strategien, die den öffentlichen Personennahverkehr oder den Personenfernverkehr attraktiver gestalten, sind daher langfristig als die Umwelt entlastender und flächensparender einzustufen. In die gleiche Richtung zielen Strategien, die den Schwerlastverkehr auf die Schiene verlegen möchten.

4. Ansätze für die Freiflächen

a) Qualitätsverbesserung von Freiräumen

Stadterneuerung im Rahmen der Innenentwicklung hat auch eine quantitative und qualitative Verbesserung der Freiflächensituation in den Städten zum Ziel. Eine Strategie, die Freiräume sowohl aus stadthygienischen als auch aus ökologischen Gründen halten will, muss darauf abstellen, die indirekten Beeinträchtigungen und Belastungen durch andere Nutzungen zu verringern. Gleichzeitig wird auf die Qualität der verbleibenden und neu zu schaffenden Grün- und Freiflächen besonderes Gewicht zu legen sein. Qualität bedeutet hier möglichst viele ökologische Funktionen (Pflanzenvielfalt, Wasserversickerung, Biotope als ökologische Nischen, Klimaverbesserung u.a.m.), vielfältige Nutzungsmöglichkeiten für die Stadtbevölkerung (Erholung, Spiel, Selbstversorgung u.a.m.) und Vernetzung einzelner Grünflächen zu einem grünen System.

Die sich daraus ergebenden Nutzungskonflikte (etwa Biotopschutz versus Erholungsnutzung oder Biotopschutz versus Sport) sind bei entsprechend umsichtiger Planung und Gestaltung durchaus regelbar.

b) Kleinräumiger Flächenausgleich vor grossräumigem Flächenausgleich bei Eingriffen

Freiraumdefizite treten besonders ausgeprägt in hochverdichteten Baugebieten auf. Durch Baumassnahmen, etwa in bestehenden Baulücken, verschlechtert sich die örtliche Situation weiter. Zur Verbesserung der örtlichen Freiraumsituation müsste die Strategie darin bestehen, nicht nur vorhandene Freiraumflächen zu erhalten, sondern ihre Anteile durch Rückbau unzureichend genutzter Bauflächen kleinräumig wieder zu erhöhen.

4. Erfahrungen und Umsetzungsprobleme beim Bodensparen

Schon seit Jahren besteht in der Bundesrepublik Deutschland ein Zielkonflikt zwischen der ständigen Siedlungsflächennachfrage und der notwendigen Beschränkung einer weiteren Flächeninanspruchnahme aus ökologischen Gründen. Zielsetzungen wie «Vermeidung und Einschränkung der Landschaftszersiedlung, Schaffung von neuen regionalen Grünzügen, Wohnumfeldverbesserung durch Grün» und ähnliche Forderungen gehören seit Jahren zu den Standardleitsätzen der Landes-, Regional- und Bauleitplanung. Die tatsächliche Entwicklung verlief jedoch häufig ganz entgegengesetzt. Zielkonflikte ergaben sich schon daraus, dass z.B. staatliche Förderprogramme zur Wohneigentumsbildung mit dazu beitrugen, den Landschaftsverbrauch zu fördern. Neuerdings aber wird dieser Konflikt stärker in einer breiten Öffentlichkeit diskutiert. Aufgrund dieser Diskussionen sah sich der Gesetzgeber veranlasst, sowohl im Raumordnungsgesetz als auch im Baugesetzbuch den sparsamen und schonenden Umgang mit Boden verpflichtend vorzuschreiben. Damit ist eine Richtung zukünftigen öffentlichen Handelns bei den weiteren Flächeninanspruchnahmen für Bauzwecke vorgezeichnet. Dieses Handeln muss aber auf Bedingungen treffen, die solches Handeln auch ermöglichen – z.B. durch Umstellung der staatlichen Förderprogramme. Hier sei nur beispielhaft auf einige Erfahrungen und Problembereiche hingewiesen, die einen sparsamen und schonenden Umgang mit dem Boden erschweren:

– *Finanzielle Anreize für flächensparendes und bodenschonendes Bauen fehlen*
Flächensparende und bodenschonende Bauweisen können durch gezielten Einsatz von finanziellen Anreizen in einer Wohnungsbauförderung unterstützt werden. Die Änderung des jetzigen Einkommensteuergesetzes hätte dazu eine Möglichkeit geboten. Diese Chance wurde nicht genutzt, weil hier offensichtlich die Möglichkeiten für flächensparendes Bauen nicht erkannt wurden. Nach dem jetzigen Stand wird mit der Vergrösserung des finanziellen Handlungsspielraumes beim Abzug der Sonderausgaben, bei denen künftig bis zu 50% der gesamten Grundstückskosten abgesetzt werden können, der Flächenverbrauch eher gefördert. Durch geringfügige Änderungen der Modalitäten beim Sonderausgabenabzug wären kurzfristig wirksame Instrumente denkbar: zum Beispiel Reduzierung oder Verlust von Abschreibungsmöglichkeiten bei den Grundstückskosten, wenn die Grundstücke zu gross oder zu klein ausfallen.

– *Flächensparend ist nicht immer bodenschonend*
Das Städtebaurecht der Bundesrepublik Deutschland ist aus historischen Gründen eher auf eine Begrenzung der Verdichtung hin ausgelegt. So konnten bisher nur Höchstgrenzen für bestimmte Verdichtungen festgelegt werden, und erst neuerdings auch Mindestgrenzen für Wohnnutzungen. Diese Grenzwerte wurden politisch zu einem Zeitpunkt festgelegt, als mehr stadthygienische (Licht, Luft, Besonnung) und weniger stadtökologische Fragestellungen diskutiert wurden. Heute stellt sich die Frage, ob die normierten baulichen Dichten noch flächensparend und bodenschonend sind?

Seit 15 Jahren liegen in der Bundesrepublik Deutschland bereits Erkenntnisse zum flächensparenden Umgang mit dem Boden vor; es sind Ergebnisse einer im Auftrag des Bauministeriums durchgeführten Flächenanalyse von 70 Demonstrativ-Baumassnahmen und 10 anderen Planbeispielen[17]. Sie zeigen, dass ab einer mittleren Geschossflächendichte von über 0.7 Bauland nicht mehr nennenswert eingespart werden kann.

Dieser Grenzwert ist seit 1980 in den hochverdichteten Regionen der Bundesrepublik Deutschland bei den genehmigten Wohngebäuden mit drei und mehr Wohnungen bereits erreicht. Er wird seither, bedingt durch die hohen Bodenpreise, dauernd überschritten.

Abb. 3 *Bauland- und Verkehrsflächenbedarf in Abhängigkeit von der Geschossflächenzahl*

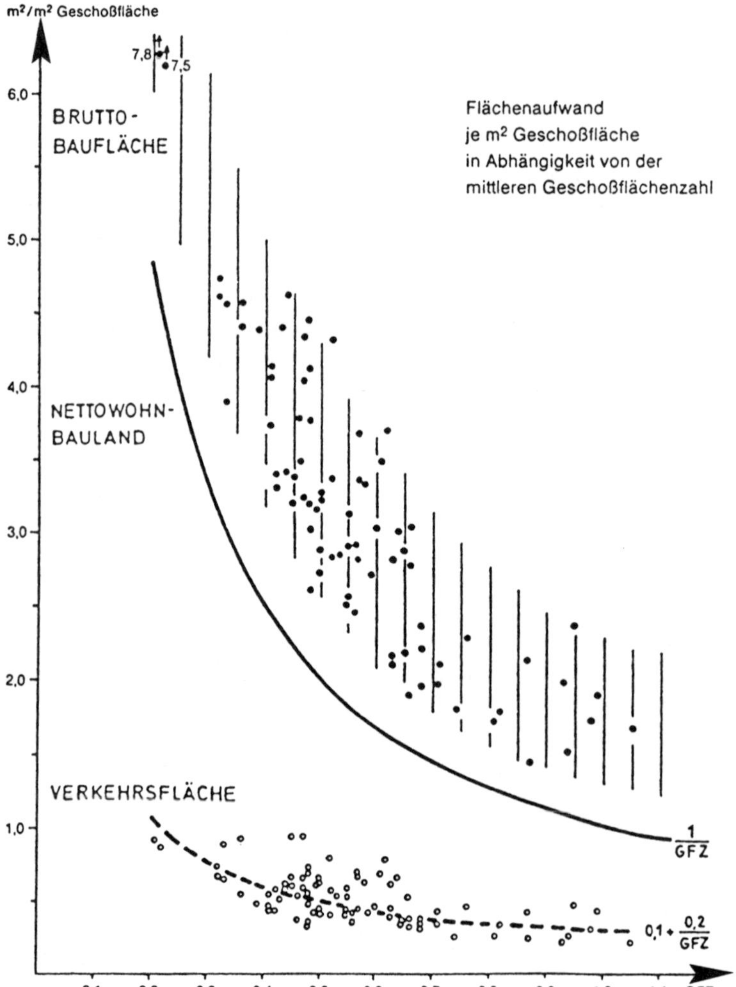

Quelle: Gassner, E.; von Barby, J.:
Städtebauliche Analysen und Modellrechungen zur Aufschliessung von Baugebieten.
Forschungsarbeit im Auftrag des Bundesministers für Wohnungsbau, Bonn 1972. Als Manuskript gedruckt.

Eine hohe bauliche Ausnutzung des Grundstückes ist häufig mit einer starken Versiegelung der Bodenfläche verbunden. Diese bauliche Dichte geht zu Lasten der ökologischen Funktionen. Dagegen wird in den ländlichen Räumen der Bundesrepublik Deutschland noch relativ flächenaufwendig gebaut.

Weder die hohe bauliche Dichte noch die flächenaufwendige Bebauung dürfen jedoch als bodenschonend bzw. flächensparend angesehen werden. Die Frage aber, bis zu welchen Nutzungsgrenzbereichen Baumassnahmen nur akzeptabel sind, bzw. ab welchem Grenzbereich eine intensivere Nutzung in eine wesentliche Schädigung der Bodenfunktionen umschlägt, kann hier nicht geklärt werden. Es wäre nach Finke[18] auch ein Missverständnis, von der Ökologie die Benennung solcher «Belastbarkeitsgrenzen» zu erwarten. Die Ökologie kann ohnehin nur erforschen, was ist, und nicht, was sein soll. Was sein soll, ist in hohem Masse ein normativer Akt. Dabei stellt sich die Frage, was will die Gesellschaft an Natur haben? Die Antwort wird sich an dem zu orientieren haben, was noch da ist und was darüber hinaus da sein sollte, damit die Lebensgrundlagen für Menschen, Tiere und Pflanzen nachhaltig gesichert werden können.

Unter Vorsorgegesichtspunkten könnte z.B. eine Grenze dort liegen, wo eine höhere bauliche Dichte keine Flächenersparnisse erbringt. Hier verschärft eine weitere bauliche Verdichtung (z.B. durch zunehmende Versiegelung) nur unnötig die ökologische Situation. Wenn in der Bundesrepublik Deutschland in Zukunft mit dem Boden schonend und sparsam umgegangen werden soll, ergibt sich daraus für die anstehende Normierung – beispielsweise der baulichen Nutzungen – eine Art Doppelstrategie: Flächen durch Festlegung von Mindestausnutzungen dort einsparen, wo sehr grosszügig damit umgegangen wird, und Verhinderung einer hohen baulichen Dichte (grösser als 0.7 GFZ) aus ökologischen Gründen dort, wo grössere Flächeneinspareffekte nicht mehr zu erwarten sind. Um eine zu hohe Überbauung und Versiegelung durch Nebenanlagen, Wege, Terrassen, Parkplätze u.a.m. zu verhindern, sollte gleichzeitig der Anteil der freizuhaltenden Bodenfläche als funktionsfähige Freifläche festsetzbar sein. Konzepte zum flächensparenden Bauen der öffentlichen Hand sind deshalb unter bodenschonenden Aspekten zu überprüfen, weil hier sehr häufig eine hohe bauliche Dichte erzielt wird.

– *Flächensparendes Bauen wird durch die interkommunale Konkurrenz um Gewerbebetriebe erschwert*

Entscheidender Motor für die Flächeneinspareffekte bei Wohngrundstücken ist der Bodenpreis. Je grösser der Agglomerationsgrad und je höher das Bodenpreisniveau in der Bundesrepublik Deutschland sind, desto flächensparender wird gebaut. Bei Gewerbe- und Industrieflächen ist der

Markt nur teilweise funktionsfähig, da die Gemeinden untereinander um Gewerbesteuer-Einnahmen und Arbeitsplätze konkurrieren. Durch billige Grundstücke versuchen die Gemeinden, neue Industriebetriebe anzulocken oder an den Standort zu binden. Insbesondere die Anlockstrategie der Umlandgemeinden ist in der Bundesrepublik Deutschland sehr erfolgreich. Das Ergebnis: relativ grosse Grundstücke, die eine betont niedrige Nutzungsdichte aufweisen.

Flächeneinsparungen werden sich hier auch deshalb nicht durchsetzen, weil Geschossstapelungen die Herstellungskosten exponential steigen lassen, und weil grosse Reserveflächen nahe bei den Produktionsanlagen für zukünftige Erweiterungen bevorzugt werden. Insgesamt kann also flächensparendes Bauen im gewerblichen und industriellen Bereich generell nicht erwartet werden – selbst wenn eine gewisse Wirkung in den hochverdichteten Regionen der Bundesrepublik Deutschland nicht auszuschliessen ist.

– *Mobilisierung des vorhandenen Baulandes ist nur beschränkt möglich*

Eine Mobilisierung des vorhandenen Baulandpotentials könnte die Bereitstellung von Freiflächen im Aussenbereich ersetzen. Da die Initiative für die Verwirklichung von planerischen Festsetzungen auf den Grundstücken grundsätzlich beim Eigentümer liegt, bleiben häufig Grundstücke – aus sehr unterschiedlichen privaten Gründen – unbebaut oder werden nur geringfügig baulich genutzt. Ein Baulandpotential von etwa 10% der bebauten Fläche[19] steht in der Bundesrepublik Deutschland zur Verfügung und wird nicht genutzt. Bei dieser Berechnung des Baulandpotentiales sind jene Grundstücke nicht mit einbezogen, deren Nutzung sich als Frei- und Grünfläche anbietet.

Für eine Nutzung des vorhandenen Baulandes sieht das einschlägige städtebauliche Gesetz zwar das Baugebot vor; es wird aber wegen der vielen Konflikte selten und schon gar nicht flächendeckend angewandt. Die Gemeinde wirkt daher nur beratend auf die Eigentümer ein, dass Grundstücke im Sinne der städtebaulichen Planung möglichst rasch genutzt werden sollten.

– *Private Nutzung der Grundstücke ist häufig nicht mit öffentlichem Anliegen identisch*

Ob mit Boden sparsam und schonend umgegangen wird, hängt nicht nur von den planerischen Festsetzungen einer Gemeinde ab, sondern ebenso von der Nutzung der verbleibenden Freifläche auf dem Grundstück. Das Grundstück wird häufig durch Nebenanlagen, Wege, Terrassen, Stellplätze u.a.m. so stark überdeckt, dass die unversiegelte Bodenfläche auf eine kleine Restfläche schrumpft. Einflussmöglichkeiten, eine solch' intensive Nutzung des Grundstückes zu verhindern, bestehen in der Bundesrepublik

Deutschland nur begrenzt. Aus diesem Grund hängt der schonende und sparsame Umgang mit dem Boden entscheidend von den Grundeigentümern ab. Sie verfolgen aus wirtschaftlichen Gründen primär die Nutzung und Funktionsfähigkeit von Gebäude und Grundstück, und erst sehr nachrangig ökologische Anliegen. Auch fehlen in der Bundesrepublik Deutschland überzeugende Anleitungen dafür, wie und auf welche Weise der Boden auf bebauten und unbebauten Grundstücken möglichst schonend behandelt werden kann. Zum flächensparenden Bauen dagegen liegen gut dokumentierte Beispiele vor[20].

– *Entwertung grosser innerörtlicher Freiflächen wird durch kurzsichtige Grundstückspolitik weiter vorangetrieben*
  Die positive Freiraumbilanz mancher Städte und Gemeinden in der Bundesrepublik Deutschland darf nicht darüber hinwegtäuschen, dass Freiflächen – trotz ihres grossen Umfanges – durch Verkehr und andere Infrastruktur, aber auch durch gewerbliche und wohnbauliche Nutzung zu grossen Teilen entwertet sind. Dies trifft sowohl auf die privaten wie auch auf die öffentlichen Freiflächen zu. So werden Verkehrsstrassen und andere Infrastrukturen bevorzugt in öffentliche Grünflächen gelegt. Die Gründe hierfür liegen einmal darin, dass die Kosten und die Schwierigkeiten beim Grundstückerwerb vermieden werden, da Grün- und Freiflächen in der Regel in öffentlichem Besitz sind und zudem keinen vergleichbaren Interessensschutz wie andere, ökonomisch stärkere Nutzungen geniessen.

  In der Bundesrepublik Deutschland versuchen bereits seit der Jahrhundertwende Freiraumplaner – aber auch Kommunalpolitiker – einzelne Grünflächen zu grünen Systemen zu verbinden. Grünzüge im Verlaufe von Talauen, von ehemaligen Wallanlagen, und Grünringe um die Kernstädte sind Ergebnisse dieser Bemühungen. In der jüngeren Vergangenheit wurden aber in den Grünringen stark belastende Strassenringe und in den Grünzügen Entlastungsstrassen eingebettet. Daneben erfolgt häufig eine stille, schleichende Aneignung von Teilen öffentlicher Grünanlagen für den ruhenden Verkehr. Gemeinbedarfseinrichtungen in oder am Rande öffentlicher Grünflächen schaffen einen Parkdruck, der schrittweise in den Grünflächen befriedigt wird. Die Erweiterung des Rathauses, der Stadtbücherei oder der Bau eines Hallenbades erfordern weitere Stellplätze. Die Grünfläche bietet sich hier an. Wettbewerbsentwürfe von Landschaftsarchitekten und anderen sehen das Problem – und kaschieren es zugleich: Parkplätze werden, wie der Park, grün angelegt. Nur sehr genaues Hinsehen zeigt die beachtliche Dimension des Grünflächenverbrauchs durch direkte und indirekte Nutzungen[21].

Insgesamt zeigt sich für die Bundesrepublik Deutschland, dass unter dem

Eindruck hoher Bodenpreise zwar zunehmend sparsamer mit der Fläche umgegangen wird. Ob aber mit dem darauf befindlichen Boden und seinen ökologischen Funktionen auch schonender umgegangen wird, ist eher zu bezweifeln. Die Bundesrepublik Deutschland steht hier am Beginn eines langen Weges, bei dem mühsam – und möglicherweise auch schmerzhaft – gelernt werden muss, sorgfältiger und vorsichtiger mit der ökologischen Ressource «Boden» umzugehen. Dies verhindert langfristig nicht nur die vom Menschen mitverursachten «Naturkatastrophen», sondern auch die schleichende Entwertung einer notwendigen Lebensgrundlage.

Anmerkungen

[1] *Verkehr in Zahlen 1985;* 14. Jahrgang, Hrsg.: Der Bundesminister für Verkehr, Bonn, (1985).

[2] *Bundesverkehrswegeplan 1986–1995*, Deutscher Bundestag – 10. Wahlperiode, Drucksache 10/4389.

[3] Vgl. dazu: *Strasse und Wirtschaft*, Nr. 1, Mai 1983, S. 10, und «Das sanfte Auto?», ADAC, *motorwelt* 7/85.

[4] Vgl. dazu: Mader, H.-J.: «Untersuchungen zum Einfluss der Flächengrössen von Inselbiotopen auf deren Funktion als Trittstein oder Refugium», in: *Natur und Landschaft*, (1981), H. 56, S. 242–252. Mader, H.-J.; Mühlenberg, M.: «Artenzusammensetzung und Ressourcenangebot einer kleinflächigen Habitatinsel – untersucht am Beispiel der Cerabidenfauna», in: *Pedobiologica*, (1981), H. 21, S. 46–59. Mühlenberg, M.; Werres, W.: «Lebensraumverkleinerung und ihre Folgen für einzelne Tiergemeinschaften. Experimentelle Untersuchungen auf einer Wiesenfläche», in: *Natur und Landschaft*, Stuttgart (1983), H. 58 Nr. 2, S. 43–50. Mühlenberg, M.: «Verkleinerung der Lebensräume von Pflanzen und Tieren durch Zerschneidungen der Kulturlandschaften», in: *Forschungen zur Raumentwicklung*, Bonn (1985), Band 14, S. 93–103.

[5] Losch, S.: «Flächeninanspruchnahmen – Entwicklung, Ursachen und Strategien zu ihrer Verminderung», in: *Bodenschutz – Räumliche Planung und kommunale Strategien*, SSA-Heft 21, Bonn (1986), S. 41–44.

[6] *Baulandbericht 1986*, Schriftenreihe «Städtebauliche Forschung» des Bundesministers für Raumordnung, Bauwesen und Städtebau, Nr. 03.116, Bonn (1986), S. 62–66.

[7] *Raumordnungsbericht 1986*, Sonderheft in der Schriftenreihe «Raumordnung» des Bundesministers für Raumordnung, Bauwesen und Städtebau, Bonn (1986), S. 99–104. *Städtebaulicher Bericht: Umwelt und Gewerbe in der Städtebaupolitik*, Sonderheft in der Schriftenreihe «Städtebauliche Forschung» des Bundesministers für Raumordnung, Bauwesen und Städtebau, Bonn (1986), S. 47–51.

[8] Vgl. dazu die angegebene Literatur bei Tesdorpf, J.: *Landschaftsverbrauch*, Berlin/Vilseck (1984).

[9] Minister für Landes- und Stadtentwicklung des Landes Nordrhein-Westfalen (Hrsg.): *Freiraumbericht. Sicherung von natürlichen Lebensgrundlagen durch schonenden Umgang mit Freiräumen*, MLS informiert 1/84, Düsseldorf (1984), S. 36ff.

[10] Landesregierung von Nordrhein-Westfalen (Hrsg.): *Landesentwicklungsplan III – Umweltschutz durch Sicherung von natürlichen Lebensgrundlagen*, Entwurf, Stand Januar 1984, Düsseldorf (1984).

[11] Bundesminister des Innern (Hrsg.): *Bodenschutzkonzeption der Bundesregierung*, BT-Drucksache 10/2977 vom 7. 3. 1985, Bonn (1985), S. 23ff.

[12] Vgl. dazu: *Baulandbericht 1983* und *Baulandbericht 1986*, Schriftenreihe «Städtebauliche Forschung» des Bundesministers für Raumordnung, Bauwesen und Städtebau, Nr. 03.100 und 03.116, Bonn (1983 bzw. 1986).

[13] Vgl dazu: *Baulandbericht 1983*, S. 71–80.

[14] Vgl. dazu: *Stadtbauwelt*, Nr. 94, vom 26. 7. 1987.

[15] Ingenmey, F.-J.; Kahnert, R.; Kunzmann, K.-R.: *Tendenzen und Möglichkeiten der Stadtinnenentwicklung für Industrie und Gewerbe*, Entwurf eines Forschungs-Endberichts des BMBau, unveröffentlicht (1987).

[16] *Strassen in Stadt und Dorf – Planen und Entwerfen mit den neuen Empfehlungen für die Anlage von Erschliessungsstrassen*, Schriftenreihe «Städtebauliche Forschung» des Bundesministers für Raumordnung, Bauwesen und Städtebau, Nr. 03.113, Bonn (1985).

[17] Gassner, E.; von Barby, J.: *Städtebauliche Analysen und Modellrechnungen zur Aufschliessung von Baugebieten*, Forschungsarbeit im Auftrag des Bundesministers für Wohnungsbau, Bonn (1972), als Manuskript gedruckt.

[18] Finke, L.: «Ökologische Aspekte einer Flächenhaushaltswirtschaft», in: ARL-Arbeitskreis (Hrsg.): *Künftiger Flächenbedarf, Flächenpotentiale, Flächennutzungskonflikte*, unveröffentlicht.

[19] *Fallstudien zum Baulandpotential für städtischen Lücken-Wohnungsbau*, Schriftenreihe «Städtebauliche Forschung» des Bundesministers für Raumordnung, Bauwesen und Städtebau, Nr. 003.089, Bonn (1981).

[20] *Kosten- und flächensparendes Bauen – Kurzfassungen von Forschungsarbeiten*, Schriftenreihe «Städtebauliche Forschung» des Bundesministers für Raumordnung, Bauwesen und Städtebau, Nr. 03.097, Bonn (1983).

[21] Meyfahrt, R.: «Freiraumentwicklung und Verkehrsflächenbedarf: Über die Umwandlung der Grün- und Freiflächen in Parkplätze», in: *Der Landkreis* 7/1987, S. 299–302.

ANDREAS HERCZOG

Bodensparen durch verbesserte Wohnumwelt in den Städten

1. Einleitung

1970 bis 1980 stieg der Anteil der *Einfamilienhäuser* am gesamten schweizerischen Gebäudebestand um 18%, d.h. von 40.2% auf 47.5%: selbstverständlich existieren kantonale Unterschiede, aber in 13 der 26 Kantone – der Kanton Zürich inbegriffen – ist dieser Anteil über 45%. Der Kanton Waadt kennt sogar Bauordnungen, in denen für Einfamilienhauszonen eine Mindestfläche, nämlich 1 200 m^2, vorgeschrieben wird.

Das Einfamilienhaus als Massenerscheinung ist bei uns zweifellos – wenn auch nur als Wunschbild – die *«Normalität»*. Im Rahmen dieses Nationalen Forschungsprogrammes «Boden» glaube ich, dass es durchaus angebracht ist, zu dieser «Normalität» etwelche Skepsis zu äussern:

- Periurbane Einfamilienhausgebiete und Bodenverschwendung sind Synonyme, sobald wir den Bautyp und die ausufernde Verkehrsfläche beachten.
- Die eher ideologisch festgesetzte Losung vom «breitgestreuten Eigentum an Grund und Boden» ist politisch spätestens dann negativ, wenn – wie etwa in Genf – 15% der Bevölkerung 60% der Bodenfläche beanspruchen.

Nun zur anderen «Normalität», zur sogenannten *«funktionellen Stadt»*. Das «Haus als Maschine» war das unerschütterliche Leitbild der Architekten-Avantgarde in den Zwanzigerjahren. Der ungebrochene Technik- und Maschinenglauben formalisierte und funktionalisierte unsere Lebensräume: die einst faszinierende Ästhethik des Ozeandampfers verkam zur Monotonie der ewigen Wiederholung der gleichen Fassadenraster. Die Städte wurden zerlegt in Wohnghettos einerseits und in Dienstleistungs- und Konsumghettos anderseits. Die einförmig dichten Bauklötze bewirkten – zu Recht – eine Aversion gegen die gängige funktionalistische Ideologie und – im weiteren Sinne – gegen ein lineares Wachstumsdenken.

Nach diesen einleitenden Hinweisen wenden wir uns der eigentlichen Problemstellung zu. Dieser Aufsatz nimmt Bezug auf das im Rahmen des

Nationalen Forschungsprogramms «Boden» bearbeitete Projekt mit dem Titel «Vorschläge zur besseren baulichen Nutzung von städtischen Aussenquartieren durch qualifizierte Verdichtung der Nutzungs- und Bodenstruktur (Städtische Quartiere)». Ich gliedere meine Ausführungen nach den drei Stichworten Stadt, Verdichtung und Wohnumfeld.

2. Stadt

In diesem Abschnitt wollen wir auf die Motivationen eingehen, die Stadt als Untersuchungsgebiet unseres Forschungsprojektes zu wählen.

Zunächst: 1983 wohnten 2.6 Millionen Einwohner unseres Landes oder 40% der Gesamtbevölkerung in den 9 grössten städtischen Agglomerationen. In den letzten 15 bis 20 Jahren erfolgten starke *Konzentrationsbewegungen* in die städtischen Räume. Die Neubauten für Wohnungen expandierten aber in den Vororten; die Innenstadt als Wohnquartier wurde vernachlässigt, die Sanierung war noch kein Thema. Umsatzstarke Warenhandels- und Dienstleistungsunternehmen breiteten sich dort aus und riefen nach verkehrsgünstigen Randbedingungen für die City; dies führte zu einem *Verdrängungsprozess* von weniger rentablen Nutzungen, vor allem von Wohnen. Wohnen und Arbeiten klafften immer mehr auseinander; die Raumplanungsregion Zürich verlor zwischen 1970 und 1980 12.6% der Einwohner, demgegenüber wuchs die Einwohnerzahl in der Agglomeration, so z.B. in der Region Furttal um 48.4%; in der Schweiz erhöhte sich der Pendleranteil zwischen 1950 und 1980 von 17% auf 40%.

Durch die Erhöhung der Standortqualität der rentableren Nutzungen schnellten die *Bodenpreise* in die Höhe, die *Versorgungsdifferenzen* zwischen Zentrum und Peripherie wuchsen, die *Verkehrsmisere* in der Innenstadt wurde Alltag. Hierauf erschien die Parole von der *«Unwirtlichkeit der Städte»*, die die Verödung und den Verlust architektonischer Tradition kritisierte. Auf der politischen Ebene wurde diese Parole in mehreren Abstimmungen manifest, in denen die Akzeptanz für neuere Bauvorhaben stark geschrumpft war.

Die offizielle Antwort auf diese neue Absage war jene *idyllische und nostalgische Imagepflege,* die mit historisierenden Architekturmotiven Fassaden- und Stadtkosmetik betreibt, um – ehrlich gesagt – die aufgebrachten Gemüter etwas zu beruhigen. Habermas nennt dieses Verhalten «Baukunst der Verdrängung». Dieses im Kern unstädtische, antiurbane Verhalten war also der eine Grund, uns die Frage nach neuen Nutzungs- und Raumbedürfnissen in städtischen Quartieren zu stellen, indem wir insbesondere auf die *Erhaltung und Wiedergewinnung der städtischen Eigenart* Wert legten.

Ein weiterer Grund war, dass der Hauptharst der realisierten Beispiele vom sogenannten *«individuellen verdichteten Wohnen»* in ländlichen Gebieten, quasi auf der «grünen Wiese», steht; Verdichtetes Bauen diente oft gar als Alibi für die Überbauung von überzähligem Land oder schrieb einfach die Reihen-Einfamilienhaus-Ideale fort, indem etwa für die dörflich-einträchtige Nachbarschaft mit mediterranem Anstrich geworben wird («Wohnen wie in den Ferien»).

Demgegenüber sind wir – gemäss unserem Forschungsauftrag – der Ansicht, dass die spezifische *kulturelle Funktion der Stadt* im Sinne einer modernen und komplexen Lebensform zu entwickeln und zu fördern sei.

3. Verdichtung

I. Definitionen

Es lag nun auf der Hand, für die Problemstellung «haushälterische Bodennutzung in städtischen Quartieren» als Lösungsansatz die *bauliche Verdichtung* vorzuschlagen. Allerdings geniesst zurzeit das Thema «bauliche Verdichtung» eine eigentümliche Popularität, indem die Begriffe äusserst vielfältig verwendet werden. Zwei Zitate sollen diese Spannweite aufzeigen:

- Für den Zentralpräsidenten des Schweizerischen Baumeisterverbandes heisst Verdichtung, «dass ältere Gebäude abgebrochen und durch neue mit mehr Ausnützung ersetzt würden, oder dass Zwischenräume bzw. Dachaufbauten etc. zusätzlich genutzt werden.» (Grimm, 1986, S. 6).
- Demgegenüber propagiert die Schweizerische Vereinigung für Landesplanung (VLP) Verdichtung folgendermassen: «. . . um wieder vielfältig und erlebnisreich zu leben. Erlebnisreich leben heisst aber auch vor allem verdichtet bauen, denn nur eine gewisse Dichte und Kompaktheit lässt Durchmischungen möglich werden.» (VLP-Annonce für ihre Schrift «Siedlungsformen der Zukunft», vgl. Lischner 1985).

Wir müssen also den Begriff «Verdichtung» zwischen Kommerz und Idylle ansiedeln. Für unsere Diskussion sind aber sachlichere Definitionen notwendig. *Dichte als Zustand* und *Verdichtung als (Veränderungs-)Prozess* betreffen sowohl Anlagen, Personen als auch Flächen. Wir unterscheiden folgende *Dichtebegriffe:*

- Beziehungen zwischen Einwohnern, Wohneinheiten usw. einerseits und einer Flächeneinheit (z. B. Bruttogeschossfläche in Hektaren) anderseits.
- Beziehungen, die das Mass der Beanspruchung einer Nutzungseinheit aufzeigen: z. B. Ausnützungsziffer, Freiflächenziffer, Baumassenziffer.

Die Dichte macht somit eine explizite Aussage über das verfügbare

Territorium und eine implizite Aussage über die räumliche Distanz von Individuen und Raumeinheiten. Sie ist also zunächst ein rein *quantitativer Begriff* ohne qualitative Merkmale. In der Geschichte des Städtebaus brachte aber dieser quantitative Begriff auch die sich wandelnden Wertvorstellungen zum Ausdruck; so wurde der gleiche Begriff oft mit verschiedenen Inhalten verknüpft.

Parallel zum Industrialisierungsprozess verlief der Wandel zur Grossstadt *(«Vergrossstädterung»)*. Der Mietskasernenbauboom – in der Stadt Zürich stammten 2/5 der gesamten Wohnbausubstanz des 19. Jahrhunderts aus den Boomjahren um 1890 – war die Folge einer weitgehend uneingeschränkten Nutzung des Bodens als Spekulationsobjekt, was zu unhygienischen Wohnverhältnissen führte. Die zunehmend *schlechteren Lebensbedingungen* waren dann Anlass für baurechtliche Grundlagen, die die Dichte normativ festlegten; um die Baudichte in Schranken zu halten, wurden im Zürcher Baugesetz von 1863 der minimale Gebäudeabstand (12 Fuss) und die maximale Gebäudehöhe (60 Fuss) begrenzt, wobei die Gebäudehöhe aufgrund einer minimalen Strassenbreite (40 Fuss) festgelegt wurde. Im Baugesetz von 1893 kamen neue Vorschriften über Geschosszahl, Minimalgrösse von Wohn- und Schlafzimmern sowie über die Fensterfläche dazu.

Die Vertreter des «Neuen Bauens» im Deutschland der Weimarer Republik präsentierten neue Grundsätze für den Siedlungsbau. Unter der Leitung von Ernst May wurde z.B. im städtischen Hochbauamt von Frankfurt gewissermassen ein Katechismus der Planungs- und Gestaltungsarbeit aufgestellt: das Planungsziel sei die *Auflockerung der Stadt* und die *städtebauliche Dezentralisierung* am Rande der Stadt. Der sogenannten «versteinerten Stadt» sollten nicht bloss punktuell lenkende Gesetze entgegengestellt werden, sondern ein neues Modell der Stadt, das den sozialen Forderungen und dem technischen Fortschritt entsprechen konnte. Der Begriff «Dichte» spielte dabei eine entscheidende Rolle: *«Dichte»* wurde zur *negativen Metapher* für funktionelle und qualitative Aspekte des Städtebaus. Die «dichten» Hofrandbebauungen und Strassenräume wurden zum Feindbild der modernen Siedlungsplanung, die «aufgelockerte» Stadt war das Gegenmodell. Diese negative Dichte-Metapher führte – wie Jane Jacobs (1963, S. 120ff.) später nachwies – zur terminologischen Gleichsetzung und Verwechslung von Überbelegung (overcrowding) und hoher Dichte (high density).

Die geplanten und realisierten Siedlungen der Moderne wiesen hingegen keine niedrigere Dichte als die verpönten Bebauungen des 19. Jahrhunderts auf. So wurde – damit die Subventionen für die geforderte Dichte ausbezahlt werden konnten – z.B. bei der Realisierung einer Siedlung («Landlust») gemäss dem Generalentwicklungsplan von Amsterdam aus dem Jahr 1934 ein Vergleich zwischen der «dichten» Blockbauweise und der «offenen, lockeren» Zeilenbebauung angestellt. Die Untersuchung erbrachte gleiche

Dichtewerte, wodurch diese neue Bauform schliesslich auch als finanziell förderungswürdig anerkannt war.

In den Sechzigerjahren wurde die Dichte-Terminologie ausgeweitet und gleichzeitig auch neu gedeutet. Jane Jacobs erblickte in der *hohen Konzentration* der Bewohner eine notwendige Voraussetzung für *«städtische Vielfalt»,* die ihrerseits eine komplexe *Nutzungsmischung* bedinge. Hier begann sich die Dichte-Metapher ins Positive zu wenden – in Form von stadtkulturellen Komponenten; etwa mit Bezeichnungen wie Erlebnisdichte, Kommunikationsdichte usw. Allerdings gab es auch ausgesprochene Dichte-Feinde: Frank Lloyd Wright etwa witterte jenseits einer Dichte von 2½ Einwohnern pro Hektare die Gefahr der Subversion (vgl. Albers und Papageorgiou, S. 186).

Wie die Eingangszitate zeigten, ist heute «Dichte» gewissermassen ein Losungswort. Die *aktuelle positive Besetzung* verleitet dazu, alle baulichen Eingriffe als einen Vorschlag zur «Verdichtung» anzupreisen: je nach Sichtweise wird einmal die «urbane Qualität», ein andermal der «ökologische Vorteil» oder der «ökonomische Nutzen» hervorgehoben. «Verdichtung» wird mit einer erhofften Wirkung verwechselt – somit ist dieser Wortgebrauch in der gegenwärtigen Planungspraxis für analytische Aussagen nur schwer verwendbar.

Unsere Forschungsarbeit will deshalb *Dichte* wieder in ihrer ursprünglichen Bedeutung definieren, nämlich als *quantitative Grösse.* Nur: wenn Verdichtung als rein quantitativer Prozess realisiert wird, kann sie zu verschiedenen negativen Folgen führen: nämlich zu Miet- und Bodenpreissteigerungen, zur Verkehrszunahme, zur Verdrängung einkommensschwacher Mieter und wenig ertragreicher Nutzung, zum Verlust von Freiflächen, zur Steigerung des Ressourcenverbrauchs und zu erhöhten Folgekosten für die öffentliche Hand.

Um diese negativen Folgen einzudämmen, formulierten wir somit *qualitative Anforderungen an die bauliche Verdichtung;* es sind dies zunächst folgende 8 Anforderungen:

1. Sicherung der Privatsphäre
2. Abschirmung vom Autoverkehr
3. Erweiterung der Wohnungen durch privaten Aussenraum
4. Räumliche und optische Beziehungen zwischen privatem und öffentlichem Bereich
5. Sinnvoller Energie-, Wasser- und Abfallhaushalt
6. Verhinderung der Verdrängung von einkommensschwachen Mietern und von zweckmässigen, ertragsschwachen Nutzungen
7. Minimierung des Mehrverkehrs
8. Verbesserung der stadträumlichen Qualitäten.

Basierend auf diese Anforderungen definieren wir die *qualifizierte Verdichtung* wie folgt: Zusammenfügen von Raum- und Nutzungseinheiten innerhalb mehrheitlich überbauter Gebiete, wobei sowohl eine intensivere Bodennutzung, ein sparsamer Ressourcenverbrauch als auch eine qualitative Verbesserung des Wohnungsbaus und des städtebaulichen Kontextes ermöglicht werden sollen.

II. Was und in welchem Ausmass soll verdichtet werden?

Für die Elemente der Verdichtung haben wir Indikatoren definiert, die zur Beschreibung von Ist- und Sollzustand sowie zur Beurteilung der Veränderungsmöglichkeiten dienen sollen. Diese Indikatoren bzw. *Elemente der Verdichtung* umfassen im wesentlichen:

- die Nutzungsstruktur (Nutzungsverteilung, Wohnen, Arbeiten, Wohnumfeld, Versorgung)
- die Bebauungsstruktur (Bebauungsmuster, Bebauungsdichte, Geschosszahl, Gebäudehöhe)
- die Benützer- bzw. Eigentümerstruktur.

Die nächste Frage lautet: Wieviel kann oder soll verdichtet werden bzw. wo sind die *Grenzen der baulichen Verdichtung,* gibt es dazu Richtwerte?

Um diese Frage zu beantworten, müssen wir uns zunächst etwas unter den Begriffen «Dichte» und «Dichtewerte» vorstellen können; für eine entsprechende Illustrierung gehen wir von zwei Messgrössen aus:

1. *Ausnützungsziffer (AZ)* = Bruttogeschossfläche (BGF): anrechenbare Arealfläche
2. *Nettowohndichte (NWD)* = Einwohner (E): Siedlungsgebiet in Hektaren

Ende der Siebzigerjahre wurden in der Bundesrepublik Deutschland u.a. 70 Demonstrativbauvorhaben ausgewertet, die folgende Beziehung zwischen AZ und NWD aufzeigen (wobei eine eher geringe spezifische Wohnfläche pro Einwohner angenommen wurde):

– AZ: 0.3	entspricht	NWD:	85–120 E/ha
0.5			140–200
0.8			230–320
1.0			280–400
1.5			430–600

Dies heisst nun keinesfalls, dass eine AZ von 1.5 einer NWD von 430–600 E/ha entsprechen *müsse.* Sondern lediglich, dass eine Beziehung in dieser Grössenordnung besteht.

In der Stadt Zürich waren im Jahre 1980 etwa die folgenden durchschnittlichen Ausnützungsziffern in den statistischen Zonen anzutreffen (effektiv gemessene Werte):

- bis 0.41: Affoltern, Witikon, Höngg
- 0.41–0.80: Schwamendingen, Oerlikon, Altstetten, Wollishofen, Friesenberg (eigentliche Aussenquartiere)
- 0.81–1.20: Wipkingen, Hochschulquartier, Wiedikon, Escher-Wyss-Quartier
- 1.21–1.60: Hottingen, Unterstrass, Hard
- 1.61–2.00: Seefeld, Oberstrass, Langstrasse
- 2.01–2.40: Bahnhofgebiet
- über 2.41: City, Rathaus, Lindenhof

Die Antwort auf die gestellte Frage, wieviel zu verdichten sei, gab sich Le Corbusier in seinem Buch «Les trois établissements humains» eindeutig: Eine «unité d'habitation», die 4 ha Land beanspruche, könne 1 600 Bewohner aufnehmen; eine Gartenstadt-Siedlung hingegen benötige 320 kleine Häuschen, die 32 ha erfordern würden; die Wohndichte betrüge bei den Häuschen 50 E/ha – im Gegensatz zu den 400 E/ha bei den «unités» (Le Corbusier, 1959).

In den Sechziger- und Siebzigerjahren suchten die Planer nach angeblich *objektiv fundierten Regeln und Richtwerten,* um die Dichteverhältnisse und den Flächenbedarf der verschiedenen Nutzungsarten generell bestimmen zu können. Wir erinnern uns etwa an die Richtlinien des ORL-Instituts, die zusammen mit den Kneschaurek'schen Prognoseziffern die Planungsphilosophie jener Jahre bestimmten. Heute wissen wir, dass die Errechnung von Mittelwerten aus Dichteziffern keine brauchbare qualitative Grundlage für den Siedlungsbau darstellt. Es gibt keine generelle, «objektive» Antwort auf die Frage nach der richtigen Dichte; die richtige Dichte ist in jeder Situation eine andere.

Demgegenüber sagt Norberg-Schulz (1987) zu Recht, *Architektur sei die Festlegung der Identität des Ortes;* ich würde noch präzisieren, sie sei ein Kommentar zum Ort. Es gibt nun jene Architekten, die *einen Ort* bauen, oder jene, die *an einem Ort* bauen – wichtig ist die Beschäftigung mit den spezifischen und konkreten Merkmalen des Ortes.

Somit wird die Frage nach der optimalen Dichte in erster Linie durch diese Merkmale bestimmt: Für minimale und maximale Verdichtungswerte können aber trotzdem Kriterien angegeben werden, die einerseits noch eine zweckmässige Erreichbarkeit von Versorgungseinrichtungen garantieren, aber anderseits wohnhygienische Aspekte – wie etwa den guten Einfall von Tageslicht – berücksichtigen.

III. Wo und wie soll verdichtet werden?

In der Stadt Zürich – gerade im Zusammenhang mit der aktuellen Revision der Bau- und Zonenordnung – gibt es m.E. vier *Schlüsselstellen für eine mögliche Verdichtung:*

1. City- und City-Randgebiete; gewissermassen als «negative» Verdichtungsräume, da hier eher der Rückbau bzw. die Rücknutzung im Vordergrund steht als die weitere Verdichtung;
2. Industriezonen, wo sich eine Auseinandersetzung an der falschen Frage entzündet hat, ob diese Zonen für Dienstleistungs-Nutzungen zu öffnen seien oder nicht. Hier stünden v.a. Verdichtungsmassnahmen im Sinne von Nutzungsmischung und Umnutzung im Vordergrund;
3. «Verkehrs-Inseln», wie etwa die grosse leere Verkehrsfläche bei der VBZ-Haltestelle «Irchel» oder die Autobahn quer durch Schwamendingen, die eigentümlicherweise im Zonenplan-Entwurf teilweise als Freihaltezone ausgeschieden wurde und im Plan entsprechend grün angelegt ist;
4. Aussen-Quartiere – diese sind unser Forschungsthema – weisen v.a. drei Strukturmerkmale bezüglich Verdichtungsmöglichkeiten auf:
   - Urbanitätsdefizit
   - einseitige Nutzungs- und Bevölkerungszusammensetzung
   - Versorgungsdefizit und erhebliche Versorgungsdisparitäten mit dem Zentrum.

Nun stellt sich noch die Frage nach der *Art der Verdichtung.* Generell können wir folgende Formen unterscheiden:

- Für die Nutzung:
  - Mischung und Ergänzung durch Festlegung von Nutzungsanteilen
  - Erweiterung und Umnutzung durch Neubestimmung des Nutzungsangebotes
  - Erneuerung durch Rückwandlung von zweckentfremdeten Nutzungen

- Für dic Bebauung:
  - Ergänzung (z.B. durch Lückenschliessen, Aufstockung, Strassenüberbauung)
  - Umgestaltung (z.B. von leerstehenden Bauten, schlecht nutzbaren Innenhöfen und Strassenräumen)
  - Erneuerung (z.B. durch Sanierungen, Neubebauung).

4. Wohnumfeld

«Wohnumfeld» beschreibt eine Kategorie im Wohnbewertungssystem des Bundesamtes für Wohnungswesen zur Überprüfung von Subventionsgesuchen. Ich verstehe unter Wohnumfeld generell jene nutzbaren (städtischen) Aussenräume, die einen *Handlungsspielraum ausserhalb der Wohnung* ermöglichen. Diese Aussenräume sind nicht gleich «Negativräume», Rest- und Verkehrsflächen oder einfach Abstandsgrün.

Diese Aussenräume umfassen

- private Freiräume, die der Wohnung zugeordnet sind (Terrasse, Sitzplatz usw.),
- «halb»-öffentliche Freiflächen, die eine gewisse Siedlungs-Intimität garantieren und
- öffentliche Flächen, die eine städtische Anonymität zum Ausdruck bringen.

In den letzten Jahren hat sich das *Wohnumfeld zunehmend verschlechtert,* v.a. wegen des ökonomischen Verwertungsdrucks des Bodens und der Ausbreitung der Verkehrsflächen. Erhöhte Immissionen und fehlende nutzbare Grün- und Freiflächen trugen zum Verlust des Wohnumfeldes bei. Dieser Verlust des «äusseren Wohnraumes» ist neben der Zunahme der Einzelhaushalte ein entscheidender Grund dafür, dass der Wohnflächenbedarf pro Einwohner derart zugenommen hat; er ist bedeutsamer als die «Erhöhung» des Lebensstandards. Diese Verlagerung des Wohnens von «aussen» nach «innen» führte uns zur These, dass eine konkrete *Verbesserung und bewusste Gestaltung des Wohnumfeldes* einen Beitrag zur Reduzierung des individuellen Wohnflächenkonsums leisten könnte. Auch muss wieder betont werden, dass ein rein quantitatives Angebot von «Grün» noch gar nichts über den Gebrauch, den Nutzen und die Verfügbarkeit als Handlungsraum auszusagen vermag. Eine Richtzahl von X Quadratmetern Freifläche pro Quadratmeter Bruttogeschossfläche (oder pro Einwohner) besitzt lediglich den Stellenwert einer (auch wichtigen) rein quantitativen Sicherstellung der Freiflächen.

Hier möchte ich noch auf eine heute gesicherte Erkenntnis hinweisen, dass nämlich bei mehr als sechs Geschossen (bzw. bei einer Ausnutzungsziffer zwischen 0.8 und 1.2) kein Freiflächen-Gewinn mehr zu erzielen ist; es gibt also *keinen linearen Zusammenhang zwischen Bauhöhe und verbleibender Freifläche.*

Unser Forschungsprojekt will nun anhand von konkreten Projekt-Entwürfen *Verdichtungsmöglichkeiten* darstellen und überprüfen sowie Vorschläge für deren Realisierung, namentlich unter Einbezug der Betroffenen, erarbeiten. Da wir mit diesen Arbeiten in den ausgewählten Testquartieren (Zürich-Schwamendingen und Biel-Madretsch-Süd) noch nicht sehr weit sind, möchte ich als Verdichtungsbeispiel eine Arbeit aus einem anderen städtischen Schlüsselgebiet, der Zürcher Industriezone nämlich, vorstellen.

Wir arbeiten am Entwurf eines Gestaltungsplanes (gemäss § 84 ff. des Planungs- und Baugesetzes des Kantons Zürich, PBG), da das entsprechende Areal für eine Industrieproduktion nicht mehr benötigt wird und somit eine Nutzungsänderung erfolgen sollte. Nachdem wir die Merkmale des Quartiers bzw. des betreffenden Ortes untersucht und verschiedene planerische Randbedingungen ausgewertet haben, kamen wir zu folgendem *Projektkonzept:*

1. Nutzungsmischung/Umnutzung mit Wohnen, Dienstleistung und Gewerbe, wobei Wohnen etwa einen Anteil von 40% aufweist (gemäss Zonenplan-Entwurf).
2. «Durchbrochene» Hofrandbebauung als Megastruktur (siehe Allgemeine Bebauungsgenossenschaft Zürich, ABZ, Ottostrasse, 1927).
3. Aussenraumabfolge: Öffentlich (Strasse, Platz) – «halb»-öffentlich (innere Allee) – Hof – private Aussenräume.
4. «Dichter» Gebäudetyp, entwickelt aus Industriebau-Basilika im Zürcher Industriequartier.

Aufgrund dieses Konzeptes erhielten wir als Dichtewert eine Ausnutzungsziffer von 2.60 und eine Überbauungsziffer von 0.64. Es ist zu beachten, dass wir den Dichtewert nicht als Ausgangspunkt nahmen; er «ergab» sich vielmehr aus der Konzeptherleitung.

5. Fazit

«Verdichtung» kann und soll in verschiedenen Fällen zur Verbesserung der Siedlungstruktur, und somit auch zum «Bodensparen», beitragen. Nur: *Die Probleme der Siedlungsstruktur sind komplex, und wir sollten nicht aus lauter Bequemlichkeit lediglich nach quasi narrensicheren Rezepten Ausschau halten; auch die Verdichtung «an sich» ist keine Zauberformel.*

Literatur

Albers, G. und Papageorgiou-Venetas, A.: *Stadtplanung. Entwicklungslinien 1945–1980,* Wasmuth Verlag.

Grimm, E. (1986): «Bauliche Erneuerung. Verdichtung der bestehenden Bausubstanz», in: *Raumplanung,* Informationshefte, Nr. 3, S. 6–7.

Jacobs, J. (1963): *Tod und Leben grosser amerikanischer Städte,* Berlin, Bertelsmann Bauwelt-Fundamente.

Le Corbusier (1959): *L'urbanisme des trois établissements humains,* Paris.

Lischner, K.R. (1985): *Verdichtetes individuelles Wohnen. Siedlungsformen der Zukunft,* Schriftenreihe Nr. 39, Schweiz. Vereinigung für Landesplanung.

Norberg-Schulz, Chr. (1987): «Auf dem Weg zu einer zeitgemässen Architektur», in: *Jahrbuch für Architektur,* Vieweg Braunschweig, S. 23ff.

ORL-Institut (Hrsg.): *Richtlinien zur Orts-, Regional- und Landesplanung.*

PIERRE STRITTMATTER

Planerische Instrumente zum Bodensparen im ländlichen Raum

1. Vorbemerkungen und Einleitung

Wie aus dem Titel hervorgeht, soll in diesem Aufsatz das Instrumentarium zum Bodensparen im ländlichen Raum erörtert werden. Es scheint mir wichtig, meinen Ausführungen vier Bemerkungen voranzustellen, wovon die ersten zwei formeller, die dritte und vierte materieller Natur sind:

1. Im Titel ist die Rede vom *ländlichen Raum*. Ich möchte diesen Begriff nicht als freie Landschaft oder als den Raum der Landwirtschaft verstanden wissen; vielmehr geht es um eine Abgrenzung der Betrachtungsweise gegenüber dem Beitrag von A. Herczog, wo vor allem die eigentlichen Stadtgebiete betrachtet wurden. Das meiste, was ich darstelle, hat Gültigkeit für Stadt und Land; ich werde lediglich spezifische Instrumente der Stadtplanungspolitik aus meinen Darlegungen ausklammern.
2. Ich spreche zu Ihnen als *Raumplaner*. Es liegt daher auf der Hand, dass der Schwerpunkt meiner Ausführungen auf dem raumplanerischen Instrumentarium liegen wird.
3. Es ist zu beachten, dass wir mit unseren Bemühungen, haushälterisch mit dem Gut Boden umzugehen – z.B. mit all den Anstrengungen im Rahmen des NFP «Boden» – eigentlich doch nicht viel mehr als eine *«Pflästerlipolitik»* betreiben. Die Grundvoraussetzungen unserer Gesellschaft mit ihrem Wertsystem sind ja dem «Sparen» in jeder Form entgegengesetzt: Wörter wie *«mehr»* und *«besser»* werden *synonym* verwendet. Mehr Umsatz ist besser als weniger Umsatz; wer ein grösseres Haus sein eigen nennt wird mehr geachtet als derjenige mit dem kleineren Haus. Und abgesehen von dieser Systemkritik: ist es nicht tatsächlich eine Verbesserung, wenn jedem einzelnen heute eine grössere Wohnfläche zur Verfügung steht? Und dient eine gewisse Mobilität nicht der

Steigerung der persönlichen Lebensqualität? Aber dennoch: auch hier gilt – wie bei allem –, dass es sich um eine *Frage des Masses* handelt! Allein solange wir in einer freiheitlichen Staatsordnung leben, bestimmt nicht das Kollektiv dieses Mass, sondern jeder einzelne. Und da wir immer noch ein wirtschaftliches Wachstum – sprich steigende Verdienste des einzelnen – haben, die Umweltgüter «Luft» und «Bodenqualität» nichts, das Wasser und die Energie viel zu wenig kosten, besteht kein Anlass anzunehmen, dass sich inskünftig in Sachen Bodenverbrauch grundsätzlich etwas ändern wird.

4. Das grösste Problem, wenn man von Bodenrecht und Bodenpolitik in der Schweiz spricht, liegt darin, dass in unserem Boden *unvorstellbar viel Geld* liegt: Der Boden ist das gesuchteste Anlageobjekt überhaupt; wir haben die höchsten Bodenpreise der Welt; unsere Landwirtschaft ist, bezogen auf die bewirtschaftete Fläche, weltweit am höchsten verschuldet; auf jeder Parzelle liegen Hypothekarlasten, oft bis 80% oder 90% des Gesamtwertes der Liegenschaft. Mir scheint es unabdingbar, auf diese Problematik aufmerksam zu machen; erst dann wird man verstehen, warum z. B. im Bodenrecht, in der Raumplanung, in der Eigentumspolitik usw. auch nur kleinste Veränderungen derart viel Mühe bereiten. Und ein weiteres: erst wenn man sich diese Tatsache vor Augen hält, wird einem klar, welcher Faktor die Bodennutzung in der Schweiz am nachhaltigsten steuert: die wirtschaftliche Entwicklung nämlich. Dagegen kommt auch eine ausgefeilte Raumordnungspolitik nur schwer an.

Nach diesen Vorbemerkungen wenden wir uns dem eigentlichen Thema zu. R. Häberli legt in seinem Beitrag dar, dass «Bodensparen» und «Fläche sparen» nicht dasselbe ist. An Fläche können wir nichts sparen und nichts verbrauchen. Die Bodenfläche in der Schweiz ist gegeben; sie kann weder vergrössert noch verkleinert werden. Wenn von Bodensparen die Rede ist, dann kann es sich nur darum handeln, den Boden im Hinblick auf dessen eigene Bedürfnisse sowie auf diejenigen des Menschen *optimal zu nutzen*. Die Allokation der Nutzungen im Raum wird – wie schon dargelegt – in erster Linie durch ökonomische Gesetze bestimmt. Da innerhalb einer liberalen marktwirtschaftlichen Ordnung allein dadurch noch keine optimale Verteilung der Nutzungen entsteht, braucht es das *Korrektiv der vom Staat aufgestellten Raumordnung*. Der Raumplanung kommt deshalb für unser Veranstaltungsthema (Nutzung des Bodens in der Schweiz) eine zentrale Rolle zu. Sie ist es, die den Boden für verschiedene Nutzungsarten einteilt und damit die räumliche Verteilung der Nutzungen steuert bzw. steuern sollte. Ob sie in der Realität diesem Anspruch gerecht wird, soll nun als erstes untersucht werden.

2. Raumplanung zwischen Anspruch und Realität

Der Anspruch, den jeder von uns fast selbstverständlich an die Raumplanung stellt, ist der, dass sie für eine richtige und gute Verteilung der Nutzungen im Raum zu sorgen hat; so dass der Boden haushälterisch genutzt wird, die menschlichen Bedürfnisse befriedigt werden und möglichst wenig nachteilige Wirkungen entstehen. Man braucht kein Raumplaner zu sein, um mit Leichtigkeit feststellen zu können, dass die Raumplanung in ihrer heutigen Ausgestaltung diesem Anspruch nicht gerecht wird, nicht gerecht werden kann. Woran liegt das? Ich möchte *vier Wesensmerkmale der heutigen Raumplanung* aufzeigen, die zu diesem Unvermögen beitragen:

Problem I: Raumplanung als Verbotsplanung
Im wesentlichen umschreibt die Raumplanung, was nicht getan werden darf. *Raumplanung als Gebotsplanung,* also als verbindliche Vorschrift zu einem bestimmten Tun, ist praktisch unbekannt. Es gibt hie und da im Naturschutzbereich Ansätze in dieser Richtung, z.B. wenn eine Bewirtschaftungspflicht (einmaliges Mähen von Streueriedern im Herbst etwa) auferlegt wird. In aller Regel aber beschränken sich raumplanerische Vorschriften auf *Verbotsnormen* oder *Maximalvorschriften.* Demnach bedeutet eine Landwirtschaftszone nicht eine Verpflichtung, Landwirtschaft zu betreiben, sondern ein Verbot aller anderen Nutzungen. Eine 4-geschossige Wohnzone verbietet industrielle Bauten und solche mit mehr als vier Geschossen. Die Einweisung in eine Bauzone bedeutet keine Verpflichtung, das Grundstück zu überbauen, sondern macht lediglich klar, was im Falle einer Überbauung zulässig wäre und was nicht.

Gerade dieser letzte Punkt führt zu immensen Problemen – und die Raumplanung letztlich ad absurdum. Das zentrale Stichwort dazu heisst *Bodenhortung.* Während allenthalben über viel zu grosse Bauzonen geklagt wird, ist praktisch kaum Bauland auf dem Markt. Der enorme Nachfrageüberhang führt einerseits zu geradezu grotesken Bodenpreissteigerungen (100% innerhalb von 2 Jahren), anderseits dazu, dass die Nachfrage an den unmöglichsten Orten befriedigt wird (Wohnbauboom am Rande oder ausserhalb der Agglomerationsgürtel mit der Folge eines exponentiell steigenden Pendlerverkehrs). Die Unmöglichkeit, eingezontes Land auch tatsächlich der Überbauung zuzuführen, hatte schwerwiegende Folgen für die Raumplanung der letzten Jahre: anstatt ihrer Steuerungsaufgabe nachzukommen, ist die Raumplanung zu einer weitgehend *nachvollziehenden Planung* geworden; in die Bauzone wird dort eingezont, wo der Grundeigentümer bereit ist, sein Land zu veräussern oder zu überbauen.

Problem II: Raumplanung als Eingriff in Grundfreiheiten

Es ist unverkennbar, dass die Raumplanung letztlich, wenn sie nämlich ihrer Steuerungsfunktion genüge täte, *Eingriffe bewirkt in Grundfreiheiten* wie die Niederlassungsfreiheit oder die Handels- und Gewerbefreiheit. Bietet die Raumordnung in jener Gemeinde, in welcher ich wohnen möchte, kein Bauland mehr an, so ist meine Freiheit, mich niederzulassen wo ich möchte, eingeschränkt. Untersagt die Raumplanung in einem bestimmten Raum die Errichtung von Einkaufszentren, so ist die Handels- und Gewerbefreiheit nur noch eine theoretische. Es verwundert deshalb kaum, wenn weder in der breiten Bevölkerung noch bei den Politikern der Wille allzu häufig zu verspüren ist, raumplanerische Regelungen bis zur letzten Konsequenz durchzuziehen. Gerade das Beispiel der Einkaufszentren auf der grünen Wiese ist hiefür ein gutes Beispiel. Zwar gibt es Kantone wie Zug oder Baselland, die mit raumplanerischen Regelungen die Fläche möglicher Einkaufszentren so beschränkt haben, dass diesbezügliche Investitionen nicht mehr lohnend erschienen. In aller Regel zeigen jedoch die immer noch aus dem Boden schiessenden Einkaufs- und Freizeitparks ausserhalb der gewachsenen Siedlungen, dass der Wille zur Steuerung noch verschwindend klein ist. Jüngstes Beispiel ist der «Säntispark» vor den Toren St. Gallen's, der mit einem Einzugsgebiet von einer Million Menschen in einem Rayon von einer Autofahrstunde rechnet. Die Folge solcher Fehlentwicklungen sind grossräumige Entmischungserscheinungen (Konkurrenzierung der Innenstädte) sowie ein überdimensioniertes Verkehrsaufkommen mit einer entsprechenden Nachfrage nach Verkehrsflächen. Das private Motorfahrzeug wird zum unverzichtbaren Bestandteil unseres Lebens. Die 2.8 Mio. Motorwagen in der Schweiz belegen allein zum Parkieren an der Quelle (also ohne Parkplätze am Zielort) eine Fläche von rund 75 km^2. Als Vergleich: die Stadt Zürich bedeckt eine Fläche von ca. 86 km^2. Es ist viel zu wenig bekannt, dass der durchschnittliche Flächenverbrauch eines Schweizers für das Wohnen etwa 50 m^2 ausmacht, jener für den Verkehr aber 120 m^2 (gesamte Verkehrsfläche ohne private Parkplätze). Aus der Sicht der heutigen Umweltproblematik ist es ein Jammer, dass es der Raumplanung wegen fehlender Mittel nicht gelingen konnte, die Entmischungsprozesse – mit der zugehörigen Verkehrsflächenzunahme – in den Agglomerationen generell im ganzen Land einzudämmen.

Problem III: Raumplanung als Bausteuerungsverfahren

Die Raumplanung stellt Ziele auf, wo der Boden wie genutzt werden soll, und legt diese Ziele in Plänen (Zonenpläne) als allgemeinverbindliche Normen fest. Zur Anwendung kommen diese Normen aber nicht per se, sondern immer erst im Zusammenhang mit einem *Bauvorhaben*. Die Realisierung der Raumplanung erfolgt also immer über den Weg eines *Baugesuchsverfahrens*. Wo keine baulichen oder nutzungsmässigen Veränderungen anstehen, kann die raumplanerische Norm nicht angewendet werden. Die Raumplanungsziele haben demnach keinen Einfluss auf bestehende Bauten, Anlagen und Nutzungen, die den allergrössten Teil unserer Umwelt darstellen. Geht man von einer jährlichen Bauten-Änderungsrate von 1.5% und von einer Zonenplan-Lebensdauer von 15 Jahren aus, so könnte theoretisch ein guter Fünftel der Gebäude den räumlichen Zielvorstellungen angepasst werden. Dass dem nicht so ist, soll im folgenden Punkt aufgezeigt werden.

Problem IV: Raumplanung als Bewahrer finanzieller Werte

Die Rücksicht auf altrechtliche Bauten und auf die ihnen innewohnenden materiellen Werte hat zur Bildung der sogenannten *Bestandesgarantie* geführt. Diese garantiert allen Bauten, die der neuen Planung widersprechen, den Weiterbestand, (in der Regel) eine Erneuerung oder oft sogar eine angemessene Erweiterung. Demnach haben sich also bestehende Bauten und Anlagen neuen Zielvorstellungen nicht anzupassen, ausser sie würden abgerissen und durch einen Neubau ersetzt. Dies führt nun dazu, dass solcherart planungsfremde Bauten sorgfältig erhalten werden, damit sie den neuen Bestimmungen, die in aller Regel ungünstiger sind, nicht angepasst werden müssen. Beispiele dafür sind Bauten, die über eine Baulinie hinausragen, zonenfremde Bauten aller Art (z.B. nicht-landwirtschaftliche Wohnhäuser ausserhalb der Bauzone) oder Bauten, die allgemeine Bauvorschriften (z.B. Abstandsvorschriften) nicht einhalten. Diese Regelung führt also dazu, dass planungsfremde Nutzungen recht eigentlich zementiert werden und im Laufe der Zeit zahlenmässig ständig zunehmen – die Realität entfernt sich immer weiter vom angestrebten und erwünschten Zustand.

Aus diesen vier Kennzeichen heutiger Raumplanung geht leider hervor, dass sich diese Disziplin als relativ stumpf erweist, und, obwohl sie theoretisch für eine Steuerung der bestmöglichen Bodennutzung prädestiniert wäre, diesbezüglich kaum Entscheidendes beitragen kann. Dass griffigere Konzepte in der Raumplanung durchaus möglich und realistisch sind, könnte am Beispiel von Dänemark gezeigt werden.

Das bisher gezeichnete, etwas düstere Bild soll nun aber nicht dazu verleiten, der Raumplanung jegliche Wirkung abzusprechen, oder das Fehlen geeigneter Instrumente anzunehmen. In der Folge soll nun auf die heute realen Möglichkeiten instrumenteller Einflussnahme näher eingegangen werden.

3. Instrumente des Bodensparens

Ich halte mich bei der Konkretisierung des Postulates «Bodensparen» an die Umschreibung, die R. Häberli in seinem Beitrag gegeben hat. Demnach kann Boden gespart werden durch:

- Verzicht auf Konsum
- räumlich bessere Verteilung der Nutzungen
- Schaffung von mehr Nutzen mit weniger Boden.

Im folgenden soll gezeigt werden, inwiefern die Raumplanung zu diesen drei Unterzielen beitragen kann.

I. Verzicht auf Konsum

Hier ist zuerst zu unterscheiden, ob sich die Raumplanung im *normativen* oder im *nachvollziehenden Bereich* befindet. Unter *«normativ»* verstehe ich Festlegungen, die im voraus, im Hinblick auf klare Zielsetzungen, gemacht worden sind. Dazu würden – sieht man einmal vom früher erwähnten Problem der Nicht-Erhältlichkeit des Baulandes ab – eigentlich die *Lokalisierung der Bauzonen* im Raum und *die Dimensionierung der Bauzonen* gehören. Insbesondere das letztere wurde bis dato unverkennbar nicht normativ, sondern nachvollziehend gehandhabt: war eine Nachfrage nach Bauland vorhanden, so wurde eben eingezont. Sogar das Raumplanungsgesetz (RPG) schreibt dies vor, indem es jenes Land als Bauzone definiert, welches voraussichtlich innert 15 Jahren benötigt und erschlossen wird. Auf der anderen Seite sind Tendenzen erkennbar, dieser Entwicklung – ständige Ausdehnung der Bauzone zu Lasten der Landwirtschaft – Einhalt zu gebieten. Die vom Bund kontingentartig verlangte Bezeichnung der Fruchtfolgeflächen (450 000 ha für die ganze Schweiz) setzt der Ausdehnung der Bauzonen dort, wo gutes Landwirtschaftsland vorhanden ist, deutliche Grenzen. Im weiteren gibt es Kantone, die im Rahmen ihrer Richtplanung das Siedlungsgebiet (= Bauzone plus Erweiterungsbedarf von ca. 10 Jahren) «festgefroren» haben. Dies bedeutet, dass das Siedlungsgebiet nur noch dann erweitert werden kann, wenn es an einem anderen Ort um die gleiche Fläche verkleinert wird. Zu diesen Kantonen gehören z. B. Zug und Thurgau. Eine solche Raumplanung wäre im besten Sinne «normativ» und könnte – durch die definitive flächenmässige Beschränkung der Baugebiete – den wohl einschneidendsten Beitrag zum Bodensparen leisten. Allerdings ist diesbezüglich vor übertriebenen Hoffnungen zu warnen: solche Massnahmen lassen sich nur dann aufrecht erhalten, wenn die Güter «Bodensparen» und «Umweltschutz» von der Gesellschaft und von der Politik höher eingestuft werden als alle anderen – höher z. B. als das Gut des wirtschaftlichen Wachstums.

Aber auch im *nachvollziehenden* Bereich lassen sich Beiträge der Raumplanung zu unserem Thema ausmachen. Nachvollziehende Planung bedeutet ja, dass die Raumplanung im nachhinein aufgetretene Wünsche sanktioniert, indem sie die Mittel zu deren Realisierung bereitstellt. Ein Beispiel hierfür ist die Ausscheidung von sog. Intensiverholungszonen, die erst aufgrund konkreter Bedürfnisse vorgenommen werden kann (Reithallen, Sportplätze ausserhalb der Bauzone usw.). Da grundsätzlich keine Verpflichtung besteht, solche Zonen auszuscheiden, kann durch die *raumplanerische Verweigerung* der Konsum tatsächlich eingeschränkt werden. Ähnlich verhält es sich mit der Bewilligung von Anlagen in der Landwirtschaftszone, die zwar nicht zonenkonform, als standortgebunden jedoch zulässig sind. Ich denke dabei z.B. an Riesenrutschbahnen, deren Bewilligung im Ermessen der Behörden liegt. Durch Verweigerung einer Bewilligung kann ein Konsumverzicht erzwungen werden (praktisches Beispiel im Kt. St. Gallen). Allerdings gilt auch hier das gleiche wie oben gesagt: eine solche Politik ist nur denkbar, wenn in Abwägung der Interessen jene am Bodensparen (begründet vielleicht in der Erhaltung der Landschaft) klar überwiegen. An diesen Beispielen zeigt sich deutlich, dass die Raumplanung in erster Linie nicht in der Verantwortung der Raumplaner liegt, sondern in jener der entscheidenden Behörden. Sie ist demzufolge auch ein Abbild der gesellschaftlichen Werthaltung.

II. Räumlich bessere Verteilung der Nutzungen

Die räumliche Verteilung der Nutzungen ist Hauptaktionsfeld der Raumplanung. Wenn man mit dem bisher Erreichten nicht zufrieden ist, so gibt es zwei Stossrichtungen zu verfolgen, um Verbesserungen zu erreichen: Erstens eine bessere Planung, und zweitens eine bessere Realisierung derselben.

Zuerst einige Bemerkungen zum Stichwort *«besser planen»:* Hier scheint mir eine Raumplanung vordringlich zu sein, die vor allem versucht, die *räumlichen Entmischungsvorgänge,* die ja vor allem wirtschaftlich bedingt sind, zu *stoppen.* Im regionalen Rahmen ist da an die Entmischung von Wohn- und Arbeitsplätzen zu denken, die in rasantem Masse fortschreitet. Hierzu ein Beispiel: In der Agglomeration St. Gallen hat sich die Zahl der Zupendler in die Kernstadt innert 10 Jahren verdoppelt! Die Kernstädte kämpfen mit einem ständigen Schwund der Wohnbevölkerung, während die Arbeitsplätze laufend kräftig zulegen. Folgen dieser unseligen Entwicklung sind Verödung der Innenstädte, monotone Wohnsiedlungen und ein kaum mehr zu bewältigendes, alle störendes Verkehrsaufkommen. Eine bessere *Planung* kann hier nur *auf regionaler,* also *interkommunaler Ebene* ansetzen. Wer die Praxis der Regionalplanungen kennt, weiss, dass sich diese erstens allzuhäufig in einer Bestandesaufnahme der Ortsplanungen erschöpfen, und dass sie zweitens rechtlich so gut wie keine Verbindlichkeit entfalten. Zudem verlieren die Regionalplanungen zurzeit eher an Bedeutung und werden durch die kantonale Richtplanung ersetzt. Diese hütet sich davor, mit einer einschneidenden Steuerungspolitik die Gemeinden zu brüskieren. Von der übergeordneten Planung sind meines Erachtens auch in den nächsten Jahren keine entscheidenden Verbesserungen zu erwarten. Es könnte etwas gewonnen werden, wenn die Kernstädte die Entwicklung der Arbeitsplätze, statt aus Prestigegründen zu fördern, eher bremsen würden. Ansätze in diese Richtung sind die Wohnanteilspläne, die im Zentrum die Ausbreitung der Arbeitsplätze durch Vorschriften über Mindestwohnflächen behindern. Zum Stichwort «besser planen» würde auch gehören, endlich die weitere Zunahme von Einkaufszentren auf der grünen Wiese zu stoppen. Möglichkeiten dazu sind vorhanden oder können geschaffen werden, es fehlt aber mancherorts am politischen Willen dazu.

Es ist anzunehmen, dass die Raumplanung mit ihrem Zonensystem nicht unschuldig ist an der *räumlichen Funktionstrennung* der letzten 40 Jahre. Die Bezeichnung von Wohnzonen, Gewerbe- und Industriezonen, Kernzonen usw. ruft ja geradezu eine Entwicklung in Richtung auf monofunktionale Ghettos hervor. Es ist deshalb das Anliegen jenes Projektes im Rahmen des NFP «Boden», das unser Büro bearbeitet, ein neues Zonierungssystem zu entwickeln, das auf eine *bessere Durchmischung der verschiedenen, sich ergänzenden Funktionen* hin ausgerichtet ist.

Nun zur Forderung, die *Planung besser zu realisieren.* Ich habe schon darauf hingewiesen, dass der Raumplanung die wirksamen Mittel fehlen, die von ihr aufgestellte räumliche Nutzungsordnung auch der Verwirklichung zuzuführen. Dies gilt in besonderem Masse für das Erfordernis, *eingezontes Bauland der Überbauung zuzuführen* und nicht als Wertschriftenersatz dahinvegetieren zu lassen. Da das Problem nicht neu ist, wurden schon verschiedene Theorien und Rezepte entwickelt und ausprobiert. Unter den folgenden Möglichkeiten der Verflüssigung des Baulandmarktes gibt es mehr oder weniger erfolgversprechende:

- *Grössere Bauzonen:* Praktische Erfahrungen haben gezeigt, dass diese Massnahme ohne jede Wirkung ist.
- *Erschliessung der Bauzone* (durch die Gemeinde): Dies ist eine Lieblingsidee in unserem Land; sie wird besonders von Bern propagiert und im Wohnbau- und Eigentumsförderungsgesetz (WEG) und im Raumplanungsgesetz (RPG) sogar gesetzlich vorgeschrieben. Sie bleibt leider deshalb vollkommen theoretisch, weil kein Gemeinderat hingeht und gegen den Willen des Grundeigentümers dessen Parzelle erschliesst.
- *Landumlegung:* Es handelt sich dabei um ein Verfahren, das von einer Behörde wegen seiner Kompliziertheit alles andere als gerne in Angriff

genommen und entsprechend selten angewendet wird. Zudem eignet es sich schlecht für grossräumige Umlegungen (Entflechtung über die Bauzonengrenze hinweg), weil bei jeder Umlegung der Grundsatz zu beachten ist, jedem seine Parzelle möglichst am gleichen Ort, wo man sie ihm weggenommen hat, wiederzugeben.

- *Besteuerung des eingezonten Baulandes nach Verkehrswert bzw. nach den raumplanerischen Nutzungsmöglichkeiten:* Diese Massnahme könnte höchst wirkungsvoll sein. Die Dänen beispielsweise verfolgen eine konsequent auf die Ziele der Raumordnung ausgerichtete Steuerpolitik, die sich sehr günstig auf den Bodenmarkt und auf die Realisierung der Planung ausgewirkt hat – Probleme wie Bodenhortung und Bodenspekulation sind in Dänemark kaum bekannt. Leider fehlt hier die Zeit, dieses System näher zu beleuchten. Bei uns haben verschiedene Kantone mit der Verkehrswertbesteuerung der Bauzone gute Erfahrungen gemacht. Sie hatte in der Regel zur Folge, dass nicht überbauungswillige Grundeigentümer um Auszonung ihrer Grundstücke ersuchten. Der Nachteil dieser Lösung ist der, dass entsprechende gesetzliche Änderungen nicht in allen Kantonen über die politische Bühne zu bringen sind.
- *Aktive Bodenpolitik des Gemeinwesens:* Es handelt sich dabei um die zurzeit wohl am leichtesten zu realisierende Möglichkeit mit einer recht guten Wirkung. Wenn die Gemeinde mit eigenem Grundbesitz in den Markt eingreift, kann sie mit Leichtigkeit die meisten der sonst für die Raumplanung fast unüberwindbaren Probleme lösen.
- *Mehrwertabschöpfung im Zeitpunkt der Entstehung des Mehrwertes:* Eine sehr wirksame Massnahme, die in unserem Lande aber offenbar vollkommen ausserhalb der politischen Realisierbarkeit liegt.
- *Zonenenteignung:* Sie war im ersten, abgelehnten Entwurf des Raumplanungsgesetzes (RPG) enthalten. Obwohl diese Massnahme heute wieder vielfach gefordert wird, glauben nur wenige an ihre Renaissance.
- *Baupflicht:* Diese Lösung ist im Kanton Appenzell Innerrhoden eingeführt worden und findet nun auch Interesse im Ausland. Jede Einteilung in die Bauzone bedeutet gleichzeitig eine öffentlich-rechtliche Verpflichtung zur Überbauung oder zur Freigabe des Landes innert einer bestimmten Frist. Wird diese Verpflichtung nicht eingehalten, so gilt die betreffende Parzelle als von Gesetzes wegen ausgezont. Diese Bestimmung ist jedoch noch jung, so dass noch keine Erfahrungen damit vorliegen.

III. Mit weniger Boden mehr Nutzen schaffen

Unter dieses Thema fällt heute vor allem das überall gegenwärtige Schlagwort des *Verdichtens.* Wenn ich hier von Schlagwort rede, dann deshalb, weil mit dem Wort «Verdichtung» oft zu grosse Hoffnungen verknüpft werden. Doch zuerst zu den Möglichkeiten, dann zu den Grenzen der Verdichtung:

Eine Verdichtung ist in gewissen Bereichen der baulichen Nutzung sicher erwünscht und im Zusammenhang mit einer haushälterischen Nutzung des Bodens auch notwendig. Von einer weiteren «Verdichtung» im Bereiche der landwirtschaftlichen Nutzung darf dagegen sicher nicht die Rede sein. Bei der baulichen Nutzung ist sowohl im Wohn- wie auch im gewerblichen Bereich eine dichtere Bauweise anzustreben. Das grösste Potential könnte meines Erachtens *im gewerblich-industriellen Bereich* liegen, wo je länger je mehr die eingeschossige Bauweise überwiegt und wegen rationeller Betriebsabläufe sehr flächenintensiv gebaut wird. Als Beispiel diene die neue BMW-Fabrik in Regensburg, die eine Fläche von 150 ha beansprucht und auf dieser Fläche nur gerade 400 Arbeitsplätze anbietet. Die Stadt Regensburg zählt 22 000 Einwohner und bedeckt eine Fläche von 100 ha! Eine Verdichtung im gewerblich-industriellen Bereich lässt sich allerdings nur durchsetzen, wenn wir in der Raumplanung dazu übergehen, auch Mindestvorschriften aufzustellen, z.B. bezüglich Geschosszahl oder Ausnützung. Das gleiche gilt selbstverständlich auch für die *Verdichtung im Wohnbereich,* die ohne Mindestvorschriften ebenfalls kaum durchzusetzen ist. Als Beispiele seien zahlreiche Fälle erwähnt, wo in 4-geschossigen Wohnzonen Einfamilienhäuser erstellt wurden, manchmal sogar in recht zentralen Lagen. Als Erschwerung kommt zusätzlich noch hinzu, dass für einen verdichteten Wohnungsbau oft auch die Träger fehlen. Die Bildung von Trägerschaften, z.B. für Reiheneinfamilienhäuser (Genossenschaften), erfordert in der Regel einen beträchtlichen Aufwand und eine überdurchschnittliche Konsensfähigkeit. Häufig wird eingewendet, dass die Bauvorschriften einer verdichteten Bauweise entgegenstünden. Das mag in vielen Fällen zutreffen; es ist jedoch darauf hinzuweisen, dass die meisten Kantone ein Instrument kennen, mit dem die Regelbauvorschriften durch dem erwünschten Projekt angepasste Sonderbauvorschriften ersetzt werden können. Diese Instrumente heissen je nach Kanton Gestaltungsplan, Quartierplan oder Arealüberbauungsplan. Sie gestatten in der Regel auch die Anpassung der Ausnützung an die Erfordernisse. Der Einwand, das Quartierplanverfahren sei zu zeitaufwendig, trifft nur für gewisse Kantone zu. Dort wären jedoch dringend Vereinfachungen im Verfahren einzuführen.

Nun noch einige Bemerkungen zu den *Grenzen der Verdichtung,* insbesondere im Wohnungsbau: Bereits in den Beiträgen von R. Häberli und S. Losch wurde darauf hingewiesen, dass der flächensparende Effekt mit steigender Ausnützung immer kleiner wird. Zudem ergeben sich deutliche Grenzen für den Wohnungsbau durch den Anspruch nach Wohnlichkeit und durch ökologische Anliegen. Eine weitere Grenze ergibt sich durch das qualitative Vermögen der Architekten. Es besteht kein Zweifel, dass eine dichtere Bauweise grössere Anforderungen an den Architekten stellt als eine weniger dichte. Und diesen grösseren Anforderungen sind längst nicht alle, die sich Architekt nennen, gewachsen.

Insgesamt wird man meiner Meinung nach die verdichtete Bauweise weiterhin fördern müssen; man sollte sich aber nicht der Illusion hingeben, dass damit in bedeutendem Umfang Baufläche eingespart werden könne.

Zusammenfassung

Nach einigen einleitenden Vorbemerkungen habe ich darauf hingewiesen, dass «Bodensparen» mit «optimal nutzen» gleichgesetzt werden kann und dass zur Optimierung der Nutzung das Korrektiv der vom Staat aufgestellten Raumordnung beigezogen werden muss. Ich bin dann auf vier Wesensmerkmale der heutigen Raumplanung eingegangen, die mit dazu beitragen, dass die Raumplanung die an sie gestellten Ansprüche nicht voll erfüllen kann:

- Raumplanung als Verbotsplanung
- Raumplanung als Eingriff in die Grundfreiheiten
- Raumplanung als Bausteuerungsverfahren
- Raumplanung als Bewahrer finanzieller Werte.

Ich habe dann die raumplanerischen Instrumente erörtert, die zu einem sorgsameren Umgang mit unserem Boden beitragen können. Sie seien hier in tabellarischer Form nochmals zusammengefasst.

Instrumente für einen sorgsameren Umgang mit dem Boden

Verzicht auf Konsum

normative Raumplanung:	keine Vergrösserung der Bauzonenfläche
nachvollziehende Raumplanung:	keine Bewilligung für Anlagen des Wahl- oder Luxusbedarfs ausserhalb der Bauzone
	keine Einzonungen mehr für neuauftretende Bedürfnisse

Räumlich bessere Verteilung der Nutzungen

Verhinderung weiterer Entmischungsvorgänge durch:

- Aufwertung der übergeordneten Planung
- neues, mischungsförderndes Zonierungssystem

konsequente, auf die Ziele der Raumordnung ausgerichtete Steuerpolitik

aktive Bodenpolitik der öffentlichen Hand

Baupflicht (evtl. Zonenenteignung)

Mehr Nutzen auf weniger Boden

Minimalvorschriften für Ausnützung und Geschosszahl

Verfahrenserleichterungen für Sonderbauvorschriften

JOSEPH DEISS

Der Bodenmarkt im Siedlungsgebiet

Einleitung

Die ökonomische Auseinandersetzung mit dem Bodenmarkt geht bis auf die Anfänge der Wirtschaftswissenschaften zurück. Schon im 17. und 18. Jahrhundert besteht eine bedeutende Literatur zur Frage der Grundrente. Die Physiokraten wie die Klassiker befassten sich jedoch ausschliesslich mit der Grundrente im Bereich der landwirtschaftlichen Nutzung des Bodens (Guigou J.-L., 1982).

Durch die Neoklassiker wird ein breiterer Horizont eröffnet und der Einbezug nichtlandwirtschaftlicher Verwendungen ermöglicht. Durch das sehr restriktive Modell der vollkommenen Konkurrenz und die Verschmelzung der Grundrente in der allgemeinen Wert- und Preistheorie kommt es vorerst aber noch zu keiner spezifischen Auslegung der Verhältnisse am Bodenmarkt.

Erst im 20. Jahrhundert betrachten die Theoretiker den Bodenmarkt als System unvollkommener Konkurrenz. Mangelnde Transparenz, Distanz und Immobilität, Heterogenität, staatliche Eingriffe und oligopolistische Verhältnisse werden auf ihren Einfluss bei der Preisbildung untersucht. Auf diese Weise werden mit der Zeit auch die Unterschiede zwischen Landwirtschaftszone und Siedlungsgebiet hervorgehoben.

Die Aufgabe der hier vorliegenden Arbeit besteht darin, die besondere Beachtung des Siedlungsgebietes in der Bodenmarkttheorie zu erörtern. Die Fragestellung lautet somit: Gibt es eigens für den Bodenmarkt im Siedlungsgebiet entwickelte Preistheorien, oder wie lassen sich die herkömmlichen Lehren auf das Siedlungsgebiet übertragen? Die Synthese dieser Darstellungen soll Erkenntnisse für die Beschreibung und Untersuchung des schweizerischen Bodenmarktes im Siedlungsgebiet liefern.

1. Die Entstehung der Theorien des Bodenmarktes im Siedlungsgebiet

Die modernen Theorien des Bodenmarktes im Siedlungsgebiet haben mindestens 4 Vorläufer. Im 19. Jahrhundert wird aber dem Bauland keine besondere Bedeutung beigemessen; erst im frühen 20. Jahrhundert kommt es in den USA und in Frankreich zu ersten Ansätzen eigentlicher Theorien des Bodenmarktes im Siedlungsgebiet.

I. Die klassische Grundrente als Eigenart der Landwirtschaft

Die Klassiker behandeln die Grundrente immer im Zusammenhang mit der landwirtschaftlichen Nutzung des Bodens. Die fruchtbarsten Grundstücke werden zuerst genutzt, die weniger ertragreichen erst bei zunehmender Nachfrage. Die Bodenrente entspricht dem Produktivitätsgefälle.

Die zu beantwortende Frage liegt hauptsächlich im kausalen Zusammenhang zwischen den Güterpreisen und der Grundrente. Mit der Behauptung «corn is not high because a rent is paid, but a rent is paid because corn is high» lässt sich die Herleitung des Bodenpreises durch das Prinzip der Differentialrente zusammenfassen. Die Rente ist preisbestimmt, nicht aber preisbestimmend. Somit ist es möglich, in Kenntnis der Grundrente den Ertragswert des Bodens, d.h. seinen Preis zu ermitteln (Popp, Schwarzenbach, Kälin, 1986, S. 4).

Die Rente auf dem zuletzt miteinbezogenen Landstück – und somit auch sein Ertragswert – sind immer gleich Null. Ricardo hat aber die Wichtigkeit des Standortes bei der Bestimmung der Grundrente nicht missachtet, und seine Lehre kann als Vorläuferin der standortbedingten Differentialrente von Thünen's (1826) betrachtet werden (Granelle, 1970, S. 11; Darin-Drabkin, 1977, S. 141; Alonso, 1970, S. 3).

Auch wenn sich die Klassiker (Smith, Ricardo) auf die landwirtschaftliche Nutzung des Bodens konzentrieren, machen einige Autoren bereits auf die anderen Verwendungsarten aufmerksam. So z.B. S. Mill (Granelle, 1970, S. 11), für welchen der Boden nicht nur als Kulturland, sondern auch als Standort eine Bedeutung hat. Für ihn gibt es unter diversen Standorten dieselben Unterschiede wie bei der Fruchtbarkeit, und die kommerzielle Produktivität der Grundstücke ist somit auch dem Prinzip der Differentialrente unterworfen.

Interessant bei den Klassikern ist hauptsächlich die Erarbeitung des Konzeptes der Differentialrente, welche die Verbindung zur Grenzwerttheorie der Neoklassiker herstellt. Laut Pasinetti (1977, S. 27) unterscheidet Ricardo zwei Arten von Renten: die Fruchtbarkeitsrente («extensive rent»), welche durch die zusätzliche Bebauung immer weniger fruchtbaren Bodens entsteht und mit dem Ertragsgesetz nicht unmittelbar zusammenhängt; und die Intensitätsrente («intensive rent»), welche auf die Anwendung zunehmender Mengen von Arbeit und Kapital auf dem gleichen Grundstück zurückgeht, und somit direkt zum Ertragsgesetz und zum Begriff des Grenzertrages führt.

II. Die Neoklassiker und die Verschmelzung der Grundrente in der allgemeinen Preistheorie

Ab 1870 wird die fortan dominierende Schule der Marginalisten eine Kehrtwende – im Vergleich zur Klassik – einleiten. Für die österreichische Schule (C. Menger, F. von Wieser und E. von Böhm-Bawerk, siehe auch Granelle, 1970, S. 12) bildet der Nutzen die Grundlage eines jeden Güterwertes.

1. Die Vernachlässigung der Produktionstheorie

Die Analyse des rationalen Verhaltens des Konsumenten führt zu einem reinen Tauschmodell. Dieses wurde später auf die Analyse des Produktionsprozesses ausgedehnt. Dies jedoch unter der Annahme, die für das Konsumentenverhalten und das Tauschmodell entwickelten Instrumente seien analog auf diesen Bereich anwendbar. So werden der Grenznutzen zum Grenzertrag, die Gütersubstitution zur Substitution der Produktionsfaktoren und die Güterpreise zu Faktorpreisen (Lohn, Gewinn, Rente).

Knut Wicksell hat eine derartige Erweiterung des Tauschmodelles entwickelt. Bezieht man sich auf die Hypothesen homogener Produktionsfunktionen ersten Grades – und der vollkommenen Konkurrenz –, so wird das gesamte Einkommen (Produktion) im Verhältnis der Grenzproduktivitäten auf die beiden Produktionsfaktoren verteilt. Als wichtige Wandlung gilt nicht nur die enge Anlehnung an die Nutzenlehre, sondern auch die Zubilligung einer eigenen Produktivität des Bodens; die Rente entspricht somit dem eigentlichen Einkommen des Bodens. Analog zu den anderen Faktoreinkommen beruht dieser Beitrag zur Wertschöpfung auf dem Nutzen und der Knappheit des Bodens.

2. Die Verallgemeinerung der Marktanalyse

Die Faktormärkte werden nicht eigens untersucht, sondern dem gleichen Schema wie die übrigen Gütermärkte unterstellt (Granelle, 1970, S. 9; Guigou, 1982, S. 411). Die Grundlage bildet die allgemeine Preistheorie, welche sich zu einer Theorie der Preisbildung auf den Faktormärkten entwickeln lässt. Zwei wichtige Eigenarten sind hier hervorzuheben:

- in einer ersten Phase gehen diese Preisbildungsmechanismen vom Modell der vollkommenen Konkurrenz aus, welches zahlreiche strenge Prämissen voraussetzt;
- als zweite wichtige Entwicklung ist die Beschreibung des Bedarfs an Produktionsfaktoren als abgeleitete Nachfrage zu erwähnen. So will z.B. Marshall (1909, S. 107) zeigen, inwiefern der Wert einer Parzelle oder irgendeines anderen Produktionsfaktors vom Wert der mit seiner Hilfe produzierten Güter abhängig ist.

Trotz diesen Verallgemeinerungen wäre es ein Irrtum zu glauben, die Neoklassiker hätten das Bodenproblem gänzlich übergangen. Laut W. Alonso (1970, S. 5) umfasst Marshall's Theorie bereits die wichtigsten Bestandteile der heutigen Lehre.

Als besonderer Fortschritt gegenüber den Klassikern ist hervorzuheben, dass sich die Neoklassiker nicht mehr ausschliesslich auf die landwirtschaftliche Nutzung des Bodens beschränken. Für sie ist – grundsätzlich – die Theorie der Rente für das Bauland wie für den landwirtschaftlichen Boden dieselbe. Im Grunde genommen sind weder die Art noch die physische Menge der produzierten Güter von Bedeutung. Was zählt, ist der erwirtschaftete Tauschwert.

Gleichzeitig wird die universale Standortfunktion des Bodens in den Vordergrund gestellt. Dies führt direkt zu den Transportkosten; denn der Standort bestimmt die Entfernung im Verhältnis zu den anderen Gütern und Personen. Marshall, welcher eine Synthese der neoklassischen Lehre in diesem Bereich anbietet, befasst sich hauptsächlich mit den konkurrierenden Bodennutzungen und zeigt, wie deren Intensität vom Bodenpreis beeinflusst wird. Er denkt dabei, nebst den landwirtschaftlichen Verwendungen, hauptsächlich an die Industrie und den Handel. Der Einsatz des Bodens für Wohnzwecke wird hingegen nicht berührt.

III. Die amerikanische Schule des Bodenwertes im Siedlungsgebiet

Nach 1900 wird die Theorie des Bodenwertes hauptsächlich in den Vereinigten Staaten weiterentwickelt. Es kommt nicht nur zu einer eigentlichen Bodenökonomie («Land Economics» oder «Urban Land Economics»: siehe Hurd, R.M., 1903; Alonso, W., 1970, S. 5ff; Granelle, J.-J., 1970, S. 16ff), sondern es wird fortan dem Boden im Siedlungsgebiet das Hauptaugenmerk gewidmet («Theory of Urban Land Values», Alonso, W., S. 5).

R.M. Hurd (1903), erarbeitet zu Beginn dieses Jahrhunderts eine Theorie, welche sehr stark jener von Thünen's gleicht (Alonso, W., 1979, S. 5; Darin-Drabkin, 1977, S. 141). Sein Hauptgedanke lautet wie folgt: Durch das Wachstum einer Stadt werden laufend weiter vom Zentrum entfernte und weniger günstige Grundstücke (second-class land) verwendet. Für die zentralen Lagen (first-class land) entsteht dadurch eine Lagerente. Bei andauernder Verstädterung nimmt die Rente der Erstklass-Standorte zu, während nun auch Zweit- und Drittklass-Lagen in den Genuss einer Rente gelangen. Man beobachtet deshalb ein hierarchisch gegliedertes Rentensystem.

Da der Bodenwert von der Rente, die Rente von den Standortvorteilen und letztere von der Zentralität abhängen, kommt Hurd zum Schluss, dass der Bodenwert von der Zentralität bestimmt werde. Er betrachtet z. B. den Ausbau des Transportwesens als ein Mittel, um die Bodenpreise generell zu senken und neue Grundstücke für die Besiedlung zu erschliessen.

Ab 1920 erfahren die «Land Economics» (Bodenökonomie) eine bedeutende Entwicklung. Was das Siedlungsgebiet anbetrifft, dürfte hauptsächlich R. M. Haig (1926) eine wichtige Rolle gespielt haben. Auf Marshall und Hurd zurückgreifend, stellt er den Zusammenhang zwischen der Rente und den Transportkosten in den Vordergrund (Alonso, 1970, S. 6). Das Verkehrswesen hat zum Zweck, die Friktionen des Raumes («friction of space») zu überwinden. Die Rente ist in seinen Augen ein Aufpreis, welchen der Besitzer eines gut erreichbaren Grundstückes, aufgrund der möglichen Transportersparnisse, verlangen kann.

Die Originalität dieser Betrachtungsweise liegt in der Komplementarität zwischen Rente und Transportkosten. Miete und Transportkosten stellen die Restfriktionen dar, und ein Ortsbild gestaltet sich grundsätzlich nach dem Prinzip der Minimierung der Friktionen. Somit sind Grundstücke im Zentrum teurer als jene an der Peripherie.

Die Bedeutung der amerikanischen Schule des Bodenwertes im Siedlungsgebiet wird unterschiedlich eingestuft. Laut Derycke (1979, S. 332) befindet sich diese Bewegung halbwegs zwischen einer Fortsetzung der Analyse Marshall's und ihrer Anpassung an die Wirklichkeit (empirische Anwendungen).

IV. Die Erklärung des Bodenmarktes durch psycho-soziologische Faktoren

Parallel zur Entwicklung der «Land Economics» wird sich ab 1900 in Frankreich eine ganz andere Erklärung des Bodenwertes im Siedlungsgebiet entwickeln. Diese – insbesondere durch M. Halbwachs (1909) verbreitete – Theorie bezieht sich auf psychologische und soziologische Faktoren. Für diese Schule ist der Bodenwert hauptsächlich eine Meinungssache und hängt nicht vom unmittelbaren Ertrag ab, sondern entwickelt sich gleichzeitig mit den Zukunftsaussichten.

Der Ausgangspunkt für seine subjektive Bodenpreistheorie beruht auf der Feststellung, dass ein Grundstück durch seine Lage in einem bestimmten Quartier und durch seine Umgebung seinen Wert erhält (Granelle, J.-J.,

1970, S. 20). Der Bodenwert wird hauptsächlich zu einer Meinungssache. Die individuellen Käufer und Verkäufer vergleichen nicht den unmittelbaren inneren Nutzen der Grundstücke, sondern die Erwartungen, welche aus den Ansichten einer breiten Schicht hervorgehen.

Die öffentliche Meinung hat für jedes Quartier eine Wertvorstellung und löst auf diese Art die Bodenspekulation aus (Granelle, J.-J., 1970, S. 21).

Die Originalität der Arbeiten von Halbwachs liegt im Versuch, erstmals sozio-psychologische Elemente in die Bodenpreistheorie einzubauen. Weiter bieten sie auch Ansätze zur Integration empirischer Feststellungen in den Erklärungsversuch der Theorie.

Insgesamt zeigt die Analyse der Vorläufer moderner Bodenpreistheorien, dass vor dem 20. Jahrhundert die Ansätze betreffend das Siedlungsgebiet recht spärlich sind. Erst im frühen 20. Jahrhundert wird der nichtlandwirtschaftlichen Bodennutzung Beachtung geschenkt. Vier wichtige Ansätze, nämlich jene der engen Beziehung zwischen Rente und Bodenpreis, der neoklassischen Marktanalyse, der Minimierung der Transportkosten (Friktionskosten) und der nichtökonomischen Einflussfaktoren, werden bereits zu dieser Zeit untersucht und bilden eine wichtige Grundlage der modernen Bodenpreistheorien.

2. Die modernen Theorien und Modelle des Bodenmarktes im Siedlungsgebiet

In diesem zweiten Teil sollen die neueren Theorien und Modelle des Bodenmarktes im Siedlungsgebiet untersucht werden. In vielen Fällen handelt es sich um Weiterentwicklungen der Lehren des 19. oder des frühen 20. Jahrhunderts.

Ohne Zweifel bildet das neoklassische Modell der vollkommenen Konkurrenz die hauptsächliche Grundlage der heutigen Untersuchungen betreffend den Bodenmarkt. Auch die vorliegende Arbeit bedient sich dieser Ausgangsbasis.

I. Die Betonung der Unvollkommenheiten des Bodenmarktes

Sicher haben die in der Zwischenkriegszeit von E. Chamberlin (1933) und J. Robinson (1933) entwickelten Theorien der unvollkommenen Konkurrenz auch im Bereich der Bodenmarktanalyse eine stimulierende Rolle gespielt. In diesem Sinne versuchen mehrere Autoren, von den Hypothesen der vollkommenen Konkurrenz abzukommen und die für den Bodenmarkt typischen Unvollkommenheiten in die Analyse einzubauen.

1. Die Langlebigkeit der Investitionen (R. Turvey, 1957)

Mit seinen «Economics of Real Property» liefert R. Turvey eine vorerst neoklassisch ausgerichtete Analyse des Bodenmarktes; wobei er versucht, einige Eigenarten, die durch Marktunvollkommenheiten verursacht werden, hervorzuheben.

Das reibungslose Marktgeschehen wird aber durch Unvollkommenheiten gestört; die Information der Marktteilnehmer ist üblicherweise nicht vollkommen; die zukünftigen Einkommen können meistens nicht mit Genauigkeit geschätzt werden; die Bauvorschriften verursachen Unsicherheiten; und die gehandelten Objekte stellen nur eine kleine Minderheit der vorhandenen Grundstücke dar.

Das Hauptargument Turvey's liegt beim unvollkommenen Anpassungsprozess. Die Zähflüssigkeit des Marktgeschehens im Siedlungsgebiet erklärt sich durch die Langlebigkeit der auf den Grundstücken getätigten Investitionen. Wäre die Lebensdauer der Bauten sehr kurz, so könnte die Bodennutzung ständig der Gleichgewichtslösung angepasst werden. Da diese Fluidität jedoch nicht gewährleistet ist, kommt eine eigentliche Gleichgewichtsstellung des Marktes nicht zustande.

2. Die Bedeutung der Transportkosten (R.U. Ratcliff, 1949, 1961)

Ähnlich wie Turvey nimmt auch Ratcliff eine Verfeinerung der Beschreibung der Marktgegebenheiten vor. Er übernimmt unter anderem den Gedanken Haig's von der Minimierung der Friktionskosten, um zu zeigen, wie der Mechanismus des Bodenmarktes im Siedlungsgebiet die effizienteste Bodennutzung gewährleistet. Auch er wird aber nicht bis zu einem eigentlichen Modell vordringen.

Der Bodenwert ist hauptsächlich von drei Faktoren abhängig: von physischen, standortmässigen und reglementarischen. Bei den physischen Gegebenheiten fällt in erster Linie die totale Immobilität auf, welche einen Ausgleich lokaler Engpässe ausschliesst und den Anlass zum Transportproblem bildet. Weiter wird auch auf die Unzerstörbarkeit des Bodens sowie auf das unbegrenzte Angebot an Bauland hingewiesen. Diese letzte Eigenschaft erklärt sich dadurch, dass mittels Erschliessungskosten landwirtschaftliches Land beliebig ins Siedlungsgebiet einbezogen werden kann.

Das Hauptgewicht kommt aber den standortbezogenen Faktoren zu; diese bilden den Kern des Bodenwertes und entsprechen den Friktionskosten (Haig, 1926). Dabei handelt es sich sowohl um positive wie um negative Eigenschaften – materieller oder prestigegebundener Art – eines Grundstückes. Ratcliff übernimmt gewissermassen die Lehre der Komplementarität zwischen Bodenwert und Transportkosten, wie sie von Haig vertreten wurde.

Ratcliff's wichtigste Folgerung, die auch zu den umstrittensten gehört, bezieht sich auf den Einfluss der Verbesserungen im Transportwesen. Die schon von Ely (1924), Haig (1926) und Doran (1928) aufgestellte These lautet: Fortschritte und Kosteneinsparungen im Transportwesen führen zu einer Reduktion der Friktionen und, ceteris paribus, zu einer Senkung der Summe aller Bodenrenten. Zwar schliesst Ratcliff für die unmittelbar von einem neuen Transportmittel oder -weg betroffenen Grundstücke eine Erhöhung des Bodenpreises nicht aus; insgesamt aber sollten die Kosten- und somit auch die Preissenkungen aller anderen Grundstücke überwiegen.

3. Die monopolistische Konkurrenz (P.F. Wendt, 1956)

Wendt beginnt seine Ausführungen mit Angriffen gegen die von Haig und Ratcliff entwickelte Transporttheorie. Seines Erachtens ist der Bodenmarkt im Siedlungsgebiet viel differenzierter, als dass alles auf Transportkostenvorteile reduziert werden könnte. Die Substitution von Grundstücken ist nicht immer möglich, denn es spielen auch noch andere Faktoren, wie etwa die Umwelt, oder Eigenarten der Lage mit. Es handelt sich somit vielmehr um einen Fall monopolistischer Konkurrenz.

In diesem Zusammenhang setzt sich Wendt insbesondere mit den Folgerungen Ratcliff's und seiner Vorgänger (Haig, Ely, Dorau) auseinander. Eine Verbesserung des Transportwesens, welche angeblich eine Vermehrung des Angebotes an Bauland nach sich zieht, kann nicht zu einer Senkung des globalen Bodenwertes innerhalb einer Siedlung führen. Die Vertreter der Schule des Bodenwertes vernachlässigen die Nachfrageseite und konzentrieren sich ausschliesslich auf die Angebotsseite.

Laut Ratcliff ist die Erreichbarkeit des Zentrums das Hauptargument, welches die Standortbestimmung in den Städten beeinflusst. In Wirklichkeit berücksichtigen – laut Wendt – die Haushalte und die Unternehmen nicht nur die Distanz und die Transportkosten bis zum Zentrum, sondern auch noch zahlreiche andere Faktoren. Der Bodenwert hängt von den Diensten, welche das Grundstück erweisen kann, ab. Deshalb sind die verschiedenen Grundstücke unterschiedlicher Lage nicht unbedingt in Konkurrenz. Die Substitution ist nicht immer möglich, und die Rente ist nicht nur von Transportkostenunterschieden abhängig.

Auf dem Bodenmarkt im Siedlungsgebiet findet man deshalb die Bedingungen monopolistischer Konkurrenz im Sinne Chamberlin's vor, und nicht etwa jene der vollkommenen Konkurrenz. Jeder Grundstückbesitzer geniesst, bezüglich seines Standortes, eine Monopolstellung. Die Bodenrente im Siedlungsgebiet ist demzufolge von ganz anderer Natur als jene im

Landwirtschaftsbereich. Im Vergleich zur amerikanischen Schule des Bodenwertes, welche nur einige wenige Faktoren – Zentralität und Transportkosten – berücksichtigt, will Wendt mit seinem Modell noch zahlreiche andere – insbesondere jene, die in die Nachfrage einfliessen – mit einbeziehen.

Interessant ist auch der Streit um die Bedeutung des Automobils. Während – laut Wendt – die Motorisierung mehr Kaufkraft in die Stadtzentren bringt, verbleibt Ratcliff bei der entgegengesetzten Meinung eines bodenpreissenkenden Einflusses der Motorisierung und einer Entwertung der Zentren.

II. Die Gleichgewichtsmodelle bei konkurrenziellen Marktverhältnissen

In den 60er Jahren entwickeln zwei amerikanische Autoren, unabhängig voneinander, ähnliche Modelle neoklassischer Prägung.

1. Die Komplementarität zwischen Transportkosten und Miete (L. Wingo, 1961)

Wingo (siehe auch Bridel, 1973, S. 91–92; Darin-Drabkin, 1977, S. 151–153; Derycke, 1973, S. 335–338; Granelle, 1970, S. 67–68; Lemercinier, 1974, S. 27–30) vertritt die Auffassung, der Bodenmarkt werde im Siedlungsgebiet durch die städtischen Verkehrsbedingungen gesteuert; er schenkt deshalb den Transportkosten besondere Aufmerksamkeit.

Wingo nimmt an, dass jeder einzelne seine Einkommensmaximierung anstrebt und versucht, einen dem Arbeitsplatz möglichst naheliegenden Wohnort zu finden. Auf diese Weise werden die negativen Konsequenzen der Transportkosten minimiert. Unter der Hypothese einer Konzentration der Arbeitsplätze im Stadtzentrum entfacht sich die Konkurrenz um die zentral-situierten Wohngelegenheiten. Die Einkommenshierarchie verweist nach und nach jeden Teilnehmer auf seinen Standort und bestimmt so die Bodenwerte und die Wohndichte in einer Agglomeration.

Als einer der ersten setzt sich Wingo mit der Zusammensetzung der Transportaufwendungen auseinander. Diese umfassen sowohl die direkten Geldausgaben als auch die auf dem Transportweg verbrachte Zeit. Die eigentlichen (monetären) Transportkosten beruhen auf der täglich zurückgelegten Distanz und der Anzahl Hin- und Rückfahrten. Die Zeit wird, aufgrund des Grenzwertes der Freizeit, in monetäre Beträge umgerechnet.

Wingo arbeitet sodann unter der Annahme, der einzelne würde, unabhängig von seinem Standort, einen festen Betrag für die Summe der Transport- und Mietkosten einsetzen. Diese beiden Ausgabenposten sind deshalb für den einzelnen komplementär. Der maximale Wert, den eine

Person für diesen Zweck vorzusehen bereit ist, entspricht den Transportkosten von der Siedlungsgrenze – wo der Bodenpreis gleich Null ist – bis ins Stadtzentrum.

Diese Komplementarität der Transportkosten und des Bodenpreises geht eigentlich bis auf Haig (1926) zurück. Im Gegensatz zu anderen Autoren (siehe z.B. Alonso) sieht Wingo keine Arbitragemöglichkeit zwischen Parzellenfläche und Distanz. Daraus ergibt sich, dass die Wohndichte mit zunehmendem Bodenpreis steigt; sie ist im Zentrum höher als in den Randgebieten.

Wie Ratcliff kommt auch Wingo zum Schluss, dass ein Sinken der Transportkosten zu einem Abfallen der Bodenpreise, aber auch zu einer Ausweitung der Siedlungsgrenzen führt. Wingo's Verdienst besteht sicher darin, als einer der ersten versucht zu haben, die Transportkosten in ein Modell der Bodenpreisbildung im Siedlungsgebiet einzubauen.

Als Kritik wird ihm meistens entgegengehalten, nur die Wohnzwecke zu berücksichtigen und die Transportnachfrage hauptsächlich auf die Pendlerbewegungen zwischen Wohnort und Arbeitsplatz zurückzuführen. Weiter ist sein Vorgehen zu einseitig, und er berücksichtigt – ausser den Transportkosten – keine anderen (z.B. sozio-ökonomische) Faktoren. Und schliesslich ist seine Annahme der konstanten Miet- und Transportausgaben, welche ein sehr unwahrscheinliches Konsumentenverhalten voraussetzt, nie getestet worden.

2. Die Indifferenzkurvenanalyse und das Marktgleichgewicht (W. Alonso, 1970)

Das von W. Alonso entwickelte Modell ist zwar allgemeiner als jenes von Wingo, beruht aber auch – mit Ausnahme der Transportkosten und der Parzellengrösse – auf den Hypothesen der vollkommenen Konkurrenz und des rationalen Konsumentenverhaltens. Es geht von der traditionellen Analyse des Gleichgewichtes von Konsument und Unternehmer, im Sinne der Substitutionstheorie, aus. Über das individuelle Gleichgewicht wird versucht, dasjenige des Marktes zu bestimmen.

Hauptziel des Autors ist die Erarbeitung eines Modells der Bodenpreisbildung im Siedlungsgebiet. Das Modell beruht auf folgenden vereinfachenden Annahmen: das Siedlungsgebiet befindet sich in einer merkmalslosen Ebene; das Bauland ist bereits erschlossen und von einheitlicher Qualität; es wird völlig frei gekauft und verkauft, wobei der Bodenpreis der Bodennutzung während eines bestimmten Zeitabschnittes entspricht; die vollkommene Markttransparenz ist gewährleistet, und die Marktteilnehmer streben nach der Optimierung ihres Nutzens.

Nebst dem Preis unterscheiden sich die Grundstücke nach ihrer Entfernung vom Stadtzentrum sowie nach ihrer Fläche. Ein besonderes Gewicht wird somit auf den Einfluss der Transportkosten und der Parzellengrössen gelegt. Alonso's Vorgehen kann in *zwei Etappen* gegliedert werden:

a) *Die Bestimmung des individuellen Gleichgewichtes* geht von der Indifferenzkurvenanalyse aus. Das Optimum des Konsumenten entspricht dem Tangenspunkt zwischen der Budgetbeschränkung und der Nutzenfunktion (Indifferenzfläche).

Beim individuellen Haushalt kann für die Wohnbedürfnisse das nutzenmaximierende Gleichgewicht mit Hilfe von Nachfragepreiskurven («residential bid price curves») ermittelt werden. Es handelt sich dabei um Indifferenzkurven, welche den Ort aller Bodenpreis-Entfernungskombinationen, die dem Individuum (i) den gleichen Nutzen bringen, darstellen (siehe Abb. 1). Es gibt für jedes Wohlstandsniveau (U_0, U_1, U_2 usw.) eine eigene Nachfragepreiskurve mit abnehmendem Verlauf. Diese Kurven haben keine Schnittpunkte und zeigen mit zunehmendem Abstand vom Achsenursprung einen sinkenden Lebensstandard an. Je steiler der Verlauf der Kurve, um so grösser die Abneigung des Individuums gegenüber dem Transport, und um so grösser seine Vorliebe für die Zentrumsnähe.

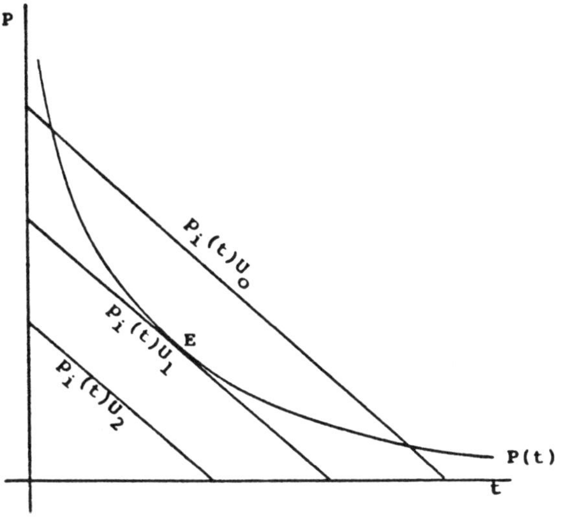

Abb. 1

Das optimale Gleichgewicht des Konsumenten entspricht dem Tangentialpunkt zwischen der Preisstrukturrelation P(t) und der tiefstgelegenen Nachfragepreiskurve $p_i(t)U_1$ (Punkt E). Die Steigungsfaktoren der Preisstrukturfunktion und der Nachfragepreisfunktionen haben in Punkt E die gleichen Werte.

Die ökonomische Bedeutung dieses Ergebnisses ist die folgende: Links von Punkt E ist die Grenzrate der Substitution zwischen Entfernung und anderen Konsumgütern höher als das Verhältnis der Grenzkosten, und der Haushalt kann seinen Nutzen vermehren, indem er sich vom Siedlungszentrum entfernt; rechts von Punkt E liegen die Verhältnisse umgekehrt, und der Nutzen kann durch Annäherung an das Zentrum vergrössert werden.

b) *Der zweite Schritt führt zur Bestimmung des Marktgleichgewichtes.* Dieses kann, im Falle des Bodens, nicht einfach über die Aggregate der individuellen Nachfrage- und Angebotsfunktionen gefunden werden. Zwar müssen – wie bei jedem Markt – beim Gleichgewicht Angebots- und Nachfragemengen sowie die Preise übereinstimmen. Bei jeder Transaktion sind jedoch zwei Güter – Boden und Entfernung – gegenwärtig, aber nur ein Preis zu bestimmen. Aus diesem Grund wird die Gleichgewichtsfindung komplizierter.

Der Bodenmarkt ist im Gleichgewicht, wenn für jeden Standort das Gleichgewicht zwischen Angebot und Nachfrage bestimmt ist. Diese Bedingung ist erfüllt, wenn kein Benützer seinen Gewinn oder seinen Nutzen durch eine Standortverlegung vergrössern, und kein Besitzer sein Einkommen durch eine Preisänderung erhöhen kann.

Unter der vereinfachenden Annahme linearer Nachfragepreiskurven weist ein derartiges Gleichgewicht zwei wichtige Eigenschaften auf: Er-

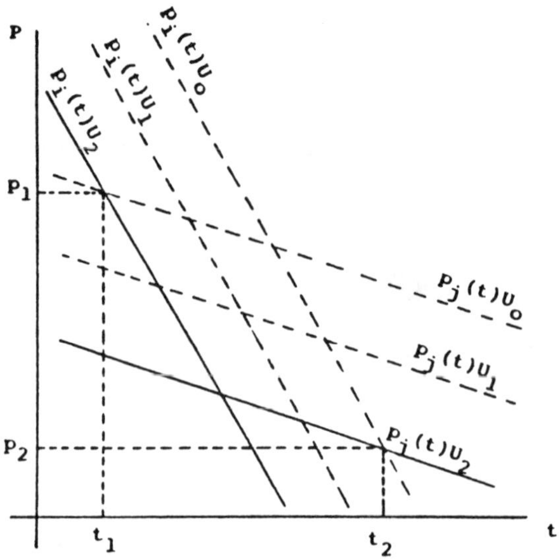

Abb. 2

stens lassen sich Benützer mit steileren Nachfragepreiskurven näher beim Zentrum nieder; diese Erkenntnis geht aus Abb. 2 hervor. Beschränkt man sich auf zwei Standorte t_1 und t_2 und auf zwei Benützer mit den Nachfragepreiskurven $p_i(t)U_2$ und $p_j(t)U_2$, so ergibt sich für den Benützer i der Standort t_1 und für den Benützer j der Standort t_2. Würden nämlich – bei gleichbleibenden Preisen P_1 und P_2 – die Standorte vertauscht, so würde jeder Teilnehmer eine Nutzen- oder Gewinneinbusse erleiden und in seiner Indifferenzskala auf die Kurven $p_i(t)U_0$ und $p_j(t)U_0$ zurückfallen.

Zweitens ist der Grenzstandort für jeden Benützer jeweils der Gleichgewichtsstandort des ihm, aufgrund der Steigung der Nachfragepreiskurven, folgenden Benützers. Umgekehrt entspricht der Gleichgewichtspreis des letzteren dem Nachfragepreis des ihm vorangehenden Benützers. In Abb. 3 kann, von den Kurven $p_i(t)U_2$ und $p_j(t)U_2$ und den Preisen P_1 und P_2 ausgehend, festgestellt werden, dass der Besitzer des Grundstückes t_1 seinen Preis bis auf P_1' erhöhen könnte, ohne dass für Benützer i eine Ausweichmöglichkeit bestünde. Erst für Preise oberhalb P_1' wird es für den Benützer i interessant, dem Benützer j das Grundstück t_2 mit über P_2 liegenden Preisangeboten streitig zu machen. Somit ist t_2 der Grenzstandort für den Benützer i, und P_2 wird durch die Nachfragepreiskurve $p_i(t)U_0$ begrenzt.

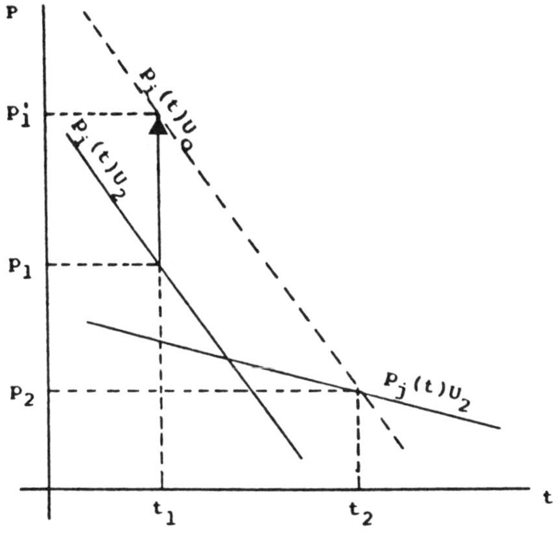

Abb. 3

Stossen weitere Benützer zum Markt, so werden sie sich – aufgrund des Steigungsfaktors ihrer Nachfragepreiskurve – in die bisherige Reihe der Benützer eingliedern; und lösen somit eine Kettenreaktion aus, bis die Gleichgewichtsbedingungen wieder erfüllt sind. Für jeden Standort wird der Bodenpreis über die Nachfragepreiskurven (Indifferenzkurven) mit den Preisen anderer Standorte in Verbindung gesetzt.

Die Anwendungsmöglichkeiten dieses Modells und die Folgerungen für die empirische Analyse sind mannigfaltig; es sei hier nur das Beispiel der Zoneneinteilung erwähnt. Einmal ist es möglich, Nachfragepreisfunktionen nicht im Verhältnis zur Entfernung (t), sondern in bezug auf die Parzellenfläche (q), bei einem gegebenen Standort (t_0), zu definieren (siehe Abb. 4). Für jeden Standort entspricht der maximale Preis auch dem individuellen Gleichgewicht, und somit der idealen, nachgefragten Parzellengrösse. Wohlhabende Haushalte ($p_j(q; t_0)$) kaufen bei gleicher Entfernung grössere Parzellen.

Je nach Art der Zoneneinteilung sind unterschiedliche Effekte zu erwarten. Bei einer zweckorientierten Einteilung (Industriezone, Wohnzone usw.) entstehen Lücken in den Nachfragepreiskurven, und die Bodenpreise der ausgeschiedenen Verwendungen steigen – für die zugelassenen fallen sie. Wird die Nutzungsintensität festgelegt, z. B. durch Mindest- oder Maximalparzellengrössen, so können Verschiebungen in den Nutzungen auftreten. In Abb. 4 wird durch eine maximale Parzellengrösse (OA) von Verwender j auf Verwender i gewechselt.

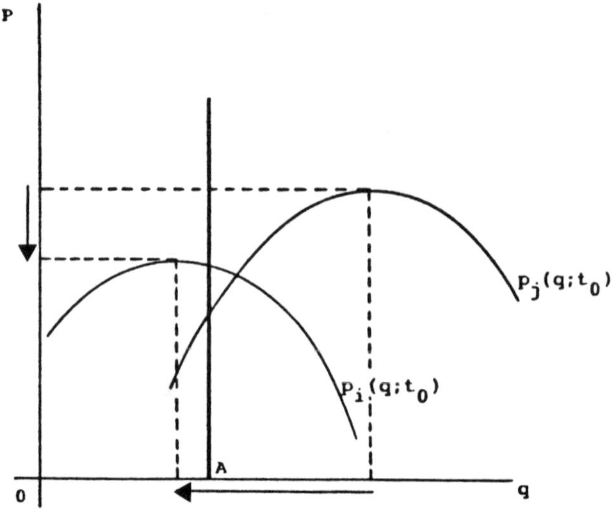

Abb. 4

III. Kritik und Vertiefung der Gleichgewichtsmodelle

Die bisher dargelegten Modelle der Mechanismen am Bodenmarkt beruhen fast ausschliesslich auf wirtschaftlichen Faktoren. Dies geht unter anderem auf das neoklassische Umfeld des Modells der vollkommenen Konkurrenz zurück. Auch wenn dies ein sehr effizientes Untersuchungsinstrument darstellt, so gehen dabei doch alle anderen Erklärungselemente, die in der Praxis mitspielen, verloren. Es handelt sich hauptsächlich um soziologische, aber auch um andere nicht-ökonomische Variablen.

1. Die soziologische Schule Chicago's

Parallel zur ökonomischen Theorie der Bodenwerte hat sich auch die soziologisch ausgerichtete Lehre der Humanen Ökologie entwickelt. Nach dem 2. Weltkrieg hat die soziologische Schule Chicago's, insbesondere unter den Impulsen von Hawley (1950) und Quinn (1950), einen alternativen Weg zur Erklärung des Bodenwertproblems eingeschlagen.

Das Originelle dieser Ansätze liegt im Herbeiziehen nicht-ökonomischer Erklärungselemente. Die Haushalte, welche ähnliche Einkommen aufweisen, suchen auch vergleichbare Standorte; sie gruppieren sich in einigen Zonen innerhalb der Stadt. Das liegt nicht nur daran, dass die gleiche Einkommenslage dieselben Mieten ermöglicht, sondern auch an der Tatsache, dass Haushalte mit gleichen Einkommen ähnliche Bedürfnisse und Forderungen betreffend den öffentlichen Dienstleistungen und Infrastrukturen (Schulen, Transport usw.) haben (Alonso, 1964, S. 9).

Hawley machte die interessante Feststellung, dass zwar mit zunehmender Distanz zum Zentrum die Bodenpreise für Wohnzwecke sinken, die Wohnungsmieten demgegenüber zunehmen (Alonso, S. 10). Die im Zentrum auf teuren Grundstücken situierten Wohnungen liegen meistens in einer ungünstigen Lage, in der Nähe zahlreicher Immissionen. Dadurch wird der Unterhalt dieser Bauten vernachlässigt, und ihr Besitz hat zunehmend spekulativen Charakter. Der mangelhafte Komfort rechtfertigt die tieferen Mieten, und allein die Zentralität wirkt in Richtung einer entgegengesetzten Preisentwicklung.

Das Paradoxon der im Zentrum lebenden einkommensschwachen Familien, wenn auch nicht von allen Autoren anerkannt, bringt wenigstens zwei Neuerungen: Einerseits wird die Bedeutung des Faktors Erreichbarkeit relativiert; anderseits werden weniger restriktive Hypothesen als in den rein neoklassischen Modellen angenommen. Die Bezeichnung als soziologischer Ansatz rechtfertigt sich hauptsächlich dadurch, dass auf die sozialen Unterschiede und die ungünstigen Lebensverhältnisse der unteren Schichten hingewiesen wird; dies unter anderem in Zusammenhang mit den niedrigen Mieten in ungünstigen Wohnlagen im Zentrum der Stadt.

2. Die Berücksichtigung weiterer nicht-ökonomischer Variablen

Das Modell von Yeates (1965) befasst sich mit dem Fall Chicago. Es versucht darzulegen, dass die Bodenpreise nicht nur von der Zentrumsentfernung, sondern auch von anderen Faktoren, insbesondere jenen der sozialen Umwelt, abhängig sind. Laut Yeates werden die Bodenpreise durch sechs Elemente bedingt. Vier davon beziehen sich auf die Erreichbarkeit: die Entfernung zum Geschäftszentrum (C), die Entfernung zum Michigansee (M), die Entfernung bezüglich öffentlicher Transportmittel (Untergrundbahn, (E)) und die Distanz zum nächstgelegenen regionalen Einkaufszentrum (R). Zwei Elemente berücksichtigen Aspekte der sozialen Umwelt: die Bevölkerungsdichte (P) und der Anteil nichtweisser Quartierbewohner (N).

Der Autor will den Einfluss dieser Merkmale zu verschiedenen Epochen, nämlich in der Zeit von 1910 bis 1960, testen. Dabei hat sich hauptsächlich ergeben, dass die transportgebundenen Faktoren gegenüber den sozialen an Bedeutung verloren haben. Dies geht aus der Gegenüberstellung der Regressionskoeffizienten in abnehmender Reihenfolge hervor (Yeates, 1965, S. 65; Granelle, 1975, S. 108):

Rang	1910	1920	1930	1940	1950	1960
1	C	C	M	M	E	N
2	M	M	E	C	M	M
3	E	E	C	N	C	C
4	P	R	N	E	N	P
5	N	N	R	R	P	R
6	R	P	P	P	R	E

Auffallend ist hauptsächlich der zunehmende Einfluss der Rassenverhältnisse (N) und der Bevölkerungsdichte (P) sowie der steile Abfall der Bedeutung der Untergrundbahn ((E) – Bau der Autobahnen). Insgesamt werden durch Yeates zwei wichtige Punkte näher beleuchtet: Erstens ist die Zentrumsentfernung nicht mehr die alleinige ausschlaggebende Grösse, und zweitens wird die Wichtigkeit der soziologischen Faktoren unterstrichen (Derycke, 1979, S. 313).

Mit seinem Modell will Granelle (1975) den Einfluss der Entfernung zum Handels- und Geschäftszentrum sowie jenen der sozialen Umwelt testen. In bezug auf die Distanz und die Transportkosten bestätigen seine Untersuchungen die theoretischen Erkenntnisse insofern, als mit zunehmender Entfernung die Bodenpreise sinken. Als wichtigsten sozialen Bestimmungsfaktor sieht Granelle die berufliche Struktur nach Quartieren (1975, S. 121). Die Kreise mit grösserem Anteil an freien Berufen und höheren Kaderangestellten weisen auch die höchsten Grundstückpreise aus. Diesbezüglich spielen die Promotoren eine wichtige Rolle, indem sie gegenüber den Käufern auch auf die sozio-ökonomischen Vorteile eines Quartiers hinweisen. Natürlich dürfen auch die soziologischen Einflussfaktoren nicht verallgemeinert werden; sie stellen aber trotzdem eine interessante kritische Alternative zu den üblichen Modellen mit Transportkosten dar.

3. Die neomarxistischen Lehren

Während im englischen Sprachbereich die Ansätze meistens neoklassischer Prägung sind, findet sich – besonders in der französischen Literatur – eine relativ starke neomarxistische Strömung (Scott, A. J., 1976, S. 103–146; Derycke, P.-H., 1979, S. 353–365). Es sollen hier aber nur einige grundsätzliche Merkmale hervorgehoben werden.

In der marxistischen Perspektive hat der Boden zwar einen Preis, aber keinen Wert. Nur die menschliche Arbeit führt zur Wertschöpfung; der Boden ist eine Gabe der Natur. Er hat einen Preis, weil er dem Eigentümer den Zugang zur Rente eröffnet.

Damit betonen die Neomarxisten den sozialen Ursprung der Bodenrente; sie geben der kollektiven Produktionsoptik gegenüber der individualistischen den Vorzug und betrachten das Siedlungsgebiet nicht als neutrale, merkmalslose Fläche.

4. Die sozio-anthropologischen Ansätze

Sowohl in den Vereinigten Staaten (Becker, G., 1977) wie auch in Frankreich (Guigou, 1980, S. 880ff) finden sich alternative Lehren, welche weder den neoklassischen noch den neomarxistischen Weg einschlagen. Statt von einer Theorie auszugehen und diese, anhand von Korrelationsrechnungen, empirisch zu testen, gehen die Sozio-Anthropologen von der Beobachtung der wirklichen Verhaltensweisen der Familien aus. Erst dann wird der konzeptuelle Rahmen einer Theorie geschaffen.

Der Ausgangspunkt ist die Erforschung der Neigung zu privatem Grundbesitz. Dabei hat sich ergeben, dass die Familie diesbezüglich die geeignete Bezugseinheit darstellt. Durch die Analyse des Verhaltens der Familien lässt sich am besten verstehen, weshalb ein bestimmtes Grundstück zu einem gegebenen Preis veräussert wurde.

Für diese zweite Richtung gehorcht das Verhalten der Familien in Angelegenheiten des Bodenbesitzes nicht immer rein rationalen Überlegungen; eine Erforschung, die vom Innern der Familie ausgeht, ist unerlässlich. Der Boden ist nicht mit den übrigen wirtschaftlichen Gütern vergleichbar; Käufe und Verkäufe lassen sich nicht durch rein ökonomische Begründungen erklären. Deshalb stellt diese neue Strömung einen alternativen Weg zur Erkenntnis der Bodenpreisfrage im Siedlungsgebiet dar.

3. Folgerungen für die Erforschung des schweizerischen Bodenmarktes im Siedlungsgebiet

Nachdem sich die Volkswirtschaftslehre im 19. Jahrhundert kaum mit der Bodenfrage im Siedlungsgebiet auseinandergesetzt hat, ist dieses Unterlassen im 20. Jahrhundert z. T. nachgeholt worden. Die Fülle der Ansätze zur ökonomischen Analyse der Stadt und des Siedlungswesens ganz allgemein darf aber über das Fehlen einer einheitlichen, breit abgestützten Theorie nicht hinwegtäuschen. Es besteht also heute kein einheitliches, auf einem breiten Konsens der Fachwelt beruhendes Modell, welches für den Fall Schweiz getestet werden könnte.

Zweitens ist der Bodenmarkt in der Schweiz, ganz besonders was das Siedlungsgebiet anbetrifft, nur selten erforscht worden, und das spärliche Datenmaterial ist nur bedingt brauchbar. Das Sammeln von neuem Datenmaterial scheint unumgänglich.

Aus all diesen Gründen wird sich das Forschungsprojekt «Bodenmarkt im Siedlungsgebiet» mit der Überprüfung wichtiger Relationen anhand von lokalen oder regionalen Teilerhebungen begnügen müssen. Die vorliegende Zusammenstellung der wichtigsten Theorien betreffend den Bodenmarkt im Siedlungsgebiet hat den Zweck, die zu untersuchenden Bestimmungsfaktoren herauszukristallisieren.

I. Die Merkmale des Bodenmarktes im Siedlungsgebiet

Vier wichtige Eigenarten werden durch die Lehren hervorgehoben:

- Der Bodenmarkt im Siedlungsgebiet ist ein höchst unvollkommener Markt. Diese Eigenschaft beruht einmal auf der Natur des gehandelten Objektes (Heterogenität, Immobilität, Unteilbarkeit, Externalitäten). Weiter spielt auch die geringe Zahl der Marktteilnehmer und deren mangelhafte Information eine hemmende Rolle. Das Verhalten der Marktteilnehmer entspricht nicht immer jenem der Gewinn- oder Nutzenmaximierung.

- Der Bodenmarkt im Siedlungsgebiet ist ein stark reglementierter Markt. Sowohl die Vorschriften betreffend Nutzungsart und -intensität als auch die Besteuerung der Transaktionen beeinflussen das Verhalten der Marktteilnehmer.
- Es handelt sich um einen spekulativen Markt, bei welchem sich die Teilnehmer zu einem bedeutenden Ausmass durch ihre Zukunftserwartungen leiten lassen. Dies betrifft nicht nur die Zwischenhändler (eigentliche Spekulanten), sondern auch die Promotoren, öffentlichen Körperschaften oder angestammten Grundbesitzer.
- Schliesslich ist der Bodenmarkt ein Faktormarkt, dessen Angebot und Nachfrage abgeleiteter Natur sind. Er ist dem Immobilienmarkt unterstellt, und die Nachfrage nach Bauland entspringt der Nachfrage nach Wohnungen, Geschäfts- oder Produktionsräumen. Der Bodenpreis hängt deshalb von den Miet- oder Verkaufsmöglichkeiten der auf ihm zu erstellenden Gebäude ab.

II. Die Bestimmungsfaktoren der Bodenpreise

Aufgrund der allgemeinen Merkmale des Bodenmarktes lassen sich auch die wichtigsten Bestimmungsfaktoren des Bodenpreises erkennen. Bei diesen Erklärungsversuchen sind zwei hauptsächliche Gesichtspunkte zu unterscheiden:

1. Preisunterschiede im Raum

Querschnittanalysen lassen die örtlichen Preisunterschiede zu einem gegebenen Zeitpunkt erkennen. Diese räumlich bedingten Differenzen ergeben sich aus drei Kategorien von Faktoren:
- Mikrostandortfaktoren erklären Preisunterschiede einer Parzelle im Vergleich zu den umliegenden Grundstücken im Quartier oder in der Ortschaft. Es handelt sich dabei um technische Eigenschaften (Fläche und Form der Parzelle, Untergrund, Lage und Aussicht usw.), aber auch um die soziale und wirtschaftliche Umwelt (Bevölkerungsdichte, Siedlungsart, Nachbarn usw.).
- Die Makrostandortfaktoren begründen regional oder national bedingte Bodenpreisunterschiede. Sie erklären allgemeine Preisabweichungen von Quartier zu Quartier, Ortschaft zu Ortschaft oder Region zu Region. Hier spielen als wichtigste Elemente die Erreichbarkeit des Zentrums und das Transportwesen eine Rolle. Aber auch sozio-ökonomische Faktoren, wie wirtschaftliche Entwicklung, Dichte der Arbeitsplätze oder der Bevölkerung, wirken mit.
- Als dritter örtlicher Faktor zählt sicher die staatliche Intervention durch

Zoneneinteilung, mit qualitativen oder intensitätsmässigen Einschränkungen.

2. Zeitliche Preisunterschiede

Längsschnitte informieren über die Preisentwicklung im Laufe der Zeit. Hier spielt hauptsächlich das Wachstum der Städte, aber auch die Veränderung im Transportwesen, die wirtschaftliche Entwicklung, die Konjunktur oder die Besteuerung des Grundbesitzes eine Rolle.

III. Die Besonderheiten im Fall «Schweiz»

Abgesehen von der Armut an verwendbarem Datenmaterial muss eine Studie über den schweizerischen Bodenmarkt im Siedlungsgebiet einige typische Merkmale in Betracht ziehen. Die im Ausland erarbeiteten Studien beziehen sich meistens auf Grossstädte oder auf grosse Länder, in welchen z.T. noch die im letzten Jahrhundert gültige Meinung der unbegrenzten Verfügbarkeit von Bauland präsent ist.

Die Kleinräumigkeit der Schweiz hat nicht nur zur Folge, dass die vorhandenen Baulandreserven nicht als unbegrenzt betrachtet werden können; sie hat auch zur Folge, dass den Transportkosten eine geringere Bedeutung zukommt. Weiter neigt der Föderalismus zu Dezentralisation und zu einer Vielfalt an Zentren zweiten, dritten oder noch weiteren Ranges. Demgegenüber dürften den sozio-ökonomischen Gegebenheiten – bedingt durch die gesellschaftliche und wirtschaftliche Mannigfaltigkeit – ein grösseres Gewicht zukommen.

Zweitens ist ein beträchtlicher Anteil des für Bauzwecke vorgesehenen Areals bereits überbaut, und die getätigten, oft sehr kostspieligen Investitionen verhindern eine gewisse Flexibilität in der Zukunft (Turvey, 1957). Es wird deshalb auch immer häufiger vorkommen, dass Liegenschaften zu Abbruchzwecken erstanden werden, und dass der Baulandpreis sämtliche Kosten zur Freigabe des bebauten Grundstückes umfasst (Granelle, 1975, S. 12–13).

Drittens bilden Immobilienbesitz und Handänderungen eine wichtige Besteuerungsgrundlage. Sowohl das Einkommen als auch der Kapitalwert der Liegenschaften sind dem Fiskus unterworfen, wobei oft noch eine eigentliche Liegenschaftssteuer hinzukommt. Weiter sind bei Veräusserungen sowohl Handänderungs- wie auch Liegenschaftsgewinnsteuern zu entrichten.

Schliesslich spielt die Reglementierung der Landes- und Ortsplanung eine wichtige Rolle. Für den Bodenpreis sind dabei hauptsächlich die Zonierung nach Verwendungsart und -intensität, aber auch die Aussichten betreffend die zukünftige Entwicklung der Pläne von Bedeutung. Eine Untersuchung der Rolle der Ausnützungsziffern ist aber auch deshalb von Interesse, weil dieses Instrument bis heute fast ausschliesslich zur Festlegung von Parzellenmindestgrössen eingesetzt wurde, was nicht unbedingt der Maxime des NFP Nr. 22, nämlich dem «haushälterischen Umgang mit dem Boden», entspricht.

Literatur

Alonso, W. (1970): *Location and Land Use*, Harvard University Press, Cambridge (4th edition).

Alonso, W. (1960): *A Theory of the Urban Land Market*, Papers and Proceedings of the Regional Science Association, Volume 6, 1960.

Barlowe, R. (1986): *Land Resources Economics. The Economics of Real Estate*, Prentice Hall, Englewood Cliffs (4th edition).

Becker, G. (1977): *Altruism, Egoism and Genetic Fitness: Economics and Sociology*, Journal of Economic Literature.

Blaug, M. (1962): *Economic Theory in Retrospect*, Heinemann, London.

Bridel, L. (1979): *La question du sol urbain*, Institute de Géographie, Université de Lausanne.

Chamberlin, E. (1933): *The Theory of Monopolistic Competition*, Harvard University Press, Cambridge.

Darin-Drabkin, H. (1977): *Land Policy and Urban Growth*, Pergamon Press, Oxford.

Derycke, P.-H. (1979): *Economie et planification urbaines*, Presses Universitaires de France, Paris.

Dockès, P. (1969): *L'Espace dans la pensée économique du XVIème au XVIIème siècle*, Flammarion, Paris.

Dorav, H.B.; Himman, A.G. (1928): *Urban Land Economics*, Macmillan, New York.

Ely, R.T.; Wehrwein, G.S. (1940, 1964): *Land Economics*, University of Wisconsin Press, Madison.

Ely, R.T.; Morehouse, E.W. (1924): *Elements of Land Economics*, Macmillan, New York.

Firey, W. (1947): *Land Use in Central Boston*, Harvard University Press, Cambridge.

Granelle, J.-J. (1970): *Espace urbain et prix du sol*,' Sirey, Paris.

Granelle, J.-J. (1975): *La valeur du sol urbain et la propriété foncière: Le marché des terrains à Paris*, Mouton, Paris.

Guigou, J.-L. (1982): *La rente foncière. Les théories et leur évolution depuis 1650*, Economica, Paris.

Haig, R.M. (1926): "Towards an Understanding of the Metropolis", *Quarterly Journal of Economics*, May 1926.

Halbwachs, M. (1909): *Les expropriations et le prix des terrains à Paris 1860–1900*, Cornely, Paris.

Hawley, A.H. (1950): *Human Ecology. A Theory of Community Structure*, The Ronald Press Company, New York.

Hurd, R.M. (1903): *Principles of City Land Values*, The Record and Guide, New York.

Lemercinier, G. (1974): *La détermination de la valeur du sol en zone urbaine: approche théorique, approche empirique pour l'agglomération namuroise*, mémoire, Université de Namur.

Marshall, A. (1906): *Principes d'économie politique* (Tome premier), traduit par Sauvaire-Jourdan, F., Girard & Brière, Paris.

Marshall, A. (1909): *Principes d'économie politique* (Tome deuxième), traduit par F. Sauvaire-Jourdan et F. Savinien Bouyssy, Girard & Brière, Paris.

Mayer, R. (1965): *Prix du sol, prix du temps*, Bulletin de l'association professionnelle des ingénieurs des ponts et chaussées et des mines (novembre 1965).

Pasinetti, L.L. (1977): *Lectures on the Theory of Production*, Macmillan, London.

Popp, H.; Schwarzenbach, R.; Kälin, E. (1986): *Der Bodenmarkt in der Landwirtschaftszone*, NFP 22, Skriptum, St. Gallen.
Quinn, J.A. (1950): *Human Ecology*, Prentice Hall, New York.
Ratcliff, R.U. (1949): *Urban Land Economics*, McGraw-Hill, New York.
Ratcliff, R.U. (1957): "On Wendt's Theory of Land Values", *Land Economics*, 1957, S. 360–362.
Ratcliff, R.U. (1961): *Real Estate Analysis*, MacGraw-Hill, New York.
Robinson, J. (1933): *The Economics of Imperfect Competition*, MacMillan, London.
Scott, J.A. (1976): "Land and Land Rent", *Progress in Human Geography*, 1976/9, S. 103–145.
Thünen, J.H. von (1826): *Der isolierte Staat in Beziehung auf Landwirtschaft und Nationalökonomie*, Hamburg.
Turvey, R. (1957): *The Economics of Real Property: An Analysis of Property Values and Patterns of Use*, Allen & Unwin, London.
Walras, L. (1880): *Théorie mathématique du prix des terres et de leur achat par l'Etat*, Mémoire à la Société vaudoise des Sciences naturelles, Lausanne (reproduit in Etudes d'Economie sociale, Paris et Lausanne, 1936).
Wendt, P.F. (1956): *Real Estate Appraisal. A Critical Analysis of Theory and Practice*, Henry Holt and Company, New York.
Wendt, P.F. (1957): "Theory of Urban Land Values", *Journal of Land Economics*, no 33, S. 228–240.
Wingo, L. (1961): *Transportation and Urban Land. Resources for the Future*, John Hopkins-Press, Baltimore.
Yeates, M.H. (1965): "Some Factors Affecting the Spatial Distribution of Chicago Land Values 1910–1960", *Economic Geography*.

PETER RIEDER

Landwirtschaftspolitik und agrarische Bodennutzung

Die Landwirtschaftspolitik beeinflusst die Nutzung des landwirtschaftlichen Bodens hinsichtlich dreier Aspekte:

- die Nutzung des Bodens in horizontaler Dimension, d.h. die Verteilung der verschiedenen Kulturen auf die landwirtschaftlich genutzte Fläche
- die Nutzung des Bodens in vertikaler Dimension, d.h. die Intensität der Bodennutzung und – daran geknüpft – die aktuellen ökologischen Fragen
- die Nutzung des Bodens hinsichtlich der Agrarverfassung, d.h. die Eigentumsverteilung und die Betriebsgrössenstruktur im Sinne der Agrarziele.

Mein Beitrag zum Nationalfonds-Projekt *Boden* beschäftigt sich v.a. mit den beiden ersten Fragen. Ziel dieser Forschung soll sein, gangbare Wege aufzuzeigen, um genügend geeignete Flächen für die Agrarproduktion zu bewahren und anderseits die langfristige Fruchtbarkeit dieser Böden zu erhalten.

Im Verlaufe dieses Vortrages soll aufgezeigt werden, welchen Einfluss die bisherige Landwirtschaftspolitik auf die Flächennutzung, auf die Intensität der Bodenbewirtschaftung und auf die Eigentumsverhältnisse an Boden hat. Anderseits soll auch aufgezeigt werden, wie Varianten zur heutigen Agrarpolitik auf die agrarische Bodennutzung wirken könnten.

1. Ein statistisches Bild zur agrarischen Bodennutzung

I. Flächennutzung

Die Schweiz weist eine Fläche von rund 41 000 km^2 auf; davon sind aber zwei Drittel nicht oder nur beschränkt landwirtschaftlich nutzbar, da es sich dabei um Fels, Seen, Wälder oder hoch gelegene Alpweiden handelt.

Die eigentliche wirtschaftlich nutzbare Fläche beträgt somit noch rund 13 500 km². Diese Fläche steht nicht der Landwirtschaft allein zur Verfügung, sondern wird auch benötigt als Produktionsstandort von Industrie und Dienstleistungen, für Wohnungen, Verkehrs- und Infrastrukturen, aber je länger je mehr auch für Tourismus und Freizeit.

Die Abnahme an Kulturland ist wegen statistischer Unsicherheit schwierig zu schätzen, liegt aber in der Grössenordnung von 2 500 ha pro Jahr. Da es eine zentrale Zielsetzung der schweizerischen Agrarpolitik ist, die Versorgung der Schweiz mit Lebensmitteln in Zeiten gestörter Zufuhr sicherzustellen, kommt der quantitativen und qualitativen Bodenerhaltung eine äusserst grosse Bedeutung zu. Auch wenn oft von Überschüssen die Rede ist, sollte man nicht vergessen, dass allein die heute importierten Futtermittel in den Erzeugerländern eine Fläche von rund 300 000 ha in Anspruch nehmen. Das Geheimnis der schweizerischen Ernährungsplanung liegt denn auch darin, dass ackerfähiges Land, das heute zum Teil als Grünland genutzt wird und der Fütterung von Milch- und Mastvieh dient, in einer autarken Phase zum grössten Teil direkt der Produktion pflanzlicher Produkte für die menschliche Ernährung zugeführt werden müsste.

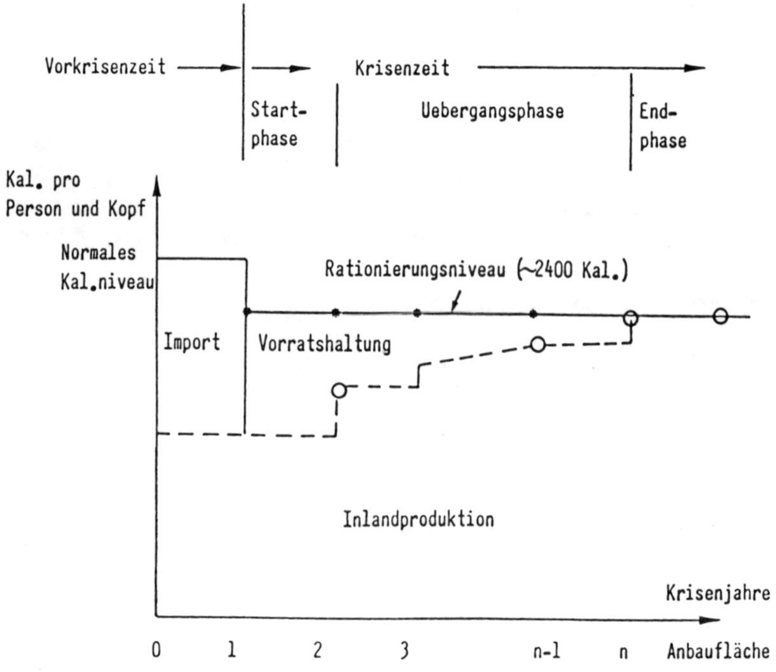

Abb. 1 *Konzeption der Ernährungsplanung*

Deshalb kann das in Abb. 1 dargestellte Konzept der schweizerischen Ernährungsplanung nur eingehalten werden, wenn es uns gelingt, eine genügend grosse Fruchtfolgefläche in der Raumplanung auszuscheiden und zu bewahren. Im Hinblick auf die Versorgung der Bevölkerung bleibt allerdings zu beachten, dass auch ein bestimmter Grünflächenanteil innerhalb des Siedlungsgebietes (Schrebergärten, Sportplätze usw.) notfalls zur Nahrungsmittelerzeugung herangezogen werden kann. Dies tröstet aber wenig über die Tatsache hinweg, dass der jährliche Kulturlandverlust der Fläche von rund 150 mittleren Bauernhöfen entspricht. Dadurch geht nicht nur Anbaufläche verloren, sondern auch Existenzen von Landwirten und Bauernfamilien. Mit ihnen gehen wir aber gleichzeitig wertvollen Know-hows und landwirtschaftlicher Maschinen und Einrichtungen verlustig, welche – nebst dem nötigen Land – den zweiten Pfeiler der Ernährungsplanung bilden.

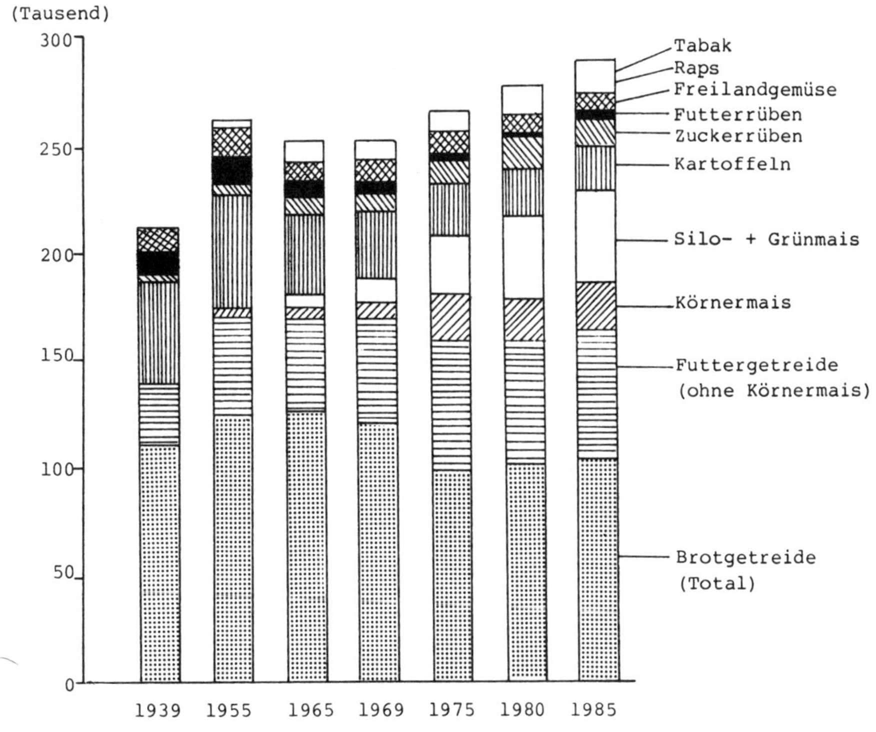

Abb. 2 *Verteilung der offenen Ackerflächen (in ha)*

Einen Einblick in das Ausmass und die Anteile einzelner Kulturen im Zeitablauf gibt uns Abb. 2. Es ist feststellbar, dass beachtliche Veränderungen auftraten. Besonders sei auf den zunehmenden Anteil der Maisfläche und den schwindenden Anteil der Kartoffel- und Brotgetreidefläche hingewiesen. Absolut gesehen ist die offene Ackerfläche zur Zeit jedoch sehr hoch; unter anderem ist dies eine Folge agrarpolitischer Massnahmen, auf die wir später noch eintreten werden.

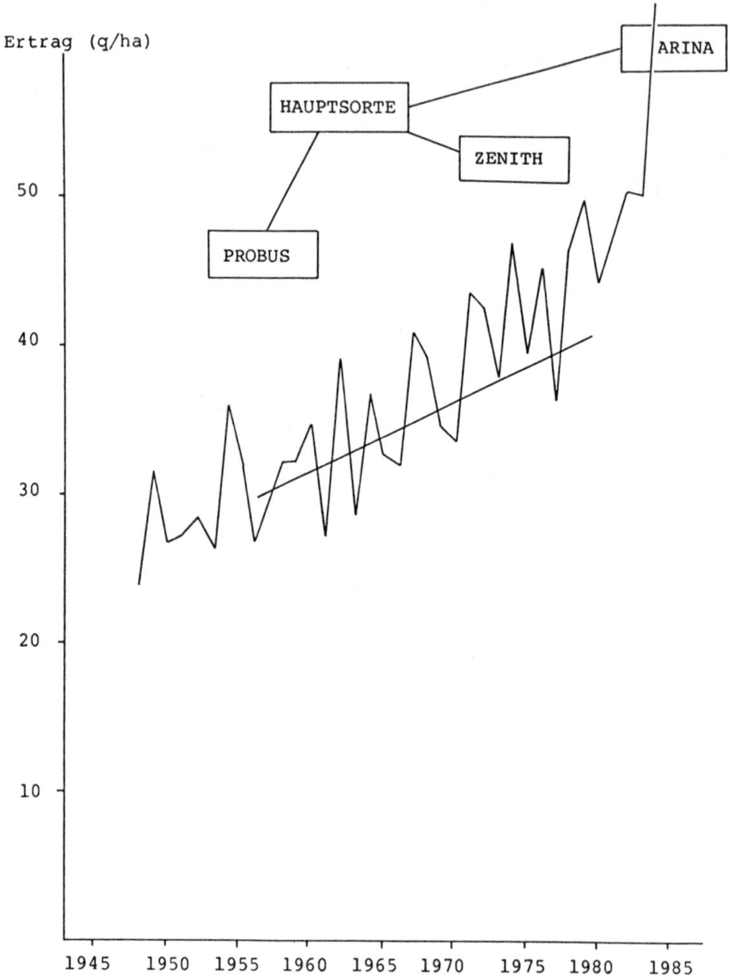

Abb. 3 *Erträge von Weizen in der Schweiz*

Produktivität ist definiert als physischer Output pro Faktoreinheit; also zum Beispiel als Ertrag pro Hektare Boden. Diese Erträge sind in den letzten Jahren in unerwartetem Masse angestiegen.

Während man in der Ökonomie allgemein das Gesetz vom abnehmenden Grenzertrag kennt, scheinen die landwirtschaftlichen Erträge wegen biologisch-technischem Fortschritt exponentiell anzusteigen. Als Ursache davon sind die stets noch ertragsstärkeren Sorten anzusehen, die anzubauen sich in Kombination mit chemischen Hilfsstoffen stets lohnte.

Ähnliches lässt sich auch bezüglich der Arbeitsproduktivität sagen. Die Rationalisierung der Landwirtschaft – von der man früher angenommen hatte, sie sei viel kleiner als im sekundären Sektor – zeigt sich in der enormen Abwanderung aus der Landwirtschaft, bei gleichzeitig erfolgter grosser Mengenausdehnung. Auch dürfte das Rationalisierungspotential der Landwirtschaft noch lange nicht ausgeschöpft sein.

Intensitäten sind definiert als das Verhältnis eines Produktionsfaktors zu einem anderen Produktionsfaktor (oder gelegentlich zur Produktionsmenge).

Folgendes Schema soll uns die wichtigsten Intensitäten vor Augen führen.

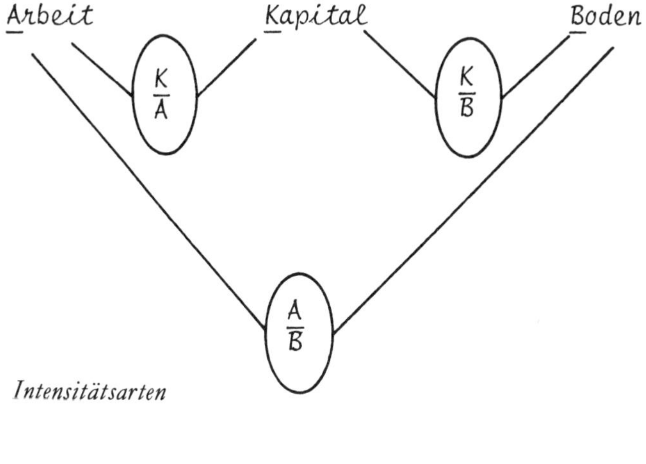

Abb. 4 *Intensitätsarten*

Die Intensität K/A gibt an, wieviel Kapital (Futter, Dünger, Vieh, Maschinen usw.) pro Arbeitskraft eingesetzt wird. Von kapitalintensiver Bewirtschaftung spricht man dann, wenn pro landwirtschaftlicher Arbeitskraft viel Kapital eingesetzt wird; dies bedeutet in der Regel hohe Mechanisierung. Im Verhältnis K/B (Kapital pro Bodeneinheit) liegt die heutige ökologische Problematik der Überdüngung, der zu viehintensiven Betriebe. Durch das Verhältnis A/B (Arbeitskräfte pro Bodeneinheit) wird die Arbeitsintensität in der Landwirtschaft ausgedrückt. Je grösser die Mechanisierung – je weniger Arbeitskräfte pro Bodeneinheit also –, desto weniger Landwirte sind nötig zur Bewirtschaftung einer gegebenen Fläche eines Landes.

Ein besonderer Aspekt der Intensität liegt darin, dass die Produktionsfaktoren Arbeit und Boden meist relativ fix sind – v.a. in der kleinbetrieblichen Struktur der Schweiz –, während die Kapitalgüter sehr mobil sind. Wenn wir die internationale Situation betrachten wird verständlich, weshalb besonders die Landwirtschaft in der Schweiz, ja in ganz Europa, intensiv und rationell geführt ist. Folgendes Schema zeigt also, wie Boden- und Arbeitsknappheiten langfristig die Bodennutzung in verschiedenen Ländern der Welt beeinflussen.

		BODEN knapp	BODEN viel
ARBEIT	knapp	Beispiel Europa – hohe Intensität – hohe Arbeitsproduktivität	Beispiel USA – niedrige Intensität – hohe Arbeitsproduktivität
ARBEIT	viel	Beispiel Japan – hohe Intensität – niedrige Arbeitsproduktivität	Beispiel Entwicklungsland – niedrige Intensität – niedrige Arbeitsproduktivität

Abb. 5 *Produktivitäten und Intensitäten im weltweiten Vergleich*

III. Flächennutzung nach Betriebsgrössenklassen

Bei der Suche nach einer optimalen Nutzung des landwirtschaftlichen Bodens wird immer wieder die Frage nach der geeigneten Betriebsgrösse gestellt. Ein Blick in die Vergangenheit zeigt, dass in den letzten 50 Jahren die Zahl der Landwirtschaftsbetriebe um ca. 40% abgenommen hat, dass aber gleichzeitig die durchschnittliche Fläche je Betrieb von rund 5 ha auf knapp 10 ha angestiegen ist. Nach Japan weist die Schweiz die kleinste durchschnittliche Betriebsfläche aller Industrienationen auf.

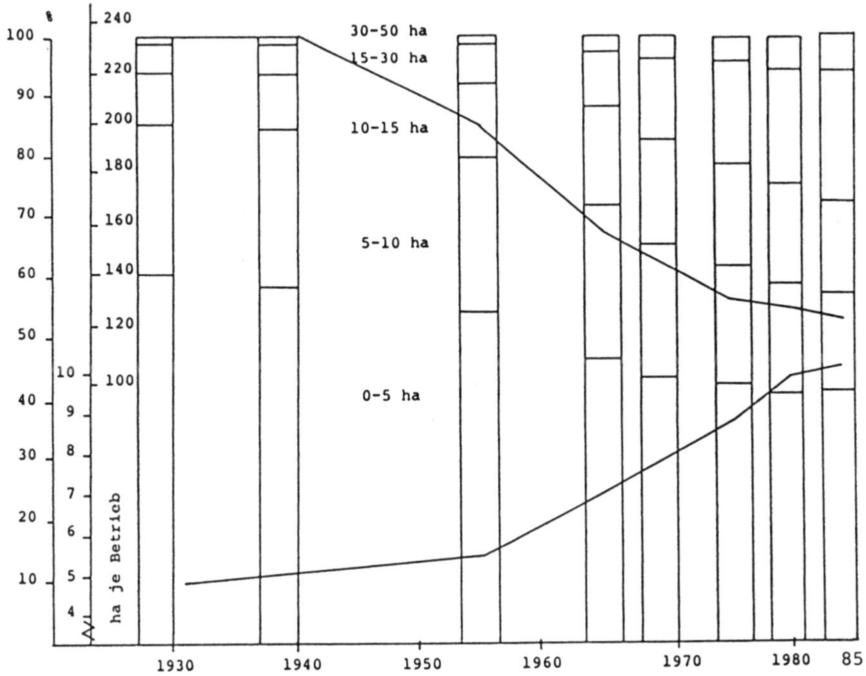

Legende: 1. Achse: Anzahl Betriebe/Grössenklasse in %
2. Achse (oben): Zahl der Betriebe (in 1000)
2. Achse (unten): ha je Betrieb
Quelle: SBS, Statistische Erhebungen und Schätzungen, versch. Jahrgänge, Brugg

Abb. 6 *Entwicklung der Betriebsstruktur in der schweizerischen Landwirtschaft nach Flächengrössenklassen*

Um möglichst viele Leute in der Landwirtschaft beschäftigen zu können und damit die Besiedlung des ländlichen Raumes aufrechtzuerhalten, ist eine kleinbetriebliche Struktur sicher ideal. Doch die Bauern sind quasi Gefangene ihrer begrenzten Fläche geworden: wollen sie ihre Arbeitszeit ausnützen und ihr Einkommen erhalten, so müssen sie – wie jahrelang von Betriebsberatern empfohlen und mit agrarpolitischen Massnahmen unterstützt – auf die vertikale Dimension der Bodennutzung, auf eine intensive Bewirtschaftung ausweichen. Diese Tendenz drückt sich in der Zunahme der Mastschweine- und Hühnerhaltung einerseits, in der Ausdehnung des intensiven Gemüse-, Obst- und Weinbaus anderseits aus. Die Intensivierung durch die Schweinehaltung haben wir in Abb. 7 graphisch dargestellt.

Mit den bisherigen Abbildungen haben wir nun einen Einblick in die Bodennutzung unter den drei eingangs erwähnten Aspekten gegeben. In einem nächsten Abschnitt muss ein ökonomischer Erklärungsansatz folgen, da unsere Schlussfolgerungen darauf abstellen werden.

2. Ökonomische Erklärungsansätze

Offensichtlich ist das Verhältnis zwischen Agrarproduktpreisen und Faktorpreisen entscheidend für die Menge und die Art der landwirtschaftlichen Produktion. Ein Faktor wird so lange eingesetzt, als die letzte eingesetzte Einheit einen grösseren Erlös als die zusätzlichen Kosten erbringt (Grenzkosten = Grenzerlös). Nun werden in den meisten Ländern die Agrarpreise politisch festgelegt, die Faktorpreise aber dem freien Spiel von Angebot und Nachfrage überlassen. Diese Diskrepanz ist der Erklärungsansatz für alle grossen Probleme der heutigen Landwirtschaft: Ökologische Schäden infolge einer intensiven Landwirtschaft; Überschüsse in den industrialisierten Ländern; Unterernährung in den Entwicklungsländern.

Abb. 8 gibt die Kostenentwicklung in den letzten 25 Jahren wieder und zeigt gleichzeitig, dass sich die Landwirte – im Gesamten gesehen – ökonomisch rational als typische Kleinunternehmer verhalten haben. So waren die Bauern bestrebt, die teuren familienfremden Arbeitskräfte durch verhältnismässig günstigere Maschinen zu ersetzen. Besonders war es wegen der tiefen Preise immer sinnvoll, Dünger, Pflanzenschutzmittel und Kraftfutter einzusetzen. Nitratauswaschung, Rückstände von Herbiziden in Nahrungsmitteln und im Trinkwasser (siehe Verschmutzung des Trinkwassers in Oberitalien durch das Herbizid «Atrazin») und Eutrophierung von Gewässern sind Folgen eines zwar ökonomisch sinnvollen, ökologisch aber verhängnisvollen Einsatzes dieser Produktionsmittel. Da sie auch eine ertragssteigernde Wirkung haben, sind sie mitverantwortlich für die strukturellen Überschüsse, wie wir sie in der Schweiz, aber auch im EG-Raum und in Nordamerika antreffen. Der Absatz stagniert bekanntlich in den industrialisierten Ländern weitgehend, da die Bevölkerung kaum mehr wächst, oder sogar – wie in der Bundesrepublik Deutschland – rückläufig ist. Weder durch tiefere Preise noch durch höhere Einkommen lässt sich der mengenmässige Verbrauch von Nahrungsmitteln in diesen Ländern weiter ausdehnen.

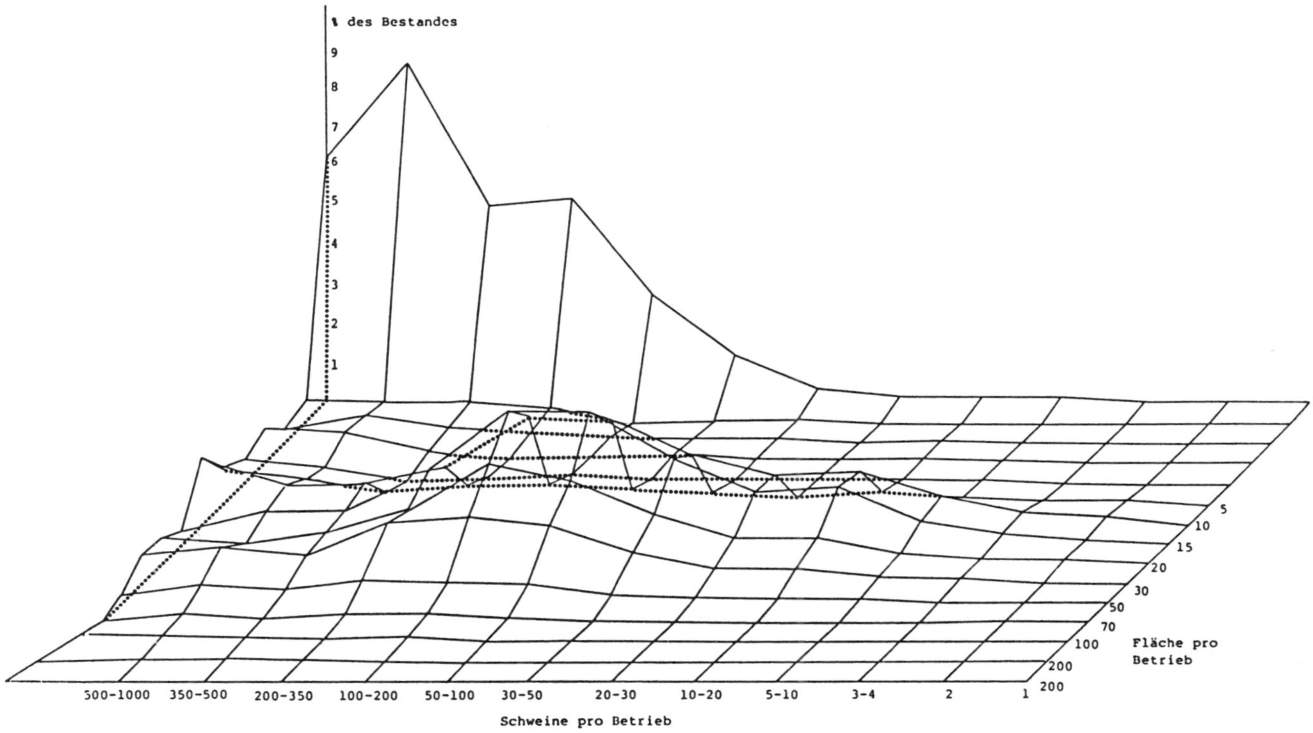

Abb. 7 *Schweinehaltung nach Bestandes- und Flächengrössenklassen* Quelle: Darstellung nach Viehzählung 1978

Abb. 8 *Kostenentwicklung für einzelne Faktoren und Produktpreisindex*

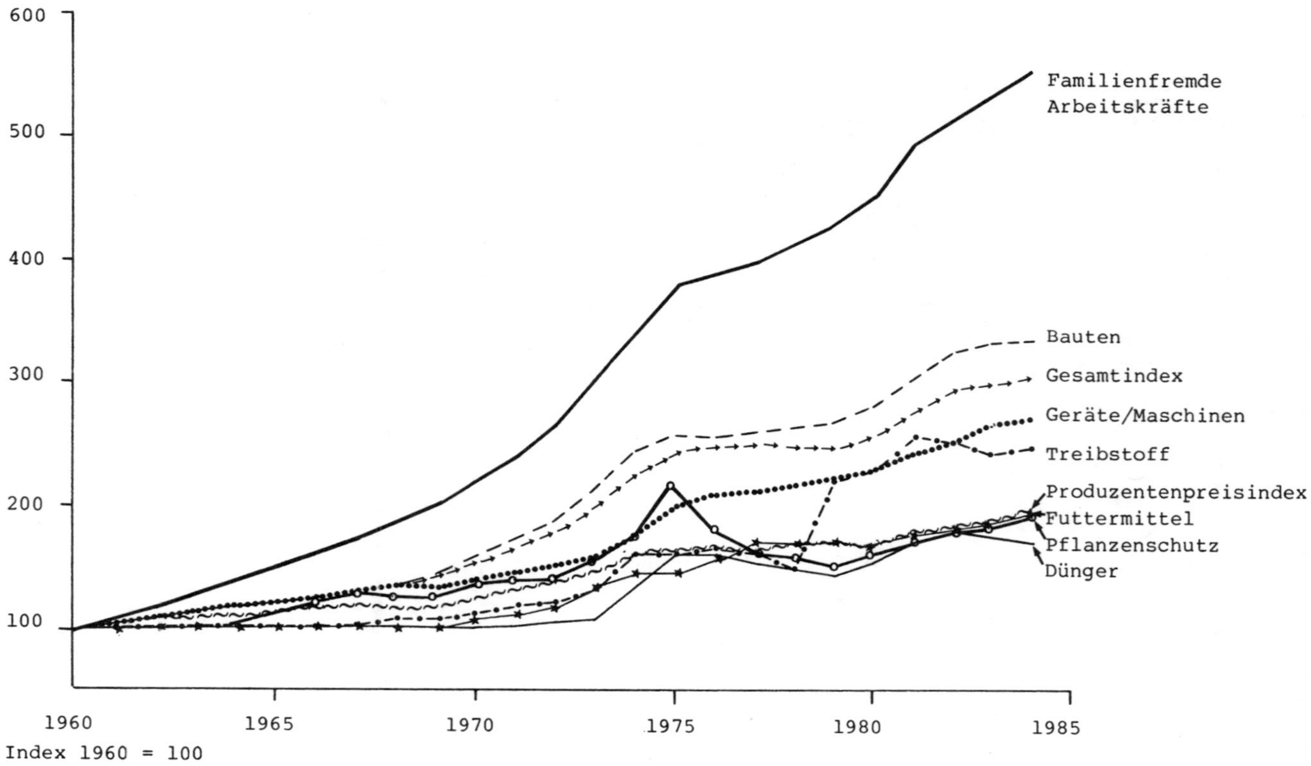

So versucht man – oft mit hohen Exportsubventionen – die Überproduktion auf dem Weltmarkt abzustossen. Entwicklungsländer, die sich keinen finanziell aufwendigen Agrarschutz leisten können, setzen ihre einheimische Landwirtschaft dem meist sehr tiefen Preisniveau des Weltmarktes aus. Damit wird den Bauern wenig Anreiz geboten, ihre Produktion durch Mehreinsatz von Arbeit und Kapital zu intensivieren. Oft fehlt auch die Infrastruktur, um Überschüsse aus den ländlichen Gebieten in die dichtbevölkerten Städte zu führen.

In schlechten Jahren, wenn wenig Produkte auf den Überschuss-Weltmarkt kommen, steigen die Preise in kurzer Zeit rasch an. Entwicklungsländer, die ihre einheimische Landwirtschaft vernachlässigt haben, müssen dann – trotz der hohen Preise – grosse Importe tätigen. Meist wird dabei der gesteckte Budgetrahmen entscheidend gesprengt.

Für das nationale Forschungsprogramm *Boden* ist vor allem die Frage relevant, wie der zunehmenden Polarisierung der Bodenbewirtschaftung durch übernutzte Flächen einerseits und durch Brachland anderseits entgegengewirkt werden kann. Wie aus der Darstellung der Kostenentwicklung ersichtlich wird, steigen vor allem die Kosten des Faktors Arbeit – bestimmt durch die ausserlandwirtschaftliche Lohnentwicklung – stark an. Deshalb ist der Ersatz der Arbeit durch Maschinen (Kapital) lohnend gewesen. Im Berggebiet sind gewisse Flächen aus topographischen Gründen oder wegen fehlender Zufahrtsmöglichkeit mechanisch nicht bewirtschaftbar. Bei diesen Flächen besteht die Gefahr, dass sie brachgelegt werden und verganden; dadurch erhöht sich das Risiko von Erosion und Waldbrand.

3. Bodenmarkt – Bodenpreis und Pachtzinsen

In Zusammenhang mit den obenerwähnten ökologischen Problemen hört man immer wieder das Argument, hohe Bodenpreise trügen zur intensiven Bodennutzung bei. Wir wollen im folgenden – nach einem kurzen Einblick in den Bodenmarkt – auf den Einfluss der Agrarpolitik auf die Boden- und Pachtpreise eingehen.

I. Landwirtschaftlicher Boden als ökonomische Grösse

Der Ertragswert des Bodens ist die Kapitalisierung der Bodenrente zu einem mittleren Zinssatz für Hypotheken. Die Bodenrente wird definiert als der «Nettoertrag nach Abzug aller Kosten und des Gewinnes, den der Eigentümer aus dem Boden erwirtschaftet». In der landwirtschaftlichen Praxis ist es nun schwierig, zwischen Bodenrente und Betriebseinkommen zu unterscheiden, da beide zusammen das Residualeinkommen bilden (Kleinewefers, 1982). Die Höhe der Bodenrente hängt jedenfalls entscheidend vom wirtschaftlichen Wert des Bodens ab.

Betriebe auf eigenem Land	*Betriebe auf gepachtetem Land*
Gesamterlös	Gesamterlös
– Arbeitseinkommen	– Arbeitseinkommen
– Kapitalkosten	– Kapitalkosten
= Residualeinkommen	
– fiktive Pacht (= Bodenrente)	– Pacht (= Bodenrente)
= Betriebsgewinn	= Betriebsgewinn

Nebst dem Erlös, der sich aus dem Boden erwirtschaften lässt, bestimmen die subjektiven Erwartungen in die Zinssätze den Ertragswert. Der erwartete Ertragswert entspricht also dem ökonomisch maximal möglichen Wert, dessen Verzinsung aus der Produktion und/oder dem erwarteten Wiederverkaufspreis sichergestellt werden kann.

II. Bodenmarkt

Das Gesamtangebot besteht aus einer unvermehrbaren Menge Boden, der selber nicht produziert werden kann und deshalb auch keine Kosten verursacht. Das Angebot an Boden wird also nicht durch Kostenüberlegungen bestimmt.

Sowohl die Anbieter als auch die Nachfrager von Boden sind bestrebt, den Ertrag aus ihrem Vermögen zu vermehren und gleichzeitig das Anlegerrisiko zu senken. Die Besonderheit des Bodenmarktes besteht nun darin, dass die Nachfrager von den gleichen Überlegungen ausgehen wie die Anbieter. Falls der Bodenpreis tiefer liegt als der Ertragswert, dann sind viele Nachfrager zu einem Kauf bereit. Aber genau in diesem Fall vergrössern auch die bisherigen Bodeneigentümer die Eigennachfrage nach ihrem Boden, d.h. es lohnt sich für sie, den Boden zu behalten. Daraus folgt, dass die Nachfrage nicht dem Boden selbst gilt, sondern der Bodenrente; also gewissermassen der Rendite, die man aus dem Verkauf von Gütern, die mit Hilfe des Produktionsfaktors Boden erzeugt werden können, zieht. Die Bodennachfrage ist also letztlich abhängig von der Nachfrage auf den Produktemärkten; sie ist induziert.

Nun werden aber auch für landwirtschaftlichen Boden Preise bezahlt, die ein Vielfaches des Ertragswertes betragen. Welche Überlegungen liegen diesem Verhalten von Bauern und Nichtlandwirten zugrunde? Weil der Boden innerhalb der Landwirtschaftszone nur landwirtschaftlich genutzt werden darf, entsprechen die Pachtzinse höchstens den Bodenrenten dieser Nutzungsart. So ist es einleuchtend, dass der Bodenmarkt vor allem von ausserlandwirtschaftlichen Rahmenbedingungen abhängig ist, nämlich von

- Inflationsraten
- Hypothekarzinsen
- übrigen Kapitalzinsen
- möglichen Nutzungserweiterungen
- Zonenänderungen
- Zonennähe
- usw.

Diese Rahmenbedingungen sind es, die die Erwartungen der Bodeneigentümer und -nachfrager in ihrem Kaufverhalten beeinflussen. Boden ist zudem eine Eigentumsform, die bei Kreditaufnahme jederzeit mit Hypotheken belegt werden kann. Der Boden, auch der landwirtschaftlich genutzte, wird zu einer Kapitalanlage, wenn die Erwartung besteht, dass die Zinssätze der Hypotheken kleiner sind als die erwarteten Bodenpreissteigerungen, bzw. als die Inflationsraten. Damit ist quasi sicher, dass der heute gekaufte Boden irgendwann in Zukunft real teurer wieder verkauft werden kann.

III. Einfluss der Agrarpolitik auf den Bodenmarkt

Staatlich gestützte Agrarpreise, die oft weit über freien Marktpreisen liegen, und flächengebundene Direktzahlungen finden ihren Niederschlag u.a. in höheren Pachtpreisen und damit in höheren Einkommen der Bodenbesitzer – unabhängig davon, ob sie den Boden selbst bewirtschaften oder verpachten. Damit ist gleichzeitig die Hypothese aufgestellt, dass höhere Produktpreise vor allem Pachtzinserhöhungen bewirken, und dass nicht umgekehrt hohe Pachtpreise die Bewirtschaftungsart bzw. die Intensität beeinflussen.

Pachtland ist also ein mittelfristig variabler Produktionsfaktor, der analog zu anderen Faktoren dann eingesetzt wird, wenn der Grenzaufwand, d.h. der Pachtzins, geringer ist als der auf der Parzelle zu erwirtschaftende Grenzerlös. Dieses unternehmerische Verhalten der Landwirte bestimmt grundsätzlich den Pachtlandmarkt, obwohl er gesetzlich stark zugunsten des Bewirtschafters eingeschränkt ist. Demgegenüber bestimmt ein Kapitalanleger-Verhalten den landwirtschaftlichen Bodenmarkt. Bäuerliche Nachfrager nach Boden kommen auf dem freien Markt (die Mehrzahl der Betriebe wird innerhalb der Familie zum Ertragswert übergeben) nur zum Zuge, wenn hierfür finanzielle Mittel aus Verkäufen von Boden mit nichtlandwirtschaftlicher Zweckbestimmung vorhanden sind. Der Ertrag aus der landwirtschaftlichen Bewirtschaftung deckt die nötige Verzinsung von Bodenkäufen nicht; also sind die Kaufüberlegungen durch Erwartungen von Bodenpreissteigerungen geprägt.

4. Probleme einer in sich widersprüchlichen Landwirtschaftspolitik

«Die Zukunft aber ist in keinem Gremium vertreten, sie ist keine Kraft, die ihr Gewicht in die Waagschale werfen kann. Das Nichtexistente hat keine Lobby . . .» (Jonas, 1983). Dieses Zitat des Philosophen Hans Jonas zeigt – auf die Landwirtschaft übertragen – den Widerspruch, den die heutige Agrarpolitik in sich trägt: einerseits besteht der weiterverbreitete, in verschiedenen Kreisen abgestützte Wunsch nach einer verstärkten Berücksichtigung der ökologischen Belange, nach Erhaltung der Bodenfruchtbarkeit; anderseits vertreten gut organisierte wirtschaftliche Interessenverbände auf Produzenten-, Handels- und Konsumentenseite ihre zwar verständlichen, aber kurzfristigen Einkommensinteressen.

Konkret bedeutet dies,

- dass einschneidende, weitreichende Entscheide durch kurzfristige, gut vertretene Brancheninteressen blockiert oder – bis zur Wirkungslosigkeit – verwässert werden;
- dass bei auftretenden Marktproblemen (Überschussverwertung mit hohem finanziellem Aufwand) schnellwirkende Massnahmen getroffen werden. Diese zementieren eine eigentlich unerwünschte Situation und erhalten die Strukturen, die den Überschüssen zugrunde liegen. Als Beispiel für diese Politik sei die Milchkontingentierung genannt, bei der man nach nur 10 Jahren feststellen muss, dass sie kaum zur Lösung der eigentlichen Probleme beigetragen hat;
- dass erwünschte Strukturen selten Ziele von politischen Entscheidungen sind. Eine Ausnahme bilden die Meliorations- und Investitionskredite, die langfristige Wirkungen zeigen.

Wenn aber politische Entscheide nie Ursachen von Problemen angehen, wenn sie nichts zur Verwirklichung gewünschter Strukturen beitragen, so liegt die Vermutung nahe, dass langfristige Ziele nicht erreicht und immer nur neue Probleme geschaffen werden. Es scheint, dass unsere Gesellschaft nicht (mehr) fähig ist, Probleme langfristig und grosszügig zu bedenken, Lösungs- und Denkansätze zu entwickeln und diese auch politisch durchzuführen. Wenn aber eine Gesellschaft nur noch bestehende Zustände korrigieren will, so besteht die Gefahr, dass auch die Forschung zu einer blossen Korrekturforschung verkümmert.

5. Ansätze zu einer widerspruchsmindernden Politik für die Nutzung des landwirtschaftlichen Bodens

I. Von den Leerformeln der Ziele zu konkreten Massnahmen

Über die Oberziele der Landwirtschaft wird man sich – auch bei ganz unterschiedlicher Zusammensetzung einer Gesprächsrunde – ziemlich bald einmal einig.

Dazu gehören:
- die Versorgung der Bevölkerung mit gesunden und günstigen Nahrungsmitteln
- die Erhaltung des Produktionspotentials für Zeiten gestörter Zufuhr
- die dezentrale Besiedlung des ländlichen Raumes
- die Pflege der Landschaft.

Gerade weil diese Ziele so allgemein und unverbindlich formuliert sind, können sie von jedermann leicht akzeptiert und vertreten werden. In den westlichen sozialen Marktwirtschaften wird versucht, diese Agrarziele mit gezielten Eingriffen in die Marktabläufe zu erreichen. Es sind dies vor allem Aussenhandelsmassnahmen und Preisgarantien für viele inländische Produkte. Da diese garantierten Preise meist weit über den Marktgleichgewichtspreisen liegen, entstehen dadurch die erwähnten Marktüberschüsse und Intensitätsprobleme. Sobald aber eine Volkswirtschaft nicht mehr fähig oder willig ist, die so entstandenen Überschüsse zu finanzieren, müssen Lösungen gesucht werden, die Überschüsse zu vermeiden oder wenigstens nicht weiter anwachsen zu lassen. In den meisten Fällen wählt man – zur Vermeidung sozialer Härtefälle – die kurzfristig wirksamen Mengenbeschränkungen. Mit Kontingentierungen aber zementiert man einen eigentlich unerwünschten Zustand struktureller Überschüsse.

Der Gewichtung der Kriterien für eine sinnvolle, konfliktarme Agrarpolitik kommt zur Zeit steigende Bedeutung zu. Die nachfolgende Tabelle soll hierfür eine Prioritätenfolge mit Zuordnung von Zielen und Mitteln klar darlegen.

In erster Priorität werden Ziele erfasst, die bei Nichterreichen irreversible Schäden wie Fischsterben, Verlust der Bodenfruchtbarkeit durch Schwermetallrückstände, Vergiftung des Grundwassers und ähnliches zur Folge haben. Dagegen müssten polizeiliche Verbote gewisser Chemikalien, die Beschränkung des Tierbesatzes und ähnliche restriktive Massnahmen ergriffen werden.

Es ist keine ökonomische Frage, wieviel die verursachten Schäden kosten. Ökologische, das Überleben auf unserem Planeten tangierende Gefahren sind mit einer «Harten Politik» für immer aus der Welt zu schaffen;

Tabelle 1 **Harte und Weiche Politik**

	Ziel	Mittel
1. Priorität «Harte Politik»	Nachhaltig gesunde Böden, keine irreversiblen Schäden und Verluste	Verbote von Inputs (Chemikalien, zu viel Gülle usw.)
2. Priorität «Weiche Politik» (Agrarpolitik)	Herkömmliche agrarpolitische Ziele: Einkommen, Marktfragen = reversible Probleme	Lenkung über Preise, Belastungen, Direktzahlungen, ökonomische Anreize

selbst dann, wenn über die Gefahren nur berechtigte Vermutungen bestehen (Jonas, 1983; Ruh, 1987).

Demgegenüber stehen die Probleme zweiter Priorität (Probleme reversibler Natur), mit denen sich die heutige Agrarpolitik vorwiegend beschäftigt: es sind Anliegen wie Einkommensdisparitäten und Verwertung – oder Vermeidung – von Überschüssen. Zur Lösung solcher Probleme sollten daher marktwirtschaftliche Lenkungsinstrumente wie flexiblere Produktpreise, Verteuerung von ertragssteigernden Faktoren, Direktzahlungen oder finanzielle Anreize zu ökologischer Bewirtschaftung zur Anwendung gelangen. Die Lösung dieser, im Laufe der Jahre entstandenen Probleme darf auch dementsprechend einige Zeit beanspruchen, ohne damit die Landwirtschaftsbetriebe mit ihrer quasi-fixen Produktionsstruktur existentiell zu bedrohen.

II. Vergleich von zwei agrarpolitischen Varianten

Um eine neue Agrarpolitik im obenerwähnten Sinne etwas konkreter zeigen zu können, soll sie im Vergleich zur heutigen bekannten Politik dargestellt werden:

Tabelle 2 **Übersicht zweier agrarpolitischer Varianten**

	Heutige Politik und Kontingentierungen	Flexible Preise und Direktzahlungen
Nahrungsmittelversorgung	gewährleistet	Potential für Steigerung vorhanden

Marktgleichgewicht – Nahrungsmittel – Umweltgüter	Tendenz zu Überschüssen Mangel	«Agrarpolitisches Gleichgewicht»
Bauernstand	Zahl der Betriebe nimmt ab; als Funktion von technischem Fortschritt und *Kontingentsverteilung*	Zahl der Betriebe nimmt ab; als Funktion von technischem Fortschritt und *Umweltgüterproduktion*
Einkommensverteilung	Abhängig von *Kontingentsverteilung*	*Produktivität* bei Nahrungsmittel- und Umweltgüterproduktion
Intensität – spezifische – gesamthaft	• Steigt mit technischem Fortschritt (stark) • Verschiebung Richtung *Kapital* (ertragssteigernde *Hilfsstoffe*)	• Konstant oder abnehmend • Verschiebung Richtung *Arbeit* und Boden
Budget/Bundeskasse	*Überschuss*finanzierung	*Kosten* der Direktzahlungen
Durchführbarkeit	«Gerechte» *Kontingente* pro Betrieb	«Gerechte» *Direktzahlungen* pro Betrieb

Die stichwortartige Gegenüberstellung soll hier noch mit einem erläuternden Kommentar ergänzt werden:

«Heutige Agrarpolitik mit Kontingentierung» bedeutet keineswegs, dass alles so bleibt, wie es ist. Im Gegenteil, der zu erwartende biologisch-technische Fortschritt wird dazu führen, dass sich bestehende Probleme verschärfen. Die Landwirte werden im Rahmen ihrer Möglichkeiten auf diejenigen Produkte ausweichen, die nicht kontingentiert sind, bis auch da Überschüsse entstehen, die durch Mengenbeschränkungen gebremst werden müssen.

Der Variante «flexiblere Preise mit Direktzahlungen» liegen folgende Überlegungen zugrunde: Im Sinne einer «Weichen Politik» soll der Preis allmählich wieder zum Angebotssteuerungsinstrument werden. Die Produktpreise würden zwar weiterhin direkt oder indirekt vom Bundesrat festgelegt, künftig aber nicht mehr nach Einkommensaspekten, sondern aufgrund der Nachfrage nach Agrar- und Umweltgütern (Kulturlandschaftserhaltung, minimale Anbaubereitschaft, Förderung der tierischen und pflanzlichen Artenvielfalt usw.).

Den Einkommensaspekten sollen in ergänzender Funktion Direktzahlungen gerecht werden. Diese würden – je nach agrarpolitischer Zielsetzung – im Berggebiet pro bewirtschaftete Fläche, im Talgebiet je Betrieb oder je landwirtschaftlicher Arbeitskraft ausgerichtet. Die Zahl der Bauern wird bei beiden Varianten als Folge von realisiertem technisch-biologischem Fortschritt weiter abnehmen. Welche Region oder welche Betriebsgrössenklasse besonders davon betroffen sein wird, hängt jedoch von der gewählten Ausrichtung der Agrarpolitik ab. Während es sich bei der Fortsetzung der heutigen Agrarpolitik zunehmend um einen bürokratischen Entscheid der Kontingentsverteilung handelt, ist bei flexibleren Preisen – ohne weitere oder sogar mit weniger Kontingenten – die Arbeitsproduktivität entscheidend, wer zum Ausscheiden aus dem Wirtschaftszweig Landwirtschaft veranlasst wird. Diese Lösung liesse den Bauern auch lanfristig Spielraum für unternehmerische Initiativen.

Das wohl stärkste Argument für einen Wechsel in der Agrarpolitik liegt in der unterschiedlichen Beeinflussung der Intensität der landwirtschaftlichen Produktion. Bei der heutigen Politik lohnt es sich, die Intensität weiter zu steigern, da die Preiserhöhung auf Hilfsstoffen mit ertragssteigernder Wirkung auch in Zukunft geringer sein wird als die einkommenspolitisch begründete Anhebung der Produktpreise. Diese Zusammenhänge haben unsere ökonomischen Erklärungsansätze eindeutig aufgezeigt. Die neue Politik bringt hier eine Wende, indem Boden (über Flächenbeiträge) und Arbeit (über Betriebsbeiträge) im Verhältnis zu den Kapitalkosten billiger würden.

Die Bundeskasse und/oder die Ausgaben der Konsumenten werden in beiden Fällen beansprucht. Im ersten Fall dienen sie aber der Finanzierung sinnloser Überschüsse, die bezüglich Ökologie und Dritter Welt unverantwortlich sind; im zweiten Fall dienen sie der Abgeltung öffentlicher Umweltgüter.

Literatur

Ruh, H. (1988): *Ethik und Bodennutzung,* Aufsatz in diesem Band.
Jonas, H. (1983): *Das Prinzip Verantwortung,* Frankfurt.
Kleinewefers, H. (1982): *Die schweizerische Volkswirtschaft,* Huber, Frauenfeld.

PETER SALADIN

Boden als Rechtspersönlichkeit

Ein merkwürdiges Thema! Falls sich unter Ihnen Juristen befinden, muss ich annehmen, dass Sie wahrscheinlich – gelinde gesagt – befremdet sind. Aber ich vermute, dass der Titel die meisten Juristen davon abgehalten hat, überhaupt hierher zu kommen!

Warum nun befremdet der Titel Juristen? Damit auch Nicht-Juristen dies verstehen, werde ich zunächst einige Ausführungen über die Behandlung des Bodens im geltenden Recht machen.

Gestatten Sie mir aber bitte zunächst eine Vorbemerkung: Das Thema, über das ich heute zu Ihnen spreche, ist Gegenstand eines Forschungsprojekts, das ich zusammen mit einem jüngeren Kollegen, Jörg Leimbacher, zur Zeit für das Nationale Forschungsprogramm «Boden» behandle. Genauer: Das Thema wird im wesentlichen von meinem Kollegen bearbeitet. Schon früher haben wir eine gemeinsame kürzere Arbeit über «Rechte der Natur und künftiger Generationen» verfasst. Ich schmücke mich heute also mit fremden Federn, d.h. ich trage Ihnen Erkenntnisse vor, die zu einem wesentlichen Teil nicht von mir, sondern von meinem Kollegen stammen. Und gleich noch eine zweite Vorbemerkung: Jene Erkenntnisse sind noch nicht aus-gedacht und durch-gearbeitet – unser Projekt wird erst Ende dieses Jahres abgeschlossen sein. Manches ist deshalb noch allgemein und vage, ja vorläufig; die systematisch iuristische Durcharbeitung ist noch im Gange und wird von meinem Kollegen geleistet.

Nun aber zur Frage, wie unser geltendes Recht den Boden behandelt.

1. Der Boden im geltenden Recht

I. Der Boden existiert als iuristische Kategorie (beinahe) gar nicht

Diese Tatsache ist überraschend; man ist sich ihrer (als Jurist) kaum bewusst.

Gewiss gibt es zahlreiche Rechtsnormen, welche *bestimmte Teile* und *bestimmte Aspekte* des Bodens erfassen:

- In der *Bundesverfassung* kommt der Boden nicht vor – jedenfalls nicht explizit. Implizit findet er sich indessen von verschiedenen Artikeln betroffen; besonders von der Eigentumsgarantie (Art. 22ter), vom Umweltschutzartikel (Art. 24^{septies}) und von andern. Ausdrücklich bezeichnen die Kantonsverfassungen von Basel-Landschaft (§ 112 Abs. 3) und Jura (Art. 45 Abs. 1) die Erde oder den Boden als ein Objekt staatlichen Schutzes.
- Das *Sachenrecht* regelt die Rechtsverhältnisse an Segmenten des Bodens. Genau genommen ist aber nicht der Boden sein Regelungsobjekt, sondern die Erdoberfläche. Gewiss ist nach geltendem Recht der Eigentümer einer Landparzelle oder eines Grundstückes befugt, in die Tiefe zu graben und in die darüberliegende Luft hineinzubauen (Art. 667 ZGB); grundsätzlich kann der Eigentümer der Fläche mit dem Boden und mit der Luftsäule schalten und walten wie er will, «soweit für die Ausübung des Eigentums ein Interesse besteht». Aber das Sachenrecht interessiert sich hierfür nur sekundär; es bestimmt primär die Rechtsverhältnisse an einer zweidimensionalen Abstraktion.
- Das *Raumplanungsrecht* legt u.a. fest, in welcher Weise Grundstücke genutzt werden können. Für den dreidimensionalen Boden interessiert es sich nicht; oder nur mittelbar, indem es den Grundsatz formuliert, dass «der Landwirtschaft genügende Flächen geeigneten Kulturlandes» zu erhalten seien (Art. 3 Abs. 1 lit. a) – was einen gesunden Boden voraussetzt.
- Das *Landwirtschaftsrecht* kümmert sich, vereinfacht gesagt, nicht unmittelbar um den Boden, sondern um seinen Ertrag – also um das, was aus dem Boden wächst. Allerdings ist notorisch, dass es durch Regelung des Ertrages und seiner Verwertung das Schicksal unseres Bodens nachhaltig lenkt.
- Das *«Bergbaurecht»* regelt die Rechte an «Bodenschätzen» (Bergregal der Kantone).
- Einzig das *Umweltschutzrecht* wendet sich dem Boden als solchem zu. Vor allem das eidg. Umweltschutzgesetz (vom 7. Oktober 1983, SR 814.01) enthält explizite Vorschriften über den Boden, nämlich in den drei Artikeln 33–35 des 4. Kapitels im 2. Titel – eines Kapitels, welches erst durch das Parlament ins Gesetz eingefügt worden ist! Es heisst darin:

Art. 33 Richtwerte für Bodenbelastungen

Für die Beurteilung der Belastung des Bodens mit schädlichen und nicht oder nur schwer abbaubaren Stoffen kann der Bundesrat Richtwerte festlegen. Sie sind so festzulegen, dass nach dem Stand der Wissenschaft und der

Erfahrungen Belastungen unterhalb dieser Werte die Fruchtbarkeit des Bodens auch langfristig nicht beeinträchtigen.

Art. 34 Grundsatz
Der Schutz des Bodens gegen Belastungen durch Luftverunreinigungen, umweltgefährdende Stoffe und Abfälle wird in den Vorschriften nach den Artikeln 12, 14, 29 und 32 berücksichtigt.

Art. 35 Vorschriften der Kantone
Für Gebiete, in denen die Bodenfruchtbarkeit stark gefährdet oder bereits beeinträchtigt ist, legen die Kantone im Einvernehmen mit dem Bundesrat verschärfte Emissionsbegrenzungen fest oder beschränken die Verwendung von Stoffen in erforderlichem Masse.

Vor kurzem ist hierzu eine Ausführungsverordnung des Bundesrates ergangen (Verordnung über Schadstoffe im Boden, vom 9. Juni 1986, SR 814.12, in Kraft seit dem 1. September 1986). Darin wird die ständige *Beobachtung* der Bodenbelastung angeordnet (Art. 3 und 4), ebenso die *Beurteilung* der Bodenbelastung «anhand der im Anhang festgelegten Richtwerte für den Totalgehalt und den löslichen Gehalt von Schadstoffen» (Art. 5). Art. 6 und 7 bestimmen die *Konsequenzen,* die Bund und Kantone aus der Beobachtung von Richtwert-Überschreitungen zu ziehen haben:

Art. 6 Massnahmen der Kantone
[1] Sind in einem Gebiet die Richtwerte überschritten, steigt der Gehalt eines Schadstoffs deutlich an oder ist die Fruchtbarkeit des Bodens aus andern Gründen nicht mehr langfristig gewährleistet, so ermitteln die Kantone die Schadstoffquellen.
[2] Sie klären ab, ob die Massnahmen nach den Vorschriften des Bundes in den Bereichen Luftreinhaltung, umweltgefährdende Stoffe und Abfälle genügen, um im betroffenen Gebiet den weiteren Anstieg der Schadstoffgehalte zu verhindern.
[3] Genügen diese Massnahmen nicht, so treffen die Kantone weitergehende Massnahmen nach Artikel 35 USG. Sie teilen diese dem Eidgenössischen Departement des Innern vorher mit.
[4] Die Kantone führen die Massnahmen innert fünf Jahren, nachdem die Bodenbelastung festgestellt wurde, durch. Sie legen die Fristen nach der Dringlichkeit des Einzelfalls fest.

Art. 7 Verschärfung der Bundesvorschriften
Erachtet es das Eidgenössische Departement des Innern als notwendig, zur Erhaltung der Bodenfruchtbarkeit neben den weitergehenden kantonalen Massnahmen oder an deren Stelle die Vorschriften des Bundes in den Bereichen Luftreinhaltung, umweltgefährdende Stoffe oder Abfälle zu verschärfen, so stellt es dem Bundesrat Antrag.

Es fällt auf, dass diese Konsequenzen nur sehr vage umschrieben sind. Und es fällt ebenfalls auf, dass eine klare Aufgabenteilung mit Bezug auf die rechtliche Behandlung bodenbelastender Stoffe nicht erreicht wurde. Es wird sorgfältig zu beobachten sein, ob das Bodenkapitel des Umweltschutzgesetzes und die Bodenverordnung hinreichende Wirkungen zeitigen.

Mir scheint, dass gerade der Boden eine explizitere und stringentere Schutz-Ordnung verdient hätte. Denn der Boden ist in gewissem Sinne wohl ein empfindlicheres «Umwelt-Medium» als alle andern «Medien»; einmal «verschmutzt», ist er nur mit grösstem Aufwand – wenn überhaupt – wieder zu «reinigen», und für eine natürliche «Reinigung» braucht es wohl Hunderte von Jahren (Auswaschen, Absinken der Schadstoffe). Aufschlussreich ist hier ein Blick auf das holländische Recht, auf das – bisher offenbar einzigartige – «interimistische Gesetz über die Sanierung des Bodens» (von 1982); besonders stark belastete Böden (v.a. Böden, die durch frühere Deponien oder durch frühere gewerbliche Tätigkeiten massiv verschmutzt sind) sollen mit grossem Aufwand «gereinigt» werden – hauptsächlich durch Ausheben der betroffenen Erdschichten und durch anschliessendes (wohl v.a. chemisches, eventuell thermisches) Säubern, durch Verbrennen oder Deponieren. Aber man kann nicht das ganze Mittelland ausheben! (vgl. hierzu Pierre Bermane Favrod-Coune, 1985, S. 131ff).

Gewiss ist der skizzierte Katalog bodenrelevanter Rechtsnormen nicht vollständig; der Boden ist auch wichtig für die Wassergesetzgebung (Grundwasser, Klärschlamm u.a.), für die Energiegesetzgebung (Erdwärme, Wärmepumpen, Entsorgung radioaktiver Abfälle usw.), für die Natur- und Heimatschutzgesetzgebung (Landschafts-, Biotopschutz usw.) und andere. Aber es fehlt an einem eigentlichen «Bodenrecht», welches den Boden – Erdoberfläche und darunterliegende Schichten – integral erfassen und die *Zusammenhänge* zwischen den verschiedenen Regelungen eruieren, systematisieren und normieren würde. Dem Boden geht es in dieser Beziehung ähnlich wie dem *Wald*. Und wenn heute das «Bodenrecht» wieder an die Front der politischen Diskussion geraten ist – besonders als Folge der Stadt-Land-Initiative und der Vorschläge einer Expertenkommission für die Neuregelung des bäuerlichen Bodenrechts –, so geht es hierbei, etwas vereinfacht gesagt, um Bodeneigentum und nicht um Bodenschutz.

II. Der Boden ist für unser geltendes Recht (wie auch für Politik und herrschende Ethik) «Objekt»

Der Boden ist Objekt menschlicher Nutzung und Ausbeutung, aber auch menschlichen Schutzes. Soweit er von Rechtsnormen erfasst wird, wird er als Objekt erfasst, mit welchem Menschen in dieser oder jener Weise verfahren können – und sollen. Dieses Schicksal teilt der Boden (im wesentlichen) mit Tieren und Pflanzen; Tiere und Pflanzen sind nach der Systematik des schweizerischen Zivilgesetzbuches «Sachen» (vgl. Art. 678 und 719 ZGB).

In geistesgeschichtlicher Hinsicht ist dies keineswegs Zufall. Es drückt sich hierin die scharfe Unterscheidung aus, die unser Recht (im ganzen westlichen Kulturkreis – im sozialistischen wohl noch ausgeprägter) zwischen Subjekten und Objekten vornimmt; eine Unterscheidung, die letztlich begründet ist in der neuzeitlich-philosophischen Abhebung des «ens cogitans» (des Menschen) von der «res extensa» (seiner Umwelt) (Descartes, 1637). Diese Unterscheidung ist – in der herkömmlichen «westlichen» Philosophie wie eben auch im Recht – scharf, kategorial, ohne Brücken.

Es leuchtet nun ohne grosse Erläuterungen ein, dass es im Rahmen einer Rechtsordnung, die so scharf zwischen Subjekt und Objekt unterscheidet, naheliegt, *die Objekte um des Subjektes willen zu erfassen und zu verfassen;* auch dort, wo Objekte geschützt werden, sind sie primär um des Menschen willen zu schützen. Dieser «Anthropozentrismus» wird – wie in den letzten Jahren wiederholt beobachtet – im geltenden Natur- und Umweltschutzrecht besonders deutlich, vor allem in der einschlägigen Gesetzgebung der Bundesrepublik Deutschland. So will das Bundesnaturschutzgesetz (vom 20. Dezember 1976) «die Leistungsfähigkeit des Naturhaushalts, die Nutzungsfähigkeit der Naturgüter, die Pflanzen- und Tierwelt sowie die Vielfalt, Eigenart und Schönheit von Natur und Landschaft als Lebensgrundlage des Menschen und als Voraussetzung für seine Erholung in Natur und Landschaft nachhaltig» sichern. Dem schweizerischen Natur- und Heimatschutzgesetz (vom 1. Juli 1966, SR 451) geht freilich zumindest diese explizite Vereinnahmung der Natur zum Nutzen des Menschen ab. Auch die Gesetze zum Schutze des Waldes, nämlich das deutsche Bundeswaldgesetz (vom 2. Mai 1975) und das schweizerische Forstpolizeigesetz (Bundesgesetz betreffend die eidg. Oberaufsicht über die Forstpolizei vom 11. Oktober 1902, SR 921.0), dienen kaum der Erhaltung unserer Wälder um ihrer selbst willen. Diese sollen vielmehr in ihren für den Menschen immens wichtigen Funktionen als Umweltregulator und als wirtschaftliches Potential erhalten bleiben. Besonders eklatant schliesslich § 1 des deutschen Bundesimmissionsschutzgesetzes (vom 15. März 1974): Das Gesetz will «Menschen sowie Tiere, Pflanzen und andere Sachen» vor schädlichen Umwelteinwirkungen und dergleichen schützen. Anders das schweizerische Umweltschutzgesetz – und bereits der Umweltschutzartikel der Bundesverfassung, Art. 24^{septies}:

«Der Bund erlässt Vorschriften über den Schutz des Menschen und seiner natürlichen Umwelt gegen schädliche oder lästige Einwirkungen ...»

Am wenigsten «objektiviert» erscheint die Natur in der Tierschutzgesetzgebung: das deutsche Tierschutzgesetz (vom 24. Juli 1972) dient grundsätzlich «dem Schutz des Lebens und Wohlbefinden des Tieres. Niemand darf einem Tier ohne vernünftigen Grund Schmerzen, Leiden oder Schäden zufügen» (§ 1). Hier wird Natur als empfindungs-, d.h. «wohlbefindens-» und «leidensfähig» erkannt. Ähnlich das schweizerische Tierschutzgesetz (vom 9. März 1978, SR 455):

«Dieses Gesetz ordnet das Verhalten gegenüber dem Tier; es dient dessen Schutz und Wohlbefinden.» (Art. 1 Abs. 1)

Allerdings schränkt es seinen Geltungsbereich in auffallender Weise ein:

«Es ist nur auf die Wirbeltiere anwendbar. Der Bundesrat kann in seinen Vorschriften über Transporte und internationalen Handel die wirbellosen Tiere einschliessen.» (Art. 1 Abs. 2)

Es bestätigt sich also: die Natur – die Tiere, die Pflanzen, der Boden usw. – ist nach geltendem Recht Sache, Objekt; der Mensch verfügt darüber weitgehend nach seinem Belieben, er hat daran Eigentum und Besitz. Wo das Recht die Natur schützt, da schützt es sie vorwiegend um des Menschen willen – die deutsche Natur noch ausgeprägter als die schweizerische.

2. «Entobjektivierung» des Bodens?

Hier setzen unsere Fragen ein – Fragen, die wir in unserer Studie bearbeiten wollen: Hat die Verschlechterung der Lebensbedingungen unserer natürlichen Umwelt – und damit auch die Verschlechterung unserer eigenen Lebensbedingungen – nicht etwas zu tun mit einer *grundsätzlich* unzureichenden rechtlichen Erfassung der Umwelt? Hat sie nicht etwas damit zu tun, dass wir bisher Tiere, Pflanzen, Wald, Luft, Wasser und Boden bloss als Objekte rechtlich «verfassten», ihnen keinerlei Subjekt-Stellung einräumten, und dass wir entsprechend auch den Schutz dieser «Elemente» überwiegend vom Menschen her konzipierten? Gewiss: Ansätze zu einem nicht-anthropozentrischen Tier- und Umwelt-Schutz sind vorhanden; aber sie erscheinen im Bereich des Tierschutzes nur unzureichend, im Bereich des allgemeinen Umwelt- und des Naturschutzes fast gar nicht ausgeführt. So ist Ziel des gesetzlichen Bodenschutzes die Erhaltung seiner «Fruchtbarkeit» (Art. 33 USG); der anthropozentrische Ansatz hat hier gesiegt – trotz Art. 24^{septies} BV!

Wird Umweltschutz in traditioneller Weise nur vom Menschen her konzipiert und um des Menschen willen realisiert, so besteht die Gefahr, dass er ständig zu kurz greift; dass er bloss für bestimmte, punktuelle, oft rein wirtschaftliche Interessen des Menschen eingespannt wird, und dass er damit nicht nur die «Eigeninteressen» der Umwelt – der Tiere, der Pflanzen, des Bodens usw. – verfehlt, sondern letztlich auch die Interessen der Menschen in ihrer Fülle. Und besonders: Es besteht das grosse Risiko, dass nur Interessen der heute lebenden Menschen berücksichtigt werden – dass die Interessen unserer Nachkommen unterdrückt werden, überhaupt nicht zum Zuge kommen. Ein Beispiel: Wird der Wald nur zur Sicherung seiner «handfestesten» Funktionen geschützt (Lieferung von Nutzholz, Schutz vor Lawinen u.ä.), so dient ein solcher Schutz nicht dem ganzen Menschen (der eben auch andere Interessen und Bedürfnisse hat); es ist dann etwa weitgehend gleichgültig, ob eine Wiederaufforstung mit standortgerechten Baum-Arten erfolgt, d.h. so, dass standortadäquate Ökosysteme mit ihrem «natürlichen» Reichtum an Pflanzen- und Tierarten erhalten bleiben, die dann wiederum dem Menschen auch zur Erholung und zum ästhetischen Genuss dienen (negatives Beispiel: Intensive Bepflanzung von Auwald-Gebieten mit Fichten!). Weder das eidg. Forstpolizeigesetz noch die Ausführungsverordnung hierzu schreiben aber eine standort- (oder allgemeiner: umwelt-)gerechte Wiederaufforstung vor – bloss die Berücksichtigung auch von Anliegen des Natur- und Heimatschutzes (vgl. Art. 26bis der Verordnung betreffend die eidgenössische Oberaufsicht über die Forstpolizei, vom 1. Oktober 1965, SR 921.01). Ein Anthropozentrismus in der Erfassung der Natur *müsste* nicht zu einer solch punktuellen Berücksichtigung menschlicher Interessen an der Natur führen; aber er führt, wie ein Blick in die Gesetzgebung zeigt, tatsächlich immer wieder dazu. Wäre der «ganze Mensch» (der heutige und der künftige) Bezugspunkt für die rechtliche (wie auch ethische) Erfassung der Umwelt, dann würde auch die Umwelt «ganzheitlicher» erfasst. Vor allem käme dann auch die «Naturhaftigkeit» des Menschen als Leitlinie für eine solche Erfassung zum Zuge; also der Umstand, dass der Mensch selbst ein «Stück Natur» ist – wenn auch ein besonderes, herausgehobenes. Und es käme damit zwangsläufig auch die Vernetzung des Menschen mit der übrigen Natur zur Beachtung, sein Angewiesen-Sein auf die Natur.

Dann aber gelangt der Mensch fast zwangsläufig zur Einsicht, dass die ihn umgebende Natur – die Tiere, die Pflanzen, der Boden, die Berge – «Mitgeschöpfe» sind. Und es ist dann nur noch ein kleiner (und wie mir scheint: notwendiger) Schritt zur Einsicht, dass die Tiere und die Pflanzen – wie er selbst – an der «Würde des Lebens» teilhaben.

Umgekehrt nun: Wenn wir die uns umgebende Natur nicht nur als «Objekt», als «Sache» ansehen, wenn wir uns zu ihrer Mitgeschöpflichkeit, zu ihrer eigenen Würde bekennen und daraus für unser Verhalten – und damit auch für unser Recht – Konsequenzen zu ziehen bereit sind, dann erhöht sich die Chance, dass wir uns im wahren Sinne «menschengerecht» verhalten, dass wir unsere Gesetzgebung umfassend auf Anliegen und Bedürfnisse der Menschen ausrichten. Oder auf kurze Formeln gebracht: Wer die Natur achtet, ist auch eher bereit, den Menschen in seiner Komplexität zu achten; wer die Natur verdinglicht, neigt auch zur Verdinglichung des Menschen; und wer die Natur zerstört, zerstört letztlich den Menschen. Dies ist ein zentraler Gedanke Jörg Leimbachers; er wird in unserer Studie weiter entfaltet.

Die Lehre von der eigenen Würde alles Lebendigen, ja alles Geschaffenen, alles Seienden, ist nicht neu; sie wird von ausgezeichneten Theologen und Philosophen vertreten. Ich werde nicht näher auf sie eingehen; aber ich möchte mich ausdrücklich zu ihr bekennen. Ich komme immer mehr zur Überzeugung, dass eine entschiedene Bejahung der Eigenwürde alles Geschaffenen die einzig tragfähige Grundlage für ein gutes Verhältnis des Menschen zu seiner Umwelt ist – und damit letztlich auch für ein gutes Verhältnis des Menschen zu sich selbst. Dann aber liegt es nahe zu fragen, ob eine solche Eigenwürde nicht ihren rechtlichen Niederschlag in der Anerkennung von *Rechten* der Umwelt finden sollte: in der Anerkennung der «Rechtspersönlichkeit» von Tieren, Pflanzen, vielleicht auch unbelebter Natur; von Arten, Populationen, Ökosystemen, und auch von einzelnen Tier- und Pflanzen-Individuen. Es ist also zu fragen, ob die natürliche Umwelt nicht auch rechtlich «entobjektiviert» werden sollte; ob die Zuerkennung eines «Subjekt-Status» nicht die sinnvolle rechtliche Konsequenz jener Zuerkennung eigener Würde wäre; und ob sich nicht gerade dadurch die Chancen wirksamen Umweltschutzes wiederum erhöhten. «Wer keine Rechte hat, wird verachtet; wer Rechte hat, wird geachtet» – so prägnant formuliert es der chilenische Jurist Godofredo Stutzin.

Auch die Idee von Eigenrechten der natürlichen Umwelt ist nicht neu. Lanciert wurde sie vor 15 Jahren vom amerikanischen Juristen Christopher Stone. Anlass dazu war der Plan, das Mineral King Valley, ein bisher ziemlich unberührtes Gebirgstal in der kalifornischen Sierra Nevada, durch Motels, Restaurants und Freizeitangebote zu «erschliessen». Der Sierra Club, eine amerikanische Umweltschutzvereinigung, klagte gegen die zuständige Behörde auf Unterlassung des Projekts – und unterlag in zweiter Instanz; das Gericht hielt fest, dem Sierra Club fehle das Klagerecht. Darauf kam Stone auf den Gedanken, eine Weiterziehung des Entscheides an den U.S. Supreme Court – im Namen des Mineral King Valley – selbst vorzuschlagen. In einem sehr knappen Entscheid unterlag zwar das Tal; aber wenigstens ein Richter hielt die Klageberechtigung des Tales ausdrücklich für gegeben. Im deutschen Sprachraum gehören zu den wichtigsten Anhängern jener Idee der deutsche Naturwissenschafter und Philosoph Klaus Michael Meyer-Abich und der Schweizer Philosoph Beat Sitter. Meyer-Abich formuliert u.a. (1984, S. 163):

«Das anthropozentrische Weltbild aber *ist* die herrschende Geisteshaltung. Unter diesen Umständen kommt es darauf an, ihm etwas entgegenzusetzen, was der industriegesellschaftlichen Umweltpolitik einen Halt gegen die zerstörerischen Kräfte gibt. Ein solcher Halt wäre es, Eigenwerte der natürlichen Umwelt sowohl im handlungsleitenden Bewusstsein als auch rechtspolitisch-institutionell dadurch zu achten, dass sie durch Eigenrechte anerkannt werden.»

Und Beat Sitter (1984, S. 38):

«Achtung als Anerkennung der Würde alles natürlich Seienden wird ... zum obersten Prinzip für die Regelung der Beziehungen zwischen Mensch und Natur. In ihr gründet des Menschen Pflicht zu Rücksichtnahme, Schonung, Schutz und überhaupt pfleglichem Umgang mit nicht-menschlichen Naturwesen. Wiederum entsprechen solchen Pflichten auf seiten des natürlich Seienden moralische Rechte. Diese lassen sich, einmal anerkannt, zu gesellschaftlich durchsetzbarem, also gesetzlichem Recht machen, bringt eine gegebene Rechtsgemeinschaft nur den nötigen Willen dazu auf. Ihren tiefsten Grund finden diese Rechte indessen nicht im Verpflichtetsein des Menschen, sondern in der Eigenständigkeit des natürlichen Seienden.»

Für Juristen, die sich dieser Idee anschliessen, gilt es nun, *die Konsequenzen für unsere Rechtsordnung systematisch zu bedenken*. Wie müssen Verfassungen, Personenrecht, Sachenrecht, Raumplanungsrecht, Landwirtschaftsrecht, Umweltschutzrecht usw. (u.U.) «umgebaut» werden, wenn die natürliche Umwelt rechtlich «entobjektiviert» werden soll? Anschliessend wird, auf der Grundlage dieser Überlegungen, eine weitere Frage zu stellen sein: In welchem Verhältnis werden Aufwand und Ertrag eines solchen «Umbaus» stehen? Der Aufwand wird, so vermuten wir, sehr gross sein; und zwar nicht einmal darum, weil sehr viele Rechtsnormen geändert oder ganze Gesetze neu konzipiert werden müssten, sondern vielmehr, weil es von seiten der Juristen ein erhebliches Umdenken erfordert. Etwas vom ersten und grundsätzlichsten, was wir als Juristen gelernt haben, ist der Satz, dass *alle* Menschen, aber *nur* Menschen rechtsfähig sind. Dieser Satz hat sich im tiefsten Innern unseres juristischen Kopfes festgesetzt. Und darum ist es auch begreiflich (wie am Anfang schon bemerkt), wenn Juristen, denen wir unsere Gedanken vortragen, ständig leise (oder auch heftig) ihren Kopf schütteln. Nicht-Juristen, so haben wir erfahren, haben mit dem Konzept viel weniger Mühe. Nach einem vom Nationalfonds veranstalteten Seminar, in dem ich unsere Ideen ebenfalls vortrug, sagte mir ein Biologe und

Landwirt: «Für mich ist das eine Selbstverständlichkeit. Ich spreche mit meinem Boden, er ist für mich ein Partner.»

An dieser Stelle erscheint es mir angezeigt, jenen Haupt-Satz, wonach alle Menschen, aber nur Menschen rechtsfähig sind, etwas näher anzusehen und zu fragen, woher er eigentlich – spezifisch rechtsgeschichtlich und nicht nur allgemein geistesgeschichtlich gesehen – stammt; wie alt er ist; ob er sich wirklich so sehr von selbst versteht; ob er wirklich so «natürlich» ist, wie wir es als Juristen gerne annehmen.

3. Zur geschichtlichen Entwicklung von «Rechtsfähigkeit»

Die späte Zeit des Römischen Reiches sah den Menschen vorwiegend als Glied der Verbände, in denen er stand, und weniger als Einzelwesen; Sklaven waren gar Eigentum des Hausvaters, und in vollem Umfang rechtsfähig war nur dieser. Auch in der mittelalterlichen Gesellschaft erscheint die Rechtsfähigkeit abgestuft: die Einzelperson ist nicht um ihrer selbst willen Rechtssubjekt, Trägerin von Rechten und Pflichten; sie ist dies wiederum nur als Teil einer übergeordneten Einheit, etwa einer Dorfgenossenschaft. Bestimmte Gruppen von Menschen galten rechtlich nicht als Menschen: so wurde im 13. Jahrhundert in England ein Gesetz erlassen, welches die Juden als «Menschen ferae naturae» behandelte, und sie fast wie eine Art Forstgesetz schützte; «Wie das Reh und der Hirsch bilden sie eine gesonderte Ordnung.» (Schlechter, zit. nach Stone, S. 28). Umgekehrt galten Tiere in gewissem (beschränktem) Sinne als rechtsfähig; bekannt geworden sind Prozesse gegen Tiere.

Erst das Naturrecht der Aufklärung führte zur Vorstellung und zum Begriff einer gleichen und allgemeinen Rechtsfähigkeit der Menschen (und *nur* der Menschen), wobei auch damit die Diskriminierung grosser Teile der Menschheit bis in unsere Zeit hinein freilich nicht beseitigt war. «We hold these truths to be self evident that all men are created equal . . .», verkündeten die Väter der amerikanischen Unabhängigkeitserklärung im Jahre 1776 der staunenden Menschheit; aber es fiel wohl den wenigsten dieser Väter ein, auch die Negersklaven als «men» zu betrachten – noch im 19. Jahrhundert galten Sklaven als «Sachen». Der amerikanische Supreme Court führte in seiner berühmt-berüchtigten Dred-Scott-Entscheidung (aus dem Jahre 1856) aus: Den Schwarzen werden die Bürgerrechte vorenthalten «als einer untergeordneten und niederen Klasse von Lebewesen, die von der dominierenden Rasse unterworfen worden sind» (Stone, 1987, S. 27). Und zwei Jahre später, im Entscheid Bailey v. Pointdexter, erklärte ein Gericht des Staates Virginia, es sei rechtswidrig, wenn ein Erblasser testamentarisch seinen Sklaven das Recht einräume, zwischen Freilassung und öffentlicher

Versteigerung zu wählen. «Bei dieser Entscheidung handelt es sich um eine rechtliche Schlussfolgerung, die sich natürlich und mit Notwendigkeit aus der klaren, einfachen und fundamentalen Idee der Sklaverei ergibt. Diese grundlegende Idee besagt, dass vom rechtlichen Standpunkt – was die Bürgerrechte und die Rechtsbeziehungen angeht – der Sklave nicht als Person, sondern als Sache anzusehen ist. Und in der Tat ist die Verleihung von Bürgerrechten oder rechtlichen Befugnissen an einen Sklaven ein iuristisches Unding.» (zit. nach Stone, 1987, S. 123ff). Und noch lange fanden sich Abstufungen der Rechtsfähigkeit, je nach Geschlecht, Stand und Vermögen; noch heute sind beispielsweise die Frauen in den beiden Kantonen Appenzell-Innerrhoden und Appenzell-Ausserrhoden nicht voll rechtsfähig!

Aber nicht nur der Kreis rechtsfähiger Menschen wurde im Laufe der Geschichte ausgeweitet, sondern schon früh wurde auch Rechtssubjektivität (wenn vielleicht auch nur eine beschränkte) auch noch nicht geborenen oder schon toten Personen zugestanden. Noch wichtiger für unseren Zusammenhang ist der Umstand, dass ebenfalls schon früh auch Fiktionen (Abstraktionen) mit Rechtsfähigkeit ausgestattet wurden – ich denke dabei an die sogenannten *iuristischen Personen* (Vereine, Aktiengesellschaften, Stiftungen usw.). Die Stiftungen sind für unseren Zusammenhang besonders interessant: Es sind Vermögensmassen, die einem bestimmten Zweck gewidmet und rechtlich verselbständigt werden. Ein Objekt wird also rechtlich zum Subjekt! Gerade eine solche Rechts-Zuerkennung wirft ein helles Licht auf die geschichtliche Tatsache, dass die skizzierte Ausweitung des Kreises von Rechtssubjekten nicht nur durch irgendwelche «humanistischen» Ideale ausgelöst oder befördert wurde, sondern dass vielmehr auch handfeste wirtschaftliche Interessen als Triebfedern wirkten.

Die Frage, ob der Natur – im besonderen dem Boden – im Prinzip Rechte zuerkannt werden können, lässt sich somit weder mit den Mitteln der Logik noch mit dem Rekurs auf eine «Naturgegebenheit» vom Tische wischen. Dem staatlichen Gesetzgeber steht es frei zu bestimmen, wem er Rechte zuerkennen will; er entscheidet nach Gesichtspunkten der Ethik, der Ökonomie, irgendwelcher Zweckmässigkeit. Und die Zuerkennung der Rechtsfähigkeit an Natur, Boden usw. wäre in gewissem Sinne nur die Fortsetzung einer jahrhundertealten Bewegung; ja zum Teil sogar die Wiederaufnahme früherer Vorstellungen. Aber solche Entwicklungen haben es immer schwer: «Tatsache ist, dass jedesmal, wenn der Anstoss entsteht, einer neuen «Wesenheit» Rechte zu übertragen, dieser Vorstoss zwangsläufig unausgewogen, angsteinflössend oder lächerlich erscheinen wird. Zum Teil liegt das daran, das wir das Rechtlose, bevor es seine Rechte erhält, nicht anders als wie ein Ding wahrnehmen können, das «uns» zu dienen habe – uns, die wir bereits Inhaber von Rechten sind.» (Stone, 1987, S. 29).

4. Postulat der Zuerkennung von Rechten an die Natur

Die bisherigen Überlegungen haben, so hoffe ich, gezeigt, dass die Konzeption einer eigenen Rechtssubjektivität der Natur mindestens intensives Nachdenken und Durchdenken verdient. Und es ist eben unser Vorhaben, mit möglichster gedanklicher Konsequenz zu zeigen, welche Folgen jene Konzeption u.a. für unser geltendes Recht haben müsste: für das Verfassungsrecht, für das Privatrecht (und hier besonders für das Personen- und Sachenrecht), für das Strafrecht (Integrierung von Delikten «gegen» die Natur ins ordentliche Strafrecht, und damit ihr Abzug von einem strafrechtlichen «Nebenkriegsschauplatz») und für wesentliche Teile des Verwaltungsrechts (z.B. für das Landwirtschafts-, das Umweltschutz- und das Raumplanungsrecht). Und wenn diese Folgen einmal durchdacht sind, dann wird eben zu überlegen sein, ob sich der Aufwand für die notwendigen Rechtsänderungen *lohnt;* oder ob sich unser Ziel, die Natur – und besonders den Boden (und damit auch den Menschen) – besser zu schützen, nicht auf anderen Wegen mit geringerem Aufwand erreichen lässt. In jenem Durchdenk-Prozess stecken wir noch drin; die taktischen Überlegungen werden folgen müssen.

Immerhin haben unsere bisherigen Überlegungen – vor allem diejenigen Jörg Leimbachers – bereits einige vorläufige Ergebnisse gezeitigt. Und diese möchte ich Ihnen nun darlegen:

I. Rechte der Natur, nicht nur des Bodens

Wenn Rechte der Natur statuiert werden sollen, dann eben Rechte «der Natur», nicht bloss Rechte einzelner «Elemente» oder «Segmente» der Natur; also *nicht bloss* Rechte des Bodens, einzelner Tiere, irgendwelcher Pflanzen oder bestimmter schöner Landschaften. Es wären Rechte von «Lebens-» oder (noch allgemeiner) von «Seins-Gemeinschaften» anzuerkennen. Der Grund hierfür ist leicht einsehbar: Gerade der Boden – genauer: der «lebende» und «lebenspendende» Boden, aus dem Pflanzen wachsen – ist bekanntlich ein überaus komplexes System, mit einer unvorstellbar grossen Zahl kleiner und kleinster Lebewesen und mit verschiedensten Mineralien, Metallen, organischen und anorganischen Verbindungen. Der Mensch beeinflusst seine Zusammensetzung aufs nachhaltigste und vielfältigste. Pflanzendecke und Tierwelt in und auf dem Boden wechseln mit dieser Zusammensetzung und machen den Wechsel zum Teil selber aus. Wenn «lebenskräftige» Böden erhalten bleiben und dem Boden zu diesem Zweck Rechte zuerkannt werden sollen, so müssen solche Rechte dem «System Boden» im weitesten Sinne – und das heisst letztlich: der gesamten Natur – zukommen. Nur so wird es möglich, die unheilvolle kategoriale

Gegenüberstellung von «ens cogitans» (dem Menschen) und «res externa» (der «übrigen» Natur) und damit die Objekthaftigkeit der Natur im Recht wahrhaft zu überwinden. Denn nur jenes «komprehensive» Denken eröffnet vollen Zugang zu den Wechselwirkungen zwischen Mensch und übriger Natur; und ferner zur Erkenntnis, dass der Mensch, indem er die Natur schädigt und zerstört, damit letztlich und unweigerlich auch sich selber schädigt und zerstört.

Wir können entsprechend versuchen, die Rechtsfähigkeit der Natur im Zivilgesetzbuch (Personenrecht) wie folgt zu verankern:

[1] Die Fähigkeit, Rechte zu haben, kommt auch der gesamten belebten und unbelebten Natur zu.

[2] Der Natur stehen diejenigen Rechte zu, derer sie um ihrer Erhaltung und um ihrer Würde willen bedarf.

Sind einzelne Elemente oder Segmente der Natur (z. B. der Boden, oder bestimmte Böden) von menschlichen Vorhaben und Vorkehrungen betroffen, so sind die Rechte dieser Segmente als Rechte der Natur zu verteidigen. Wie das geschehen kann, werde ich später zu zeigen versuchen.

II. Nicht «status quo», sondern «Existenz im Wandel» und «Wohlbefinden» als Gegenstände jener Rechte

An diesem Punkt unserer Überlegungen können wir der Frage nicht mehr ausweichen, worauf denn die Natur berechtigt, welches der *Inhalt* ihres Rechts – oder ihrer Rechte – sein soll: Ein «Recht auf Leben»; allgemeiner: auf «Existenz»? Auf Existenz des einzelnen (Tier- oder Pflanzen-)Individuums oder einer Population? Oder auf Existenz einer Pflanzengesellschaft, einer örtlichen Lebensgemeinschaft, eines ganzen Ökosystems, einer Art, oder der hier und heute vorfindlichen Artenvielfalt (oder auch eines Bergbaches, einer Bergspitze)? Genügt ein «Recht auf Leben» (oder auf «Existenz»)? Müsste nicht, soweit es um Leben geht, ein Recht auf «artgerechtes» Leben hinzukommen, ein Leben in «Wohlbefinden»; und ferner ein Recht auf Weitergabe des (nicht künstlich mutierten) Lebens, auf Fortpflanzung? Und schliesslich ein Recht auf «Leben in der Gemeinschaft», auf die Wahrung natürlicher Interaktion mit einer gewaltigen Zahl von anderen Arten, Populationen und Einzelindividuen?

All dies müsste wohl irgendwie Inhalt von Rechten der Natur sein. Jede Reduzierung der Liste müsste – dies ist wohl leicht einsehbar – zu einer Verminderung des Schutzes von «Natur» führen (im einzelnen freilich sorgfältig zu begründen).

Jörg Leimbacher hat den Gedanken eines allgemeinen «Schädigungsverbotes» entwickelt: die Natur hat ein Recht darauf, in ihrem Leben, Weiterleben, «Wohlleben» und Zusammenleben nicht geschädigt zu werden. Damit sind die vorher erwähnten Postulate alle eingefangen – gewissermassen von der anderen Seite her.

Freilich wird damit auch ein Problem deutlich, das Ihnen vielleicht schon lange auf den Lippen brennt: Ist ein Recht auf Nicht-Schädigung nicht barer Unsinn? Sind Schädigungen der Natur, die Zerstörung des Lebens von Tieren und Pflanzen und die Veränderung von Landschaften nicht völlig unvermeidlich, unentbehrlich, wenn der Mensch selber leben soll? Er könnte ja keinen Salat und keinen Fisch mehr essen und kein Haus mehr bauen, wenn jenes Recht absolute Gültigkeit besässe.

Hiervon aber kann keine Rede sein. Anerkennung eines Rechts auf Nicht-Schädigung (oder positiv eben: auf Leben, Weiterleben, Wohlleben und Zusammenleben) bedeutet keineswegs eine Verabsolutierung dieses Rechts. Das gilt auch für die Rechte der Menschen, für seine Grundrechte sogar. Kein verfassungsmässiges Recht gilt absolut – nicht einmal das Recht auf Leben des Menschen (obwohl dies sogar dem Schweizer Bundesgericht in einem bestimmten Entscheid zu wenig klar war). Das menschliche Leben wird zwar vom Grundrecht der persönlichen Freiheit (oder – je nach dogmatischem Standort – von einem besonderen, spezifischen Grundrecht) geschützt, gewisse Eingriffe aber werden von unserer Rechtsordnung in speziellen Situationen erlaubt: so etwa das polizeiliche Schiessen auf flüchtende Menschen (unter bestimmten Voraussetzungen, aber stets mit dem Risiko tödlicher Verletzung des Flüchtenden oder unbeteiligter Passanten); oder das Töten im Krieg, die Verhängung der Todesstrafe nach Militärstrafgesetz, der erlaubte Schwangerschaftsabbruch oder die Tötung in einer Notwehr- oder Notstands-Situation. Damit ein Grundrecht verfassungskonform eingeschränkt – also beispielsweise sogar menschliches Leben verfassungskonform ausgelöscht – werden kann, muss jeweils eine Güterabwägung stattfinden; Eingriffe sind nur dann erlaubt, wenn ein überwiegendes öffentliches (oder unter Umständen privates) Interesse sie veranlasst, und wenn sie überdies verhältnismässig sind. Im Zentrum des Grundrechtsschutzes steht somit, in gewissem Sinne, diese Güterabwägung. Und genau dahin zielt das Konzept von Eigenrechten der Natur: es will, dass in die Lebens-Rechte der Natur nur dann eingegriffen wird, wenn überwiegende Interessen von Menschen oder von anderen Teilen der Natur sie rechtfertigen, und wenn sie angemessen sind. *Diese Güterabwägung sollte auch der Natur zugute kommen – automatisch, zwingend, vor jedem Eingriff.*

Sie werden jetzt vielleicht antworten: Aber ist das nicht erst recht ver-rückt? Es kann doch nicht vor jedem Ausreissen einer Rübe ein Verwaltungs- oder Zivilprozess stattfinden, durch welchen jene Güterabwägung stattfände! Gewiss nicht. Aber es sollen durchaus komplexe und aufwendige Abwägungen dort durchgeführt werden, wo in natürliche Systeme schwer und nachhaltig eingegriffen wird – beispielsweise durch die Errichtung eines Speicherkraftwerkes in Gletsch, durch die «Melioration» eines der wenigen noch im Mittelland verbliebenen Flachmoore oder durch den Bau einer neuen Autobahn. Und es soll sich jeder Bürger selber überlegen, ob ein Eingriff, den er vorzunehmen gedenkt, wirklich nötig ist, wirklich «guten», d.h. wichtigeren Zwecken dient. Ob also beispielsweise das Töten von Blattläusen an Obstbäumen oder von Schnecken im Gemüsegarten wirklich erforderlich ist; ob damit nicht unnötig in einen wichtigen Lebenskreislauf eingegriffen wird; ob es nicht andere Methoden der Bekämpfung gäbe; oder ob man nicht schlicht abwarten sollte, bis sich die Blattläuse wieder verzogen haben? Das Gebot der Güterabwägung richtet sich also nur zum Teil – immerhin aber zu einem wesentlichen Teil – an staatliche Behörden in staatlichen Verfahren; zum Teil jedoch auch an jeden einzelnen von uns. Der staatliche Gesetzgeber soll dem einzelnen Bürger mit hinreichender Bestimmtheit Richtlinien für sein Verhalten geben – und damit auch bewusstseinsfördernd wirken.

Das Gebot der Güterabwägung erlaubt eine «flexible response» auf die verschiedenartigen Angriffe, denen die Natur ausgesetzt ist. Eine allgemeine Abwägungsregel lässt sich etwa wie folgt formulieren: Je intensiver und nachhaltiger der geplante Eingriff, desto höhere Anforderungen sind an das den Eingriff rechtfertigende Interesse zu stellen. Und vollends unzulässig müssen Eingriffe dann sein, wenn sie das *Aussterben ganzer Arten* bewirken (oder erheblich beschleunigen). In den Artenhaushalt der Natur – und damit auch in den natürlichen Prozess der Artenveränderung und -neuschaffung – einzugreifen, ist dem Menschen nicht gestattet.

In diesem Sinne hat der amerikanische Supreme Court «in einer Mehrheitsentscheidung von sechs gegen drei Stimmen im Juni 1978 entschieden, dass der im Rohbau fertiggestellte Tollico-Staudamm im Bundesstaat Tennessee unvollendet bleiben solle, weil die Füllung des Stausees eine Zwergbarsch-Art, die auf der Liste der vom Aussterben bedrohten und zu schützenden Arten steht, ihrer natürlichen Umwelt berauben und unwiederruflich ausrotten würde. Dieser Fisch – Percina tanasikam – kam nämlich auf der ganzen Welt nur in dem etwa 25 km langen Flusslauf des Little Tennessee River vor, der in dem geplanten Stausee verschwinden sollte. Da er keine Schwimmblase hat, ist er auf flache und gut gelüftete Fliessgewässer angewiesen und könnte auf dem Boden eines Stausees nicht überleben. Die Frankfurter Allgemeine Zeitung bemerkte dazu verständnislos, dass das geplante Kraftwerk eine unterentwickelte Landschaft mit Industrie, Erholungsstätten und Elektrizität versorgen sollte (20 VI 1978). Das Problem ist mittlerweile dadurch gelöst, dass man die Fische in einen anderen

Fluss umgesiedelt hat, in dem sie ebenfalls überleben können sollen.» (Meyer-Abich, 1984, S. 49).

Genau in diese Richtung zielen beispielsweise das Verfahren der *Rodungsbewilligung* gemäss unserer Forstgesetzgebung und die vom Umweltschutzgesetz eingeführte *Umweltverträglichkeitsprüfung* (Art. 9). Eine solche Prüfung soll ja gerade die voraussichtlichen Auswirkungen einer geplanten Anlage auf die Umwelt ermitteln, und damit die Grundlage für eine Güterabwägung liefern. Aber Art. 9 der Umweltschutzgesetzgebung verlangt eine Umweltverträglichkeitsprüfung nur mit Bezug auf «Anlagen» – nicht etwa für die Umwandlung einer Magerwiese in eine Fettwiese. Ferner bestimmt das Umweltschutzgesetz – und in gewissem Sinne unser ganzes Umweltschutzrecht – die Kriterien für jene Abwägung nur sektoriell; und in einzelnen Sektoren (etwa in dem des Artenschutzes) zu wenig stringent. Die Verordnung über umweltgefährdende Stoffe (Stoffverordnung, vom 9. Juni 1986, SR 814.013) statuiert ihrerseits zwar eine umfassende Meldepflicht für neue und für gewisse alte Stoffe (wobei mit der Anmeldung grundsätzlich auch «das Ergebnis der Selbstkontrolle» mitgeteilt werden muss, Art. 19 Abs. 1); aber nur für ganz wenige Stoffkategorien das Erfordernis einer Zulassungsbewilligung (Art. 22). Die ältere Verordnung über landwirtschaftliche Hilfsstoffe (vom 4. Februar 1955, SR 916.051) schliesslich unterstellt zwar alle nicht im landwirtschaftlichen Hilfsstoffbuch aufgeführten Hilfsstoffe einer Bewilligungspflicht, umschreibt aber die materiellen Bewilligungs-Bedingungen (ausser für Futtermittel mit Zusätzen von Arzneistoffen) nur sehr vage (Art. 9 Abs. 2). Die Anerkennung von Rechten der Natur könnte dazu beitragen, dass diese Mängel behoben werden; dass das Instrument der Umweltverträglichkeitsprüfung ausgeweitet wird; dass eine eigentliche «Bodenverträglichkeitsprüfung» vorgeschrieben würde für all' jene Stoffe, die der Mensch unmittelbar oder mittelbar in den Boden «versenkt» – und auch für neue Verfahren, mit denen er den Boden zu bearbeiten gedenkt.

Und noch eine letzte Bemerkung zum Inhalt der Rechte: Wenn von einem Recht der Natur auf Leben, Weiterleben, Zusammenleben und Wohlleben die Rede ist, so wird sofort klar, dass Juristen nicht in eigener Kompetenz bestimmen können, was dies ist und sein soll. Es bedarf hierfür vielmehr intensiver und weit ausholender Zusammenarbeit mit Vertretern anderer Disziplinen. Solche Zusammenarbeit aber hat es in den tradierten Universitätsstrukturen nach wie vor schwer; die «Gefässe» für intensive – und effiziente – Interdisplinarität fehlen noch weitgehend. Die Nationalen Forschungsprogramme wie auch spezialisierte Institute (etwa die landwirtschaftlichen Forschungsanstalten) füllen hier eine Lücke.

Die «Verwandtschaft» eines Rechts (oder von Rechten) der Natur mit den Grundrechten unserer Verfassung – genauer: mit einem zentralen Grundrecht, der persönlichen Freiheit nämlich – ist uns bereits bewusst geworden. In der Tat soll jenes Recht auf den Schutz des Lebens von Tieren und Pflanzen, auf den Schutz des Weiterlebens, des Wohllebens und des Zusammenlebens hinzielen – letztlich auf den Schutz der Existenz der belebten und der unbelebten Natur. Dies aber ist offensichtlich ein *Grund-Recht der Natur;* das einzige Grund-Recht, das sich durch menschliches Recht überhaupt einfangen, in menschlichen Normen fassen lässt. Aber weil es ein Grund-Recht ist, würde ich nicht zögern, es als verfassungsmässiges Recht (als Recht der Verfassung) zu postulieren; gerade dadurch würde auch wieder die «naturgegebene» wechselseitige Bezogenheit von Mensch und Natur anerkannt und geschützt. Das heisst nun nicht, dass das Recht der Natur – in seiner skizzierten Komplexität – nicht auch im Zivilgesetzbuch, im Landwirtschaftsgesetz und im Umweltschutzgesetz erscheinen müsste; konkreter und «operabler», v.a. aber flankiert durch gesetzliche Vorkehrungen für eine wirkungsvolle Achtung und Wahrnehmung des Rechts (hierzu anschliessend mehr). Aber das wahrhaft Grund-Legende gehört – nach heutiger unbestrittener Auffassung – in die Verfassung eines modernen Rechtsstaates.

Würde das «Recht auf Existenz» der Natur als verfassungsmässiges Recht zuerkannt, so hätte dies eine wichtige rechtsdogmatische Konsequenz: Nach Judikatur und Literatur dürfen Grundrechte (vom Staat) nur eingeschränkt werden durch ein Gesetz; also durch einen Akt des Gesetzgebers, der in einem demokratischen Verfahren zustande gekommen ist. Genau die gleiche Forderung müsste nach dem Gesagten auch für Eingriffe in die Rechte der Natur gelten. Auch hier soll in einem demokratischen Verfahren – und damit mit (direkter und indirekter) Beteiligung der Bürger und ebenso der «Vertreter» der Natur – festgelegt werden, was der Natur widerfahren darf, inwieweit und wie ihre Rechte beschränkt werden sollen. Diese Forderung wird weiter zu bedenken sein.

Wird ein Grund-Recht der Natur auf Existenz in die Verfassung aufgenommen, so wird sich weiter die Frage stellen, ob dieses Recht nicht sinnvollerweise durch eine *Grund-Pflicht des Menschen auf Achtung solcher Existenz* zu crgänzen wäre.

5. Wahrnehmung von Rechten der Natur in staatlichen Verfahren

Auch wenn man der Natur – und damit den Tieren, den Pflanzen, dem

Boden usw. – Rechte zuerkennt, so ist damit ein Problem noch nicht gelöst: *Wie* soll die Natur, wie sollen die Tiere, die Pflanzen, der Boden usw. ihre Rechte geltend machen? Natürlich können sie ihre Rechte nicht selber wahrnehmen, nicht vor Gerichten vertreten usw. Aber dies ist für Juristen nichts Ungewöhnliches; das geltende Recht kennt bereits manche Konstellationen, in denen die Rechtsfähigkeit nicht mit der Handlungsfähigkeit, bzw. – mit Bezug auf Verfahren – die Parteifähigkeit nicht mit der Prozessfähigkeit zusammenfällt (Kinder, Entmüdigte, in gewissem, besonderem Sinne auch iuristische Personen). Es gehört zu den Alltäglichkeiten administrativer und gerichtlicher Verfahren, dass die Rechte bestimmter Personen (obligatorisch oder fakultativ) von «Dritten» wahrgenommen werden.

Tiere, Pflanzen, Landschaften, Boden, Wald usw. brauchen solche «Dritte»; sie müssen ihre Rechte durch *«Treuhänder»*, *«Fürsprecher»* oder *«Sachwalter»* wahrnehmen lassen.

Als solche Treuhänder müssen primär die *öffentlichen Verwaltungen* wirken: sie haben die Rechte der Natur in alle konkreten und abstrakten natur-relevanten Interessenabwägungen einzubringen. Ein für ein solches Einbringen geeignetes Verfahren ist die bereits erwähnte Umweltverträglichkeitsprüfung; allerdings sollte sie, wie bereits erwähnt, über den im Umweltschutzgesetz gezogenen Rahmen ausgeweitet werden.

Freilich ist die Aufgabe, die damit der Verwaltung zugewiesen wird, schwierig und heikel. Die «Wortgewaltigen» werden es immer wieder verstehen, sich besser Gehör zu verschaffen als die «wortlose» Natur. Die Verwaltung sieht sich leicht überfordert, wenn sie den Kampf alleine führen muss. Es erscheint nach aller Erfahrung unerlässlich, der Natur zusätzliche handlungsfähige «Treuhänder» zur Seite zu stellen: vor allem *Vereinigungen,* die sich den Einsatz für die Rechte der Natur zur Aufgabe machen. Die relevanten Gesetze sind dann derart auszugestalten, dass sich die entsprechenden Verbände an Verfahren beteiligen, Beschwerde führen können usw. (wie das beispielsweise in Art. 12 des eidg. Natur- und Heimatschutzgesetzes vorgesehen ist – einer Bestimmung, die dank dem klugen und entschlossenen Einsatz etwa des Schweizerischen Naturschutzbundes schon manche schöne Landschaft vor Verschandelung bewahrt und das Leben mancher Tiere und Pflanzen gerettet hat. Auch das Umweltschutzgesetz räumt gesamtschweizerischen Umweltorganisationen in Art. 55 ein – freilich recht eng begrenztes – Beschwerderecht ein).

Aber nicht nur an Verbände als Treuhänder ist zu denken; vorstellbar wären auch *Ombudsmänner der Natur* (oder spezifischer: ein *Ombudsmann des Bodens).* Hilfreich könnte auch die Zuerkennung von Verfahrensrechten an irgendwelche *Bürger* sein, welche sich für die Rechte der Natur einsetzen wollen.

Diese organisations- und verfahrensrechtlichen Fragen werden in unserem Projekt noch intensiv zu bearbeiten sein.

6. Schlussbemerkungen

Ich habe Ihnen eine Idee vorgestellt, ein Konzept, einen Rohbau; viel Arbeit wird für den Innenausbau erforderlich sein. Und dann werden wir uns, wie schon erwähnt, überlegen müssen, was die ganze Konstruktion taugt: ob der Aufwand, wenn das Modell in unsere Rechtsordnung übernommen werden soll, nicht zu gross wäre; ob die hierfür benötigten Kräfte nicht auf anderen Wegen effizienter eingesetzt werden könnten. Ich will noch einmal versuchen, die wichtigsten Gründe, die uns überhaupt zur Verfolgung der Idee bewogen haben, und die sie uns sinnvoll erscheinen lassen, in Stichworten zu nennen:

Grundlage und Ausgangspunkt ist die Zuerkennung spezifischer Würde an die Natur – an eine Natur, die uns umgibt, dank der wir leben, die uns durchdringt und der wir selber angehören. Diese Zuerkennung bekräftigen wir dadurch, dass wir der Natur Rechte zusprechen. Nochmals: «Wer keine Rechte hat, wird verachtet; wer Rechte hat, wird geachtet». Oder umgekehrt: Was achtenswert ist, soll Rechte haben. Werden Rechte der Natur in unsere Rechtsordnung aufgenommen – und zwar richtigerweise, wie uns scheint, auf der obersten Ebene staatlichen Rechts, in unsere Verfassung nämlich –, dann ist jede Verletzung der Natur ein Eingriff in ihre Rechte und muss deshalb, um gleichwohl rechtmässig zu sein, bestimmte rechtliche Voraussetzungen erfüllen; vor allem muss jeweils (stets und notwendigerweise) zwischen den betroffenen «Anliegen» der Natur und den (öffentlichen oder privaten) Interessen, welche die Eingriffe veranlassen, abgewogen werden – und die Eingriffe müssen verhältnismässig sein. Eine solche Rechtspflicht zur Abwägung und zum Verzicht auf unverhältnismässige Eingriffe könnte an sich schon den Schutz der Natur verbessern. Überdies erhoffen wir uns hiervon eine bedeutende erzieherische Wirkung: Der Natur wird erst dann wirklich geholfen sein – und damit letztlich auch dem Menschen –, wenn wir uns alle entschieden abwenden von der Meinung, die Natur sei ein Objekt, uns zu beliebiger Nutzung, Ausnutzung, Ausbeutung und Zerstörung übergeben, würdelos und rechtlos. Diese Meinung aber ist immer noch weit verbreitet; sie bestimmt immer noch weitgehend unsere Politik und unser Wirtschaftsleben – in anderen Ländern vielleicht noch mehr als in der Schweiz. Aber diese Meinung ist eine Irrmeinung. Und die Natur rächt sich, indem sie sich aus dem Leben stiehlt und damit zugleich das menschliche Leben immer grauer, enger und kränker werden lässt. Die aussermenschliche Natur ist dem Menschen anvertraut, damit er sie nutze, hege und für seine Nachkommen in eine unbestimmte Zukunft hinein bewahre. Der Mensch ist mit ihr vielfach und existentiell verbunden. Verkennt er *ihre* Würde, so hat er letztlich auch keinen Zugang zu *seiner eigenen* Würde.

Literatur

Bosselmann, Klaus: «Eigene Rechte der Natur?», in: *Kritische Justiz,* 1986.

Favrod-Coune, Pierre Bermane: *Le sol, bien protégé?,* thèse Lausanne 1985.

Feinberg, Joël: «Die Rechte der Tiere und zukünftiger Generationen», in: *Ökologie und Ethik,* hrsg. von Dieter Birnbacher, Stuttgart 1980 (Reclam), S. 140ff.

Liedke, Gerhard: *Im Bauch des Fisches,* 2. Auflage, Stuttgart-Berlin 1981.

Meyer-Abich, Klaus Michael: *Wege zum Frieden mit der Natur,* München-Wien 1984.

Saladin, Peter; Leimbacher, Jörg: «Mensch und Natur: Herausforderung für die Rechtspolitik, Rechte der Natur und künftiger Generationen», in: *Menschengerecht,* hrsg. von Herta Däubler-Gmelin und Wolfgang Adlerstein, Heidelberg 1986, S. 195ff.

Saladin, Peter; Zenger, Christoph: *Rechte künftiger Generationen,* Basel 1988.

Sitter, Breat: *Plädoyer für das Naturrechtsdenken, zur Anerkennung von Eigenrechten der Natur,* Beiheft 3 zur Zeitschrift für Schweizerisches Recht, Basel 1984.

Sitter, Beat: *Wie lässt sich ökologische Gerechtigkeit denken?,* 1987.

Stone, Christopher: *Umwelt vor Gericht,* übers. und hrsg. von Hanfried Blume, mit einer Einführung von Klaus Bosselmann, München 1987.

Zink, Jörg: *Kostbare Erde,* 2. Auflage, Stuttgart-Berlin 1981.

PETER GÜLLER

Verhaltensänderungen angesichts der Bodenproblematik

1. Einleitende Bemerkungen

Die meisten andern Autoren dieses Bandes ordnen sich mit ihren Ausführungen in den inhaltlichen Aufbau des Ausführungsplans des zurzeit laufenden Nationalen Forschungsprogrammes «Boden» (Schweiz. Nationalfonds, 1985) ein. Sie führen uns die *Gefährdung der Fruchtbarkeit des Bodens,* die *Verluste an gewachsenem Boden* und die *Probleme der Verteilung von Bodeneigentum und Bodennutzung* vor Augen und belegen dies mit *Ergebnissen ihrer Forschung.*

Wer von mir nun ebenfalls einen Fachbeitrag erwartet, und zwar über die angesichts der Bodenproblematik nötigen *Verhaltensänderungen,* den muss ich leider enttäuschen. Die Veranstalter der Vortragsreihe haben mir die Behandlung dieses schwierigen Themas übertragen, obwohl ich weder über einen einschlägigen wissenschaftlichen Hintergrund verfüge noch zur Reihe der couragierten Vorkämpfer der ersten Stunde für eine neue, umweltbewusste Gesellschaft gehöre – was mir erlaubt hätte, die Ergebnisse von verhaltensorientierter Forschung, Erfahrungsberichte oder glaubwürdige Aufrufe aus dem Ärmel zu schütteln. Der Grund, warum ich die Einladung unter diesen Bedingungen überhaupt angenommen habe, liegt vielleicht darin, dass ich persönlich zwar von der *Notwendigkeit von Verhaltensänderungen* angesichts der herrschenden Umweltproblematik überzeugt bin, dass mir aber die *Schwierigkeiten,* das Verhalten genügend wirksam zu verändern, eine den heutigen Herausforderungen angepasste und tragfähige Weltanschauung zu finden und diese konsequent in umweltverträgliches Handeln umzusetzen, nur schon bei mir selbst zu schaffen machen, und dass ich darum das *Gespräch* suche. Ein weiterer Grund mag darin liegen, dass ich – zusammen mit einer Reihe namhafter und engagierter Wissenschafter – den Leitern des Nationalen Forschungsprogrammes «Boden» schon vor zwei Jahren ein *Projekt* zur Behandlung des mir hier gestellten Themas unterbreitet habe. Es wurde dannzumal in die Reihe jener Projekte eingestuft, welche die zuständige Expertenkommission als «*exotisch*» bezeichnete und zurückstellte. Um so mehr freut es mich, dass es hier nun berücksichtigt wird und dass es auch im Beitrag von H. Ruh (1988) von sehr berufener Seite, unter Hervorhebung der nötigen ethischen Verankerung unseres Verhaltens angesichts der Bodenproblematik, zur Sprache kommt.

2. Inwiefern sprechen die andern Autoren Verhaltensfragen an?

Überblickt man die vorangehenden Beiträge dieses Bandes, dann fällt auf, dass auf das *Verhalten des einzelnen* (sei es Bauer oder Bürger) und seine Verantwortung dem Boden gegenüber meist nicht direkt und konkret eingegangen wird. Bodengefährdung, Bodenverlust und Bodenverteilung sind vielmehr als Ergebnis vorherrschender *Bewirtschaftungs- und Nutzungsformen* dargestellt – und diese wiederum als Ergebnis der jeweils gegebenen *Marktverhältnisse,* der *ordnungspolitischen Rahmenbedingungen* (Interventionismus, Liberalismus) und des *Aufkommens neuer Technologien.* So bestand gemäss den Ausführungen von Chr. Pfister (1988) bis ins *späte 18. Jahrhundert* eine Bodenordnung, welche die Nutzung des Landes als Acker oder Wiese festlegte und auch ein Bauverbot auf Ackerland beinhaltete. Ebenso bestand ein Abgabensystem in Naturalien, was gelenkter Bewirtschaftung gleichkam. Und es gab dannzumal noch kein bäuerliches Grundeigentum, wohl aber die Erkenntnis auf Seiten der herrschenden Klassen, dass Boden die ergiebigste Quelle des Reichtums und der entscheidende Faktor des gesellschaftlichen Status ist. Die der Bodenbewirtschaftung zugrundeliegende Zielsetzung – entsprechend einer Nullwachstumslogik – war die Erhaltung des Bestehenden. Ab *Mitte des 19. Jahrhunderts* entstand ein neues Normensystem für die Bodennutzung basierend auf dem Liberalismus. Es postulierte unbeschränkte Verfügungsgewalt des Eigentümers über den Boden, um auf diese Weise den durch neue Erkenntnisse und Technologien erwachsenen Spielraum zur Mehrung der Ressourcen voll auszuschöpfen. Dabei wurden die Böden aus Angst vor Versorgungsengpässen (das internationale Verkehrssystem war noch nicht so ausgeprägt) zunächst noch durchaus schonend behandelt. Im *frühen 20. Jahrhundert* sieht Pfister dann aber gerade die Verkehrserschliessung und damit die vermehrte internationale Marktöffnung als gestaltendes Element der Agrarwirtschaft. Die Furcht vor Versorgungsengpässen schwindet, und die Maximierung des Geldertrages wird ausschlaggebender Massstab der Bewirtschaftung. Im Zeichen der Zuwanderung in die Städte wird der dortige Boden überdies zu einer Ware, die ihrem Eigentümer Gewinn ohne Arbeit einbringt.

Die *heutige Situation* wird von Chr. Pfister und anderen Autoren dieses Bandes wie folgt charakterisiert: Im Zeichen der selbst bei demographischem Nullwachstum weitergehenden Verknappung des Bodens und angesichts der grossen Einkommensdisparitäten zwischen den Bauern und den in Industrie und Dienstleistungszweigen Tätigen ist die *Produktivitätssteigerung in der Landwirtschaft* zu einer «conditio sine qua non» geworden. Mechanisierung und Kunstdünger ermöglichen sie und eine stark intensivierte Tierzucht hilft mit, das Einkommen zu verbessern; die Tierzucht ist dann ja auch zu einem im doppelten Sinne «bodenlosen» Geschäft geworden. Der Boden selbst hat nun aber mehr und mehr Schwierigkeiten, die Abfallsubstanzen dieser Wirtschaftsform und auch jene aus landwirtschaftsfernen Zweigen – darunter Rückstände des Verkehrs, des Konsums und diverser industrieller Produktionsprozesse – zu verarbeiten; die Bodenqualität lässt vielerorts empfindlich nach. Im *nicht-landwirtschaftlichen Bereich,* d.h. dort, wo der Boden primär als Bauland eingesetzt wird, sind der Zersiedlung der Landschaft, der künstlichen Baulandverknappung und der Konzentration des Grundeigentums in immer weniger Händen offenbar noch keine Grenzen gesetzt. Die Agrar- und Umweltpolitik, das Bodenrecht und die Raumplanung waren bisher nicht in genügendem Masse in der Lage, diesen Missständen Abhilfe zu schaffen. Meine Mit-Autoren suchen aber dennoch in diesen operationellen Bereichen die Ansatzstellen der Remedur – vielleicht nicht zuletzt deshalb, weil sich ja auch gesellschaftliche Einstellungen und Werthaltungen in der Schaffung eines solchen ordnungspolitischen Rahmens niederschlagen müssen und weil anderseits oft erst ein solcher Rahmen kollektive Verhaltensänderungen verspricht. *Äusserer Zwang und innerer Anreiz* für eine Verhaltensänderung sind sich gar nicht so fremd, wie man oft meinen möchte; das haben wir letzthin auch in einer Gesprächsrunde mit Verkehrsingenieuren erfahren, welche sich bei aller Problembewusstheit eine Verhaltensänderung ohne auferlegten Zwang kaum vorstellen können.

Auf explizite und direkt unserem Handeln zugrundeliegende Werthaltungen geht M. Rotach (1988) in seinem Beitrag über *Szenarien künftiger Entwicklungen* ein. Man erinnere sich an die von ihm skizzierten drei Szenarien:

1. ein Szenario *«prosperierende Gesellschaft»;* das Bild einer Gesellschaft also, die weiterhin durch Konsumorientiertheit charakterisiert ist, sich in jeder Hinsicht – auch für die Bekämpfung von Umweltproblemen – technologische Neuerungen zunutze macht und bei aller freiheitlichen Orientierung doch auch grüne Akzente setzt. Der Mensch, der diesem Szenario nachlebt, wird als Durchbrecher-Typ bezeichnet; er muss nicht sein Verhalten oder seine Einstellungen ändern, sondern einzig seine

Kräfte neu sammeln; «er muss nicht umdenken, sondern denken», wie dies kürzlich ein prominenter freisinniger Politiker formuliert hat.

2. ein Szenario *«Rasten und Rosten»*. Es ist gekennzeichnet durch eine träge, in ihren Werten verunsicherte Gesellschaft, welche dank den Leistungen der Vergangenheit noch recht gut lebt, aber den neuen Anforderungen nichts neues entgegenzusetzen vermag. Man ist überzeugt, dass alles schon noch gut ausgeht, und man nimmt notfalls gewisse Kompromisse zwischen «Wünschen» und «Dürfen» in Kauf.
3. ein Szenario *«Mut zu Veränderungen»*, das eine Gesellschaft zeigt, welche die heutigen Herausforderungen – u.a. die der Umweltkrise – annimmt und die Kraft zu Veränderungen – auch unangenehmen – im Staat, in der Wirtschaft und im Lebensstil des einzelnen aufbringt. Bremsen mit Mass und Leben mit der Natur gehören zu den Leitbildern dieser Gesellschaft, soweit es ihr Verhältnis zur Umwelt und im speziellen die Bodennutzung betrifft.

Möglichkeiten für eine sehr weitreichende Konkretisierung und rechtliche Instrumentierung dieses letzten Szenarios («Mut zu Veränderungen und Leben mit der Natur») werden von P. Saladin (1988) skizziert. Er stellt fest, dass unsere Bemühungen, die Natur zu schützen, weitgehend *anthropozentrisch* begründet sind: Tiere, Pflanzen und Boden sollen für *unser Überleben* geschützt werden. Wir sind Rechts*subjekt*, die Umwelt ist Rechts*objekt*. Es stellt sich nun aber die Frage, ob für einen wirksamen und grundsätzlichen Schutz der Natur nicht auch die Rechtspersönlichkeit von Tieren, Pflanzen und sogar von unbelebter Natur anerkannt werden müsste – denn «nur wer Rechte hat, wird geachtet». Der Natur würden demnach direkt, und unabhängig vom utilitaristischen Interesse des Menschen, diejenigen Rechte zukommen müssen, derer sie um ihrer Erhaltung und um ihrer Würde willen bedarf.

3. Wie kommt es zu Verhaltensänderungen?

Nach dieser Würdigung der Gesichtspunkte, unter denen andere Autoren Verhaltensfragen angeschnitten haben, möchte ich nun meinen eigenen Vorstellungen Platz lassen, *wie es überhaupt zu Veränderungen in den Werthaltungen und dann auch im Verhalten kommt.*

In stark vereinfachter Form kann gesagt werden, dass es, ausgehend von bestehenden Werthaltungen, Prioritäten und Verhaltensweisen durch die Entwicklung eines Problembewusstseins und durch den Einblick in die Problemhintergründe und Kausalitäten zu neuen Einstellungen, zu einem neuen Verantwortungsbewusstsein und zu neuen Prioritäten kommen kann, die ihrerseits wieder massgebend sind für Verhaltensänderungen.

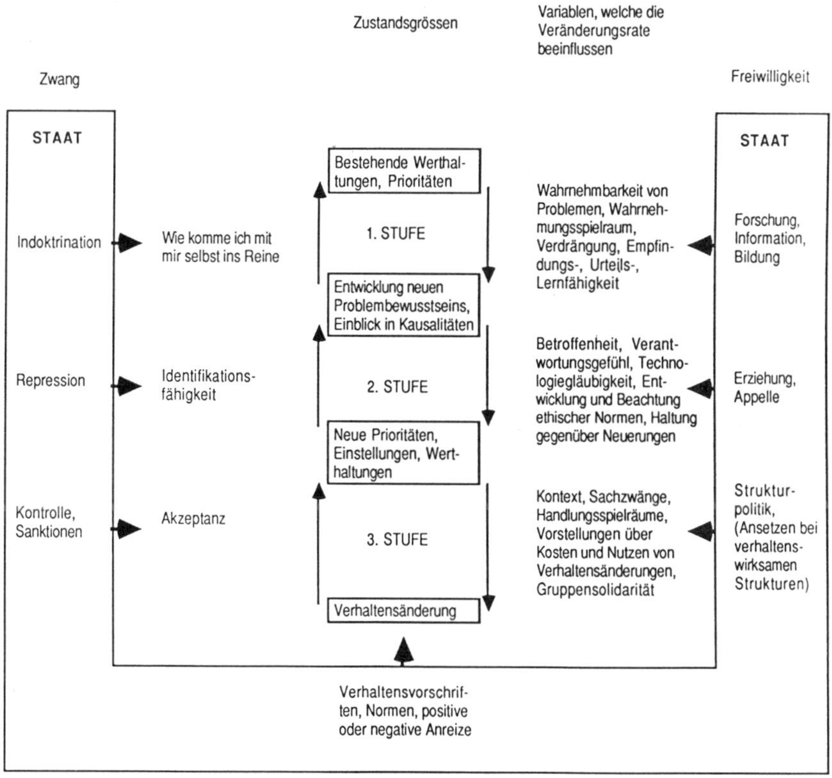

Abb. 1 *Wie kommt es zu Veränderungen in Werthaltungen und Verhalten?*

Man kann gewissermassen von einem *dreistufigen Modell* sprechen (siehe Abb. 1) und unterscheidet dabei in Anlehnung an Vorarbeiten für das NFP 22 «Boden» zwischen Zustandsgrössen, Variablen (welche die Veränderungsrate beeinflussen) und Steuerungsinstrumenten:

Die *erste Stufe* beinhaltet die Frage, ob und wie man aus den bestehenden Verhältnissen heraus zu einem *neuen Problembewusstsein* kommt. Die Wahrnehmbarkeit des Problems – verbunden mit der Frage nach unserer Wahrnehmungs-, Empfindungs-, Lern- und Urteilsfähigkeit, aber auch nach der Neigung zur Verdrängung – spielt dabei eine wesentliche Rolle. Der Staat kann durch Information, die ihrerseits wieder auf Forschung abgestützt ist, und über das Bildungswesen dazu beitragen.

Die *zweite Stufe* beinhaltet die Frage, ob und wie es vom Problembewusstsein ausgehend zu einem *Wandel in der Einstellung* kommt; Betroffenheit durch eigenes Mitverschulden, Verantwortungsgefühl, die allenfalls nötige Einsicht, dass technische Neuerungen nicht mehr *die* Lösung sein können, aber auch die prinzipielle Bereitschaft und Neigung zur Reflektion sind dafür massgebend. Ethisches Gedankengut muss neu oder wieder aufkommen. Der Staat kann durch die Erziehung und durch Appelle einen solchen Gesinnungswandel unterstützen.

Die *dritte Stufe* beinhaltet die Frage, ob und wie sich aus neuen Einstellungen eine *Verhaltensänderung* herauszukristallisieren vermag. Hier sind zum einen der ganze Kontext, in dem man lebt, die Sachzwänge, denen man ausgesetzt ist, und die Handlungsspielräume von Bedeutung, zum andern aber die Vorstellungen über Kosten und Nutzen einer Verhaltensänderung. Der Staat kann diesen Schritt durch strukturpolitische Massnahmen, also durch ein Ansetzen bei verhaltenswirksamen Strukturen und Rahmenbedingungen, unterstützen.

Nun kann aber auch in *umgekehrter Richtung* vorgegangen werden: Es werden seitens des Staates Verhaltensvorschriften oder Normen erlassen und positive oder negative Anreize zu Verhaltensänderungen vermittelt, und das Individuum wird dann zu prüfen haben, ob es seine Einstellungen dahingehend ändern kann, dass es den Geboten oder Verboten nachlebt; es stellt sich die *Akzeptanzfrage*. Der Staat kann darauf mit Kontrollen und notfalls Sanktionen reagieren.

Zwei weitere Schritte die Stufen hinunter sind überdies denkbar, wenngleich sie eher in *totalitären Regimen* Wirklichkeit geworden sind: Der Staat gibt bestimmte Werthaltungen und einzuhaltende Einstellungen verbindlich vor, und demjenigen, der Identifikationsschwierigkeiten mit seinem eigenen Problembewusstsein und seiner eigenen Einstellung hat, wird mit Repression begegnet. Ein solcher Staat schreckt unter Umständen auch nicht davor zurück, eine bestimmte Problemsicht für verbindlich zu erklären und durch Indoktrination dafür zu sorgen, dass der einzelne «mit sich selbst ins reine kommt».

Ich möchte nun diesen retro-orientierten, durch Zwang gezeichneten Weg nicht näher verfolgen, sondern auf den *Weg der Bewusstseinsbildung, der daraus hervorgehenden Entwicklung neuer Werthaltungen und der Verhaltensänderung* näher eintreten und dabei *Hemmnisse,* aber auch die *positiven Gestaltungskräfte* ins Auge fassen.

Stufe 1: Aus den bestehenden Verhältnissen heraus zu einem neuen Problembewusstsein

Es wurde bereits angetönt, dass für die Entwicklung eines Problembewusstseins die *Wahrnehmbarkeit* des Problems (gerade beim Boden gibt es neben eindeutigen und evidenten auch schleichende und schwer fassbare Belastungen), die *normative Kraft des Faktischen* (Tschernobyl wirkte mehr als alle vorausgehenden Mahnrufe), der *Wahrnehmungspielraum* (die Frage, was einem bewusst wird und was im Unbewussten verhaftet bleibt), die Neigung zur *Verdrängung* und schliesslich die *Empfindungs-, Urteils- und Lernfähigkeit* eine Rolle spielen. Die langsame und z. T. unsichtbare Zerstörung wichtiger Umweltkomponenten stellt über die Schwierigkeiten der wissenschaftlichen Belegbarkeit hinaus die Aufklärung und Sensibilisierung der Bevölkerung vor grosse Probleme. Langzeitgedächtnisse, beispielsweise in Form von Jahrringen an Bäumen oder Sedimentschichten in Seen, dienen der Veranschaulichung der in Momentaufnahmen kaum feststellbaren Belastungsverläufe; die oft weitverzweigten *Ursachen* von ökologisch bedingten Wachstumsstörungen oder Schadstoff-Ablagerungen sind dann aber meist noch schwerer auszumachen. Max Schoch (1987) hat letzthin auf die «Pflicht zu einem fast nicht mehr zu leistenden Wissen über Zusammenhänge» hingewiesen. Und unter dem Druck dieser Schwierigkeiten hat Frederic Vester (1976) seine biokybernetischen Modelle und sein *Denken in Vernetzungen* entwickelt. Gross ist in den letzten Jahren überdies die Zahl derer geworden, die für eine *Bewusstseins-Revolution* an sich plädieren. Stellvertretend für sie sei Rüdiger Lutz zitiert, wonach «alle Wahrnehmung durch eine ganz bestimmte Weltanschauung diktiert wird, die nicht hinterfragt wird». Und weiter: «Nun wissen wir aber, dass eben diese Weltanschauung die Krise produziert hat, vor der wir heute stehen. In Analogie mit einem Rundfunkgerät würde dies bedeuten, dass wir von dem Regierungssender, dessen Regierung gerade einen internationalen Konflikt verursacht hat, eine objektive Beschreibung des Hergangs erwarten» (Lutz, 1983, S. 11).

Die Palette der Versuche, über neue Wege der Bewusstseinsbildung zu neuen Einsichten und schliesslich zu neuen Werthaltungen zu kommen, reicht von der systematischen Auseinandersetzung mit den unserem Denken inhärenten *Paradigmen* (also den unsere Denkweise bestimmenden Sichten der Wirklichkeit) bis zur Erprobung der Pfade, welche fremde Kulturen zum Erwerb eines umfassenden Weltverständnisses entwickelt haben, und bis zur Erprobung esoterischer Praktiken. Zur Auseinandersetzung mit unserer eigenen Vergangenheit gehört dann auch die Vermutung, dass die Ursachen unseres gespaltenen und gestörten Verhältnisses zur Natur in der dem wissenschaftlichen Schaffen über lange Zeit zugrunde gelegten *Trennung von Subjekt und Objekt* zu suchen sind, in der Loslösung des Betrachters und seines Standpunktes vom betrachteten Gegenstand, ja ganz allgemein in der Sucht nach Objektivität und in der Angst vor Subjektivität. Die höhere Bewertung der objektiven, äusseren Tatsachen auf Kosten des subjektiven Hintergrundes hat, so Theo Abt in seinem äusserst anregenden Buch «Fortschritt ohne Seelenverlust», zum Übergewicht einer extravertierten materiellen Bewusstseinseinstellung geführt» (Abt, 1984).

Dauernd vor Augen habe ich in diesem Zusammenhang auch das von Medard Boss (1958) in seiner «Indienfahrt» aufgezeigte und von mir in Nepal als Begleitmoment des Gottes Vishnu immer wieder erfahrene Bild der *«Maya»*. «‹Maya› ist», so Boss, «die grosse Täuscherin und Verhüllerin der Wahrheit». «Maya» aber stammt von der Wortwurzel «Ma» und «Matr», was soviel wie Messen und Abmessen bedeutet. Aus derselben Wurzel erwuchs im Deutschen der Begriff des Meters. Wo jedoch ein Messen stattfindet, da wird geteilt, unterteilt und zerstückelt. «Maya» (Täuschung) ereignet sich also immer dort, wo die Welt nur als ein Zusammenhang von messbaren Teilen gesehen werden kann.

Machen wir nun, allerdings noch immer bei der Frage der Bewusstseinsbildung und der Problemwahrnehmung verharrend, einen grossen *Sprung vom Philosophischen zum Praktischen.* Was an Umweltbelastung oft nicht leicht gesehen werden kann oder will, oder was nur in Zahlen festgehalten wird, das muss unseren Sinnesorganen durch *Verstärker* und unmittelbar zugeführt werden. Über die gängige Informationstätigkeit der staatlichen Instanzen, der privaten Organisationen und der Presse sowie über die aufklärerische Literatur (nehmen Sie Titel wie «Die friedliche Zerstörung der Landschaft», «Unser Boden – der letzte Dreck», oder «Wem gehört die Schweiz») und die Dichtung hinaus dienen heute mehr und mehr Demonstrationszüge diesem Ziel; namentlich etwa die mit grossem persönlichen Mut durchgeführten Aktionen einer Bewegung wie «Greenpeace». Durch diese Aktionen machen sich ihre Mitglieder zu unmittelbaren Zeugen von groben Vergehen an unserer Umwelt, und über die Massenmedien lassen sie Millionen Menschen ebenfalls zu Zeugen werden.

Das Tragische an Aktionen, die versuchen, uns aufzurütteln, ist dann aber, dass sie alsbald *pervertiert* werden. Ich beziehe mich dabei auf die Werbetätigkeit für Konsumgüter und Dienstleistungen, die auf alles aufspringt, was Wirkung zu erzielen verspricht. So könnte man sich vorstellen, dass bald einmal ein Werbespot läuft, bei dem Jugendliche wie die Greenpeacer waghalsig ein Hochkamin oder einen Lastenzug stürmen, um dann aber nicht auf die Belastung der Umwelt aufmerksam zu machen, sondern ein Desodorant zu zücken oder triumphierend eine Marlborough zu erobern.

Unter diesen heutigen Bedingungen, wo Information Gegeninformation, Beweis Gegenbeweis und Werbung Gegenwerbung auslöst, wo der Pervertierung alle Türen offen stehen, wird man beim Versuch, gesellschaftlich zu handeln, *weitgehend auf sich selbst zurückgeworfen.* Die Ansatzstellen für den unbedingt nötigen Beitrag jedes und jeder einzelnen zur Bewusstseinsbildung über die Belastung von Naturhaushalten sehe ich mehr und mehr bei der Auseinandersetzung mit dem eigenen Naturhaushalt, beim Erspüren der Kräfte, die auf einen einwirken, und beim Erspüren der eigenen Empfindlichkeiten, indem man z.B. bei Schmerzen und Krankheitsanfall nicht zu Tabletten Zuflucht nimmt. Durch das Ein- und Überdecken von Reaktionen der eigenen Psyche und des Körpers mit Medizin kann einem ja auch nicht letztlich klar werden, auf was Psyche und Körper reagieren und wie die eigenen natürlichen Regenerationskräfte funktionieren. Hier liegt meiner Ansicht nach ein wichtiger, wenngleich nicht immer leicht zu drehender Schlüssel zur erhöhten Sensibilisierung auch auf die *Stimmen der uns umgebenden Natur*.

Stufe 2: Vom Problembewusstsein zu einer neuen Einstellung, zu neuen Werthaltungen

Vor 10 Jahren hat in Zürich die Arbeitsgemeinschaft beider Hochschulen (AGU) eine Ausstellung über Alternativen, einen «Wegweiser aus den Zwängen der grosstechnologischen Zivilisation», wie es in der thematischen Umschreibung heisst, geschaffen (AGU, 1977). Die Ausstellung bestand in einem auf viele Lebens- und Gestaltungsbereiche bezogenen Aufruf zum *«Umdenken und Umschwenken»*, und sie hat diese Begriffe inhaltlich konkretisiert. Eine ganze Reihe von praktischen Vorschlägen, Empfehlungen und Erfahrungsberichten bezieht sich dabei auch auf die Bodenproblematik. So werden u.a. die Notwendigkeit und die Vollzugsformen organischer, sich selbst erneuernder Landwirtschaft und des Recycling dargelegt; es werden ethische Grundforderungen bezüglich der Haltung von Nutztieren präsentiert, wie sie vom Institut für Sozialethik schon 1974 erhoben wurden; anthroposophische Wege zum Umdenken in Wissenschaft und Lebenspraxis werden aufgezeigt, und es wird allseitige Menschenbildung und alternatives Lernen gefordert. Was dannzumal noch das Ergebnis von *Partisanentum* in dem Sinne war, dass an vielen Fronten und Sachbereichen dezentral gewirkt wurde (und die Ausstellung hat die Beiträge der einzelnen Vorkämpfer dann auch nur in loser Form zusammengeführt) hat sich in der Zwischenzeit verdichtet und, zumindest wenn man sich das zum Verkauf stehende Schrifttum in den Buchhandlungen vor Augen führt, zu einer Art *fundamentalistischer Grundwelle* geführt: fundamentalistisch in dem Sinne, dass aus der Betroffenheit und aus dem Gefühl der Mitschuld an der Umweltkrise ein neues Verantwortungsbewusstsein aufkommt, aus dem heraus eine persönliche und gesellschaftliche Neuorientierung gesucht wird, die auch nicht Halt macht vor der Frage unseres Weltbildes und Menschenverständnisses, ja der Rückführbarkeit der Krise auf Erbsünden; es wird auch nach allfälligen verschütteten Ansatzstellen für einen neuen geistig/seelischen Aufbau getastet, und dies alles, *ohne dass bereits schon genau vorausgerechnet werden kann, was sich dann in unserem praktischen Leben alles ändern würde.*

Gerade dieser letztere Punkt aber, die nicht restlose, z. T. nicht einmal weit reichende Abklärbarkeit der *Folgen eines fundamentalen Wandels in den Einstellungen,* gehören zur Eigenheit der neu aufgezeigten Wege. Hier liegt für die einen der Herd von Angst und Unsicherheit, für die andern eine Herausforderung, die uns endlich vom fast schon neurotischen Zwang zur vorausschauenden Planung und Sicherung aller Lebensabläufe befreit. Hier liegt auch der Grund, warum viele konservative Führungskräfte vermeinen, aus einem väterlich/padronischen Verantwortungsbewusstsein heraus darauf bedacht sein zu müssen, dass nicht zuviel für den einzelnen und dann letztlich auch für die Gesellschaft *Chaotisches* aufkommt. Angst vor dem Chaos oder Angst vor dem Verlust an Macht, wenn Unsicherheit und innerliche Neuorientierungen bei jenen um sich greifen, die man glaubt führen und verantwortlich betreuen zu müssen, stehen hinter dieser Haltung.

Wir schneiden hier gleich zwei eminent wichtige Fragen an: Jene des *individuellen Umgangs mit dem Chaos* und jene des *gesellschaftlichen Umgangs mit Neuerungen.* Der Weg zu Neuerungen führt über ein Auflösen bestehender Gefüge, und das Ergebnis dieser Auflösung kann als Chaos bezeichnet werden, wobei dieses dann aber nicht Endstation, sondern Voraussetzung für neues Formieren ist. Die *hinduistische Kultur* hat in der Verehrung des Gottes Shiva, der namentlich in seiner schrecklichen Manifestation das Zerstörerische als nötige Stufe auf dem Weg zu einer Neuerung verkörpert, die Möglichkeit für ein Bekenntnis zu diesem Wandlungsprozess gefunden; der Gott Vishnu steht dann dafür, dass das Gewandelte sich wieder auf verträglichen und versöhnlichen Bahnen einpendelt. Der japanische *Zen-Buddhismus* hat in Geist und Kunst Fähigkeiten entwickelt, wie mit dem Unsicheren umzugehen ist und wie das Chaotische neben dem Geordneten zur Lebens- und Ausdrucksfülle beiträgt. Und für mich ist von da aus auch der Sprung zur *Existenzphilosophie* ein kleiner: Unstetige Vorgänge, wie die Krise, das Auftauchen chaotischer Elemente und dann etwa wieder die Begegnung, sind bedeutsame Vorgänge in der leiblichen und seelischen Entwicklung, was nahe legt, dass die Auseinandersetzung mit ihnen dann auch in der Erziehung Platz finden soll.

Bei diesen Momenten beginnt meiner Ansicht nach der Kampf um neue Einstellungen angesichts der Umweltkrise, und zwar nicht primär der Kampf gegen die Andern, sondern *mit sich selbst.* Besteht man diesen Kampf, so führt es aber leicht in die gesellschaftliche Isolation (ich erinnere mich an eine sehr eindrückliche Vorlesung von Karl Schmid über die

«Tragik des Neuerers»), und von da her versteht sich dann auch das Bedürfnis, in *sozialen Bewegungen* eine minimale gesellschaftliche Verankerung, eine Möglichkeit zu gemeinsamem Lernen und eine Erhöhung der Abwehrkraft und des Durchsetzungsvermögens nach aussen zu finden. Über solche sozialen Bewegungen und auf der Basis der genannten individuellen Voraussetzungen bei ihren Trägern kann sich dann auch eine *neue Ethik,* eben eine Umwelt- und Bodenethik, entwickeln. Eine neue Ethik kann weder verkündet werden, noch soll sie Gegenstand eines geschickten Krisenmanagements sein. Eher muss sie sich verbreiten: Man erinnere sich dabei etwa an Kleinjogg den Musterbauern oder an das Wirken von Hans Müller aus Grosshöchstetten, einen der Träger der biologisch-dynamischen Bewegung.

Was nun die Inhalte einer solchen neuen Ethik betrifft, so darf ich auf die Beiträge von P. Saladin (1988) und H. Ruh (1988) verweisen, die darauf in kompetenter und engagierter Weise eintreten.

Stufe 3: Von neuen Einstellungen und Werthaltungen zu Verhaltensänderungen

Neue Einstellungen und Werthaltungen zu gewinnen wäre bestimmt weniger anspruchsvoll, wenn man nicht feststellen müsste, wie schwierig es ist, ihnen *konsequent nachzuleben.* Darf man so hart sein und sagen: Erst eine Verhaltensänderung beweist, dass man sich neuen Werthaltungen verpflichtet?

Natürlich ist der Beweis, dass man es ernst meint, wichtig. Aber diesen Beweis durch effektive Verhaltensänderungen zu erbringen ist in vielen Fällen kaum möglich. Viele *Sachzwänge,* die man geerbt hat und an deren Bau man selbst beteiligt ist oder war, stellen sich dem Weg vom Umdenken ins Umschwenken entgegen. Nehmen wir ein Beispiel aus dem Bereich der Luftreinhaltung: Der Verzicht aufs Auto macht eine Reihe von Anpassungen an der Siedlungsstruktur, an der räumlichen und zeitlichen Verteilung der Aktivitäten, denen man huldigt, und an der Gestaltung der persönlichen Freiräume nötig; man verfügt aber nur über einen Teil der Möglichkeiten zu solchen Änderungen selbst, oder vermeint dies zumindest, und es kann auch geschehen, dass man sich vor den Veränderungen scheut, weil man befürchtet, dadurch gewisse relative Benachteiligungen zu Andern, z.B. in Form von Effizienzeinbussen in der täglichen Lebensgestaltung, einzuhandeln. Nebst äusseren Sachzwängen werden also *einige Kosten- und Nutzen-Vorstellungen* entscheidungswirksam.

Eine Pionierleistung in der Darlegung eines *neuen Gewebes von wirtschaftlichen und gesellschaftlichen Strukturen,* innerhalb dessen umweltschonendes Verhalten nicht mehr anstossen, sondern im Gegenteil aufgehen würde, brachte 1978 der sog. NAWU-Report: «Wege aus der Wohlstandfalle»

(Binswanger et al., 1978). Gemäss diesem Report zählen zu den Strukturen einer alternativen Gesellschaft «kleine Netze» (d.h. das Wirken in weniger ausgedehnten wirtschaftlichen und gesellschaftlichen Beziehungsfeldern), der Ausbau des Sozialdienstes bei gleichzeitiger Eindämmung der Geldwirtschaft, die Anpassung der Eigentumsformen sowie Landwirtschaft und Ernährung ohne Raubbau. Man muss heute aber feststellen, dass seit dann in den grossen Linien quasi unter jedem Titel (also kleine Netze, Abbau von Geldwirtschaft, etc.) *Entwicklungen in die gegenteilige Richtung* stattgefunden haben, und damit sind auch die Sachzwänge, die sich gegen umweltschonendes Verhalten stemmen, weiter angewachsen. Und auch wenn nun von der politischen Bühne eine mehr oder weniger deutliche Antwort kommt, so *weisen* doch die Indikatoren und Summenkurven individuellen Verhaltens, etwa der Wohnraumbedarf pro Kopf, der gesamte Benzinverbrauch, die Verkaufszahlen von Pestiziden sowie der Abfallberg *noch nicht auf einen Umschwung auch im faktischen Umgang mit der Umweltproblematik hin.* Trotzreaktionen primitivster Art auf die allgemein erhöhte Regelungsdichte und den Wahlerfolg der Grünen, die ja ihrerseits eine Antwort auf die Eskalation der Unvernunft darstellen, sind nur einer der Bestimmungsfaktoren dieser Entwicklung. Die Wurzeln liegen tiefer. Gestatten Sie mir eine persönliche Interpretation: Sie kreist um das Problem der willentlichen und fahrlässigen *Distanzierung von der Natur,* auf die im nächsten Abschnitt eingegangen werden soll.

4. Distanzierung von der Natur

Wieviele der Autoren dieses Bandes, von M. Rotach bis R. Güller, haben einen Geschlechtsnamen, welcher auf eine landwirtschaftliche Vergangenheit hindeutet?

Ich darf es Ihnen verraten – es sind etwa die Hälfte. Wir alle sind «auf Distanz» gegangen. Lassen Sie mich einige Wege skizzieren, auf denen das geschehen ist. Ich abstrahiere dabei von uns als Individuen und von unserer Familiengeschichte und versuche zu verallgemeinern.

Eine *erste Schrittfolge* zur Distanzierung von der Natur hat mit *wirtschaftsstrukturellen Änderungen* zu tun, die ihrerseits auf *technologischen Neuerungen* beruhen. Wir sind, nimmt man die heutige Inseratendichte in den Zeitungen und forcierte Bemühungen an den technischen Hochschulen als Indiz, auf dem letzten Abschnitt des Weges von einem Volk der Hirten und Bauern zu einem Volk von Informatikern. Vom Bauer, der seine Werkzeuge selbständig herstellte und der eine taktile Beziehung zum Boden hatte, hat sich das professionelle Werkzeug-Herstellen abgelöst; ihm folgten auf dem konjunkturellen Wellenberg der Maschinenbau, dann die

Werkzeugmaschinen (also die industrielle Herstellung von Maschinen-Bestandteilen), dann die Steuerungstechnik (für den programmierten Einsatz sowohl der landwirtschaftlichen Maschinen als auch der Werkzeugmaschinen) und schliesslich eben, als letzte Stufe, die Informatik (also die Informationsverarbeitung und -verknüpfung, als sanfter Teil der Steuerungstechnik). Bei nicht-landwirtschaftlichen Branchen finden sich analoge Entwicklungen. Mit jeder Stufe wird die *Distanz zur ursprünglichen taktilen Tätigkeit grösser,* (über ein *instrumentelles Wirken* gelangt man zum *Steuern* und schliesslich zum *Programmieren*), und der Bezug zur Bearbeitung des Bodens wird für den auf den letzten Stufen wirkenden Berufsmann immer loser, immer mehr abgestützt auf übermittelte, indirekt erworbene Kenntnis der Wirkung des zur Nutzung des Bodens, der Pflanzen oder der Tiere eingesetzten Werkzeugs. In vielen Fällen produziert er ohnehin ohne zu wissen, für was seine Leistungen letztlich gebraucht werden; die angewandte Technologie wird immer allgemeiner verwendbar, für die Steuerung dieser oder jener Maschine, für diesen oder jenen Zweck.

Eine *zweite Schrittfolge* liegt

a) in der sukzessiven Umwandlung des Bodens von seiner Bedeutung als *Bezugspunkt kosmologischer Orientierung* und als *Nährboden* zum *reinen Träger von Kunstdünger;*
b) in der Umwandlung des Bodens von seiner Bedeutung als Gut und Baugrund, und damit als Mittel zur *Selbstverwirklichung des Eigentümers,* zum *Objekt für rein spekulatives Bauen;*
c) in der *physischen Entfernung* vom Boden beim Wohnen in Hochhäusern;
d) in der Umwandlung des Bodens als *End-Grund* (in dem sich alles Irdische wieder auflöst), zu einem *Abstellplatz* für nicht mehr abbaubare Stoffe. Der französische Dichter und Philosoph Roland Bartes hat einmal geschrieben: «Das Wesen eines Gegenstands hat etwas zu tun mit seinem Abfall». Wir produzieren immer mehr von dem, was keine letzte Heimat mehr hat.

Eine *dritte Schrittfolge* besteht darin, dass wir von einem Volk, dessen Glieder die *Antwort der Natur* auf ihr Wirken in vielem noch *unmittelbar* erhielten, zu einem Volk geworden sind, in dem die *ökologische Relevanz individuellen Tuns* in einem grossen Topf kollektiver Schadstoffentwicklung und dann staatlicher Beseitigung *untergeht.* Wir erleben die Folgen unseres Verhaltens in vielen Fällen nicht mehr direkt, sondern müssen darüber informiert werden. Statt dass wir auf unsere *Sinne* vertrauen können, müssen wir uns auf *Forschungsergebnisse* abstützen. Und leider macht es oft den Anschein, dass uns ein lebensgefährdendes Ereignis weniger beschäftigt als die Frage, ob der Informationsdienst geklappt hat; nachdem wir offenbar resignieren vor der vermeintlichen Unabwendbarkeit einer Krise und der geringen persönlichen Möglichkeit zur Einflussnahme, möchten wir wenigstens gut informiert sein und erhitzen uns an den Zuständigkeiten innerhalb der Fernsehbehörden.

Eine *vierte Schrittfolge* ist ganz allgemein die von einer Gesellschaft, in der noch viel *persönliches Erleben* oder wenigstens das *Erzählen von Erfahrungsträgern* vorherrschte, zu einer Gesellschaft von *Fernsehern und Empfängern von Surrogaten*. Das mediale Moment beginnt zu überwiegen. Parallel dazu werden wir zu einer Herde von Menschen, welche durch den Druck aufs Gaspedal mit Leichtigkeit jene Orte fliehen kann, an denen es ihnen nicht mehr passt, sei das der Familienrahmen oder die physische und soziale Umgebung: Wir haben es nicht mehr nötig, uns mit dem Naheliegenden zu befassen.

Viel weiter zurück greift eine *fünfte Schrittfolge*, jene, die vom *ganzheitlichen, weltanschaulichen und auch mystischen Denken und Empfinden* zur bereits erwähnten *Trennung von Subjekt und Objekt* bei der Analyse der Wirklichkeit geführt hat. Wissenschaftliches Arbeiten herkömmlicher Prägung ist essentiell auf diese Neutralisierung des Beobachterstandpunktes abgestützt und hat daraus auch ihre spezifische Effizienz entwickelt. Es ist erst einer neueren Schicht von Forschern vorbehalten, bei der immer intensiveren Durchdringung der Materie die *Relativität* ihrer Erkenntnisse in bezug auf den eingenommenen Betrachtungsstandpunkt zu erfassen. Fritjof Capra (1984) gehört zu jenen, welche am wortgewaltigsten darauf hinweisen, dass damit eine geistige Überlappung mit Kulturen erfolgt, welche auf dem Weg der Meditation bereits seit langem zu ähnlichen Erkenntnissen gelangt sind.

Eine *sechste Schrittfolge* zur Distanzierung von der Natur kann schliesslich in der Menschheitsgeschichte an sich und im mythischen Bereich gesehen werden:

- Die Vertreibung aus dem Paradies, vielleicht bezeichnenderweise nach dem Genuss der Frucht des Baumes der Erkenntnis.
- Die Landnahme von archaischen Gesellschaften, bei welcher der Verdrängung der in der Natur und Wildnis beheimateten Götter bzw. deren möglichem Zorn dadurch begegnet wurde, dass man Götterzonen bildete. Die Verdrängung und damit die Verlagerung dieser heiligen Haine erfolgte immer mehr in Richtung von Randlagen der von Menschen bewohnbaren Sphäre, z.B. auf Berghänge und schliesslich über die Bergspitzen hinaus in den Himmel – ein Prozess, den Gaudenz Domenig (1977) am Beispiel von Japan dokumentiert, und der offenbar auch bei uns stattgefunden hat: In einer «Tages Anzeiger»-Beilage wurde kürzlich über die Geschichte des Himmelberges im Appenzell berichtet, wo ja eben eine dieser Stellen der letztlichen Verdrängung naturgebundener Kräfte war (Bänziger, 1987).
- Die zum Teil mittels Kampf erfolgte Ablösung der chtonischen (d.h. erd- und ursprungsgebundenen) Götter im alten Griechenland durch die

modernen Machthaber und Lichtbringer, wie Zeus und Apollo: Die Kulte von Dodona und Delphi haben sich in dieser Richtung gewandelt, und die Dominanzverlagerung kommt auch in vielen Giebelreliefs zum Ausdruck, wo die modernen Götter vom Zentrum aus, wo auch am meisten Platz ist, den Kampf gegen die Titanen führen, und wo in den seitlichen Parteien des flachen Dreiecks die Erdgöttin oder Flussgötter eingeengt liegen.

Wenngleich man hinter einer solchen Distanzierung von der Natur *säkulare Züge* im Sinne einer lang anhaltenden und grundsätzlich nicht abwendbaren Entwicklung sehen könnte, so zeigt sich doch auch, dass es immer wieder *Gegenbewegungen* gibt. Die Reihe reicht vom Altertum übers Mittelalter, über einen Rousseau, Goethe's Werther, Rudolf Steiner bis zum heutigen Tag. Dass bei solchen Bewegungen und Gegenbewegungen zyklische Momente auftreten können, hat u.a. Hansjörg Siegenthaler unter Beleuchtung von Modernisierungsschüben in neuerer Zeit und den dabei ablaufenden ökonomischen, sozialpsychologischen und politischen Prozessen dargelegt (Siegenthaler, 1987).

Persönlich erfahre ich gerade bei der Schilderung solcher zyklischer Vorgänge eine gewisse Irritation. Sie geht aus von der Frage, ob und inwieweit die *Neigung zu ökologischer Gesamtschau und zu ökologischem Handeln,* die sich heute abzeichnet, eine *wirkliche Weichenstellung* und einen *wirklichen Schritt zu mehr Nähe zur Natur* bedeutet, oder aber ob sie lediglich ein *Hoch* darstellt, von dem es unter Umständen schon in 25–30 Jahren unwillkürlich wieder in ein Wellental gehen wird. Ist die «grüne» Bewegung eine jener sozialpsychologischen Reinigungsaktionen, die kommen und gehen, oder trägt sie epochale Züge? Angesichts der massiven und aus einer langen Vergangenheit herausgewachsenen ökologischen Herausforderungen, vor der wir stehen, trifft wohl eher die zweite Version – die epochale Veränderung – zu. Dass aber der nötige Bewusstseins-, Paradigmen-, Werthaltungs- und Strukturwandel in ähnlicher Weise von zyklischen Auflösungs- und Wiederformierungs-Bewegungen begleitet ist, wie dies die Modernisierungsschübe nach Siegenthaler'schen Interpretation war, kann ich mir durchaus vorstellen.

5. Ansatzstellen für eine Reduktion der Distanz gegenüber der Natur und damit zu Verhaltensänderungen in der Bodenfrage

Lassen Sie mich nun zum Schluss einige Vorstellungen äussern, wo Ansatzstellen zur Lösung der von mir so kritisch angegangenen Frage der Distanzierung von der Natur gesehen werden können.

Als eine *erste wichtige Voraussetzung,* um auf die Bodenproblematik mit der nötigen Ernsthaftigkeit eintreten zu können, sehe ich wie bereits früher erwähnt die *Nähe zur eigenen Natur.* Das Bewusstsein um die *Umwelt*problematik muss über das Erleben der Empfindlichkeit des *eigenen Körpers* und der *eigenen Psyche* auf äussere Einflüsse und inneren Stress und über das Erleben der natürlichen Regenerationsfähigkeit entwickelt und gestärkt werden.

Eine *zweite wichtige Ansatzstelle* sehe ich im *gesellschaftlichen Sein,* und zwar dahingehend, dass die Beziehung zum Mitmenschen mehr im Sinne der *Begegnung* erfolgt als unter utilitaristischen Gesichtspunkten. Hier liegt ja auch einer der wichtigen Streitpunkte in der Frage der Frauenemanzipation: Auf dem Wege dazu hat der Mann entdeckt, dass er mit der vermehrten Berücksichtigung weiblicher Momente in der Gestaltung des persönlichen, aber auch wirtschaftlichen und politischen Lebens eine neue Resource erschliesst, mittels der er seinen Herrschaftsanspruch festigen kann. Die Vertreterinnen der Frauenbewegung sehen aber gerade hier den nötigen Ansatz für ein Umdenken: Die Begegnung mit dem Weiblichen soll *Ziel für sich, nicht Mittel* sein. Sie führt zu einer *integrativeren Ganzheitlichkeit,* und dies ist dann ja auch wieder ein wichtiger Markstein auf dem Wege zu einer weniger ausnützerischen Grundhaltung, auch der Natur gegenüber.

Eine *dritte Ansatzstelle* liegt dann im *Management unserer Betriebe.* Nach langen betriebsinternen Spannungen und sozialen Klassenkämpfen hat man sich zur besseren Berücksichtigung von Arbeitnehmerinteressen durchgerungen, und die Führungsaufgaben sind auch um entsprechende Komponenten angereichert worden. In analoger Weise gilt es nun, in den Betrieben die *Verantwortlichkeit gegenüber der Umwelt* weiter zu entwickeln und dazu a) die Kader- und Managementschulung entsprechend auszurichten, b) einen betriebsinternen Umweltrat einzurichten, in dem alle Mitarbeiter zu vereinen wären, die an umweltrelevanten Schaltstellen sitzen, und c) die betriebsinternen Aufstiegschancen für jene zu ebnen, welche in der Lage sind, eine neue Wirtschaftlichkeit unter Beachtung der Umweltbelange zu finden.

Eine *vierte Ansatzstelle* liegt selbstredend in der *Landwirtschaft,* wo die Nähe zum Boden u.a. durch die vermehrte Zuweisung von Gewerben und Grundstücken an Selbstbewirtschafter zu fördern ist, um der Zweckentfremdung zu begegnen, und wo nachhaltige, auf Wahrung und Neubildung der organischen Substanz des Bodens ausgerichtete Bewirtschaftungsformen zu honorieren, die gegenteiligen aber einzuschränken und zu bestrafen sind.

Eine *fünfte Ansatzstelle* sehe ich im Bereich des *Bauens und Wohnens:* Es sind möglichst bodennahe Wohnformen zu fördern, und das Haushalten ist viel weitergehend auf abbaubare, kompostierbare und rezyklierbare Abfälle auszurichten. Die Planer und Gestalter der Bodennutzung haben Lösungen und Rahmenbedingungen zu entwickeln, unter denen mehr persönliche und direkte Verantwortung jedes einzelnen für den Boden aufkommen kann, und dazu bedarf es des Abbaus von zum Teil massiven Hemmnissen und Sachzwängen.

Eine *sechste,* und nur in meiner Präsentation letzte *Ansatzstelle* sehe ich in der *Wissenschaft.* Mehr Nähe zur Natur liegt nicht so sehr im Mikroskop, und mehr Engagement in Verhaltensfragen liegt nicht so sehr in der Befragung genügend grosser Samples von Leuten. In einer kleinen Gruppe von Wissenschaftern haben wir in den letzten Monaten eine noch sehr vorläufige Bestimmung von Bereichen gemacht, in denen die Verantwortung des Wissenschafters angesichts der Bodenproblematik anzusetzen hat. Ich erlaube mir, Ihnen diese zur Diskussion vorzulegen:

Ansatzstellen der Verantwortung des Wissenschafters angesichts der Umweltproblematik:

1. bei der Beteiligung (und evtl. auch «Nicht-Beteiligung») am Wissenschaftsbetrieb und bei dessen Ausgestaltung.
2. bei der Art des Forschens (ganzheitlich, Einbezug anderer Formen der Erkenntnisgewinnung, Betroffenheit)
3. bei der Wahl des Forschungsgegenstandes und Forschungszieles. (Beitrag wozu? Diener aller Herren sein?)
4. bei der Frage nach den Grenzen der Durchdringung, «Wildnis sein lassen»
5. bei der Methodenwahl
6. bei der Verbreitung von Wissen, bei der Aufklärung und bei der Einführung wissenschaftlicher Erkenntnisse in die Politik; dabei aber auch bei der Bewusstwerdung über den Gebrauch, den Wirtschaft und Politik von wissenschaftlichen Erkenntnissen machen können
7. bei der persönlichen Lebensgestaltung
8. bei der Wahrnahme von Bürgerpflichten
9. bei der Kritik an unserer Begehrlichkeits- und Bedürfniskultur
10. bei der Formulierung positiver statt defensiver gesellschaftlicher Zielsetzungen.

Sie werden feststellen, dass hier viele meiner Darlegungen nochmals in geraffter Form ausgegriffen werden. Der Wissenschafter muss als Individuum, als Bürger und als Betreuer einer für die Bewusstseinsgestaltung wichtigen Domäne unserer Gesellschaaft *Schrittmacherdienste* leisten.

Literatur

Abt, Th.: *Fortschritt ohne Seelenverlust,* Bern 1984

Arbeitsgemeinschaft Umwelt an den beiden Hochschulen (AGU): *Umdenken umschwenken,* Achberg 1977

Bänziger, A.: «Die roten Teufel vom Himmelberg», in: *Tages Anzeiger* vom 4.6.1987

Binswanger, H.C., W. Geissberger und Th. Ginsburg (Hrsg.): *Der NAWU-Report: Wege aus der Wohlstandsfalle,* Frankfurt a.M. 1978

Boss, M.: *Indienfahrt eines Psychiaters,* Neske 1958

Capra, F.: *Das Tao der Physik,* Bern 1984

Domenig, G.: «Der Weg als parastatische Ergänzung des Orts», in: Oswald, F. (Hrsg.): *Urphänomene der Architektur,* Heft «Wege», Zürich 1977

Lutz, R. (Hrsg.): *Bewusstseins(R)evolution,* Öko-Log-Buch 2, Weinheim 1983

Pfister, Chr.: «Gesellschaftssystem und Bodennutzung: Rückblick und Ausblick», Aufsatz in diesem Band, Zürich 1988

Rotach, M., M. Aerni, M. Grieder und F. Hoppler: *Grobrahmen zum NFP 22,* Zürich 1984

Ruh, H.: «Ethik und Bodennutzung», Aufsatz in diesem Band, Zürich 1988

Saladin, P.: «Boden als Rechtspersönlichkeit», Aufsatz in diesem Band, Zürich 1988

Schoch, M.: «Sinn-Mitte», in: *NZZ* Nr. 90 vom 18./19.4.1987

Schweiz. Nationalfonds: *Ausführungsplan für das NFP 22 «Nutzung des Bodens in der Schweiz»,* Bern 1985

Siegenthaler, H.: «Modernisierungskrisen und Wachstumsschwankungen», in: *DISP* Nr. 51, ORL-Institut der ETH, Zürich 1978

Thut, W. und Chr. Pfister: *Haushälterischer Umgang mit Boden. Erfahrungen aus der Geschichte,* Bern 1986

Vester, F.: *Ballungsgebiete in der Krise,* Stuttgart 1976

HANS RUH

Ethik und Bodennutzung

Nun also auch noch *die Ethik!* Was hat denn der Boden mit Ethik zu tun? Die Ethik entfaltet ihre Gedanken auf zwei Achsen: Sie ist einmal die uralte Menschheitsfrage nach dem Guten Leben, nach dem gelingenden Leben. Ethische Regeln, beispielsweise auch die 10 Gebote, sind u.a. segmentierte menschliche Erfahrung, wie Leben gelingen kann – nun eben auf den Begriff oder auf die Regel gebracht. Die andere Achse der Ethik bewegt sich sozusagen an den Rändern des Guten Lebens; sie reflektiert die Grenzerfahrungen des Menschen – nämlich dass das Gute Leben verträglich sein muss mit dem Menschsein, mit den Ansprüchen anderer Menschen auf gelingendes Leben und mit den Ansprüchen der Natur.

Ethik ist das Nachdenken über das gelingende Leben und seine Grenzen. Und die Grenzen liegen vornehmlich im Umstand begründet, dass auch andere Menschen, ja auch die Natur, leben wollen. *Der Boden* ist Leben, enthält Leben und ist die Grundlage des Lebens. Der Boden als Lebensmöglichkeit muss deshalb auch Gegenstand der Ethik sein.

Aber wir betreiben hier ja keine graue Theorie. Wie sind nicht hier aus Interesse an einem ethischen Oberseminar über das Gute Leben. Wir sind hier, weil die Lebensgrundlage Boden in Gefahr steht. In den Zeitungen und in manchen Beiträgen dieser Veranstaltungsreihe ist die dramatische Gefährdung des Bodens hinreichend beschrieben worden. Wir wissen, von welchem Befund über den Boden wir auszugehen haben.

Das Gefährliche am menschlichen Umgang mit dem Boden besteht darin, dass sich der Mensch kaum direkt bewusst wird, dass er durch bestimmte Handlungen Boden braucht oder zerstört. Die Bodenzerstörung erfolgt indirekt und versteckt – vergleichbar mit der Energienutzung, wo wir ja auch nicht Energie, sondern warmes Wasser, Wärme usw. zu verbrauchen meinen. So wie es den Energiekonsumenten kaum gibt, gibt es auch den Bodenkonsumenten nicht. Auf jeden Fall zeichnen sich gerade die stärksten Eingriffe des Menschen in den Boden – z.B. Luftverschmutzung,

Waldabholzung, Urbanisierung, Versalzung – dadurch aus, dass sie keine bewussten und geplanten Eingriffe sind. Eigentlich ist es ja der «Gipfel der Dramatik», dass sich der Mensch am Schluss aus dem Drama herausschleichen kann mit der subjektiven Meinung, er habe nicht den Boden konsumiert, sondern er sei Auto gefahren, habe gewohnt, habe Fleisch gegessen und Medikamente gebraucht!

1. Der Beitrag der Ethik zur Analyse des Problems

Wie kann man die dramatische Verschlechterung des Bodens erklären? Es kann als gesichert vorausgesetzt werden, dass dafür keine Naturkatastrophe verantwortlich zu machen ist, sondern allein das Verhalten eines einzigen Lebewesens – des Menschen.

Dieses eine Lebewesen Mensch – eines unter 100 000, die nur schon in einer Handvoll Erde zu finden sind – hat ein Bodennutzungsverhalten entwickelt, das man wie folgt beschreiben kann:

- Der Mensch strebt einen hohen Ertrag und einen hohen Grad an zivilisatorischen Gütern und Erleichterungen an
- Diese Ziele sind mit möglichst geringem Aufwand zu erreichen (ökonomisches Gesetz)
- Diese Ziele sind in möglichst kurzer Zeit zu erreichen
- Die eigenen, vor allem körperlichen Anstrengungen werden durch eine hochtechnisierte Infrastruktur und Organisation kompensiert
- Sollte es Folgeprobleme geben, so werden auch sie technologisch beseitigt (Katalysator-Mentalität)
- Die Strategie zum Erreichen der Ziele mit möglichst wenig Aufwand wird auf einer anderen Ebene repetiert: Die Wirtschaft treibt mittels ökonomischem Gesetz die ökonomischen Aspekte in der Bodennutzung nochmals an.

Kurz gesagt: Wir haben vor uns den kurzfristigen Hedonisten, der mit möglichst wenig Aufwand möglichst schnell möglichst viel zivilisatorischen Gewinn anstrebt, und der sowohl den Mitteleinsatz wie auch die Folgen des Handelns als rein technologische Probleme ansieht.

Wir haben diesen technologisch orientierten, kurzfristigen Hedonisten auch schon an anderer Stelle ausgemacht, z. B. im Energieverhalten. In der Ethik, Philosophie und Soziologie ist dieses Phänomen seit langem Gegenstand tief- und scharfsinniger Untersuchungen: Es ist der – besonders seit Max Weber – bekannte, an Rationalisierung orientierte Mensch des Okzidents, der «homo rationalis». Es handelt sich dabei allerdings um eine «eingeschränkte» Rationalität (Schwemmer, 1976, S. 177): Rationalität misst sich an der Maximierung des zu erwartenden Nutzens und an der Minimierung des eigenen Aufwandes.

Ausgeblendet werden wesentliche Faktoren der Realität, z.B.:
- die Ansprüche anderer Lebewesen
- die Kompatibilität der Mittel
- die möglichen Folgen
- die Angemessenheit des Zeithorizontes usw.

Diese eingeschränkte oder ausblendende Rationalität ist so nur eine halbierte Rationalität – ja sie fusst auf Irrationalität. Irrational an dieser Rationalität ist insbesondere der Umstand, dass darin die Natur nur als ewig auszubeutende Ressource und als Objekt in Rechnung gestellt wird.

Insbesondere stellt sich seit Max Weber der westlichen Kultur die Frage, wie es eigentlich dazu kommen konnte, dass der westliche Mensch – als einziger – diese eingeschränkte Form von Rationalität in Theorie und Praxis durchführen musste. Es fehlt hier der Raum, die Erklärungsversuche von Weber, Horkheimer, Adorno, Habermas und anderen darzustellen. Aber es kann keine Frage sein, dass die Entwicklung dieser Rationalität nur zu verstehen ist aus der Konstellation, in der Wissen und Macht, Idee und Interesse, Denken und Herrschen gemeinsam in Szene gesetzt worden sind. Die irrationale Rationalität ist die Rationalität im Dienste der Herrschaft. Die rationale Entzauberung der Natur ist das Signal zum Einmarsch in die Natur. Das Verhalten dieses an der eingeschränkten Rationalität – zum Zwecke der Ausbeutung – orientierten Menschen kontrastiert hart mit einem mythischen und religiösen Weltverständnis.

Ich möchte im folgenden ganz kurz auf das mythische Weltverständnis und auf dasjenige des Alten Testaments – immer im Lichte des Natur- und Bodenproblems – eingehen.

2. Zum mythischen Weltverständnis

Man kann sich nicht vorstellen, dass ein Angehöriger einer mythischen Kultur in seinem Alltagsverhalten, z.B. im Verhältnis zum Boden, weniger rational ausgerichtet war als wir. Es gehört zum menschlichen Verstand, praktische Mittel direkt für das Erreichen eines Zieles einzusetzen. So ist der Gebrauch einer Hacke ein solches rationales Verhalten. Der Unterschied zur Moderne besteht nicht in der Alltagsrationalität, sondern in der Weltdeutung (siehe dazu: Habermas, 1981 S. 72). Zur Erfahrung des vorrationalen Menschen gehört nun zunächst diejenige «des schutzlosen Ausgeliefertseins an die Kontingenzen einer nicht beherrschten Umwelt» (Habermas, 1981, S. 77). Bewältigt wird dieser Umstand durch die Vermenschlichung dieser feindlichen Kräfte: Die unsichtbaren Mächte werden als Personen gedeutet, die dem Menschen analog sind, auf die magisch einzuwirken ist, die aber als unbekannte Personen dem Menschen überlegen sind. Analogie und Überlegenheit schaffen auf jeden Fall eine Vergleichbarkeit mit dem Menschen – eine Humanisierung und Personalisierung der Natur. «Alles ist voll von Göttern», hat noch Thales gesagt.

Eine Konsequenz ist auf jeden Fall die folgende: «Der Mythos erlaubt keine klare grundbegriffliche Differenzierung zwischen Dingen und Personen, zwischen Gegenständen, die manipuliert werden können ... und Subjekten» (Habermas, 1981, S. 79). Das bedeutet: Der Boden ist auf jeden Fall nicht einfach Einmarschgebiet für die technische Rationalität des Menschen. Er steht vielmehr im Geflecht personaler Identitäten.

3. Zum Alten Testament

Die Menschen des Alten Testaments nahmen die Welt wahr als ein Angebot von Lebensbedingungen für Menschen, Tiere und Pflanzen (siehe dazu: Steck, 1978). Dahinter steht Gott als der Gewährleister dieses Lebens. Der Mensch hat als Ebenbild Gottes eine besondere Verantwortung für den Dauerbestand alles Lebendigen; darin besteht sein Herrschaftsauftrag. Ich zitiere hier O.H. Steck: «Dass die Möglichkeit einer Ausbeutung der Erde bis an die Erschöpfung ihrer Ressourcen, eine Vergiftung und Zerstörung irdischer Lebensräume durch einen autokratischen Menschen ... nicht einmal in der Fluchtlinie dieser Ermächtigung liegt, ergibt sich aus ihren innerhalb von Gen. 1 gezogenen Grenzen: Die Unterwerfung der Erde erfolgt nur zur Nahrungsversorgung von Menschen mit Nutzpflanzen, neben der ein voll genügender Vegetationsbestand an Wildpflanzen zur Ernährung der Wildtiere, Vögel und Kriechtiere auf Dauer vorausgesetzt ist (Gen. 1, 30)» (Steck, 1978, S. 81). Dazu gehört die bekannte bescheidene Lebensweise: «Hausgebackenes Brot und allerlei Milchprodukte und dazu ... verschiedene Baumfrüchte» sind im wesentlichen die Nahrung des Menschen. «Fleischgenuss war gewiss zu allen Zeiten auf besondere Gelegenheiten als Ausnahme beschränkt» (Steck, 1978, S. 50).

Wie scharf das Verhalten dieser Menschen des Alten Testaments mit demjenigen des «homo rationalis» kontrastiert, geht aus wichtigen Bestimmungen des Alten Testaments zum Boden hervor:

Primär sei hier an die Tatsache erinnert, dass das Volk Israel wusste, dass das Land letztlich von Gott geschenkt ist und Gott gehört, dem Menschen nur als Lehen gegeben ist. «Grund und Boden darf nicht für immer verkauft werden, denn das Land ist mein.» (3. Mose 25, 23). Dieses Bewusstsein führte dann u.a. dazu, dass das Land im Idealfall nicht verkauft, sondern verlost wurde. Einige Bezeichnungen für den Boden weisen in diese Richtung: chebel (Messschnur), chelq (Anteil vom gemeinsamen Landbesitz), und vor allem goral (Los, Losanteil) – (siehe dazu: Mathys, 1984). Weiter gehört es zu einer religiösen Bestimmung, dass der Boden Familienbesitz ist und bleibt. Ebenso legen die Propheten ganz massiv gegen die Bodenspekulation los. Und letztlich gehört dazu die wichtige Bestimmung über die Brache (2. Mose 23, 10–11): «Sechs Jahre sollst du dein Land bestellen und seinen Ertrag einsammeln. Im siebenten Jahre aber sollst du es brach liegen lassen und freigeben, damit die Armen deines Volkes sich davon nähren können. Und was übrig bleibt, mag das Wild des Feldes fressen. Ebenso sollst du es mit deinem Weinberg und deinen Ölbäumen halten.»

Wie immer wir das mythische Weltverständnis oder das Alte Testament beurteilen, eines ist sicher: Der Mensch verstand sich in seinem Verhalten zum Boden als ein integrierter Teil einer Gesamtnatur oder Mitwelt. Das Verständnis des Bodens als Ausbeutungs- und «Verwertungsgegenstand» (Steck, 1978, S. 26), als Objekt besitzergreifender Rationalität, war nicht einmal am Horizont auszumachen.

Heute wird uns klar, dass die Akten zum Mythos bzw. zum Alten Testament noch nicht abgeschlossen werden können. Es ist zumindest eine offene Frage, wer sich letztlich nun als überlebensfähig erweist – der mythologische oder der an Rationalisierung orientierte Mensch. Aber was nützt schon eine solche Feststellung? Wir können wohl nicht mehr zum mythologischen Weltverständnis, und auch nicht in die Zeit des Alten Testaments, zurück.

Aber wir können (und müssen!) etwas anderes versuchen. Ich schlage vor, dass wir diesen anderen Weg bezeichnen als den Weg der *ethischen Rekonstruktion eines Naturverständnisses des Menschen.*

4. Ethische Rekonstruktion des Naturverständnisses

Der Gesichtspunkt dieser ethischen Rekonstruktion heisst: Gibt es auf der Linie des Nachdenkens über das Gute Leben und über die Grenzen des Guten Lebens ethische Argumente für eine Änderung des Verhaltens des Menschen gegenüber dem Boden?

Diese einfache Frage führt uns bereits in komplizierte Problemstellungen hinein. Zunächst scheint es klar zu sein, dass schon aus Gründen eines aufgeklärten Eigeninteresses des Menschen ein haushälterischer Umgang mit dem Boden zu fordern ist. Eine nächste Frage schliesst sich hier aber sofort an: Was heisst Eigeninteresse des Menschen? Sind da die Menschen anderer Kontinente oder Klassen miteingeschlossen? Sind die zukünftigen Generationen miteingeschlossen? Aber man kann auch andersherum fragen: Ist es vom Standpunkt der Natur aus überhaupt sinnvoll und ethisch begründet, das Eigeninteresse des Menschen derart ins Zentrum zu rücken? Wäre es nicht besser, dass der sich so expansiv gebärdende Mensch möglichst bald von der Bühne der Natur abtreten würde in Form eines selbstverschuldeten Kollapses? Dann herrschten in der Natur wieder alte Verhältnisse – der Störenfried wäre verschwunden. Und ist es nicht so, dass jeder Gattung eine Zeitspanne des Lebens auf dieser Erde zukommt? Der Mensch hatte seine Chance; und nun geht sie eben zu Ende. Warum eigentlich nicht, wenn das sogar im Plan der Natur vorgezeichnet ist? (siehe dazu: Steck, 1978, S. 69).

Oder die Frage nochmals anders gestellt: Welche Natur sollen wir denn sorgsam behandeln? Reicht es nicht aus, die 20 Tier- und Pflanzenarten zu bewahren, die wir unbedingt zum Leben brauchen? Wieso überhaupt den Schutz von Lebensräumen für möglichst viele Arten fordern, wenn wir ja auch nicht wissen, ob das Kraut oder das Unkraut – vom Standpunkt der Natur aus – das grössere Lebensrecht besitzt?

Manche dieser Fragen mögen zwar zum Lächeln Anlass geben; sie zeigen aber dennoch so viel, dass es nicht ohne weiteres evident ist, ob und in welcher Weise Bodenschutz aus anthropozentrischen oder physikozentrischen Überlegungen heraus zu fördern sei. Und es ist ja auch in der Tat so, dass wir uns über die Argumentation in diesem Bereich auf der Alltagsebene durchaus nicht einig sind.

Somit also ganz einfach gefragt: Gibt es, ethisch gesehen, Gründe für die Forderung nach einem anderen Umgang mit dem Boden im Sinne der ethischen Rekonstruktion?

Trotzdem, oder gerade wegen den schwierigen Fragen machen wir uns nun an die ethische Rekonstruktion des Umwelt- und Bodenverhaltens des Menschen heran. Dabei soll die Argumentation unter zwei Gesichtspunkten durchgeführt werden:

1. Es geht um Argumente bei der Teilung der Bodennutzung in bezug auf die Ansprüche anderer Menschen oder der Natur, d.h. um Argumente für die Begrenzung von Ansprüchen durch die Ansprüche anderer.
2. Es geht um Argumente, die in der Begrenzung des Menschen als Akteur im Umgang mit dem Boden liegen.

I. Menschliche Ansprüche auf den Boden

1. Das aufgeklärte Eigeninteresse des Menschen im Vorhof der Ethik

Es erscheint eigentlich als Banalität, dass der Mensch aus Gründen des aufgeklärten Eigeninteresses sein Verhalten zum Boden ändern sollte. Allerdings: Wer die Aussicht hat, sein Leben in der privilegierten Position der Ausbeutung des Bodens zu vollenden – die Vorteile für ihn überwiegen –, für den liegt die Fortsetzung der Ausplünderung des Bodens auf der Linie seiner Interessen. Das gilt auch für privilegierte Gruppen der Gesellschaft, solange sie die Nachteile auf andere abwälzen können.

Das Argument der legitimen Eigeninteressen (im Anschluss an das Gute Leben) ist also ambivalent, bzw. dessen Reichweite/Überzeugungskraft ist begrenzt.

2. Begrenzung der Bodennutzung durch die Ansprüche anderer menschlicher Nutzer

Das ist zunächst einmal die Frage nach den legitimen Ansprüchen anderer Menschen. Allgemein kann es als ethisch gerechtfertigt gelten, dass alle Menschen Anspruch haben auf die Erhaltung der Lebensgrundlage Boden. Sicherlich ist dafür eine erste ethische Regel einleuchtend; sie lautet:

Jedermann hat das Recht auf Leben und Überleben. (1. Regel)

Komplizierter wird die Frage, wenn wir nun das *Ausmass* der gegenseitigen Ansprüche auf Boden ethisch begründen wollen.

Dass wir eine allgemein verbindliche ethische Regelung brauchen, geht aus dem Umstand hervor, dass die Bodennutzer eine weltweite Schicksalsgemeinschaft geworden sind; niemand, auch kein Bodenschützer, kann auf eine ökologische Nische ausweichen. Es geht also um die Frage, welche Regel gelten soll in einer Gemeinschaft, in der Übernutzer, normale Nutzer und haushälterische Nutzer in einem Boot sitzen. Die entsprechende Regel lautet:

Jedermann hat das gleiche Recht auf Leben und Entfaltung. (2. Regel)

Diese Regel verbietet auf jeden Fall eine Übernutzung des Bodens in der Art und Weise, dass andere ihre legitimen Ansprüche, z.B. hinsichtlich der Gesundheit, nicht in gleicher Weise wahrnehmen können. Wir haben unsere Aufmerksamkeit aber auch noch denen zuzuwenden, welche haushälterisch mit dem Boden umgehen und trotzdem, d.h. wegen den anderen, unter den Folgen der Übernutzung leiden. Es ist nicht leicht, für all' diese Facetten des Problems eine Regel zu formulieren. Ich versuche es wie folgt:

Negative Beeinträchtigung des Bodens durch Bedürfnisse, die über die Notwendigkeiten des Lebens hinausgehen und den Durchschnitt der Beeinträchtigungen überschreiten, sind ethisch nicht gerechtfertigt. (3. Regel)

3. Die zukünftigen Generationen

Das Verhältnis der lebenden Generationen zu den zukünftigen ist faktisch ambivalent. Ein Hinweis darauf bietet schon der Umstand, dass wir den Schutz des ungeborenen Lebens lange nicht so rigide fassen wie den des geborenen Lebens. So sind die ethischen und rechtlichen Normen für eine aktive Euthanasie bedeutend schärfer als für die Frage einer Abtreibung.

Offenbar noch weniger stark im herrschenden Bewusstsein verankert ist die Sorgepflicht für die noch nicht geborenen und gezeugten Generationen. Viele Menschen halten die Frage für zumindest unentscheidbar, ob zukünftige Generationen ein mit dem unsrigen vergleichbares Lebensrecht haben sollen; ja viele verneinen sogar, dass wir mit diesen – unter dem Gesichtspunkt der Gerechtigkeit und Chancengleichheit – zu teilen hätten. Doch scheint mit die folgende Argumentation ethisch zwingend zu sein: Niemand kann gerne leben und alles für die Qualität seines Lebens vorkehren, und gleichzeitig behaupten, es sei nicht entscheidbar, ob zukünftige Generationen auch ihre Lebensmöglichkeiten haben sollen.

Jeder, der gerne lebt, muss aus logischen und ethischen Gründen dafür einstehen und derart leben, dass andere, insbesondere zukünftige Generationen, auch so leben können. (4. Regel)

II. Begrenzung der Bodennutzung durch die Ansprüche nichtmenschlicher Subjekte – Eigenrechte der Natur bzw. des Bodens

Mit der bisherigen Argumentation bewegten wir uns auf dem gesicherten Gebiet bisheriger Ethik. Die neue – und heute viel diskutierte – Frage nach den ethisch zu begründenden Eigenrechten der Natur bzw. des Bodens wirft aber bisher nicht besprochene Probleme auf. Einfach wäre es, wenn wir den Boden bzw. dessen Ansprüche in irgendeiner Weise mit den Ansprüchen oder Interessen des Menschen vergleichen könnten. Aus dieser Gleichheit ergäbe sich dann auch eine Analogie oder Vergleichbarkeit der Schutzansprüche. Inwiefern aber ist der Boden hinsichtlich seiner Interessen mit dem Menschen überhaupt vergleichbar?

Eine erste Frage betrifft hier die Lebensansprüche nichtmenschlicher Lebewesen. Der Boden ist ja auch Voraussetzung für die Lebensmöglichkeiten anderer, nichtmenschlicher Lebewesen bzw. Arten. Wenn ethisch nachzuweisen wäre, dass andere Lebewesen – auch andere Arten – ein Recht auf Leben haben, dann wäre der Boden als Lebensgrundlage auch für andere Lebewesen zu schützen.

Wir können hier ausgehen von einem Satz, den Albert Schweitzer formuliert hat: «Ich bin Leben, das leben will, inmitten von Leben, das leben will.» Wenn Gleiches gleich zu behandeln ist, und wenn alle Lebewesen auf Leben aus sind, dann gibt es – auf dieser grundsätzlichen Ebene – keinen Grund, von diesem allgemeinen Willen zum Leben nicht auch ein allgemeines, ein dem menschlichen Leben vergleichbares Recht auf Leben abzuleiten.

Damit erweitern wir den ethischen Grundsatz «Jeder Mensch hat das gleiche Recht auf Leben» zum allgemeineren Grundsatz:

Jedes Lebewesen hat prinzipiell das gleiche Recht auf Leben. Da zum Recht auf Leben aber auch das Recht auf Fortpflanzung gehört, sind wir damit bei der ethischen Begründung des Artenschutzes angelangt (und damit beim haushälterischen Umgang mit dem Boden). (5. Regel)

Natürlich haben wir dabei die Frage der Konfliktlösung zwischen den Arten noch ausgeklammert. Wir wissen: Leben gibt es nur als «Fress- und Tötungsgemeinschaft». Aber für die Lösung der Konflikte sind neue Regeln zu suchen; die allgemeine Regel vom Recht allen Lebens auf Leben wird dadurch nicht ausser Kraft gesetzt.

Damit sind wir bei einer ethischen Begründung des Lebensrechts aller Lebewesen angelangt. Bezogen auf den Boden steckt darin eine doppelte, eine direkte und eine indirekte Begründung: Direkt wird damit der Boden als Wesen anerkannt, das seine Interessen anmelden kann, sofern es eben aus einer Reihe von Organismen besteht. Die indirekte Begründung für den ethisch motivierten Schutz des Bodens liegt im Umstand begründet, dass der Boden die entscheidende Voraussetzung, Lebensraum «par excellence» zu sein, für viele Lebewesen darstellt. Folgendes Argument bekommt in diesem Zusammenhang eine besondere Bedeutung:

Wenn es ethisch geboten ist, den Lebensraum prinzipiell für alle Lebewesen zu bewahren, dann ist die Stabilität des Lebensraumes eine wichtige Voraussetzung dafür. (6. Regel)

Zur Stabilität des Gesamtsystems der Natur tragen Vermusterung und Artenvielfalt besonders bei. Beim letzteren ist insbesondere die Bedeutung des Bodens zu beachten.

Wenn dies zutrifft, dann steht der gegenwärtige Trend in diametralem Gegensatz zum ethisch als richtig erkannten. Die Reduktion der Artenvielfalt durch Bodenzerstörung ist ein Element der Destabilisierung des Gesamtsystems – und damit ethisch nicht zulässig. Gerade beim Boden ist darauf zu achten, dass ihm diese Funktion als Lebensraum für viele Arten erhalten bleibt.

Der Frage nach einer gerechten Verteilung der Ansprüche nähern wir uns durch die Vorstellung einer fairen Aufteilung von Last und Lust in der Lebens-, Fress- und Tötungsgemeinschaft.

So wie andere Lebewesen kann der Mensch nur dann leben, wenn er tötet. Leben heisst, Leben zu zerstören. Es stellt sich die Frage, nach welchen Regeln Leben zerstört werden darf.

Sofern wir die Lebenswelt als ein System von Lebensrecht besitzenden Wesen verstehen, ist nach einer fairen Aufteilung von Lust und Last, Ansprüchen und Versagung, zu suchen. Dabei reden wir immer auf der Ebene der Arten, nicht der Individuen. (7. Regel)

Soviel lässt sich dabei im Minimum auf jeden Fall sagen:

Keine Art hat das Recht, derart massiven Einfluss auszuüben, dass in kurzer Zeit vielen Arten die Lebensmöglichkeiten verloren gehen. (8. Regel)

Genau dies aber tut der Mensch; und er tut es insbesondere im Umgang mit dem Boden. Die wichtigsten Faktoren der Bodenzerstörung sind durch den Menschen gemacht: Verödung, Luftverschmutzung, Versalzung und Versumpfung, Abholzung, Erosion und Urbanisation. Die Folge davon ist – wie der Bericht «Global 2000» festhält – ein massives Aussterben von Tier- und Pflanzenarten; zwischen einer halben Million und zwei Millionen Arten sollen bis zum Jahre 2000 aussterben. «Ein Artenrückgang dieses Ausmasses ist in der Geschichte der Menschen ohne Beispiel.» («Global 2000», 1981, S. 86).

Diese Art von Eingriff stellt den klassischen Fall von Nicht-Fairness dar: Es kann nie fair sein, dass eine Art ihre Interessen derart maximiert, dass so viele andere Arten sterben oder schwer behindert werden. Es braucht zur Veranschaulichung nur die Vorstellung, eine andere, grössere Tierart würde sich ähnlich dem Menschen verhalten – z.B. die Schweine – und in ähnlicher Anzahl und Massierung auftreten; man stelle sich einmal eine rationalisierte Raumplanung aus der Sicht der Schweine vor!

Die Menschen verstossen gegen die Fairness im Umgang mit Arten, die alle ein Recht auf Leben haben. Zwar «müssen» die meisten Arten untereinander in Konflikt leben; aber es gibt nicht den Hauch eines Zweifels, dass der Mensch als Boden- und Artentöter vollständig aus der Fairnessrolle herausfällt.

III. Ethische Argumente, die sich aus der Begrenztheit des Menschen selbst ableiten lassen

Es gibt drei Überlegungen, die darauf hinweisen, dass der Mensch in seinem Umgang mit dem Boden das ihm gesetzte Mass übersteigt:

1. Das Argument des Nicht-Wissens
2. Das Argument der Irreversibilität
3. Das Argument der Nicht-Steuerbarkeit.

1. Das Argument des Nicht-Wissens

Gerade der Umstand, dass wir noch über Umweltbelastungen streiten, ist ein Hinweis dafür, dass wir nicht wissen, worauf wir uns in der Belastung des Bodens eingelassen haben. Folgende Stichworte beispielsweise bezeichnen Bereiche und Probleme, in denen der Mensch massiv eingegriffen hat, ohne die Folgen und deren Entwicklung zu kennen:

- Konzentration von Giften im Gewebe
- Monokultur
- biologische Resistenz

– genetische Gleichförmigkeit
– Epidemien
– Mutationen
– Klima usw.

Mag früher die ethische Norm gegolten haben, dass niemand für Folgen verantwortlich ist, die er nicht kennen kann, so ist diese Norm gerade heute in ihr Gegenteil umzukehren:

Niemand darf eine Handlung mit schwerwiegenden und langfristigen Folgen begehen, solange er die Auswirkungen nicht genau kennt. (9. Regel)

Darüber sollten sich die Autopartei und die Nicht-Autoparteien einigen können: Solange wir die Folgen nicht kennen, ist die Begrenzung des Tempos notwendig.

2. Das Argument der Irreversibilität

Bereits hat der Prozess begonnen, durch welchen der Mensch dasjenige zerstört, was er nicht geschaffen hat – und nicht mehr schaffen kann. Dieser Umstand gilt z.B. für Bodenschätze wie Erdöl; er gilt aber auch für unzählige Stoffe in der Natur, deren Bedeutung wir noch nicht kennen, und die wir schon vorher zerstören.

Zur Irreversibilität bemerkt «Global 2000» trocken: «Die meisten Fälle von Bodenverschlechterung sind reversibel, zumindest in der Theorie. Unter der Voraussetzung ausreichend grosser Verbindlichkeiten wie Zeit, Kapital, Energie, technisches Wissen und politischer Wille kann der grösste Teil der Bodenverschlechterung verlangsamt, aufgehalten oder gar wiedergutgemacht werden. Das Problem besteht darin, dass in der Praxis die erforderliche Zeit und das Wissen, die wirtschaftlichen und politischen Kosten sowie die Kosten der Ressourcen, die darin enthalten sind, jeden Fall von Bodenverschlechterung im Prinzip irreversibel machen.» («Global 2000», 1981, S. 600). Und so lautet die entsprechende Regel wie folgt:

Niemand darf den Prozess einer irreversiblen Zerstörung einleiten bei etwas, das er nicht geschaffen hat, noch je wird wieder schaffen können. (10. Regel)

3. Das Argument der Nicht-Steuerbarkeit

Mit der Beeinflussung des Bodens hat sich der Mensch auf eine Entwicklung eingelassen, die ihm über den Kopf wachsen muss. Weder kennt er alle Daten der notwendigen Information über die Steuerung, noch kann er die Steuerung durchführen.

Als Beispiele hierzu können etwa gelten:
– die Ausrottung von Schädlingsvertilgern durch Pestizide

– die Resistenz gegenüber Schädlingen
– das Auftauchen neuer Schädlinge
– Epidemien
– die Bewahrung wichtiger Stoffe in der Natur.

Niemand darf eine Dynamik in Gang setzen, die er nicht mehr steuern kann. (11. Regel)

Den drei Argumenten des Nicht-Wissens, der Irreversibilität und der Nicht-Steuerbarkeit ist gemeinsam, dass sie Ausdruck einer hybriden Massüberschätzung des Menschen sind.

Damit legt der Mensch nicht bloss den Grundstein für die Unkontrollierbarkeit der Entwicklung seiner Lebensgrundlagen; er zieht vielmehr unzählige Arten in den unkontrollierten Untergang mit hinein.

5. Zum Schluss: Was macht man mit ethischen Regeln?

Die Ethik besitzt keine Macht, bzw. ihre Macht hört an den Rändern der Akzeptanz von guten Argumenten auf. Trotzdem können die Argumente einen Beitrag bei der Veränderung hin zu einem haushälterischen Umgang mit dem Boden leisten, z. B.

– durch die Stimulierung einer grundsätzlichen Diskussion – beispielsweise unter Bauern – über die Rechte der nicht-menschlichen Natur
– als Unterstützung der juristischen Strategie für die Legitimierung eines Eigenrechts des Bodens
– als Vademecum auf dem Tisch der Planer
– als Richtschnur für die Landwirtschaftspolitik
– als Grundlage für Rahmenbedingungen des Bundes.

Literatur

Global 2000 (1981): *Der Bericht an den Präsidenten.* Übersetzung aus dem Englischen, hrsg. von Reinhard Kaiser, Frankfurt a.M.

Habermas, J. (1981): *Theorie des kommunikativen Handelns.* Band 1, Frankfurt a.M.

Mathys, H.-P. (1984): *ohne Titel.* Vortrag in Gwatt vom 13./14. 1. 1984, unveröffentlichtes Manuskript, 24 S.

Schwemmer, O. (1976): *Theorie der rationalen Erklärung. Zu den methodischen Grundlagen der Kulturwissenschaften.* München.

Steck, O.H. (1978): *Welt und Umwelt.* Stuttgart.

Anhang: Zusammenstellung der Regeln

1. Jedermann hat das Recht auf Leben und Überleben.
2. Jedermann hat das gleiche Recht auf Leben und Entfaltung.
3. Beeinträchtigungen des Bodens durch Bedürfnisse, die über die Notwendigkeiten des Lebens hinausgehen und den Durchschnitt der Beeinträchtigungen überschreiten, sind ethisch nicht gerechtfertigt.
4. Jeder, der gerne lebt, muss aus logischen und ethischen Gründen dafür einstehen und derart leben, dass andere, insbesondere zukünftige Generationen, auch so leben können.
5. Jedes Lebewesen hat prinzipiell das gleiche Recht auf Leben. Da zum Recht auf Leben auch das Recht auf Fortpflanzung gehört, sind wir damit bei der ethischen Begründung des Artenschutzes angelangt.
6. Wenn es ethisch geboten ist, den Lebensraum prinzipiell für alle Lebewesen zu bewahren, dann ist die Stabilität des Lebensraumes eine wichtige Voraussetzung dafür. Zur Stabilität des Gesamtsystems der Natur tragen Vermusterung und Artenvielfalt besonders bei.
7. Sofern wir die Lebenswelt als ein System von Lebensrecht besitzenden Wesen verstehen, ist nach einer fairen Aufteilung von Lust und Last, Ansprüchen und Versagung zu suchen.
8. Keine Art hat das Recht, darart massiven Einfluss auszuüben, dass in kurzer Zeit vielen Arten die Lebensmöglichkeiten verloren gehen.
9. Niemand darf eine Handlung mit schwerwiegenden und langfristigen Folgen begehen, solange er deren Auswirkungen nicht genau kennt.
10. Niemand darf den Prozess einer irreversiblen Zerstörung einleiten bei etwas, das er nicht geschaffen hat noch je wird wieder schaffen können.
11. Niemand darf eine Dynamik in Gang setzen, die er nicht mehr steuern kann.

KURT E. BRASSEL

Erste Bilanz

1. Einleitung

In den vorangehenden Aufsätzen dieses Bandes haben sich Fachleute aus verschiedenen Disziplinen zur Bodenproblematik geäussert. Mehrheitlich sind es Spezialisten, die sich intensiv mit besonderen Fragestellungen auseinandergesetzt haben. Wenn ich hier den Versuch einer *Gesamtschau* wage, so mache ich dies als Generalist, der als Bürger und Wissenschafter die Problematik unseres Themas mit Unbehagen miterlebt und findet, dass Beobachten, Nachdenken und Handeln von Nöten ist. Ich kann meinen Beitrag nicht durch ein intensives Studium ausgewählter Fachliteratur oder durch spezielle Forschungsarbeiten in der Bodenthematik begründen, sondern einzig dadurch, dass mir als Geograph generell Fragen über die Beziehungen zwischen Umwelt und Gesellschaft, zwischen Natur und Mensch naheliegen. Als Zuhörer dieser interdisziplinären Vortragsreihe greife ich spezielle Aussagen der Fachautoren heraus und versuche, aus persönlicher Sicht einige Zusammenhänge aufzuzeigen. Auch sind in diesen Beitrag verschiedene Zuhörerfragen, Voten und Antworten aus den Diskussionen zu den diversen Vorträgen eingeflossen[1].

In der Einleitung zu diesem Band ist auf die vielfältigen Aspekte des Themas «Boden» hingewiesen worden; die Beiträge dieses Bandes sind sodann den vier Themenkreisen «Boden als Naturobjekt», «Boden als Baugrund und Siedlungsraum», «Boden als Wirtschafts- und Rechtsobjekt» sowie «Grundsatzfragen» zugewiesen worden. Ich will hier versuchen, die angesprochenen Themenkreise in einen Gesamtrahmen zu stellen. Das in Abb. 1 gezeigte Schema soll diese Diskussion unterstützen.

Bodennutzung spielt sich in *Raum* und *Zeit* ab. Wir können sie auffassen als ein Muster verschiedener Nutzungstypen, die sich räumlich überlagern. In einem ersten Abschnitt werden die Aspekte der *Bodennutzung im Raum* zusammengefasst. Da die Nutzungsmuster einem zeitlichen Wandel unterworfen sind, sollen in einem zweiten Abschnitt die verschiedenen *Verände-*

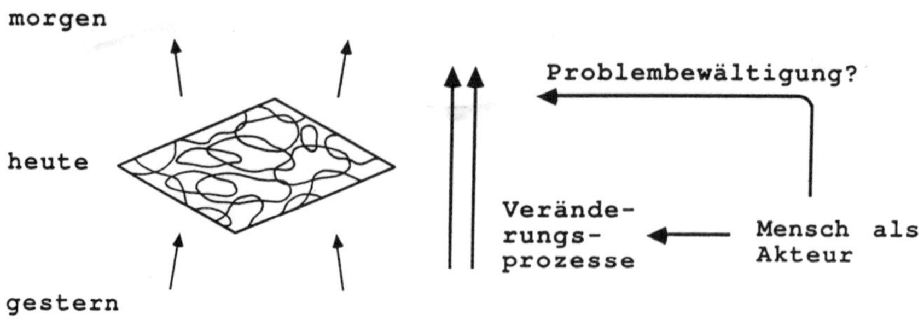

Abb. 1 *Nutzung des Bodens*

rungsprozesse und die *Zukunftsperspektiven* besprochen werden. Der Mensch ist der massgebliche Urheber der wesentlichen Änderungen, und nur in Ausnahmefällen spielen natürliche Ereignisse (Vulkanismus, Klimaschwankungen, biologische Evolution) ebenfalls mit hinein. Aus diesem Grunde schliesst eine Diskussion über die Rolle des *Menschen als Akteur* an. Der Mensch ist einerseits der hauptsächliche Verursacher der Bodenproblematik, anderseits ist er auch Betroffener, und drittens muss er eine entscheidende Rolle bei der Problembewältigung spielen. Im Abschnitt *Ansätze zur Problembewältigung* werden die wünschbaren und notwendigen Änderungen sowie die Aufgaben der verschiedenen Beteiligten erörtert.

2. Bodennutzung und Raum

Boden als Ressource wird vielfältig genutzt. Nutzungsraten sind klein- oder grossflächig, zum Teil überlagern sie sich, zum Teil schliessen sie sich aus. Die Flächenkonkurrenz begründet die Konflikte und somit die Problematik der Bodennutzung. Neben die individuelle Bodenbelegung eines Menschen (durch Wohnen und Arbeitsplatz) tritt eine kollektive (z.B. durch Verkehrs-, Ausgleichs- und Freizeitflächen) sowie die indirekte Bodennutzung durch den Konsum von Gütern und Dienstleistungen und durch die Produktion von Abfällen. Etwas dramatischer lässt sich diese Aussage mittels Tabelle 1 verdeutlichen:

Tabelle 1 **Boden als Ressource**

Wohnraum	=	Boden
Garten / Hofraum / Spielplatz	=	Boden
Arbeitsplatz / Industrie	=	Boden
Strasse / Autobahn / Parkplatz	=	Boden
Quartierladen / Einkaufszentrum	=	Boden
Trottoir / Fussweg / Veloweg	=	Boden
Wald / Stadtpark / Zoo	=	Boden
Schwimmbad / Sportplatz	=	Boden
Fussballstadion / Skilift	=	Boden
Gemeindehaus / Schule / Bank	=	Boden
Theater / Kirche / Restaurant	=	Boden
Bahnhof / Eisenbahn / Flughafen	=	Boden
Ferienwohnung / Hotel	=	Boden
Grundnahrung	=	Boden
Kleidung	=	Boden
Trinkwasser / Waschwasser	=	Boden
Gas / Telephon / Strom	=	Boden
Haushaltapparate / priv. Verkehrsmittel	=	Boden
Bücher / Zeitungen	=	Boden
Werkzeuge / Maschinen	=	Boden
Wohlstand	=	Boden
Entbehrliches aller Art	=	Boden
Abfall aller Art	=	Boden

Die Bodenansprüche sind sehr breit gestreut. Bezüglich Bodenbedarf und Bodenkonflikten sind alle Bevölkerungsschichten – und nicht nur einzelne Gruppen – angesprochen. Wir alle sind Umweltkonsumenten, man kann sich nicht ausnehmen, man kann nicht «aussteigen». Boden als Fläche ist der Lebens- und Aktionsraum für die Menschheit und für alle Lebewesen. Zur Illustration habe ich versucht, in Tabelle 2 die vielfältigen Nutzungsfunktionen des Bodens systematisch zusammenzustellen:

Tabelle 2 **Nutzungsfunktionen des Bodens**

– Boden als Lebens- und Erlebnisraum
  · für Mikroorganismen
  · für Pflanzen
  · für Tiere

· für Menschen (s.a. unten)
- Boden als ökologischer Ausgleichsraum (Komplementärfläche)
  · Wald (Regeneration von Luft)
  · Schutzflächen (Lawinenverbauungen, Windschutz)
  · Grundwasserträger, Quellhorizonte, fliessende/stehende Gewässer
  · Brachland
  · Ödland
- Boden als Speicher- und Extraktionsfläche
  · Stauseen, Gletscher, Grundwasserträger
  · Bodenschätze, Kies, Steine
- Boden als landwirtschaftliche Produktionsfläche
  · extensiv
  · intensiv
- Boden als Wohnfläche
- Boden als Verkehrsfläche und Kommunikationsraum (inkl. Luftraum)
- Boden als Arbeits- und Industriefläche
- Boden als Freizeitfläche
- Boden als Wirtschaftsobjekt (Kapitalanlage, Spekulationsobjekt)
- Boden als Prestige- und Machtobjekt
- Boden als politisches und militärisches Territorium
- Boden als Deponie für Abfälle
- Boden als Prohibitivfläche
  · verseuchte Gebiete (Atomwaffenversuchsgelände, Tschernobyl)
  · natürliche (vernachlässigbar: aktive Krater etc.)

Diese Liste als qualitative Aufzählung verschiedener Nutzungsarten ist von den naturnahen über die durch den Menschen biologisch beanspruchten bis hin zu den rein anthropogen geprägten Nutzungen angeordnet worden. Bei den meisten dieser Nutzungstypen ist der Mensch massgeblicher Nutzniesser. Da Mehrfachnutzung des Raumes die Regel ist, sind diese Kategorien nur schwer zu quantifizieren, und es lassen sich auch keine konkreten Aussagen darüber machen, wieviel Boden ein einzelner Mensch nun effektiv braucht. Der Grossbedarf an Boden hängt mit der bis anhin freien Verfügbarkeit dieser Ressource zusammen, was auch zur Anspruchsinflation – oder Anspruchserfüllungsinflation – in unserem Land und auf unserem Kontinent geführt hat. Nachgewiesenermassen ist der Ressourcenverbrauch in den nördlichen Industrieländern mehr als hundertmal so gross wie derjenige eines Durchschnitts-Afrikaners. Die Ressource «Boden» im umfassenden Sinne wird zwar langsam knapp, doch die Verbrauchsbereitschaft wird durch die nach wie vor breit verfügbare Ressource «Geld» gefördert. Man kann auch vermuten, dass die Demokratisierung der Kauf-

kraft zur Belastung der Umwelt beigetragen hat, da diese ein breit
Verbrauchsverhalten ermöglicht. Dass die Bodenproblematik abe
eine unmittelbare Folge der politischen Demokratisierung ist, wird da
belegt, dass auch in autoritär gelenkten Staatssystemen (Ostblock, Mitt
amerika) z.T. gravierende Umweltzustände zu beobachten sind.

Als spezielles Thema in diesem Abschnitt «Bodennutzung und Raum» stellt sich die Frage des «*Sonderfalles Schweiz*». Nach den Ausführungen von S. Losch präsentiert sich die Lage in der Bundesrepublik Deutschland ähnlich, allerdings mit unterschiedlichen Schwerpunkten in der statistischen Sachlage, im Problembewusstsein, in der Gesetzgebung und im Vollzug. Schlüssige internationale Vergleiche können aber aufgrund der Veranstaltungsreihe nicht gezogen werden. Spezielle Charakteristika unseres Landes im Hinblick auf den Umgang mit der Bodenproblematik stellen neben dem Wohlstand (dieser braucht einerseits Boden, erlaubt anderseits auch teure Gegenmassnahmen) die Kleinräumigkeit, das Fehlen anderweitiger gravierender Probleme, die speziellen Institutionen unseres politischen Systems, der Hang zum Perfektionismus und die gesetzlich vorgeschriebene Vorsorge für «Zeiten gestörter Zufuhr» (agrarische Landesverteidigung) dar. Zum letzterwähnten Punkt bestehen Minimalvorschriften für Fruchtfolgeflächen und Lagerhaltung, die eine ausreichende Ernährung in Krisenzeiten gewährleisten sollen. Bei diesen Vorkehrungen handelt es sich um ein kurzfristiges Krisenmanagement und nicht um eine langfristige ökologische Nutzungsplanung. Auch ist zu bedenken, dass für eine formalistisch eng definierte Krise zwar alles vorgekehrt ist, dass sich aber der Charakter und das Ausmass einer potentiellen Krise nur sehr schwer voraussagen lassen.

Fassen wir zusammen: Wir nutzen unseren Boden auf vielfältige Weise und stellen immer grössere Ansprüche an ihn. Die meisten dieser Nutzungen haben ihre Berechtigung, solange Raum für alle da ist. Lassen wir vorerst die Zeitdimension beiseite, so können heute die Konfliktsituationen in der Schweiz als «*noch nicht alarmierend*» bezeichnet werden: Einige Arten von Mikroorganismen, Tieren und Pflanzen wird der Lebensraum entzogen oder entfremdet; die ökologischen Ausgleichsfunktionen werden noch einigermassen erfüllt; unser finanzielles Polster erlaubt uns, die Folgen auch mittlerer Naturereignisse (bzw. -katastrophen) grosszügig zu entschädigen; die landwirtschaftliche Produktionsfläche genügt unter der Annahme konstanter politischer und wirtschaftlicher Verhältnisse; Prohibitivflächen sind, wenn wir von schwerwiegenden Zwischenfällen mit atomaren und chemischen Stoffen sowie Sondermüll absehen können, nicht existent; und die verschiedenen anthropogenen Nutzungsarten erfreuen sich einer ausgesprochenen Prosperität. Ungünstiger sieht die Lage jedoch aus, wenn wir den Faktor «Zeit» miteinbeziehen.

3. Veränderungsprozesse und Zukunftsperspektiven

«Der Krug geht zum Brunnen, bis er bricht: Noch geht er. Die Zustände sind nicht schlecht, es sind die *Trends*, die erschrecken.» Der Beitrag von Chr. Pfister legt eindrücklich dar, wie und weshalb sich die räumlichen Muster der Bodennutzungen in der Zeit verändert haben. Technologische Neuerungen im Zusammenspiel mit den Regeln der Gesellschaftssysteme haben zum Teil irreversible Verlagerungen gebracht. Verschiedene Autoren haben Exponentialkurven präsentiert, deren relevante Steigungen erst nach dem 2. Weltkrieg eingesetzt haben. Um die Breite der Wandlungen zu illustrieren, sind in Tabelle 3 die bodenrelevanten Veränderungen zusammengestellt:

Tabelle 3 **Wandlungen der Bodennutzung**

- Veränderungen der Flächenanteile der Bodennutzung
  - · Rückgang des ungenutzten und marginal genutzten Landes
  - · massiver Rückgang des agrarisch genutzten bzw. nutzbaren Landes
  - · leichte Zunahme der Waldgebiete
  - · massive Zunahme der überbauten Gebiete (Versiegelung)
    Wohnen, Industrie/Arbeit, Verkehr

- Räumliche Umlagerungen der Nutzungsarten
  - · Güterzusammenlegung, Meliorationen im Agrarsektor, Gewässerkorrektionen
  - · Flächenhafte Ausbreitung anthropogener Nutzungsarten entlang von Verkehrsanlagen im ruralen Bereich
    Wohnen/Fabrikation/Handel (Warenumschlag, Einkaufszentren)
  - · Aufforstungen als Kompensation für anthropogen verwendetes Waldland
  - · Verdrängungsprozesse im Bereich der Städte und Agglomerationen
    Dienstleistungen – Verkehr – Wohnen – Fabrikation

- Qualitative Veränderungen im Natur- und Agrarbereich
  - · Intensivierung von naturnahen Flächen
    Hecken, Magerwiesen, Freizeitnutzung (Mehrfachnutzung)
  - · Extensivierung von naturnahen Flächen
    Brachland in Peripheriegebieten, Vergandung, Ausscheidung von Schutzgebieten

· Veränderung der Gewässer
    Schadstoffeintrag, Veränderung der Grundwasserträger
· Qualitative Veränderung des Waldes (standortfremde Arten)
· Schadstoffeintrag durch die Atmosphäre (Wald, Agrarland)
· Qualitative Veränderung des agrarischen Anbaus (Substitution)
    Futterbau – Weide – Ackerfläche (z.B. Mais und Raps statt Brotgetreide und Kartoffeln) – Monokulturen (Entflechtung von Obst- und Wies-/Weideland)
· Intensivierung des agrarischen Anbaus
    Düngung – Pflanzenschutz – Sortensubstitution
· Schadstoffeintrag ins Agrarland
    Hofdünger – Handelsdünger – Klärschlamm – Kompost – Pflanzenschutzmittel
· Qualitative Veränderung des agrarischen Bodens
    Erosion – Verdichtung – Änderung der Struktur – Verödung – Versalzung – Versauerung
· Veränderung (i.d.R. Reduktion) der Bodenorganismen
    (als Folge von oben genannten Veränderungen)

– Qualitative Veränderungen im Bereich Siedlung/Gesellschaft
· Anstieg des Flächenbedarfs pro Person
    Wohnen – Arbeiten – Freizeit
· Änderungen in der urbanen Bauweise
    Verdichten – Geschosszahl – Wohnumfeld – neue Baustoffe – Mehrfachnutzungen
· Ausbau der urbanen Infrastruktur (Verkehr, Energie, Kommunikation)
· Erneuerung der Bausubstanz (Renovationen)
· Räumliche Entflechtung der urbanen Funktionen
    Wohnen – Arbeiten – Freizeit
· Verlagerung der Bevölkerungskonzentrationen
    Peripherie – Kernstädte – Agglomerationen
· Vermehrung potentiell gefährlicher Stoffe und Einrichtungen
    Werkstoffe – Industrieanlagen – Verkehrsanlagen – Kraftwerke
· Veränderung der Methoden der Abfallbewirtschaftung
    Deponien – Kehrichtverbrennung – Kläranlagen

– Gesellschaftliche Veränderungen, die sich indirekt auf die Nutzung des Bodens auswirken
· Strukturveränderungen in der Landwirtschaft
    Veränderung der Betriebszahl und Betriebsgrösse – Land-

wirtschaft als Haupt-, Neben- und Freizeitbeschäftigung – Substitution der Intensitäten der Faktoren Arbeit/Kapital und Boden – Mechanisierung

- Einführung von Raumordnungsvorschriften, Ausscheidung von Nutzungszonen
- Wertsteigerung der Ressource Boden
  bedeutsam im Agrarbereich – extrem im Bereich Siedlung
- Veränderung des Leistungs und Produktionsdruckes
- Veränderung der Familienstruktur und der Wohngewohnheiten
- Zunahme der Kaufkraft der Bevölkerung
- Zunahme der Freizeit und Mobilität
- Veränderung der Welterfahrung und der Wertmassstäbe
  Materielle Werte – kulturelle/sportliche Betätigung – wachsende Bedeutung der Informationsmedien – Selbstverwirklichung – Aktivität/Passivität – Distanzierung von der Natur

Diese Liste könnte durchaus nach anderen Kriterien gegliedert und wohl ergänzt werden; auch bestehen Überschneidungen zwischen einzelnen Eintragungen. Selbstverständlich sind die durch die einzelnen Veränderungen verursachten Beeinträchtigungen unterschiedlich gelagert. Es wäre wünschbar, Kriterien für die *Relevanz der Veränderungen* zu finden. Versuchsweise sind in Tabelle 4 mögliche Beurteilungsgesichtspunkte zusammengestellt worden:

Tabelle 4 **Dimensionen der Veränderung**

Veränderung	*Alternativen*
räumlich	kleinräumig/regional – grossräumig/global
	konzentriert – gestreut (punktuell-linear-flächenhaft)
qualitativ	reversibel – irreversibel
	naturfreundlich – naturfeindlich
	direkte – indirekte Einwirkung
	mit – ohne Auswirkung auf weitere Prozesse
quantitativ	Intensivierung – Extensivierung
	Erhöhung – Reduktion des Nutzungspotentials

Veränderungen sind nicht a priori gut oder schlecht – die Verhältnismässigkeit ist bedeutsam. Ein Kriterium stellt die räumliche Wirksamkeit dar: Wirken Änderungen lokal oder global, haben sie nur Einfluss auf lokale Zustände oder auf kleinere oder grossräumige Gesamtsysteme? Es ist zu beurteilen, ob Prozesse reversibel sind oder nicht, und in welchem Umfang (Intensität, flächenanteilmässig) irreversible Prozesse verkraftet werden können. In der Regel ist es wünschbar, irreversible Prozesse (Überbauung, Versiegelung, Austragung nicht abbaubarer Schadstoffe) möglichst zu vermeiden. Da unsere heutige Problematik mit dem Verlust naturnaher Nutzungen zusammenhängt, kommt dem Gegensatzpaar «naturfreundlich – naturfeindlich» grosse Bedeutung zu. Aber auch dieses Kriterium muss im Gesamtrahmen beurteilt werden: So können lokal begrenzte «naturfeindliche» Handlungen für das Mensch-Umwelt-System insgesamt vorteilhaft sein (z.B. der Bau von neuen Strecken für die Bahn 2000). Eingriffe können die Bodennutzung direkt oder indirekt beeinflussen, und den Sekundärwirkungen von Handlungen ist besondere Beachtung zu schenken (z.B. agrarpolitische Massnahmen, Nutzungsverlagerungen im urbanen Raum). Die Frage nach der Intensivierung/Extensivierung lässt sich wiederum nicht absolut, sondern nur in ihrer Auswirkung auf regionale oder globale Gesamtsysteme beantworten. Langfristig entscheidend ist das Nutzungspotential, d.h. die Möglichkeit, einen Erdbereich in Zukunft vielfältig oder aber nur in beschränkter Weise nutzen zu können; es steht in Zusammenhang mit der Reversibilität der Veränderungen.

Die Veränderungen sind also ausserordentlich vielschichtig, teils sind sie ungünstig, teils wünschbar. In der Regel bestehen aber Abhängigkeiten zwischen den unterschiedlichsten Veränderungen, so dass man nicht Einzelhandlungen als solche verurteilen oder begrüssen kann. Das gesamte Mensch-Umwelt-Gefüge ist im Wandel, und eine Veränderung muss nach der *Zuträglichkeit für das Gesamtsystem* beurteilt werden. Es werden Intelligenz und Verständnis für das Ganze notwendig sein, um das Gesamtsystem langfristig vom Abgrund wegzubewegen.

Aufgrund der historischen Erfahrungen und der Beobachtungen der Veränderungen der heutigen Zeit müssen wir Entscheide für ein wünschbares und mögliches Verhalten in der Zukunft fällen. Für diesen Weg «vom Heute zum Morgen» legen uns die Planer *Szenarien* vor. Obwohl über die Wünschbarkeit von Szenarien definitionsgemäss keine Aussagen gemacht werden sollen, erhofft man sich aus der von M. Rotach vorgelegten Auswahl für die Entwicklung der Schweiz eine Zukunft mit «Mut zu Veränderungen». Im geheimen hat man zwar persönlich nichts gegen möglichst viele weitere Jahre der «prosperierenden Gesellschaft», aber eigentlich befürchtet man «Rasten und Rosten» oder Schlimmeres. Es braucht nicht sehr viel Phantasie um einzusehen, dass die verschiedenen Trendkurven nicht unbeschränkt weiterlaufen können; Neuorientierungen werden notwendig sein; sie werden entweder durch kontinuierliche (sanfte) oder durch abrupte Ereignisse eingeleitet. Trendänderungen treten auf, wenn relevante Akteure ihr Handeln ändern. Perzeption kann dabei mit eine Schlüsselgrösse sein, wie dies die Reaktionen auf den Unfall von Tschernobyl belegt haben. Es stellt sich nicht die Frage, ob es einen Kollaps gebe, sondern welche Zusammenbrüche wir uns noch leisten wollen. Laufend erleben Organismen auf der Welt Kollapse, werden Arten zerstört. Muss man kleine Katastrophen organisieren, oder darf man auf mittlere hoffen, um grosse zu vermeiden? Pessimisten weisen darauf hin, dass alle Hochkulturen ein zerstörtes Ökosystem hinterlassen haben – ebenso ist die geologische Geschichte unseres Planeten eine Geschichte von kleineren oder grösseren Katastrophen.

Wenn einschneidende Ereignisse auch nicht ausgeschlossen werden können, so bringt uns doch Pessimismus nicht weiter. Die Zukunftsperspektiven in Form von Szenarien sollen uns daran erinnern, dass die Zukunft nicht einfach «hereinbricht», sondern dass wir die Möglichkeit haben, diese Zukunft zu gestalten, wenn wir als Individuen und als Gesellschaft den Willen dazu aufbringen. Damit ist der Mensch als Akteur angesprochen.

4. Der Mensch als Akteur

Die massive Umgestaltung unserer Welt und Umwelt erfolgt fast ausschliesslich durch den Menschen und seine Zivilisationsprozesse. Wir streben nach hohen Erträgen, vielfältigen Gütern und Erleichterungen, wir minimieren unseren Aufwand und substituieren die physische Arbeitskraft durch Technik, Energie und Infrastruktur – und vor allem haben unsere Handlungen einen Rhythmus angenommen, den das Ökosystem langfristig nicht mehr verkraften kann. Der Mensch ist also einerseits der Akteur, der durch die besprochenen Veränderungen die Nutzungskonflikte und Engpässe hervorgebracht hat; er wird anderseits aber auch als Akteur tätig werden müssen, falls er aus der Krise wieder herausfinden will. Diese Mehrfachrolle des Menschen ist sowohl ein Teil der Problematik als auch eine Chance der Bodenthematik:

Mensch: Verursacher – Betroffener/Patient – Diagnostiker – Therapeut

Hier werden Begriffe aus der Medizin verwendet, weil sich im Umgang mit gestörten Umweltsystemen die Analogie zu gesunden und kranken Organismen geradezu aufdrängt. Es ist nun zu erörtern, wie die genannten

Mehrfachrollen innerhalb der menschlichen Gesellschaft verteilt sind. Im Gesundheitswesen weist die Volksmeinung die verschiedenen Rollen oft unterschiedlichen Akteuren zu: So sind es Krankheitskeime und äussere Anlässe (z.B. Unfälle), die als Verursacher der Störungen gelten, und anderseits wird die Rolle des Diagnostikers und Therapeuten den Medizinern und ihrem Hilfspersonal zugewiesen. Bei einem anderen Verständnis der Medizin kann man die Akzente etwas anders setzen, indem man die Ursachen von Krankheiten beim Patienten selbst sucht und ihm auch die Rolle des Diagnostikers und Therapeuten zuweist: Gesundheitliche Störungen und Schäden werden durch unangepasstes Verhalten erklärt, das es zu korrigieren gilt. Medizinische Hilfe wird dabei vor allem als Hilfe zur Selbsthilfe verstanden. Diese Strategie hat auch bei der Bewältigung der Bodenproblematik ihre Berechtigung: Es geht nicht darum, primär andere als Verursacher zu identifizieren und auf sie zu zeigen, sondern es soll sich jeder als Verursacher und Betroffener fühlen, die Auswege erkennen und zur Besserung beitragen. Nun stimmt allerdings die Analogie zur Medizin insofern nicht vollständig, als dass menschliches Handeln in vielfältiger Weise die Nutzungsproblematik bewirkt, und dass Ursache und Wirkung oft auf unterschiedliche Träger verteilt sind. Eine differenzierte Betrachtung der Trägerfunktionen ist deshalb angebracht. Der Mensch nutzt den Boden und verfügt über ihn als Individuum, als Mitglied einer Gruppe, eines Wirtschaftszweiges und eines Staates (Tabelle 5):

Tabelle 5 **Der Mensch als Nutzungsträger**

- Individuum
  - Durchschnittsbürger
  - Konsument
  - Opinionleader
  - Idealist
  - Aussenseiter, Aussteiger
  - Künstler, Intellektueller
  - Profiteur, Opportunist

- Gruppe
  - Sozialgruppen
  - regionale Gruppen
  - Interessengruppen
  - professionelle Gruppen
  - Freizeitgruppen (Vereine, Sport)
  - Alters-/Geschlechtsgruppen

– Wirtschaftskörper
  · Landwirtschaft
  · Industrie
  · Bauwirtschaft
  · Handel/Finanz
  · Tourismus/Verkehr
  · Ausbildung/Forschung
  · Kommunikation/Publizistik

– Staat
  · lokal (Gemeinden, Korporationen)
  · regional (Planungsregionen, Kantone)
  · national
  · international

Als Mitglieder all dieser Kategorien «verbrauchen» wir Boden; die einen tun dies in etwas grosszügigerer Art und Weise als die anderen, die einen sind sich dessen eher bewusst als die anderen. «Boden nutzen» kann gleichgesetzt werden mit «Lebensraum nutzen», «am gesellschaftlichen Leben teilhaben», sich «mit einzelnen Gruppen identifizieren» – und letztlich mit «leben». Grundsätzlich sind alle legalen Lebensweisen in einem historischen Prozess der Wertentwicklung als berechtigt zugelassen worden. Egoismen stehen im Wechselspiel mit Altruismen. Jeder von uns ist dabei – in unterschiedlichen Funktionen – sowohl Verursacher als auch Betroffener der Bodenproblematik in Aktionen, die sich z.T. auch widersprechen können.

Jede erfolgreiche Bewältigung der Bodenproblematik setzt die Beachtung – und Achtung – dieses *komplexen Wirkungsgefüges* menschlicher Akteure voraus sowie die damit zusammenhängende Vielfalt heute gültiger Werte. Wir übernutzen zwar die Umwelt, haben aber ein System mit Demokratie und weitgehender Gerechtigkeit, individueller Freiheit, Prosperität und Vollbeschäftigung, breiter Einkommensstreuung, hohem Lebensstandard, Wohn- und Mobilitätskomfort, reduzierter Arbeitszeit und geringer Inflation realisiert. Wir sollten diese Werte nicht mutwillig wegwerfen, sie andererseits auch nicht durch kurzsichtige, systemgefährdende Übernutzung des Bodens (im weitesten Sinne verstanden) gefährden. Es zeigt sich, dass unser heutiges Handeln und Verhalten längerfristig zu Ungleichgewichten im Natur- und Sozialbereich führt – in der Schweiz wie auch weltweit. Komplexe Systeme können aber nur aufrechterhalten werden, wenn Ungleichgewichte vermieden werden. Es ist deshalb die Aufgabe unserer Zeit, unter Vermeidung gravierender Zusammenbrüche «altes» Handeln in «neues» Handeln überzuführen. Dazu sind Veränderungen notwendig, die für einzelne Individuen und Gruppen schmerzhaft sein können; das Wohl des gesamten Mensch-Umwelt-Systems ist dabei jeoch im Auge zu behalten.

5. Ansätze zur Problembewältigung

Wir nutzen den Boden und die Umwelt in vielfältiger Weise. Das menschliche Leben und mit ihm die Erdoberfläche haben sich in den letzten Jahrzehnten umwälzend verändert. Wir haben bedeutende «Fortschritte» gemacht, verschiedene wünschenswerte Ziele erreicht, uns aber anderseits gefährliche Gegenwerte eingehandelt. Es herrscht Einmütigkeit darüber, dass Neuorientierungen notwendig sind; doch über die Frage, wer was wo und wieweit ändern soll, gehen die Meinungen erwartungsgemäss weit auseinander. Zur Not kann man sich auf notwendige und wünschbare Änderungen einigen, weiss dann aber nicht, wie diese durchzusetzen sind. Vorerst sollen in Tabelle 6 die verschiedenen Zielsetzungen und wünschbaren Massnahmen aufgelistet werden:

Tabelle 6 **Wünschbare Zielsetzungen und Massnahmen**

Allgemeine Zielsetzungen:
- Langfristige Aufrechterhaltung des Mensch-Umwelt-Ökosystems
  · Arterhaltung in der Natur
  · Lebensraum für Tier und Mensch im weitesten Sinne sichern
- Kulturelle und zivilisatorische Werte sichern, soweit sie für ein «gelingendes Leben» erforderlich sind
- Werthaltungen und Verhalten ändern, möglichst ohne gegen die Regeln des «gelingenden Lebens» zu verstossen

Direkte Ziele und Massnahmen:
- Fruchtbarkeit des Bodens langfristig erhalten
  · standortgerechter agrarischer Anbau
    Produkteauswahl – Erosion vermeiden – Extensivanbau zur Arterhaltung – Verhinderung von Vergandung in Peripheriegebieten
  · bodenschonende Bearbeitungsmethoden
    Verhinderung der Verdichtung – Bewahrung der Bodenstruktur – Erosion verhindern
  · Reduktion des Schadstoffeintrags durch die Atmosphäre
    Industrie – Verkehr – Wohnen (Heizen) – Verbrennungsanlagen

· Reduktion des Schadstoffeintrags ins Agrarland
  Angemessene Verwendung von Hof- und Handelsdünger, Klärschlamm, Kompost und Pflanzenschutzmitteln
· Minimierung der schädlichen Auswirkungen touristischer Nutzung (z.B. Skilifte)
· Reduktion/Elimination der Risiken von potentiell gefährlichen Stoffen und Einrichtungen
· Regeneration von geschädigtem Boden: fraglich
  Ionenaustausch – Tiefpflügen – Verdünnen – regenerativer Anbau – Zeit lassen

– Verluste an gewachsenem Boden verringern
  · Verluste an naturnahen und agrarischen Flächen einschränken oder stoppen, d.h.
  · Überbauung weiterer naturnaher und agrarischer Flächen drosseln oder verhindern
    besser nutzen: Gebäude – Parzellen – überbaute/neue Gebiete (verdichten) – Mehrfachnutzung – Ersatzbedürfnisse vermeiden
    besser verteilen: jeder Nutzung den geeigneten Standort – den Boden dem besten Wirt – zeitliche Mobilität
    weniger brauchen/nicht noch mehr brauchen: Wohnen – Arbeit/Industrie – Verkehr – Freizeit – Abfallbewirtschaftung

Indirekte Ziele und Vorgehensweisen:

– Wissen, Verständnis für Zusammenhänge mehren (massgeblich Beteiligte: Naturwissenschafter, Sozialwissenschafter, Ökonomen, Agronomen)
– Lage beurteilen, Werten, Wert- und Zielsetzungen formulieren (Opinionleader, evtl. auch Aussenseiter; Politiker, Theologen, Philosophen, Juristen, Ökonomen)
– Wissen streuen, informieren, überzeugen (Medien, Ausbilder, Politiker, Künstler; Betroffene)
– Zukünftige Entwicklungsmöglichkeiten abschätzen, planen, Alternativen ausarbeiten (Planer, Beamte, Kybernetiker)
– Produkte und Einrichtungen, entwickeln (Ingenieure, Naturwissenschafter; Industrie)
– Verhandeln, Kompromisse schliessen, Entscheiden, Massnahmen beschliessen (Politiker, Interessengruppen, Souverän): Verfassungsgrundsätze – Bodenrecht – Raumordnungsmassnahmen – Siedlungs- und Verkehrspolitik – Wirtschaftspolitik – Fiskalmassnahmen – Verbote von Stoffen, Verfahren und Einrichtungen – Gestaltung der staatlichen Infrastruktur – Subven-

tionen – internationale Vereinbarungen
– Entscheide durchsetzen (Politiker, Beamte, Betroffene)
– Handeln, «neues» Verhalten ausüben (alle: Individuen, Gruppen, Wirtschaft, Staat)

Eine eingehende Würdigung dieser Zielsetzungen ist bei den verschiedenen Autoren dieses Bandes zu finden. So hat z. B. Chr. Pfister die *allgemeinen Zielsetzungen* umrissen. Den hier verwendeten Formulierungen der langfristigen Zielsetzungen liegen die von H. Ruh definierten 11 ethischen Regeln zugrunde, welche – solange sie lediglich als abstrakte Postulate fomuliert sind – wohl keine heftigen Widersprüche herausfordern. Die Zielsetzungen und möglichen Schwierigkeiten für die faktische Veränderung von Verhalten und Handeln sind von P. Güller eingehend dargelegt worden.

Die *speziellen direkten Zielsetzungen* betreffen einerseits den Agrar- und den naturnahen Bereich, anderseits die überbauten Gebiete. Zur langfristigen *Erhaltung der Bodenfruchtbarkeit* haben sich H. Sticher, Th. Mosimann, P. Baccini et al., H. Häni und P. Rieder geäussert. Hier ist speziell hervorzuheben, dass die Verhinderung der Bodenverseuchung die einzige wirkungsvolle Therapie ist und dass eine Bodenregenerierung äusserst problematisch und nur unter speziellen Umständen anwendbar ist. Aufgrund dieser Einsicht fordert P. Rieder «harte» Prohibitivmassnahmen zur Bekämpfung irreversibler Schäden, während «weiche» agrarpolitische Eingriffe zur Steuerung reversibler Veränderungen genügen. Die Erhaltung der Bodenfruchtbarkeit hat insofern speziellen Charakter, als dass die Landwirtschaft als Wirtschaftssegment speziell angesprochen ist. Die Durchsetzung von Massnahmen liesse sich durch Koalitionen nicht-agrarischer Mehrheiten leicht erzwingen; um falsche Weichenstellungen zu verhindern, sind hier die Argumente des langfristigen Gesamtwohls besonders zu berücksichtigen. Auch ist zu beachten, dass die Bodenfruchtbarkeit vermehrt durch industrielle Schadstoffe gefährdet wird. In unserer bebauten Umwelt (Gebäude, Gebrauchsgegenstände, Produkte) häufen sich schädliche Kunststoffe und Schwermetalle an, über deren Eintrag in den agrarisch genutzten Boden uns die Kontrolle langfristig entgleitet. Die dringendsten und gleichzeitig auch schwierigsten Aufgaben zukünftiger Politik und Praxis liegen bei der Drosselung der *Verluste an gewachsenem Boden*. R. Häberli, S. Losch, A. Herczog und P. Strittmatter haben technische und administrativ-politische Möglichkeiten und deren Grenzen erörtert. Hier gilt es, einer Dynamik entgegenzutreten, die einerseits Teil unseres heutigen Weltverständnisses ist, anderseits durch internationale Verflechtungen mit angetrieben wird. Selbst wenn ein nationaler Konsens über die verschiedenen

Massnahmen bestünde, so wäre deren Inkraftsetzung noch nicht gewährleistet.

Wollen wir langfristig bestehen, so sind griffige Massnahmen – und nicht nur Alibiübungen – notwendig. Bodensparen ist intelligent zu organisieren, die relative Bedeutung von Massnahmen ist zu beachten, und Zusammenhänge sind zu berücksichtigen. Dazu ist eine *umfassende Strategie zu entwikkeln*, die einen in der Bevölkerung breit gestützten Konsens über relevante Anpassungen ermöglicht. Sie schliesst Forschung, Information, Lagebeurteilung, Planung, Entwicklung, politische Entscheide, Durchsetzung von Massnahmen und letztlich eine breite Bereitschaft zur Mitverantwortung ein.

Eine wichtige Aufgabe kommt den *Wissenschaftern* zu. Angesichts der schnellen und weitgreifenden Veränderungen wissen wir noch zu wenig über die Einwirkungen von Schadstoffen, die Ursachen von Waldschäden, die Regeneration von verseuchtem Boden usw. Ein möglichst gutes Verständnis der Zusammenhänge ist aber für das Erkennen sinnvoller Lösungen und für die politische Argumentation erforderlich. Die Diskrepanz zwischen gesichertem Wissen und der Dringlichkeit des Handelns macht es ferner notwendig, dass sich der Wissenschafter über seine traditionelle Zurückhaltung gegenüber ungesicherten Aussagen hinwegsetzt, gestützte Vermutungen einem weiteren Interessenkreis mitteilt und zu erörtern bereit ist. Der Sinn wissenschaftlicher Studien liegt nicht darin, dass man in zehn bis fünfzehn Jahren begründen kann, weshalb der Boden ökologisch zugrundegegangen ist. Wissenschaftliche Anstrengungen sollen weder als Selbstzweck noch im Sinne einer reinen Effizienzsteigerung von systemschädigendem Verhalten aufgefasst, sondern als ein Beitrag langfristiger, positiver Wandlungen des gesamten Mensch-Umwelt-Systems verstanden werden. Dabei soll jedoch die Bemühung um Sachbezogenheit das Engagement für einseitige Partikularinteressen kritisch unter Kontrolle halten. Gleichzeitig mit der Erforschung umweltwissenschaftlicher Zusammenhänge sollen verantwortungsbewusste Exponenten unserer Gesellschaft, im Zusammenspiel mit Humanwissenschaftern, nach Wert- und Zielsetzungen suchen, die den Herausforderungen unserer Zeit gewachsen sind. Sowohl die neuen Erkenntnisse als auch die notwendigen neuen Sichtweisen sind fristgerecht an die Entscheidungs- und Handlungsträger sowie *an die Bevölkerung weiterzugeben*, wobei den Medien (insbesondere den Wissenschafts-Journalisten), den Erziehungsträgern und den Politikern eine wichtige Rolle zufällt. Kreativität beim Entwurf von planerischen Massnahmen und bei der Entwicklung neuer Produkte und Einrichtungen soll mithelfen, die unvereinbar scheinenden Meinungen zwischen umweltgerechter und einseitig zivilisatorischer Weltsicht zu überbrücken. Diese technischen Massnahmen allein werden jedoch noch nicht ausreichen; ein Ringen um echte, wirksame Kompromisse und mithin um eine Verzichtbereitschaft wird nötig sein. Dazu sind *Auseinandersetzungen* zwischen Exponenten unterschiedlicher Prioritäten, aber mit einem Verständnis fürs Ganze, notwendig. Parteien und Verbände mit Zielsetzungen vom Umweltschutz bis hin zur Förderung des Privatverkehrs spielen bei diesen Auseinandersetzungen wichtige Rollen. Eine Politik der Ausgrenzungen und der Feindbilder führt nicht zum Ziel; denn ohne echte Ausmarchungen besteht die Gefahr des «Laisser-faire» oder von einseitigen Korrekturen, die dann an anderen Stellen im Gesellschafts-Umwelt-System ungewünschte Änderungen nachsichziehen. *Das zentrale Postulat für die Aufrechterhaltung von komplexen Systemen ist die Vermeidung von Ungleichgewichten.* Sowohl Passivität wie auch mutwillige Eingriffe können zu unvorhergesehenen Ungleichgewichten führen. Wir brauchen neue positive Vorbilder, die in der Lage und bereit sind, in der heutigen undurchsichtigen Medien- und Konsumwelt die schwer erkennbaren realen Trends zu sehen und ganz persönlich mit den heutigen Erfordernissen Ernst zu machen.

Schliesslich werden das neu erworbene Wissen und die vorgeschlagenen (und vorgeschriebenen) Massnahmen nur dann Früchte tragen, wenn eine breite Mehrheit der Bevölkerung bereit ist, das notwendige Verhalten und Handeln ernsthaft zu übernehmen und allenfalls auch Verzichte zu leisten.

Anmerkung

[1] Ohne die Beiträge der Mitautoren dieses Bandes hätte dieser Aufsatz nicht geschrieben werden können. Ich habe aber darauf verzichtet, ihre Ausführungen explizit zu zitieren. Mein Dank gilt auch Prof. M. Rotach, A. Anthamatten und Dr. L. Brassel für die Durchsicht dieses Beitrages und für ihre Anregungen.

Autorenverzeichnis

Prof. Dr. Peter Baccini, Leiter der Abteilung «Abfallwirtschaft und Stoffhaushalt» der EAWAG, Dübendorf und Professor für Chemie an der Universität Neuchâtel

Prof. Dr. Kurt E. Brassel, Professor für Geographie an der Universität Zürich

Prof. Dr. Joseph Deiss, Professor für Volkswirtschaftslehre und Wirtschaftspolitik an der Universität Freiburg i.Ü.

Dipl. Arch. ETH Peter Güller, Büro für Entwicklungs- und Regionalplanung, Zürich

Dr. Rudolf Häberli, Programmleiter des Nationalen Forschungsprogramms NFP 22 «Nutzung des Bodens in der Schweiz»

Dr. Heinz Häni, wissenschaftlicher Adjunkt an der Eidgenössischen Forschungsanstalt für Agrikulturchemie und Umwelthygiene, Liebefeld-Bern

Dipl. Arch. ETH Andreas Herczog, Nationalrat, Büro für Architektur, Raumplanung und Forschung, Zürich

Dipl. Ing. Siegfried Losch, Bundesforschungsanstalt für Landeskunde und Raumordnung, Bonn

Prof. Dr. Thomas Mosimann, Professor für Physische Geographie an der Universität Hannover

Prof. Dr. Christian Pfister, Professor für Sozial- und Wirtschaftsgeschichte an der Universität Bern

Dr. Gabriel Piepke, wissenschaftlicher Mitarbeiter an der EAWAG, Dübendorf

Prof. Dr. Peter Rieder, Professor für Agrarwirtschaft an der ETH Zürich

Prof. Martin C. Rotach, Professor für Verkehrsingenieurwesen an der ETH Zürich und vormaliger Präsident der Expertenkommission für das Nationale Forschungsprogramm NFP 22 «Nutzung des Bodens in der Schweiz»

Prof. Dr. Hans Ruh, Professor für Systematische Theologie an der Universität Zürich

Prof. Dr. Peter Saladin, Professor für Staats-, Verwaltungs- und Kirchenrecht an der Universität Bern

Dipl. Kultur-Ing. ETH Berchtold von Steiger, wissenschaftlicher Mitarbeiter an der EAWAG, Dübendorf

Prof. Dr. Hans Sticher, Professor für Bodenchemie an der ETH Zürich und Präsident der Expertenkommission für das Nationale Forschungsprogramm NFP 22 «Nutzung des Bodens in der Schweiz»

Dipl. Arch. ETH Pierre Strittmatter, Büro für Orts- und Regionalplanung, St. Gallen

Herausgeber

Prof. Dr. Kurt E. Brassel, Geographisches Institut der Universität Zürich, und Prof. Martin C. Rotach, Institut für Verkehrsplanung, Transporttechnik, Strassen- und Eisenbahnbau der ETH Zürich

redaktionelle Mitarbeit:
Adrian Anthamatten, Geographisches Institut der Universität Zürich